第四卷
＊李白新论
＊李白诗文名作品读

管士光文存

人民出版社

本卷说明

　　本卷收入《李白新论》（山西人民出版社，1987年版）和《李白诗文名作品读》。《李白新论》是我与我的导师刘忆萱先生共同撰写的，在刘老师的指导下，我比较集中地写作了若干单篇文章，均收在其中。《李白诗文名作品读》是应一家出版社之约撰写的，完稿后编辑做了加工，准备发稿，据说新任社长认为包括本书在内的整个系列数十种选题都不应安排出版，遂将书稿退回，幸好有此次出版"文稿"的机会得以保存在这里。需要说明的是，原稿还有"注释"一项，因为此"文稿"收入了《李白诗集新注》，这部分注释就删除了，如果读者在阅读时有需求，可以参看第五卷。

目　录

李白新论

李白诗文名作品读

李白新论

前　言

李白是千余年来为人们所热爱的伟大诗人，那大量"光焰万丈""照耀太虚"的诗篇，从各个侧面反映出整个时代的历史面貌和时代气息，渗透着诗人"横扫六字无前矛"的豪迈精神，展示了诗人崇高、洁净的心灵，获得历代文学评论家由衷的赞许和广大读者感情上的共鸣。李白永垂不朽的诗篇，真是家喻户晓，无论老少，几乎都能随口背诵几句，这种现象，绝不是偶然的。吴融在其《禅月集序》中说：

> 国朝能为歌诗者不少，独李太白为称首。盖气骨高举，不失颂咏风刺之道。

皮日休说：

> ……言出天地外，思出鬼神表。读之则神驰八极，测之则心怀四溟。磊磊落落，真非世间语者，有李太白（《刘枣强碑文》）。

以上两节文字，道出了李白的诗篇能拨动读者心弦的奥秘。正因其"气骨高举"，乃能唱出"安能摧眉折腰事权贵，使我不得开心颜"的反抗高歌；正因其"言出天地外，思出鬼神表"，乃能写出《蜀道难》、《远别离》、《梦游天姥吟留别》这些"惊风雨"、"泣鬼神"，"奇之又奇"的诗篇，确如"鹍触巨海，澜涛怒翻"。另一方面，他的许多写景抒情的小诗，又如"春草绿波，无不可爱"。如《子夜歌》、《静夜思》、《采莲曲》、《怨情》等篇，可谓"清水出芙蓉，天然去雕饰"，读之使人清心爽目，回味无穷。释德洪说,"李太白诗语带烟霞,肺腑缠锦绣"(《跋苏养直诗》),颇有道理。

评论李白的诗文,若仅仅着眼于它的表现艺术,显然是不够的,必须联系产生这些诗篇的时代背景和诗人的生平遭遇,以及创作实践道路,探索诗中所反映的社会现实,才能够见出诗人创作的深刻含义。严羽说:

> 观太白诗要识真太白处。太白天才豪逸,语多率然而成者。学者于每篇中要识其安身立命之处可也(《沧浪诗话》)。

李白一生坚持"气骨",追求理想,不屈服于豪门权贵,政治上屡受挫折,可是他"要使寰区大定、海县清一"的政治理想,始终坚定不移。他热爱祖国,同情下层社会过着困苦生活的人民。他蔑视功名利禄,决不为个人的得失向权贵折腰,这就是他"气骨高举"的可贵品德。然而前人对李白及其作品的评价,亦不无偏颇之处,据《老学庵笔记》与《渔隐丛话》所载,均认为王安石曾批评李白,"因识见污下,十首九说妇人与酒"。在这里不须先加以封建传统观念之类的反驳,试先检查一下李白说妇人的诗是怎样说的? 文艺作品的题材固然重要,可是问题的实质还在于怎样处理题材。李白写妇女的诗确实不少,但是除极个别的小诗略有不健康的描写外,几乎全是通过对妇女的描写,反映了封建专制社会被压迫被损害的妇女内心的痛苦,如《乌夜啼》、《北风行》、《子夜吴歌》,通过细节的描绘,展示出征人妻室的孤凄生活和内心痛苦,充满着诗人对诗中主人公的无限同情,揭露了封建统治集团制造非正义战争,使得人民妻离子丧的罪责,极为深刻。又如《怨情》、《玉阶怨》,以细腻而又概括的笔触,描绘出长期被禁锢在深宫内院的妇女的内心幽怨,暴露了封建统治者大量强选民间少女,长期禁闭深宫,以供他们享乐的罪行。唐代社会封建经济的发达,造成另一畸形的社会现象,即"商人重利轻别离",甚至一去不复返,他们的妻子望眼欲穿,也盼不到丈夫归来,《长干行》就典型地反映了这一社会现象,通过人物对过去的回忆和对未来的设想,塑造了一个由天真活泼的少女到忧郁苦闷的少妇形象。另一类作品,更值得重视,如《秦女休行》、《东海有勇妇》,描写不惜牺牲生命,为亲人报仇的妇女,诗人还称颂她们的英勇说"十子若不肖,不如一女婴"。在"男尊女卑"的封建社会,这样对待妇女的态度,确是罕见的。李白笔下的妇女形象,都是容颜美丽、性格纯真,而内心却积郁着各种深沉的痛苦。当然,诗人也有描写民间少女娇憨天真形象的诗篇,如《越女词》、《采莲曲》,以生动活泼的画笔,描绘出我国东南水乡民间少女的美好娇憨的形象,宛然如生。

在礼教森严的封建专制社会,具有远见卓识的政治家王安石也认为"说妇人"是"识见污下",而李白却早已冲破传统束缚,用平等的态度,同情的笔触,塑造各种类型的妇女形象,确是难能可贵,这与诗人的叛逆性格是紧密相连的。至于"酒",历代以来的诗人,在作品中表现饮酒的,不可胜数。像曹操那样的英雄人物,也吟着"对酒当歌、人生几何"的诗句,以抒发内心的感慨。曹植就更突出了,"陈王昔时宴平乐,斗酒十千恣欢谑"。陶渊明几乎"篇篇有酒"(《扪虱新话》),也并未因此降低他们作品的艺术价值。何独对李白如此苛求?李白的饮酒,出蜀前的作品并无所表现;出蜀后,接触了广泛的黑暗现实,处处碰壁,政治抱负无从实现,酒才成为他诗中的常见之物。陈毅同志说李白"大不满现实,遂有游仙醉",真是一语中的。

其他如诗人蔑视权贵的叛逆性格,热爱祖国的爱国主义精神,同情下层社会人民的人道主义思想,都值得大加赞扬。严羽说读李白诗"要识其安身立命之处",是颇有见解的。

作为李白作品的爱好者,愈读其诗,愈感到诗人的伟大,愈感到过去有的论者对李白的评价不够公允。写这部书的动机,就是希望对李白作一番较系统、全面的介绍。对李白的生平和创作作了较全面的介绍以后,又试图对他各种体裁的作品作较详细的艺术分析,指出它们的渊源和艺术特色。如古赋、古诗、乐府、律诗、绝句和散文,尽可能说明他各种体裁作品的独特风格。

李白的古赋八篇,历来为研究者所忽视。其实这些赋不仅艺术上有独到之处,内容上也很能表现李白的政治思想。在《大猎赋·序》中他表明写赋必须"辞欲壮丽,义归博远"。他的创作也真正实践了这一主张,他批评司马相如、扬雄的赋,只是"竞夸辞赋","不能以大道匡君"。他在《大猎赋》结尾提出对封建统治者明确的要求:"要使天人晏安,草木繁殖。六宫斥其珠玉,百姓乐于耕织。寝郑卫之声,却靡曼之色。"其主旨,也就是要"以大道匡君"。在表现艺术上,他虽然反对"竞夸辞赋",并不是不重视作品的文采,而是精心锤炼,自铸伟词。

李白的古诗五十九首,全系托物寄意之作。李阳冰在《草堂集序》中评价李白的诗文时说:

> 凡所著述,言多讽兴。……梁陈宫掖之风,至公大变,扫地并尽矣。

古诗五十九首,写得古朴自然,改变了初唐以来某些沿袭梁陈浮艳绮靡的诗风。

李白的乐府诗,历来极为读者所欣赏,评论赞誉者亦大有人在。如说:

> 太白古乐府杳冥惝恍,纵横变幻,极才人之至,然自是太白乐府(《艺苑卮言》)。

又如胡应麟的《诗薮》说:

> 乐府则太白擅奇古今……《蜀道难》、《远别离》等篇,出鬼入神,惝恍莫测。

高棅的《唐诗品汇》说:

> 其(李白)乐府能使储光羲、王昌龄失步,高适、岑参绝倒,况其下乎?

这些评语,并非溢美。然而对李白乐府全部袭用旧题,有的论者也略有微词。实际上正是在这方面更可看到李白对文学遗产的继承与创新精神,他虽然全部袭用乐府旧题,内容却完全是崭新的,反映了当时的社会现实和诗人怀才不遇的内心苦闷,表达了深沉的寓意。

李白的散文,内容充实,风格多样,显示出诗人生活和思想的复杂性和矛盾性,更值得注意的是通过这些散文可以窥见诗人政治思想的具体内容,至其表现艺术则正如安州郡督马公所说:

李白之文,清雄奔放,名章俊语,络绎间起。光明洞彻,句句动人
(见李白《上安州裴长史书》)。

李白的律诗和绝句,颇富于动人的艺术魅力,历来为读者所喜爱,评
论者亦颇不乏人。但是比较全面介绍的则还罕见。本书专有两文较详细
地分析了它们的思想内容和艺术技巧。

李白创作的主要倾向,是积极浪漫主义的。本书专文介绍和分析了
他作品的浪漫主义艺术特色。

过去对李白的评论,一般都认为李白在政治上无可称道,说他的政治
思想没有什么内容。本书对这个问题作了专文论述,并得出一个初步的
论断,认为李白不仅有"要使寰区大定,海县清一"的政治理想,而且还有
具体的内容,即儒家的仁政思想及措施。这一论断是否确切,有待读者的
指教。

本书虽系十几个单篇,但对李白的生平和作品,既有综合的叙说,也
有专题论述,对各篇之间的内在联系,亦适当注意,使之成为一个完整的
结构。其次为了使李白的思想性格和生活态度表现得较突出,除一般史
书的记载外,即使笔记小说之类的资料,也加以引用,希望能使读者增加
对李白那种"笑傲万古空无人"的气质更加了解。近年来学术界对李白
的研究不断深入,颇多创见,本书均加以客观的介绍。再则在论述各方面
的问题,几乎都与李白某些名篇有关,引用作品时可能有重复之处,为了
说明问题,很难完全避免。本书可能存在一些缺点甚至错误,诚挚地希望
广大读者的批评和指正。

刘忆萱,1985 年 12 月于人大红楼

李白所处的时代

一

李白字太白，自号青莲居士，生于唐武后长安元年（公元 701 年），卒于代宗宝应元年（公元 762 年），一生活动主要在玄宗、肃宗时代。这正是唐朝由兴盛走向衰亡的转折时期。李白便是这一时期许多重大历史事件的见证人。

李白出生的时候，唐朝建国已经八十余年了。唐朝的建立者目睹了隋朝的覆亡，取得了重要的经验教训，特别是唐太宗，更认识到"君，舟也；人，水也；水能载舟，亦能覆舟"（《贞观政要》卷一《论政体》）的道理。因此，他特别注意纳谏，从而集中了臣下的意见，避免了许多失误。他特别赞赏魏徵"兼听则明，偏信则暗"的见解，并说："夫以铜为镜，可以正衣冠；以古为镜，可以知兴替；以人为镜，可以明得失；朕尝宝此三镜，以防己过。"（《贞观政要》卷二《论任贤》）太宗还推行科举制，极力收罗人才，使中央掌握了用人权，寒门、商人也有了入仕的途径。《唐摭言》卷一云：

> （太宗）尝私幸端门，见新进士缀行而出，喜曰：天下英雄，入吾彀中矣！

唐初统治者的这些政治措施维护了社会的安定，为生产的发展提供了比较有利的环境。同时，唐初统治者认识到缓和阶级矛盾的重要意义，太宗曾对侍臣说：

国以民为本,人以食为命,若禾黍不登,则兆庶非国家所有。……今省徭赋,不夺其时,使比屋之人,恣其耕稼,此则富矣。(《唐摭言》卷一)

正是基于这样的认识,唐初实行了均田制与租庸调法,前者使隋末无地少地的农民获得了一部分土地,后者使赋税较前朝轻,也较合理,因而农民有了一定的积极性,生产得到了较快的发展,出现了中国历史上著名的"贞观之治"。《通典》卷七云:

自贞观以后,太宗励精为理。至八年九年,频至丰稔,米斗四五钱,马牛布野,外户动则数日不闭。至十五年,米每斗值两钱。

太宗以后,虽然宫中几易其主,但太宗的一些政策措施基本上延续下来。经过近一个世纪的长期积累,至开元年间,唐朝历史进入了另一个高峰——"开元之治"。这一时期长达二十余年。史书常将开元与天宝并称,誉为"盛唐"。

李隆基十分羡慕曹操的政治才能,为太子时常自称阿瞒。长期的权力之争使他具备一定的社会经验,开元初所任用的大臣都比较适当,姚崇、宋璟都是一代名相。姚崇曾向玄宗上奏十事,如行法必自亲近者始、废除苛捐杂税、不幸边功等,玄宗表示"朕能行之"。宋璟也精于吏治,守法不阿,却谀尚实,不事虚文,敢于犯颜直谏,深得玄宗信任。君臣协力,励精图治,继续推行均田制,开展检田括户运动,与豪强大族争夺土地与劳动力;同时在全国兴修农田水利,如著名的蔡州新息县玉梁渠,灌田三十余万亩,这对农业发展有很大作用;手工业与商业在开元年间进一步发展,出现了许多商业都市如长安、洛阳、扬州、成都等;也出现了许多大商人,如"常以金银垒为屋"的"都中巨豪"王元宝等。(见《开元天宝遗事》)与唐朝的政治经济相适应,交通业也日益发达。当时以长安为中心,道路四通八达,东至宋汴,以达山东半岛;西至凤翔,以入西川;西北至凉州,以通西域;北至太原、范阳;南至荆、襄,直到广州。沿路共建驿站一千六百余处,为过往官员和旅客提供了方便。同时,还有以运河为主的水路,也十分便利。总之,开元初我国封建经济进入了特别繁荣的时期,如时人沈既济说当时"家给户足,人无苦窳,四夷来同,海内晏然"(《通典》卷一五《选举典》《历代制》下);唐人元结也说:"开元天宝之中,耕者益力,四海之内,高山绝壑,耒耜亦满,人家粮储,皆及数岁,太仓委积,陈腐不可较量。"(《全唐文》卷三百零八《问进》第三)《通典·食货典》所言更为详细:

> 至(开元)十三年,封泰山,米斗至十三文,青齐谷斗至五文,两京米斗不至二十文,绢一匹二百一十文。东至宋、汴,西至岐州,夹路列店肆,待客酒馔丰溢。每店皆有驴,赁客乘,倏忽数十里,谓之驿驴。南诣荆襄,北至太原、范阳,西至蜀州凉府,皆有店肆,以供商旅。远适数千里,不恃寸刃。

《新唐书·食货志》也常被引用:

> 是时,海内富实,米斗之价钱十三,青齐间斗才三钱。绢一匹,钱二百。道路列肆,具酒食以待行人。店有驿驴,行千里不持尺兵。天下岁入之物,租钱二百余万缗,粟千九百六十余万斛,庸绸绢七石四十万匹,绵百八十余万屯,布千三十万余端。

这些记载难免有所夸张与溢美,但当时社会比较安定,生产发展较快,人民的生活也比较好过一些,应是无疑的。因而整个社会出现了一种蓬勃向上的气象,人们自然会为国家的强大感到骄傲与自豪,对民族的前途充满自信。李白的《长歌行》生动地表现了那个时代赋予人们的进取精神:

> 桃李得开日,荣华照当年。东风动百物,草木尽欲言。枯枝无丑叶,涸水吐清泉。大力运天地,羲和无停鞭。功名不早著,竹帛将何宣?

但是,在繁荣的表面下,唐朝社会又有着深刻的矛盾,突出的便是土地兼并:"王公百官及豪富之家,比置庄田,恣行吞并,莫惧章程。"(《册府

元龟·田制》)《通典·食货典》也说:

> 开元之季,天宝以来,法令驰坏,兼并之弊,有逾汉成、哀之间。

宦官高力士、牛仙童、边令诚都广占"京师甲第池园、良田美产"。官僚如卢从愿占良田"至有百余顷"。至于李林甫、杨国忠诸人或是侵占,或受赏赐,更成为全国性的大地主。土地兼并使阶级矛盾日趋尖锐。作为地主阶级总代表的唐玄宗也发生了变化,开元初还较用心于政治,生活不敢过于放纵,但随着社会财富的不断积累,开元中期以后便带头奢侈起来。中唐陈鸿《长恨歌传》说:

> 玄宗在位岁久,倦于旰食宵衣,政无大小,始委于右丞相(李林甫),稍深居游宴,以声色自娱。

张九龄等人遭贬,李林甫入相,标志着唐朝政治走向黑暗。李林甫妒贤嫉能,打击异己,"凡才望功业出己右及为上所厚、势位将逼己者,必百计去之;尤忌文学之士,或阳与之善,啗以甘言而阴陷之。"(《资治通鉴》唐纪三十一)李林甫之后,杨国忠借裙带关系登上相位。他"本性疏燥,强力有口辩。既以便佞得宰相,剖决几务,属之不疑。立朝之际,或攘袂扼腕,自公卿以下,皆颐指气使,无不詟惮"(《旧唐书·杨国忠传》)。特别是天宝末他发动对南诏的战争,更给人民带来了灾难。唐玄宗将权柄交给李林甫、杨国忠,自己过起"从此君王不早朝"的生活。他对外戚、宦官、权臣动辄赏赐巨万,《资治通鉴》云:

> 上以国用丰衍,故视金帛如粪壤,赏赐贵宠之家,无有极限。

《新唐书·食货志》云:

> 天子骄于佚乐而不知节,大抵用物之数,常过其入。于是钱谷之臣,始事朘刻。

眼见玄宗年老昏庸，恣情享乐，权奸当道，朝纲紊乱，一直受玄宗宠信的边将安禄山趁机叛乱，所谓"盛唐"至此结束。"安史之乱"将唐王朝从顶峰推向了深渊。这场叛乱还没有平息，李白便离开了人间。

李白就生活在这样一个时代：一方面，经过百余年来的积累，社会出现了过去任何时代都未曾有过的繁荣；另一方面，腐败也以出人意料的速度发展着，终于毁灭了繁荣。这的确是一个给人强烈印象的时代。因此，李白既具有盛唐人所特有的自信，唱出了"天生我材必有用"的豪言，又亲眼目睹了繁荣掩盖着的触目惊心的阴暗面，亲身经历了由盛而衰的巨大转折，发出了"珠玉买歌笑，糟糠养贤才"的控诉；既礼赞了"一百四十年，国容何赫然"的盛唐气象，又发出了"园光过满缺，太阳移中昃"的警告！李白对他所生活的时代的认识是逐渐深入的，他的诗文内容也逐渐丰富与深刻，几乎触及了当时所有重大的政治问题和各种社会现象。虽然，由于政治的黑暗，李白未能实现"兼济天下"的大志，在落魄中度过了自己的一生，但是也正是坎坷的命运造就了伟大诗人李白。

二

李白是踏着前辈诗人的足迹，艰难地攀上盛唐诗坛高峰的。

唐承隋制，仍以科举取士，而科举考试的项目之一即是诗赋。于是苦攻诗赋，便成为唐代一般庶族地主知识分子进入仕途的重要手段，从而形成了重视诗赋的社会风气。同时，各门艺术的发展，对诗歌的发展也起了重要作用，如音乐、舞蹈的发展使唐诗扩大了题材范围，并获得了新的节奏感，出现了许多歌咏歌舞的佳作。统治者对儒、道、佛的兼收并蓄，又大大活跃了思想界，促进了文学、艺术各个流派的形成。诗歌终于获得了空前的大发展，迎来了自己的黄金时代。当然这有一个过程。

唐太宗统一全国以后，文物典章基本上继承陈、隋旧制，一些隋朝遗老也被收罗进宫，陪着太宗题诗作赋。他们的文风自然不会因为朝代的更换而有所改变，因此初唐诗坛仍然弥漫着陈、隋宫体诗的余风。所谓宫体诗，是指那些专门歌颂宫廷生活和描写妇女病态美的词采华丽的诗篇。它盛行于梁、陈和隋，是专为宫廷与贵族阶级服务的。太宗虽是一代英主，却非常喜好齐梁之风，自己还带头写作淫靡浮艳的官体诗。这一时期最有代表性的诗人是虞世南。虞世南(公元558—638年),字伯施,余姚(今浙江余姚)人,陈、隋时便以应诏诗著名,被评为"文章婉缛",入唐后的作品几乎全是奉和、应诏、侍宴之类。充满了齐梁之风,如《中妇织流黄》:

　　寒闺织素锦,含怨敛双蛾。综新交缕涩,经脆断丝多。衣香逐举袖,钏动应鸣梭。还恐裁缝罢,无言达交河。

此期李百药、孔绍安诸人的作品也大体如此。齐梁诗风继续蔓延,使许多后起的诗人也难摆脱其影响,其中最著名的是上官仪。上官仪(公元608?—664年),字游韶,陕州(今河南陕县)人,长于五言诗,其词"绮错婉媚",为时人所效,称为"上官体"。所谓"绮错婉媚",即堆砌绮丽的辞藻,讲究柔婉的媚态,故而仍是齐梁之风,如:

　　步辇出披香,清歌临太液。晓树流莺满,春堤芳草积。风光翻露文,雪华上空碧。花蝶来未已,山光暖将夕。

的确词采华丽,诗风婉媚,但思想感情却是苍白无力的。值得注意的是,上官仪的诗内容虽然空洞,但他对诗歌却有独到的研究,创立了"六对"、"八对"之说,《诗人玉屑》卷七引《诗苑类格》云:

　　唐上官仪曰:诗有六对。一曰正名对,天地日月是也;二曰同类对,花叶草芽是也;三曰连珠对,萧萧赫赫是也;四曰双声对,黄槐绿柳是也;五曰叠韵对,彷徨放旷是也;六曰对拟对,春树秋池是也。又曰:诗有八对。一曰的名对,送酒东南去,迎琴西北来是也;二曰异类对,风织池间树,虫穿草上文是也;三曰双声对,秋露香佳菊,春风馥丽兰是也;四曰叠韵对,放荡千般意,迁延一介心是也;五曰联绵对,残河若带,初月如眉是也;六曰双拟对,议月眉欺月,论花颊胜花是也;七曰回文对,情新因意得,意得逐情新是也;八曰隔句对,相思复相忆,夜夜泪沾衣,空叹复空泣,朝朝君未归是也。

虽然所谓"六对"、"八对"有形式主义的倾向,目的也是写宫廷诗,但上官仪将六朝时已具雏形的对法系统化、程式化,对于唐代律诗的形成,具有一定的作用。

武后时代出现了号称"文章四友"的宫廷诗人李峤、苏味道、崔融、杜审言,其中以审言的成就最高。杜审言(公元646?—708年),字必简,襄州襄阳(今河北襄阳)人,杜甫的祖父,写过许多应制诗,其中不乏浮靡之作,但因在朝时间不长,大半生都在游宦中度过,所谓"十年俱薄宦,万里各他方"(杜审言《赠崔融二十韵》),因而创作了一些抒发宦游情怀的诗篇,有一定的生活气息,如:

> 独有宦游人,偏惊物候新。云霞出海曙,梅柳渡江春。淑气催黄鸟,晴光转绿蘋。忽闻歌古调,归思欲沾巾。(《和晋陵陆丞早春游望》)
>
> 旅客三秋至,层城四望开。楚山横地出,汉水接天回。冠盖非新里,章华即旧台。习池风景异,归路满尘埃。(《登襄阳城》)

这一类诗虽无深刻的内容,但比较自然,不甚雕琢,所以能给人清新的感觉,尤其第二首较为雄浑,"楚山"一联笔力尤劲,在当时是难能可贵的。审言不仅写五律,对七律也颇用心。他的七绝也有特色,如《赠苏绾书记》便常为人提起。另外,审言发展了五言排律。上官仪等人虽也写过排律,但多为六韵八韵的短篇,而审言却有二十韵和四十韵的长篇,前者如《赠崔融二十韵》,后者如《和李大夫嗣真奉使存抚河东》。这对后人如杜甫、白居易都有较大影响。

武后时还出现了沈佺期、宋之问。沈佺期(公元656?—713年?),字云卿,相州内黄(今河南内黄)人;宋之问(公元656?—712年),字延清,虢州弘农(今河南灵宝南)人,都任过朝廷近侍。二人人品都较低下,曾媚附张易之、太平公主等权贵。作品多是奉和应制之作,同虞世南、上官仪一脉相承,当时号称"沈宋"。二人常陪侍武后,以诗博其欢心。《唐诗记事》载:武后游龙门,命群官赋诗,先成者赐锦袍。宋之问诗后成,但因"文理兼美"便获得了锦袍。其诗即《龙门应制》,对龙门景色有较细致的描绘,但那些颂圣的句子实在令人生厌。沈佺期的《龙池篇》也是典型的应制诗,虽有佳句,内容却空洞无聊。但沈宋二人都曾贬谪远地,生活的变动必然引起思想感情的变化,使他们创作了一些具有一定生活内容的诗篇,尽管这些诗篇还有齐梁诗风的影响,如:

独游千里外,高卧七盘西。晓月临窗近,天河入户低。芳春平仲绿,清夜子规啼。浮客空留听,褒城闻曙鸡。(沈佺期《夜宿七盘岭》)

五岭恓惶客,三湘憔悴颜。况复秋雨霁,表里见衡山。路逐鹏南转,心依雁北还。唯余望乡泪,更染竹成斑。(宋之问《晚泊湘江》)

沈宋二人对诗歌的主要贡献是总结了齐梁以来格律诗创作的经验,并亲自实践,创作了许多完整的五、七言律诗。它们成了律诗的定型。《新唐书·宋之问传》云:

魏建安后迄江左,诗律屡变,至沈约、庾信以音韵相婉附,属对精密。及之问、沈佺期又加靡丽,回忌声病,约句准篇,如锦绣成文,学者宗之,号为沈、宋。

其他评论很多,皆肯定了沈、宋对律诗的贡献。如元稹说:"唐兴,学官大振,历世之文,能者互出。而又沈宋之流,研练精切,稳顺声势,谓之为律诗。"(《唐检校工部员外郎杜君墓系铭并序》)严羽《沧浪诗话》将沈宋诗列为中国诗歌发展的一个阶段,说:"风雅颂既亡,一变而为离骚,再变而为西汉五言,三变而为歌行杂体,四变而为沈宋律诗。"明王世贞《艺苑卮言》亦云:

五言至沈、宋,始可称律。

因为律诗绝句格律严密,诗句整齐匀称,声调抑扬起伏,富于形式美,同时也可以适当变通,因此写作近体诗成为当时的一种风尚,几乎每位诗人都尝试过这种形式。这对于锻炼诗人的写作技巧,促进诗歌的繁荣起了很大的作用。

和当时弥漫着的齐梁余风相反,初唐诗坛也出现了一股力图突破宫廷诗影响的潮流,突出的代表是唐初的王绩和高宗武后时期的"四杰"。

王绩(公元585—644年),字无功,自号东皋子,绛州龙门(今山西河津)人,因仕途失意,归田隐居,过着陶渊明似的生活。他自抒胸臆道:"此日长昏饮,非关养性灵。眼看人尽醉,何忍独为醒?"(《过酒家》)由于生活在农村,学习陶渊明的诗风,他的诗比较清新、自然,洗去了宫体诗的脂粉气息,如:

> 东皋薄暮望,徙倚欲何依。树树皆秋色,山山唯落晖。牧人驱犊返,猎马带禽归。相顾无相识,长歌怀采薇。(《野望》)
> 北场芸藿罢,东皋刈黍归。相逢秋月满,更值夜萤飞。(《秋夜喜遇王处士》)

前一首完全是唐律的格调,与前人相比有很大发展,后一首五绝也很有特色。这两首诗生动地描绘了田园生活,内容很新颖,风格也不像唐初宫体诗那样浮艳堆砌。因此,无论从思想上还是从艺术上,都可以说王绩是盛唐山水田园诗派的先驱人物。

"四杰"指高宗与武后初年"以文章齐名天下"的王勃、杨炯、卢照邻、骆宾王。王勃(公元649年—676年),字子安,绛州龙门人,卢照邻(公元637年?—689年?),字升之,号幽忧子,河北范阳人。骆宾王(公元640年?—684年),婺州义乌(今浙江义乌)人。杨炯(公元650年—693年?),陕西华阴人。他们才华横溢,但在仕途上屡受挫折,因此能较广泛地接触社会现实。他们借诗歌表现胸中的郁愤之气,这便决定了他们不愿受齐梁文风的束缚。王勃首先奋起,力图改革诗风,其他三子纷纷响应。杨炯《王子安集序》说:

> (勃)尝以龙朔初载,文场变体,争构纤微,竟为雕刻,糅之金玉龙凤,乱之朱紫青黄,影带以徇其功,假对以称其美,骨气都尽,刚健不闻。(勃)思革其弊,用光志业。薛令公朝右文宗,托末契而推一变,卢照邻人间才杰,览清规而辍九攻……

卢照邻在《驸马都尉乔君集序》里也自表心意道：

> 凡所著述,多以适意为宗,雅爱清灵,不以敏辞为贵。

"四杰"不可能完全摆脱齐梁文风的影响,但他们的诗题材广泛,思乡怀友、边塞战争、个人的怀才不遇等都是常见的主题,文风上也比较活泼刚健。他们在形式上只反对"上官体"的过分雕琢,并不排斥律诗,相反,他们的诗作中,律诗并不少。他们的努力促进了律诗的最后形成。他们的一些律诗在思想与艺术上都可以说是这一形式的佳作,如:

> 城阙辅三秦,风烟望五津。与君离别意,同是宦游人。海内存知己,天涯若比邻。无为在歧路,儿女共沾巾。(王勃《杜少府之任蜀川》)
>
> 烽火照西京,心中自不平。牙璋辞凤阙,铁骑绕龙城。雪暗凋旗画,风多杂鼓声。宁为百夫长,胜作一书生。(杨炯《从军行》)
>
> 西陆蝉声唱,南冠客思侵。那堪玄鬓影,来对白头吟。露重飞难进,风多响易沉。无人信高洁,谁为表予心?(骆宾王《在狱咏蝉》)

"四杰"的七言歌行也很有特色,特别是卢照邻的《长安古意》,诗人用铺陈纵横之笔渲染了当时长安的繁华景象,大胆揭露了长安上层社会生活的奢侈与统治集团的横暴。虽然没有完全摆脱齐梁藻绘的余习,基调却是豪放热烈的,格调较高而不流于浮艳,称得上初唐长篇歌行的代表作,对盛唐时期李白、岑参等人的歌行乐府有直接的影响。"四杰""以文词称名,海内称焉",影响及于陈子昂、李白、杜甫和其他许多诗人。有人过分强调他们诗中残留的齐梁风气,引起了杜甫的不满,其《戏为六绝句》有句云:"王杨卢骆当时体,轻薄为文哂未休。尔曹身与名俱灭,不废江河万古流。"

"四杰"以后,出现了更加坚决反对齐梁诗风统治的诗人陈子昂。陈子昂(公元661—702年),字伯玉,梓州射洪(今四川射洪县)人。他树立起文学革新的旗帜,在理论上与实践上都表现了鲜明的创新精神。他的《与东方左史虬修竹篇序》正面提出了诗歌革新的主张,肯定了风骚、汉魏诗歌的进步传统,指出了晋宋以来形式主义的弊病;认为文学要有"兴寄",即"托物起兴"、"因物喻志",实质是要求文学发扬批判现实的传统;还认为文学要有"风骨",即要将健康的内容与生动有力的诗句结合起来,使诗歌有高尚充沛的思想感情,刚健的语言和充实的内容。陈子昂表面上倡导复古,其实是力倡创新。

陈子昂的《感遇》三十八首是实践他革新理论的代表作品,是诗歌由初唐到盛唐的里程碑。《感遇》诗或者批判黑暗的现实,或者抒发自己的理想和怀才不遇的感叹。沈德潜说《感遇》是"感于心,困于遇,犹庄子之寓言也,与感知遇之意自别"(《唐诗别裁》卷一),可见《感遇》皆非无病呻吟。这里选读两首:

> 兰若生春夏,芊蔚何青青。幽独空林色,朱蕤冒紫茎。迟迟白日晚,袅袅秋风生。岁华尽摇落,芳意竟何成?(其二)
> 苍苍丁零塞,今古缅荒途。亭堠何摧兀,暴骨无全躯。黄沙幕南起,白日隐西隅。汉甲三十万,曾以事匈奴。但见沙场死,谁怜塞上孤?(其三)

前一首是比兴之作,借楚辞草木零落、美人迟暮的意境,表达了自己空有美好理想的苦闷心情。后一首用率直的语言谴责了不义的边塞之战。两首都是内容充实、笔力劲健之作。还有《登幽州台歌》,更是千古绝唱:

> 前不见古人,后不见来者!念天地之悠悠,独怆然而涕下。

陈子昂的诗作一洗齐梁余习,语言雄浑有力、感受自然真实,正如他所主张的"骨气端翔、音情顿挫"。陈子昂是初唐与盛唐之间一位承上启下的重要诗人,他对诗歌发展的重大贡献受到后人的赞扬。杜甫评他:"有才继骚雅,哲匠不比肩。公生扬马后,名与日月悬。……千古立忠义,《感遇》有遗篇。"(《荐士》)元好问《论诗绝句》也说:"论功若准平吴例,合著黄金铸子昂。"当然,陈子昂的主张不可能在他自己的时代完全实现。李白继承了他的理论,提出:"梁陈以来,艳薄斯极,将复古道,非我而

18

谁?"(《本事诗》)实际是借复古行革新,继续扫荡齐梁余风。他和其他盛唐诗人一起,完成了唐诗革新的历史任务。

总之,盛唐诗歌全盛局面的形成,是唐初百余年来诗歌革新与发展的结果。由此才能理解:为什么李白、杜甫及王维、孟浩然、高适、岑参等诗人,能在开元、天宝年间先后出现,他们的成就又能如此之大。

三

李白《古风》其一这样形容盛唐诗坛的繁荣局面:

> 群才属休明,乘运共跃鳞。文质相炳焕,众星罗秋旻。

李白的交游又极广,当时的许多著名文人如贺知章、李邕、孟浩然、高适、杜甫、贾至、王昌龄等都与李白有交往。他们既会受李白的影响,也不能不对李白的思想、艺术产生影响。因此,要了解李白,就必须对当时诗坛上的主要代表诗人有所了解。

后人从题材与风格两个方面将李白、杜甫以外的盛唐诗人分为山水田园诗派与边塞诗派,前者的主要代表是王维、孟浩然、储光羲等;后者的主要代表是高适、岑参、王昌龄等。所谓流派,就是在一定历史条件下,思想倾向基本相近,对现实和社会有比较一致的认识和态度,而且也有比较相近的创作倾向和创作风格的作家或诗人,自觉或不自觉的形成的文学派别。盛唐的山水田园诗派与边塞诗派就是在题材与风格上存在着较大差异的两个文学流派。由于社会安定,经济繁荣,均田制的瓦解,当时许多中小地主有了自己的庄园,这便为诗人们提供了幽美的隐居环境,一些仕途失意的知识分子也热衷于山林隐逸,从而出现了以王孟为代表的山水田园诗派。他们的诗歌主要以山水风光和田园生活为对象,风格一般都是恬静淡雅的。同时,由于唐朝对外用兵频繁,边塞生活吸引了文士们的注意,过去认为荒凉的不毛之地,这时也有了特殊的魅力,许多文士投笔从戎,希望走立功边塞的道路。他们用诗篇反映民族战争、民族友好、边塞景致、少数民族的习俗爱好,他们以乐府歌行与雄放风格著称,形成了盛唐诗坛的边塞诗派。当然,流派的划分是相对的。一个诗人的作品题材往往是多方面的，风格也会有变化发展。如高适、岑参不仅有雄浑悲壮、慷慨激昂的边塞之作，也有清淡闲远、优雅如画的山水佳品，后者如高适《淇上别业》、岑参《山房春事》，都是典型的例子。同样，王、孟不单有描写山水田园的"清雅精致"之作，也有不少描写边塞的雄浑篇什，如王维的《出塞作》《使至塞上》，孟浩然的《送陈七赴西军》等便是。因此，边塞诗派的诗不全是边塞诗，也不是只有他们才有边塞诗；山水田园诗派作品也并非全是山水田园诗，也不是只有他们才有山水田园诗。把某位诗人归入某个流派，一般根据其最有代表性的作品。

下面分别介绍盛唐边塞诗派和山水田园诗派的主要诗人及他们的主要作品。

盛唐时代，写边塞诗是一种风尚，一般诗人都有几首《出塞》、《入塞》，但真正具有代表性、能称为边塞诗派主要成员的，是高适、岑参、王昌龄、王之涣等人，其中尤以高、岑成就为高。

高适（公元704年—765年），字达夫，渤海蓨（今河北景县）人，《旧唐书》本传说他"少濩落，不事生业，家贫客于梁宋"。为入仕，两次前往长安，皆失意而归。后长期躬耕于梁园，期间又去过蓟北（今河北省北部），写下了不少边塞诗，尤以《蓟门五首》最为人称道。天宝三载，高适与李白、杜甫相会于梁宋。三人寻访古迹，纵论时事，品评诗文，建立了真挚的友谊。正是在长期的浪迹生活中，高适较多地接触了下层人民，写出了一些具有现实主义内容的诗篇，如《自淇涉黄河途中作》其九：

> 朝从北岸来，泊船南河浒。试共野人言，深觉农夫苦。去秋虽薄熟，今夏犹未雨。耕耘日勤劳，租税兼乌卤。园蔬空寥落，产业不足数。尚有献芹心，无因见明主。

天宝八载，张九皋荐高适有道科，授封丘（今河南封丘）尉。封丘任期，他送兵又一次到边塞，有《送兵到蓟北》诗。高适对官吏生活十分不满，任职一年便辞职了。他的《封丘作》是很著名的，其诗云：

> 我本渔樵孟诸野，一生自是悠悠者。乍可狂歌草泽中，宁堪作吏风尘下？只言小邑无所为，公门百事皆有期。拜迎长官心欲碎，鞭挞

黎庶令人悲。归来向家问妻子,举家尽笑今如此。生事应须南亩田,世情尽付东流水。梦想旧山安在哉?为衔君命且迟回。乃知梅福徒为尔,转忆陶潜归去来。

离开封丘,高适"客游河右",为河西节度使哥舒翰看中,任掌书记。安史乱起,高适一步步登上高位,任过侍御史、谏议大夫、淮南节度使、彭蜀二州刺史,代宗时还朝为刑部侍郎转散骑常侍加银青光禄大夫,进封渤海县侯,食邑七百。

高适的思想与创作,可以入哥舒翰幕府分为前后期:前期浪迹天下,做官也是小吏,所以较接近社会下层,两次出塞又使他熟悉边塞生活,因而思想比较进步,诗也较有社会内容,后期因地位的变化,思想也起了变化,所以反映社会现实,揭露社会阴暗的诗篇明显地减少了。高适有代表性的边塞诗皆创作于前期,如《蓟门五首》便是第一次出塞的作品。诗人在诗里谴责了军队中有功不赏的现象:"勋庸今已矣,不识霍将军";抨击了统治者开边的欲望:"汉家能用武,开拓穷异域";歌颂了唐朝将士英勇卫国的精神:"胡骑虽凭陵,汉兵不顾身",还表现了战士思归的情绪:"羌胡无尽日,征战几时归?"《蓟门五首》表现了诗人观察的细致、认识的深刻,涉及了边塞的重大现实,风格上雄浑、自然,内容丰富多彩,非亲到边塞者不能言之。高适最优秀的作品是开元二十六年的《燕歌行》:

> 汉家烟尘在东北,汉将辞家破残贼。男儿本自重横行,天子非常赐颜色。摐金伐鼓下榆关,旌旆逶迤碣石间。校尉羽书飞瀚海,单于猎火照狼山。山川萧条极边土,胡骑凭陵杂风雨。战士军前半死生,美人帐下犹歌舞!大漠穷秋塞草腓,孤城落日斗兵稀。身当恩遇常轻敌,力尽关山未解围。铁衣远戍辛勤久,玉箸应啼别离后。少妇城南欲断肠,征人蓟北空回首。边庭飘摇那可度,绝域苍茫无所有。杀气三时作阵云,寒声一夜传刁斗。相看白刃血纷纷,死节从来岂顾勋?君不见沙场征战苦,至今犹忆李将军。

殷璠《河岳英灵集》评高诗"多胸臆语,兼有气骨",《唐才子传》称"读之令人慷慨感怀",只看《燕歌行》也会同意此类意见。这首诗用浓墨重笔描绘了战争的激烈场面,写出了敌人的凶猛和唐军将士的昂扬斗志,也细致入微地刻画了战士们的心理状态,表现了他们思念家乡而不得归的痛苦,以及思妇对他们的怀念之情;并且用有力的笔触,揭示了士兵和将军两种迥然不同的战地生活,充分显示了他观察的敏锐和思想的深刻。虽然诗句涉及种种矛盾,但整首诗的情绪是积极豪壮的。全诗具有极强的音乐性,声调与诗的内容情绪十分谐调,读来如金戈铁马交相鸣击。在语言上,此诗充分体现了高诗朴素、自然、不加雕饰的特色。这一切使《燕歌行》成为高适也是盛唐边塞诗的代表作品。

岑参(公元716—770年),祖籍南阳,后徙荆州江陵(今湖北省江陵县),出生于一个封建官僚家庭,曾祖父、伯祖父和伯父都做过宰相,祖父、父亲和两个哥哥也做过刺史、令丞一类的官。岑参早有大志,但天宝三年才进士及第,做了右内率府兵曹参军、右武卫录事参军,被派到今新疆库车的安西节度使幕中作幕僚,中间回过长安一次,又被任命为大理评事,摄监察御史,赴北庭(今新疆吉木萨尔)充安西、北庭节度判官,后升任伊西、北庭度支边使。两次出塞使岑参在边陲度过了六年左右的时间,这对他的思想与创作影响很大。他写作了大量的边塞诗,成为盛唐边塞诗派的代表人物。岑参四十岁时回到陕北凤翔,在裴荐、杜甫等人的推荐下,作了右补阙,他认为"未能匡吾君,虚作一丈夫"(《从军二首》),利用自己的职务大胆"指述权佞",得罪了不少名臣重宦,不久便改任起居舍人,更被外调为虢州(今河南灵宝南)长史,但仍云"明主虽然弃,丹心亦未休"(《题虢州西楼》),后几经周折,又回到长安,时有迁调,但并不显达,对社会的认识也日益深刻,写出了这样的诗句:"何处路最难?最难在长安!"(《送张秘书充刘相公通汴河判官便赴江左觐省》)五十多岁时又被任命为嘉州刺史。时值蜀中大乱,更增强了他的出世之意,自云:"愿割区中缘,永从尘外游。"(《登嘉州凌云寺作》)后解职来到成都,写下了充满惆怅与心酸的《客舍悲秋有怀两省旧游呈幕中诸公》:

三度为郎便白头,一从出守五经秋。莫言主上长不用,其那苍生应未休!人间岁月如流水,客舍秋风今又起。不知心事向谁论,江上蝉鸣空满耳。

怀着这样的心情,不久便病死于成都旅舍。

岑参的边塞诗数量较多,也较有特色。诗人凭借切身的体会,对边塞战争、边塞风光和边塞生活作了生动的描绘,《走马川行奉送出师西征》便是其中优秀的一篇:

> 君不见走马川行雪海边,平沙莽莽黄入天。轮台九月风夜吼,一川碎石大如斗,随风满地石乱走。匈奴草黄马正肥,金山西见烟尘飞,汉家大将西出师。将军金甲夜不脱,半夜军行戈相拨,风头如刀面如割。马毛带雪汗气蒸,五花连钱旋作冰,幕中草檄砚水凝。虏骑闻之应胆慑,料知短兵不敢接,车师西门伫献捷。

诗人用形象的语言描写了边塞的艰苦环境,歌颂了唐朝将士英勇战斗的精神,读之使人振奋。《白雪歌送武判官归京》也是一篇很有特色的作品:

> 北风卷地白草折,胡天八月即飞雪。忽如一夜春风来,千树万树梨花开。散入珠帘湿罗幕,狐裘不暖锦衾薄。将军角弓不得控,都护铁衣冷难着。瀚海阑干百丈冰,愁云惨淡万里凝。中军置酒饮归客,胡琴琵琶与羌笛。纷纷暮雪下辕门,风掣红旗冻不翻。轮台东门送君去,去时雪满天山路。山回路转不见君,雪上空留马行处。

这首诗写了边塞的严寒,更写了送别的友情,却充满了乐观豪迈的色彩,表现了岑参浪漫主义的特色。对于边塞的风光和异域的生活,岑参是怀着好奇与热爱的心情落笔的,如:

> 醉后未能别,醒时方送君。看君走马去,直上天山云。(《醉里送裴子赴镇西》)

他笔下的热海与火山更吸引人。诗人运用丰富的想象、大胆的夸张、鲜明的色彩,大力渲染和描绘,使诗中的形象远比现实集中、突出,给人一种浪漫、乐观的感觉,如:

侧闻阴山胡儿语,西头热海水如煮。海上众鸟不敢飞,中有鲤鱼长且肥。岸旁青草常不歇,空中白雪遥旋灭。蒸沙砾石燃虏云,沸浪炎波煎汉月。

　　岑参火山诗有好几首,比较突出的是《火山云歌送别》。全篇从云着眼,描写细致,尤其是开头四句:

　　火山突兀赤亭口,火山五月火云厚,火云满山凝未开,飞鸟千里不敢来。

　　火山奇景表现得简明而形象,使人一读难忘。

　　岑参的诗歌,气势雄伟,想象丰富,富有浪漫主义的特色;各种体裁皆有佳篇,尤以七言歌行最为擅长。他的诗在当时便影响很大,以至"每一篇绝笔,则人人传写,虽闾里士庶,戎夷蛮貊,莫不讽诵吟习焉"(杜确《岑嘉州诗集序》)。

　　王昌龄(公元698—757年),字少伯,太原人。年轻时曾漫游至泾州(今甘肃泾川北)和萧关(今宁夏固原东南)、临洮等边塞之地,开元十五年进士及第,授汜水尉,"又中宏辞,迁校书郎"(《唐才子传》),复为江宁(今南京西北)丞,后因"不护细行"而"屡见贬斥",晚年为龙标(今湖南黔阳县)尉,李白有《闻王昌龄左迁龙标遥有此寄》,表达了对王昌龄的深厚感情。约在至德元、二载间,"以世乱还乡,为刺史闾丘晓所杀"(《新唐书》本传)。因曾亲到边塞,他的边塞诗真切动人,数量也较多,而且能在高、岑之外另辟蹊径,以七言绝句见长,如《出塞》:

　　秦时明月汉时关,万里长征人未还。但使龙城飞将在,不教胡马度阴山。

　　此诗表达了士兵们希望将帅任用得人,巩固边防的愿望,意境高远,发人深思。他的《从军行》组诗历来也被认为是边塞诗里的杰作,如:

青海长云暗雪山,孤城遥望玉门关。黄沙百战穿金甲,不破楼兰终不还。

烽火城西百尺楼,黄昏独坐海风秋。更吹芜笛关山月,无那金闺万里愁。

前一首写出了唐朝将士高昂的爱国热情,后一首则细微地刻画出战士们长期戍边所产生的"乡愁"。两首诗都有情有景,情景交融,意境开阔雄浑,读后令人感怀。

王昌龄还擅长描写各类妇女形象,如:

闺中少妇不知愁,春日凝妆上翠楼。忽见陌头杨柳色,悔教夫婿觅封侯。(《闺怨》)

奉帚平明金殿开,暂将团扇共徘徊。玉颜不及寒鸦色,犹带昭阳日影来。(《长信秋词五首》其三)

荷叶罗裙一色裁,芙蓉向脸两边开。乱入池中看不见,闻歌始觉有人来。(《采莲曲》二首之一)

春闺少妇的细微感触,失宠宫女的痛苦心情,以及采莲姑娘的开朗活泼,都在简洁的诗行里得到了生动细腻的表现,给人留下了深刻的印象。王昌龄的《芙蓉楼送辛渐二首》其一,也是千古传唱的名篇:

寒雨连天夜入吴,平明送客楚山孤。洛阳亲友如相问,一片冰心在玉壶。

王昌龄的诗还存一百七十余首,内容较丰富,艺术成就也较高,故有"诗家夫子王江宁"之美称;又因七绝写得好,有人称他为"七绝圣手"。他的诗意境开阔,语言凝练,想象丰富,使读者感到内容深厚,意味深长。

边塞诗派的代表人物还有李颀(公元690—751年),其《古意》、《塞下曲》都很著名,《古从军行》也很有代表性,其诗云:

白日登山望烽火,黄昏饮马傍交河。行人刁斗风沙暗,公主琵琶幽怨多。野云万里无城郭,雨雪纷纷连大漠。胡雁哀鸣夜夜飞,胡儿眼泪双双落。闻道玉门犹被遮,应将性命逐轻车。年年战骨埋荒外,空见葡萄入汉家。

此诗通过对边塞军士艰苦生活的叙述和悲凉气氛的渲染,表现了作者反对不义战争的思想,最后两句的认识有一定的深度。全诗形象生动,风格悲壮,感情沉痛,确是杰出的作品。

李颀诗题材广泛,送别诗与听乐诗也写得很好。前者如《送章甫》、《赠别高三十五》;后者如《听安万善吹觱篥歌》、《听董大弹胡笳弄兼寄语房给事》,都是名篇。

王之涣(公元688—742年),"歌从军,吟出塞,……传乎乐章,布在人口"(靳能《墓志铭》)。他的《登鹳雀楼》可谓家喻户晓,《凉州词》也是边塞诗中的佳品:

黄河远上白云间,一片孤城万仞山。羌笛何须怨杨柳,春风不度玉门关。

王瀚(公元687—735年)的《凉州词》也很有名:

葡萄美酒夜光杯,欲饮琵琶马上催。醉卧沙场君莫笑,古来征战几人回?

两首《凉州词》都通过简略的语言表现了丰富的内容,前一首流露出对戍卒深切的同情,后一首写出了出征前将士们的复杂心理。其他如崔颢、崔国辅也有一些佳作,限于篇幅,不一一介绍了。

盛唐山水田园诗派的主要代表是王维、孟浩然以及储光羲、常建、祖咏,尤以王、孟成就最高。

王维(公元701—761年),字摩诘,太原祁(今山西祁县)人,"七岁知属词",十几岁便写出了《洛阳女儿行》、《桃源行》等相当成熟的诗篇,据说《九月九日忆山东兄弟》是十九岁时所作:

独在异乡为异客,每逢佳节倍思亲。遥知兄弟登高处,遍插茱萸少一人。

王维多才多艺,精通书画与音乐。开元九年进士及第,因为通音律,不久调至太乐丞,又因事贬为济州(今山东茌平西南)司库参军,有"微官易得罪,谪去济川阴"(《被去济州》)的怨语。开元二十二年,张九龄任相,王维有《上张令公》:"贾生非不遇,汲黯自堪疏。学易思求我,言诗或起予。尝从大夫后,何惜隶人余。"可见仕进之心甚切。九龄提拔他作了右拾遗,后至给事中。九龄罢相后,政治趋于黑暗,王维逐渐萌生了隐逸思想,"方将与农圃,艺植老丘园"(《寄荆州张丞相》),但没有真正归隐,又被派赴西北劳军,写下了几首著名的边塞诗,以《使至塞上》最脍炙人口:

单车欲问边,属国过居延。征蓬出汉塞,归雁入胡天。大漠孤烟直,长河落日圆。萧关逢侯骑,都护在燕然。

真是气象宏大,意境雄浑。边塞归来不久,王维的父亲去世,又是一次很大的打击。紧接着便是"安史之乱",他为叛军所获,被迫受伪职,因曾作诗怀念朝廷,乱平后只受到贬官处分,最后死于尚书右丞职上,故世称王右丞。

王维有代表性的山水田园诗大都写于后期。因为对政治失望,过着"与道友裴迪,浮舟往来,弹琴赋诗"和"退朝之后,焚香独坐,以禅诵为事"(并见《旧唐书》本传)的生活,故而他的心情是那样平静与孤独:"晚年惟好静,万事不关心","中年颇好道,晚家南山陲","一生几许伤心事,不向空门何处销"。他远离了人世纷争,用山光水色来自我陶醉,在对大自然的细致观察中,创作了许多山水田园诗,如:

空山不见人,但闻人语响。返景入深林,复照青苔上。(《鹿柴》)

独坐幽篁里,弹琴复长啸。深林人不知,明月来相照。(《竹里馆》)

人闲桂花落，夜静春山空。月出惊山鸟，时鸣春涧中。(《鸟鸣涧》)

这些五言小诗，只有二十字，但却是一幅幅画出了山水神韵的小品。其中表现的孤寂、消极的思想情绪应该批判，但艺术上的特点和长处也是很值得称道的。王维还有一些描写田园隐居生活的诗篇，充满了生活的情趣，如：

屋上春鸠鸣，村边杏花白。持斧伐远杨，荷锄觇泉脉。归燕识故巢，旧人看新历。临觞忽不御，惆怅远行客。(《春日田园作》)

空山新雨后，天气晚来秋。明月松间照，清泉石上流。竹喧归浣女，莲动下渔舟。随意春芳歇，王孙自可留。(《山居秋暝》)

前一首表现了农民们怀着欣喜的情绪迎接又一个春天的景象，语言简练而富有韵味，后一首表现了空山雨后、明月清泉的动人景色和浣纱归来的村女们的欢声笑语。动静结合，"诗中有画"，称得上是王维的也是整个山水田园诗派的优秀之作。

孟浩然(公元689—740年)，字浩然，襄阳(今湖北襄阳)人，生平比较简单，"隐鹿门山，以诗自适。年四十，来游京师。应进士，不第，还襄阳。张九龄镇荆州，署为从事，与之唱和，不达而卒"(《旧唐书》本传)。《夜归鹿门山歌》便是他隐居生活的写照：

山寺鸣钟昼已昏，渔梁渡头争渡喧。人随沙岸向江村，余亦乘舟归鹿门。鹿门月照开烟树，忽至庞公栖隐处。岩扉松径长寂寥，惟有幽人自来去。

孟浩然虽然长期隐居，内心仍有矛盾。他说："三十既成立，嗟吁命不通"(《书怀贻京邑同好》)，因此四十岁仍游京师，应进士，却未能如愿，故曰："壮志竟未立，斑白恨吾衰"(《家园卧疾毕太守相寻》)，于是更以襄阳为中心，开始了长期的漫游，所谓"为多山水乐，频作泛舟行"(《经七里滩》)，写下了许多优秀的山水诗，如：

木落雁南渡,北风江上寒。我家襄水曲,遥隔楚云端。乡泪客中尽,孤帆天际看。迷津欲有问,平海夕漫漫。(《江上思归》)

挂席几千里,名山都未逢。泊舟浔阳郭,始见香炉峰。常读远公传,永怀尘外踪。东林精舍近,日暮空闻钟。(《晚泊浔阳望香炉峰》)

移舟泊烟渚,日暮客愁新。野旷天低树,江清月近人。(《宿建德江》)

这些诗写得自然流畅,意境高远,语言简练,像一幅幅优美的山水画。孟浩然还有一些描写农村田园的诗,也很有特色,如:

故人具鸡黍,邀我至田家。绿树村边合,青山郭外斜。开轩面场圃,把酒话桑麻。待到重阳日,还来就菊花。(《过故人庄》)

春眠不觉晓,处处闻啼鸟。夜来风雨声,花落知多少?(《春晓》)

前者描写与故人的友情,言简意厚,很是动人;后者更如口语一般,意境却很新鲜。孟浩然的佳作还有不少,如《秋登兰山寄张五》、《与颜钱塘登障楼望潮作》、《望洞庭赠张丞相》等。

由于孟浩然一生经历比较简单,而且一直生活在开元时期,因此他的诗在内容上显得单薄一些,但从艺术上看,他是山水田园诗派的突出代表。他擅长五古和五律,追求艺术的完整和精美,虽然写诗不是很多,但影响很大。杜甫有这样的赞语:"赋诗何必多,往往凌鲍谢。"李白与孟浩然友谊甚笃,有《送孟浩然之广陵》、《赠孟浩然》等诗。

山水田园诗人还有储光羲(公元707—759年)、常建(公元708—765年)。殷璠说储诗"格高调逸,趣远情深,削尽常言"(《河岳英灵集》)。储光羲有不少诗描写农村生活,如《同王十三维偶然作十首》、《田家杂兴八首》、《田家即事》等。他还以樵父、渔父、牧童为主角,写了一些较有生活气息的诗。他的《蓝上茅茨期王维补阙》较著名:

山中人不见,云去夕阳过。浅濑寒雨少,丛兰秋蝶多。老年疏世事,幽性乐天和。酒熟思才子,溪头望玉珂。

有情有景,语言自然,比较质朴。

常建以《题破山寺后禅院》著名:

清晨入古寺,初日照高林。曲径通幽处,禅房花木深。山光悦鸟性,潭影空人心。万籁此俱寂,但余钟磬音。

还有祖咏、裴迪、綦毋潜、丘为也是这一派的重要诗人。他们的诗在内容与艺术上皆差王、孟甚远,但他们的创作对山水田园诗派的发展还是起了一些作用。

从上面的介绍可以看出,盛唐诗坛确是百花齐放,群星灿烂。离开了与李白、杜甫共同开创唐诗兴盛局面的其他诗人,就不能真正读懂李白那些不朽的诗篇,也就不能真正理解李白。

李白的生平与家世

李白的经历和思想都比较复杂,晚年更值社会大动乱之际,李阳冰说:

> 自中原有事,公避地八年,当时著述,十丧其九,今所存者,皆得之他人。(《草堂集序》)

可见诗人留下的资料很少,这给研究工作带来很大的困难,长期以来许多问题众说纷纭。新中国成立后,经过研究工作者深入发掘,多方考证,对所有现存资料,坚持历史唯物主义的分析,某些问题基本上取得了一致意见,但不少问题仍有分歧。下面作些简要介绍。

一、出生的神奇传说

李阳冰《草堂集序》(以下简称"李序")说:

> 惊姜之夕,长庚入梦,故生而名曰白,以太白字之。

范传正《唐左拾遗翰林学士李公新墓碑》(以下简称"范碑")说:

> 公之生也。……先夫人梦长庚而告祥,名之与字,咸所取象。

《彰明县志》卷十三说:

青莲乡,县西南十五里,一名漫波渡。相传李白母浣纱于此,有鲤跃入篮中,烹而食之,遂孕而生李白。

这些神话似的记载,最初应来自李白的家庭,经人们辗转传说,以至载入《序》、《碑》和地方志。记载的目的当然是为了证明李白的非凡来历,突出他的超群才华和奇异品格。过去,出众的人物常被誉为仙佛降凡,如中唐浪漫主义诗人李贺,临死前就说自己是玉皇召他上天任职,其母深信不疑。李阳冰是李白族叔,李白去世前又寄居阳冰住所,临终时"枕上授简,俾予为序";范碑的记载可能来自李序或伯禽(李白之子)的手疏;而《彰明县志》则全系得之于传说,并无实据可查。《唐摭言》记载:

李白始自蜀至京,道未甚振,因以所业贽贺知章,知章览《蜀道难》篇曰:子谪仙人也。

后来人们说李白是谪仙人,即由此衍出。
李白自号青莲居士,有据可证,他的《答湖州迦叶司马》一诗说:

青莲居士谪仙人,酒肆藏名三十春。湖州司马何须问,金粟如来是后身。

把"青莲居士"与"谪仙人"联在一起,可知此诗是见贺知章以后所作。关于"青莲"一词,王琦在《李太白全集》里解释说:

青莲花出西天竺,梵语谓之优钵罗花。清净香洁,不染纤尘。太白自号,疑取此义。《眉公秘笈》谓其生于彰明之青莲乡,故号青莲。按:青莲乡在绵州旧彰明县内,《彰明逸事》原作清廉乡,疑后人因太白生于此,故易其字作青莲耳。谓太白因此而取号,恐未是。

王琦的分析有说服力,李白自号取青莲花"清净香洁,不染纤尘"的含义,很符合他的性格,当然同时也可能有和家乡谐音的考虑;而李白家

乡因李白而改成同音之名,更是完全有可能的。李白在《答族侄僧中孚赠玉泉仙人掌茶》的诗序中说:

> ……后之高僧大隐,知仙人掌茶,发乎中孚禅子及青莲居士李白也。

可见,李白曾多次以"青莲居士"自称。

二、入水捉月的传说

李白于代宗宝应元年病逝于当涂县李阳冰任所,这有李阳冰《草堂集序》的明文记载:

> 阳冰试弦歌于当涂,心非所好,公退不弃我,乘扁舟而相顾。临当挂冠,公又疾亟,草稿万卷,手集未修,枕上授简,俾予为序。……时宝应元年十一月乙酉也。

李白何病致死?皮日休《李翰林》一诗说:"竟遭腐胁疾,醉魄归八极。"大致是可信的。可是传说却认为李白是因醉入水捉月而溺死的。《唐摭言》说:

> 李白著宫锦袍,游采石江中,傲然自得,旁若无人,因醉入水中捉月而死。

《容斋随笔》亦云:

> 世俗多言李在当涂采石,因醉泛舟于江,见月影俯而取之,遂溺死,故其地有捉月台。

这一传说当然不可信。人们出于对李白的崇仰之情,认为他的死应与众不同,就根据他嗜酒爱月的特征,虚构了这一神话。《演繁露》的说法是有道理的：

> 至谓白以捉月自投于江，则传者误也。曾巩曰："范传正志白墓，称白偶乘扁舟，一日千里，白之歌诗，亦自云如此。"或者因其豪逸，又尝草瘗江边，乃饰为此说耳。

不仅当时民间传说李白捉月而死，后世的文人墨客也愿意信以为真，纷纷写诗凭悼，兹选录如下：

白居易《李白墓》诗：

> 采石江边李白坟，绕田无限草连云。可怜荒陇穷泉骨，曾有惊天动地文。但是诗人多薄命，就中沦落不过君。

蔡珪《太白捉月图》诗：

> 寒江觅得钓鱼船，月影江心月在天。世上岂能容此老，画图常看水中仙。

程钜夫《捉月图》诗：

> 牛渚矶前白锦袍，蛾眉亭上月初高。江波满眼平如地，醉倒长庚一诗豪。

萨天锡《采石怀李白》诗：

> 梦断金鸡万里天，醉挥秃笔写鸾笺。……只应风骨蛾眉妒，不作天仙作水仙。

李东阳《李太白》诗：

> 醉别蓬莱定几年，被人呼是谪神仙。人间未有飞腾地，老去骑鲸

却上天。

宗臣《过采石怀李白》十首之四：

> 夜夜银河不倒流,长虹西挂彩云愁。醉来江底抱明月,惊落天心
> 一片秋。

这些诗句,蕴含着对诗人的多少同情和敬意!不仅如此,凡是李白到过、甚至只是与他有某种关系的地方,都有纪念他的文物。如读书台、太白台、太白宅、太白亭、太白湖、太白山、太白岩、捉月亭、对酌亭、浣笔泉等等,不一而足。尤其是太白酒楼,历代文人登楼凭悼的诗篇不可胜数,姑举几首如下:

陈俨《重修李白酒楼记》文末有歌曰:

> 昔公去兮乘龙,窅云气兮蓬莱宫。……思故国兮神游,恍临风兮
> 浩歌。揽香风兮折琼芳,援北斗兮斟桂浆。浩溟溟兮徒倚以望,归来
> 归来兮举我觞。

赵孟頫《太白酒楼》云:

> 城回当平野,楼高属暮阴。谪仙何俊逸,此地昔登临。慷慨空怀
> 古,徘徊独赏心。峄山明眼望,百里见遥岑。

刘基《李白酒楼》云:

> 小径纤行客,危楼舍酒星。河分洗水碧,天倚峄山青。昭代空文
> 藻,斯人忆断萍。登临无贺老,谁与共忘形。

王世贞《太白酒楼》云:

> 昔闻李供奉,长啸独登楼。此地一垂顾,高名百代留。白云海色

曙,明月天门秋。欲觅重来者,潺潺济水流。

王士禛《雨中登太白楼》亦云:

> 开元陈迹去悠悠,犹有城南旧酒楼。吴语曾呼狂太白,洛阳何必董糟丘。龟兔缥缈当窗出,汶泗苍茫绕槛流。眼底无人具宾主,任城烟雨可怜秋。

这些诗篇,生动地表现了李白豪放、狂纵、胸怀开阔、目下无尘的性格,使读者形象地感受到李白恢宏的胸襟和潇洒的风姿。此外,吟咏描绘太白酒楼的散文和赋也不少,因为篇幅较长,此处就不一一列举了。不仅文人墨客,甚至一个小小的酒店,也往往挂上"太白酒家"的招牌,目的当然是招揽顾客,但也可以看到诗人的影响是多么深广。李白确实活在广大人民的心里。

三、家世之谜

李白家世,历来说法不同,是千余年来的未解之谜。过去大致认为下面几种资料比较可靠:

1. 李序

> 李白,字太白,陇西成纪人,凉武昭王九世孙。蝉联珪组,世为显著。中叶非罪,谪居条支,易姓与名。然自穷蝉至舜,五世为庶,累世不大曜,亦可叹焉。

2. 范碑

> 公之孙女搜于箱箧中,得公之子伯禽手疏十数行。纸坏字缺,不能详备,约而计之,凉武昭王九世孙也。隋末多难,一房被窜于碎叶,流离散落,隐易姓名。故国朝以来,漏于属籍。

3.《新唐书·文艺列传》

李白,字太白。兴圣皇帝九世孙,其先隋末以罪徙西域。神龙初遁还,客巴西。

4. 朱骏声《唐李白小传》

李白,……汉李广后,凉武昭王九世孙。

历来大多以李序、范碑所载为定论。阳冰和李白关系已如前述,阳冰所谓"凉武昭王九世孙",应出自李白之口。范传正虽晚于李白数十年,但与李白有"通家之旧",材料又来自伯禽手疏,当然也是可靠的。《新唐书》等可能根据李序、范碑,似乎并无异议。但范碑称:"故自国朝以来,漏于属籍",却给李白家世的研究留下了麻烦。李白若果真是"凉武昭王九世孙",应属于唐朝宗室。《唐会要》卷六十五载,唐玄宗天宝元年七月二十三日诏书有云:

殿中侍御史李彦允等奏称:与朕同承凉武昭王后,请甄叙者,源流实同,谱牒犹著。自今已后,凉武昭王孙宝(疑为"室")下,绛郡、姑臧、敦煌、武阳等四公子孙,并宜隶宗正寺,编入属籍。

李白如确系凉武昭王九世孙,自应编入属籍,而且天宝元年李白正供奉翰林,常在玄宗左右,不可能不知道这道诏书,但李白却始终未被列入宗室。因此后人对凉武昭王九世孙一说有怀疑,如近人陈寅恪、胡怀琛先生对李白家世均提出异议,前者认为李白是西域胡人(《清华学报》第10卷1期,1935年1月),后者认为李白是"突厥化的中国人"(《逸经》第一期,1936年3月)。郭沫若同志的《李白与杜甫》不同意陈说,理由主要是:

1. 李白"五岁诵六甲,十岁观百家","十五观奇书,作赋凌相如",这绝非胡人所能做到。

2. 如李白是胡人,为什么与当时一些胡人将帅如安禄山、哥舒翰等并无往来？胡人种族观念较强，李白却毫无种族观念。

3. 李白在《上云乐》一诗中说胡僧面貌"怪得出奇"，如李白是胡人，绝不会如此丑化胡僧。

因此，郭沫若同志认为胡人一说毫无根据，但他对凉武昭王九世孙一说也有怀疑。理由是：一、唐宗正寺不承认李白是宗室。二、李白自己也含糊不清，有些赠答诗论辈分对方本比他小，诗却称对方为从兄弟，如《感时留别从兄徐王延年、从弟延陵》，李延年、延陵是唐高祖李渊子徐王李元礼曾孙，李暠十一世孙，比李白晚两辈，李白却称他们为从兄弟；又如《献从叔当涂宰阳冰》，李阳冰是赵郡南祖房李真八世孙，李真晚李暠一辈，按说阳冰与李白同辈，但李白却称阳冰为从叔。类似情况还很多，不一一列举。郭沫若同志这种怀疑，很有道理，已为学术界普遍赞同。

看来李白不是李暠九世孙，那他为什么要假冒呢？这恐怕只能从封建社会的门第观念去寻找原因。自曹魏制定"上品无寒门，下品无士族"的"九品中正制"后，社会等级森严，隋唐以来，这一制度有所改变，但门第之风依然存在。唐最高统治者认老子为始祖，就是一例。李白为抬高自己的血统，伪造凉武昭王九世孙一说，也极有可能。在文学史上一直和他难分优劣的杜甫，这方面也和他不相上下。恩格斯谈到德国诗人歌德和哲学家黑格尔时曾说：

> 歌德和黑格尔各在自己领域中都是奥林帕斯山的宙斯，但是两人都没有完全摆脱德国的庸人气味。

李白、杜甫虽然都是伟大的诗人，但也未能免俗，这是不足为奇的。当然，要全面认识李白，这一方面也不应忽略。

近年来，关于李白家世又有了新的观点。兰州大学张书诚同志经过多年钻研，提出李白是西汉"飞将军"李广二十五代孙。李白本人是承认他是李广后裔的，曾说"家本陇西人，先为汉边将"（《赠张相镐》其二）。张书诚认为，李广嫡孙李陵，战败投降匈奴后，与匈奴单于女儿成婚，子孙代居北狄。另一支李陵之后，隋炀帝时被诬反叛罪，一房流居碎叶，到第六代，李白诞生。李氏家族对李陵败降匈奴，深感耻辱，因而只认远祖李广，不认李陵，这也是保全身家性命的需要。张说可作参考。

另一种意见,是台湾研究工作者钟吉雄提出的。他在《台湾时报》发表了《谈李白身世之谜》一文,提出李白先世可能牵涉了一场"宗室恩怨",并认为可能就是涉及太宗的"玄武门之变"。钟氏推断李白曾祖父可能就是"玄武门之变"的牺牲者——建成或元吉之一。这一见解,因没有见到全文,很难评论,录此聊备一说。

总之,李白家世尚未定论,认为其中有难言之隐,看来是可以肯定的,这就更增加了这一千古之谜的奥秘,有待进一步研究。

四、具有流徙色彩的富商家庭

李白生长在一个什么样的家庭,经过长期研究,现在基本上取得了一致意见:一个具有流徙色彩的富商之家。理由如下:

1. 李白先世从内地流徙碎叶。碎叶是"诸国商胡杂居"之地(玄奘《大唐西域记》)。李白父亲李客不是土著地主,又没做过官,只能以经商为生,并因此致富,神龙初始迁居四川绵州,说他家是具有流徙色彩的富商,是合乎情理的。

2. 李白从少年时代起,即隐居名山,潜心攻读,其《与安州裴长史书》说:

> 昔与逸人东严子隐于岷山之阳,白巢居数年,不迹城市,养奇禽千计,呼皆就掌取食,了无惊猜。

这样的生活,离开了充裕的经济条件,是不可想象的。

3. 李白出蜀后,挥金如土,东游维扬时,"不逾一年,散金三十万,有落魄公子悉皆济之"(《与裴长史书》)。可见,李白出蜀时,携带着大笔金钱,如非富裕之家,也是不可能的。

五、故乡何处是

李白出生在什么地方,生长在什么地方,也就是说哪里是李白的故乡? 这也是千余年来众说纷纭的问题。现将各种意见介绍如下:

1. 陇西成纪说。此说在唐代便有三家:李序:陇西成纪人。范碑:其先陇西成纪人。魏颢:白本陇西,乃放形,因家于绵(《李翰林集序》)。

以上三家,与李白的关系均很密切,说法基本一致,小有出入:李序明确肯定李白是陇西成纪人;范碑只认为其先世是陇西成纪人;魏序也认为其先世是陇西成纪人,后定居于绵。李白本人的诗文也说:“家本陇西人,先为汉边将”(《赠张相镐》其二);“白陇西布衣,流落楚汉”(《与韩荆州书》)。细究上述资料,只能得出这样的结论:李白先世是陇西成纪人,而不能认为陇西成纪就是李白的故乡。

2. 山东说。此说最初可能出于误解,以后则以讹传讹。李序“咏歌之际,屡称东山”,是指李白以隐居东山的谢安自比。杜甫《苏端薛复筵简薛华醉歌》云:“近来海内为长句,汝与山东李白好。”此处“山东”是指华山以东的广大地域,杜甫《兵车行》有“君不闻汉家山东二百州,千村万落生荆杞”之句,可见当时的山东是指包括二百州的广大地区。后来元稹在《杜工部墓志铭》里把李白说成山东人:“是时山东人李白,亦以奇文取称”,可能误解了杜甫的意思。《旧唐书·文艺列传》也说,“李白……山东人……父为任城尉,因家焉”,更是莫大的谬误。李白父亲“高卧云林,不求禄位”(“范碑”),没有任何书文记载过他曾做过任城尉。李白曾家任城,倒是事实。《五月东鲁行答汶上翁》有句云:“顾余不及仕,学剑来山东。”裴敬《翰林学士李公墓碑》说:

> 又尝心许剑舞,裴将军予曾叔祖也,尝投书云:如白愿出将军门下,……大和初,文宗皇帝命翰林学士为三绝赞,公之诗歌与将军剑舞洎张旭草书为三绝。

可见李白并非山东人,为了学剑才移居山东。

3. 金陵说。此说起因于李白《上安州裴长史书》,其文有句云:“白本家金陵,世为右姓,遭沮渠蒙逊难,奔流咸秦,因官寓家,少长江汉。”这段文字比较费解,胡应麟完全否定此文,他说:

> 凉武昭王之世,南北瓜分已久。即云先世金陵,后迁陇蜀,亦万万不通,盖后人因白侨居白门(今南京),而伪为此书(《续笔丛》)。

王琦在《李太白全集》的这条注释中提出了不同意见:

> 自"本家金陵"至"少长江汉"二十余字,必有缺文讹字,否则"金陵"或是"金城"之谬,亦未可知。断为伪作,非是。

王琦认为《上安州裴长史书》并非伪作,颇有见地。此文所叙事实,完全符合李白生平事迹,感情又如此恳挚,当非他人所能摹拟。对"本家金陵"一句,郭沫若同志有新解释,他认为"金陵"可能指李暠在西凉所设的"建康郡",并指出其地在"酒泉与张掖之间",原命名为建康郡,为表示对东晋国都(金陵)之怀念,故称金陵。近来刘开扬先生反驳了此说,指出西凉的建康郡在甘肃高台,距金城甚远,所以金陵可能是金城之误(本王琦说)。关于"咸秦",刘先生认为即指长安,因唐人习称京师长安为咸秦,"可见李白先世曾由金城郡流徙到长安,而家居于此",由此肯定"李白即生于长安,为长安人";而"少长江汉"的"江汉",即指蜀地,就是说李白生于长安,长于蜀地。这一论点,论据似还不足,但也可备一说。

4. 蜀中说。此说先见于刘全白《唐故翰林学士李君碣记》:"君名白,广汉人。"《唐书·地理志》云:"唐绵州治巴西县,……属广汉郡。"曾巩《李太白文集后序》明确提出李白是"蜀郡人"。李白本人也有不少怀念蜀中的诗篇,如《淮南卧病书怀寄赵征君蕤》:

> 国门遥天外,乡路远山隔。朝忆相如台,夜梦子云宅。

相如、扬雄均为蜀人,此诗直接把蜀中称为故乡。《宣城见杜鹃花》诗云:

> 蜀国曾闻子规鸟,宣城还见杜鹃花。一叫一回肠一断,三春三月忆三巴。

表现了对蜀中殷切的怀念。又如《渡荆门送别》结句:"仍怜故乡水,万里送行舟",也明确指出蜀地是其故乡。

综上所述,是否可以这么说:李白祖籍陇西成纪,先世因难徙居西域,白生于碎叶(今苏联吉尔吉斯境内,当时属唐所置安西都护府),五岁时随家迁居绵州彰明县清廉乡(后改名青莲乡),直至二十五岁出蜀。应该说蜀中是李白故乡。

但近年来又有人提出,李白就出生在蜀中(见一九八一年第四期《四川大学学报》之《李白究竟出生在哪里?》、《四川大学学报丛刊》第十五辑《李白出生于四川江油补正》、一九八四年十一期《江汉论坛》之《评李白出生碎叶说兼及其籍贯问题》等)。此说无法解释这一矛盾:肃宗至德二载(公元757年),李白上表自称时年"五十有七",以此上推,其生年当在武后大足元年(公元701年);而李序称:李白之父"神龙之始,逃归于蜀",神龙元年为公元705年,其时李白已经五岁了,自然不是出生于蜀。当然,此说有些论据还是给人启发的。

六、李白家庭迁蜀的原因

李白家庭从碎叶迁居蜀中,根据主要是以下三家材料:

1. 李序:"至武后时,子孙始还内地,于蜀之绵州家焉。"

2. 范碑:"神龙初,潜还广汉,因侨为郡人。"

3.《新唐书·本传》:

> 神龙初遁还,客巴西。

可见,迁蜀时间在神龙初。去彰明的原因,据三家所载"逃归"、"潜还"、"遁还"等语,显然有避免张扬之意,故不去通都大邑,而选择了偏僻小县。杜田《杜诗补遗》云:"范传正《李白新墓碑》云,白本宗室子,厥先避仇,客居蜀之彰明。"其实范碑并无此文,杜田由其"逋其邑"推测为"避仇"。总之,如前所述,这里应该有某种不便明言之处。回内地的原因,只能是叶落归根。这也证明,李白先世确是中国人,因此才会从如此遥远的碎叶迁回。

七、李白与家庭的关系

李白与家庭的关系，看来不很和谐。他二十五岁"辞亲远游"后，仅在《秋于敬亭送从侄耑游庐山序》里提道："余小时，大人令诵《子虚赋》"，还有《万愤词投魏郎中》有"恋高堂而掩泣，泪血地而成泥"之句，此外还未发现怀念父母家人的文字。这不应该是疏忽。从前面介绍的情况看，李白先世可能因政治原因谪居边域，李白父亲是个"高卧云林，不求禄位"（《范碑》）的富商，这样的家庭对李白所热烈追求的政治理想和狂放不羁的生活态度，可能都无法理解，因而李白与家庭在思想感情上可能不很融洽。李白出蜀以后，一直没有回家乡探望父母，后来连经济联系似乎也中断了。他在经济困难时，总是向从兄弟或友人倾诉贫困，乞求援助，如《赠从兄襄阳少府皓》诗说："归来无产业，生事如转蓬……棣华倘不接，甘为秋草同。"直言不讳地诉说自己的窘迫，要求对方接济。又如《醉后赠从甥高镇》诗说："马上相逢揖马鞭，客中相见客中怜。欲邀击筑悲歌饮，正值倾家无酒钱。"直到因永王璘事件牵连入狱，他才想起了父母和兄弟。这是我们了解李白的生活和思想时，一个应该注意的方面，而过去往往被忽略了。

八、李白的婚姻

李白出蜀后，游历了许多地方，来到安陆，"许相公家见招，妻以孙女，便憩迹于此……"（《上安州裴长史书》）。许相公，即许圉师，唐高宗龙朔中为左相，仪凤四年卒。据说许氏夫人颇有文学修养，《柳亭诗话》有一段记载：

> 李白尝作《长相思》乐府一章，末曰："不信妾肠断，归来看取明镜前。"其妇从旁观之曰："君不闻武后诗乎！'不信比来常下泪，开箱看取石榴裙'。"太白爽然若失。此即所谓相门女也。

许夫人因病早逝，遗下一男名伯禽，一女名平阳。李白续娶宗氏夫人,时间可能在"赐金放还"后。宗夫人是武后时三次拜相的宗楚客孙女。伯禽、平阳皆为宗夫人抚养。宗夫人轻视功名富贵,李白被邀参加永王璘幕府时,宗夫人并不赞成。李白《别内赴征》其二有句云:"归时倘佩黄金印,莫见苏秦不下机",反用苏秦说秦失败而归、"妻不下纴"的典故,说明宗夫人并不以丈夫能做高官为荣。李白因永王璘事件下狱后,宗夫人多方奔走求援。李白能够获释,宗夫人出力甚多。李白在《浔阳非所寄内》诗中把宗夫人比作蔡琰:"闻难知恸哭,行啼入府中。多君同蔡琰,流泪请曹公。"宗夫人晚年崇奉道教,李白有《送内寻庐山女道士李腾空二首》,其二说:

> 多君相门女,学道爱神仙。素手掬青霭,罗衣曳紫烟。一往屏风叠,乘鸾著玉鞭。

李腾空是李林甫的女儿,《方舆胜览》曰:

> 延真观在南康城北四十里,旧名昭德。唐女真李腾空所居。腾空,宰相李林甫之女。

唐代道风极盛,唐玄宗之妹玉真公主,宰相之女李腾空,均出家为道士。宗夫人信道,不足为奇。李白的政治抱负,决定了他不可能成为虔诚的道教徒,但他也受到道教的影响,他与宗夫人可以说是有共同语言的。从李白的诗文看,李白与宗夫人的感情十分融洽,其《秋浦寄内》云:

> 我今寻阳去,辞家千里余。……江山虽道阻,意合不为殊。

《南流夜郎寄内》云:

> 夜郎天外怨离居,明月楼中音信疏。北雁春归看欲尽,南来不得豫章书。

其语其情,感人至深。

魏颢《李翰林集序》称李白"始娶于许,生一女一男曰明月奴,女既嫁而卒。又合于刘,刘诀,次合于鲁一妇人,生子曰颇黎。终娶于宋。"

这段文字,含糊不清,似说李白曾结婚四次,有两子,但其他资料均无此类记载。看来,李白只有一子一女,子伯禽,女平阳。所谓"颇黎",可能就是"伯禽"之误。平阳也不曾"既嫁而卒"。"终娶于宋"的"宋",显系"宗"字之误。李白《窜夜郎于乌江留别宗十六璟》诗有"我非东床人,令姊忝齐眉",显然魏序有误,不可从。

九、对儿女的笃爱

李白性格豪放,对儿女的感情却极为深厚,他经常外出游历,无法携儿带女,只能深深地思念他们,并写诗寄托。天宝九载,李白游金陵,途中有《寄东鲁二稚子》一诗:

> 吴地桑叶绿,吴蚕已三眠。我家寄东鲁,谁种龟阴田?春事已不及,江行复茫然。南风吹归心,飞坠酒楼前。楼东一株桃,枝叶拂青烟。此树我所种,别来向三年。桃今与楼齐,我行尚未旋。娇女字平阳,折花倚桃边。折花不见我,泪下如流泉。小儿名伯禽,与姊亦齐肩。双行桃树下,抚背复谁怜?念此失次第,肝肠日忧煎。裂素写远意,因之汶阳川。

此诗不仅非常生动地表现了诗人对儿女的殷切的思念之情,而且也说明了另外几个问题:

1. 李白在任城薄有田产。

2. 李白比较熟悉农事,且亲自耕耘过,因而会有自己不在家,"谁种龟阴田"之虑。

3. 李白在任城的确建有酒楼:"南风吹归心,飞坠酒楼前。"《本事诗》亦有记载:

> 初,白自幼好酒,于兖州习业,平居多饮。又于任城筑酒楼,日与同志荒宴其上,少有醒时。邑人皆以白重名,望其楼而加敬焉。

（《太平广记》卷二〇一引）

4.“娇女”二句,证实诗人只有一子一女,魏颢所谓“颇黎”,当为“伯禽”之误。

此诗在叙述琐事中见深情,语言平易流畅,“我家寄东鲁,谁种龟阴田?”简直就是口语,放在全诗中,又十分自然。诗中将回忆与现实、想象与愿望巧妙地结合,使表现的感情更真挚动人。

天宝十四年,安史之乱爆发,李白仓皇南逃,一双儿女尚在东鲁,诗人时时怀念他们。正好门人武谔前来,知道李白很想念儿女,便自告奋勇,愿将伯禽姊弟接来。李白十分感激,写了《赠武十七谔并序》,序曰:

> 门人武谔,深于义者也。质木沉悍,慕要离之风,潜钓川海,不数数于世间事。闻中原作难,西来访余,余爱子伯禽在鲁,将许冒胡兵以致之。酒酣感激,援笔而赠。

诗云:

> 马如一匹练,明月过吴门。乃是要离客,西来欲报恩。笑开燕匕首,拂试竟无言。狄犬吠清洛,天津成塞垣。爱子隔东鲁,空悲断肠猿。林回弃白璧,千里阻同奔。君为我致之,轻赍涉淮沅。精诚合天遇,不愧远游魂。

此诗作于天宝十五载,时安禄山已陷东京洛阳,诗人正往来于宣城、当涂、溧阳之间。诗中描写武谔神情:“笑开燕匕首,拂拭竟无言。”确是传神之笔。只有这样沉着好义的豪侠之士,才能冒“胡兵“之险,把诗人的爱子娇女从遥远的东鲁接来。后李白在《门有车马客行》诗中说:“呼儿扫中堂”,此“儿”当指伯禽。可见武谔实践了诺言。李白一生颠沛流离,受尽挫折,晚年幸有爱子随侍左右,总算稍有慰藉。

十、关于伯禽及其他亲属

据范碑所记,伯禽两个女儿嫁给农民为妻,她们向范传正诉说:“父伯禽以贞元八年，不禄而卒。"又说："父存无官，父殁为民。"可见伯禽一生未仕。而《太平广记》引《通幽录》一段文字说：

> 贞元五年，李白子伯禽，充嘉兴监徐浦下场籴官，场界有蔡侍郎庙。伯禽因谒庙，顾见庙中神女数人中有美丽者，因戏言曰："娶妇得如此足矣。"遂沥酒视语之。后数日，正昼视事，忽闻门外有车骑声。伯禽惊起，良久，具服迎于门，折旋而入。人吏惊愕，莫知其由。乃命酒斝，久之，只叙而去。后与蔡侍郎来，明日又来，旁人并不知。见伯禽迎于门庭，言叙云：幸蒙见录，得高门。再拜而坐竟夕，饮食而去。伯禽乃告其家曰：吾已许蔡侍郎论亲，治家事，别亲党，数日而卒。

这段文字漏洞颇多。其实伯禽从未做官，且有一子二女，范碑载其女云：

> 有兄一人，出游一十二年，不知所在。

上述故事可能是后世文人因怀念李白而杜撰的。他们也许认为，诗人是"谪仙"，其后代也一定会与众不同。

范传正访问李白两个孙女时，见其"衣服村落，形容朴野，而进退闲雅，应对详谛，且祖德如在，儒风宛然"。范传正劝他们与原夫离婚，"改适于士族"，二女婉谢说：

> 夫妻之道，命也，亦分也。在孤穷既失身于下俚，仗威力乃求援于他门。生纵偷安，死何面目见大父（指李白）于地下？欲败其类，所不忍闻。

二女坚持节操，不贪富贵，诚不愧李白后代。范传正以后数十年，裴敬德谒李白墓，询问墓左人毕之宥李白后人情况，答曰：李白两孙女"不拜墓已五六年矣"。诗人李白确实是所谓绝嗣之家，但广大人民却一直爱戴和怀念他，这就是所谓"文章千古事"吧！

另外，《唐诗纪事》引《绵川刺史高桢记》所载，说李白"有妹月园，前嫁邑子，留不去，以故葬邑下。墓今在陇西院"。李白还有一首《送舍弟》诗：

吾家白额驹，远别临东道。他日相思一梦君，应得池塘生春草。

又《万愤词投魏郎中》有"兄九江兮弟三峡，悲羽化之难齐"之句，表明诗人有一兄一弟。有人认为《送舍弟》一诗，是送别从弟，但李白送别从兄弟诗总在题目中标明"从弟"或"从兄"，如《送从弟洌》、《送族弟凝……》、《送族弟单父主薄……》等，所谓"兄九江兮弟三峡"，说得十分清楚，《送舍弟》之弟，可能就是三峡之弟。郭沫若同志认为李白这一兄一弟皆以经商为生，但学术界有不同意见。

从李白的赠送诗篇里，还可以了解，他的从兄弟很多，他大排行十二，王昌龄有《巴陵别李十二》诗；他的侄、侄孙、叔祖等也不少，因而他曾自夸说"我李百万叶，柯条布中州。"

李白的生活道路与创作实践

唐承隋制,仍以科举取士,当时的许多知识分子即由此途入仕。但李白生性耿介,蔑视科举,想凭自己的才华,由布衣一跃而为卿相,为国家建功立业。在封建社会,这种理想很难实现。李白屡遭挫折,不改初衷,在坎坷的人生道路上探索、前进。他各个时期的生活内容,就是他诗文创作的素材。他的作品,几乎都是揭露社会矛盾,反映生活,抒发真情实感,没有虚言伪饰、矫揉造作和无病呻吟。因此,不难从诗人的作品中看到他在各个时期的精神风貌。李白的生活和创作大致有以下几个阶段。

一、蜀中时期

这一时期,李白以年轻的心吸收着各种知识,所谓"五岁诵六甲","十岁观百家,轩辕以来颇得闻矣"其父还"令诵《子虚赋》"。李白很早就开始文学创作,故云:"十五观奇书,作赋凌相如。"自负之情可见。李白这时所写多为五、七言律诗,现在能见到的已经不多了。《唐诗纪事》引杨天惠《彰明逸事》记载:

> (李白)微时,募县小吏,入令卧内,尝驱牛经堂下,令妻怒,将加诘责,太白亟以诗谢云:"素面倚栏钩,娇声出外头。若非是织女,何必问牵牛?"令惊异不问。稍亲,招引侍砚席。令一日赋山火诗云:"野火烧山后,人归火不归。"思轧不属,太白从旁缀其下云:"焰随红日远,烟逐暮云飞。"令惭止。顷之,从令观涨,有女子溺死江上。令复苦吟云:"二八谁家女,飘来倚岸芦。鸟窥眉上翠,鱼弄口边朱。"

太白辄应声继之云："绿发随波散，红颜逐浪无。因何逢伍相，应是怨秋胡。"令滋不悦，太白恐，弃去。

李白出身富裕，年轻时一直隐居深山读书，不可能去当县衙小吏，此说不可信。

据说李白少年时，读书不用功，一次弃学回家，途中见一老妇人在溪边磨铁杵，感到惊异，问之，回答要把铁杵磨成针，李白有所悟，乃返回读书处，从此发奋攻读，这便是"铁杵磨针"故事的出典。

后来，李白隐居戴天山（即匡山）读书数年，时与道士交往，写有《访戴天山道士不遇》诗：

犬吠水声中，桃花带露浓。树深时见鹿，溪午不闻钟。野竹分青霭，飞泉挂碧峰。无人知所去，愁倚两三松。

此诗情景交融，风格俊逸，形象逼真地写出诗人访道士不遇的惆怅神情，可看出李白诗才已露头角，也反映李白青少年时代就与道教中人有来往，令人想起李白后来的两句诗："十五学神仙，仙游未曾歇。"李白还与纵横家发生了密切联系，《彰明逸事》说李白——

往来旁郡，依潼江赵征君蕤。蕤亦节士，任侠有气，善为纵横学。著书号《长短经》。太白从学岁余。

《北梦琐言》云：

赵蕤者，梓州盐亭人，博学韬钤，长于经世，夫妻均有节操，不受交辟。撰《长短经》十卷，王霸之道见行于世。

《四库提要》评《长短经》说：

皆谈王伯经权之要，成于开元四年，……此书辨析事势，其源盖出于纵横家，故以"长短"为名。虽因时制变，不免为事功之学，而大旨主于实用,非策士诡谲之谋。

纵横家思想的影响,在李白身上发展为"申管晏之谈,谋帝王之术"的政治主张,以及"少以侠自任"的性格。

另外,中国封建社会正统的儒家思想对李白也产生了深刻的影响,形成了他这一时期思想的复杂性。但此时李白思想中主要的和稳定的方面已经确立,那就是为国家建功立业的志向和对社会人生的积极态度。

李白青少年时代,国家政治比较清明,经济、文化都比较繁荣,交通也很发达,知识分子受形势鼓舞,多怀雄心壮志,李白也是如此。因此,他二十岁便离开匡山,开始周游蜀中。离匡山时,他写了《别匡山》一诗:

> 晓峰如画参差碧,藤影摇风拂槛垂。野径来时将犬伴,人间归晚待樵随。看云客倚啼猿树,洗钵僧临失鹭池。莫怪无心恋清境,已将书剑许明时。

此诗刻于宋神宗熙宁元年(公元1068年)碑上,当时距李白逝世仅三百年,应比较可靠。

诗中展现的一派清幽脱俗的景象,确是使人留恋的胜境。但环境描写得越幽美、静雅,越表明诗人离去的决心,最后点出"许明时"的中心思想,有力地统领了全诗,表现了李白决心将所学献给国家的强烈愿望。此诗在艺术上更加成熟,进一步显示出李白的非凡才华。李白的出游,固然有热爱祖国秀丽河山的原因,但主要是为了广结交游,培养声望,以实现"许明时"的理想。周游中李白写作了一些诗赋,获得了一定的声誉,《彰明逸事》说李白——

> 去游成都,赋《春感》诗,益州刺史苏颋见而奇之。

李白在《上安州裴长史书》里也说:

> 前礼郭尚书苏公出为益州长史,白于路中投刺,待以布衣之礼,因谓群僚曰:"此子天才英丽,下笔不休,虽风力未成,且见专车之骨,

51

若广之以学,可以相如比肩也"。

苏颋可能不止见过李白《春感》诗,因而才说他"下笔不休",且与司马相如并提。《西阳杂俎》载李白曾"三次摹拟文选,不如意,辄焚之",恐怕是青少年时之事。这说明李白当时确实写过不少赋;也说明李白年轻时写作就很认真,这是他后来成为伟大诗人的一个重要原因。

李白游历成都,留下了《登锦城散花楼》诗。散花楼在成都摩诃池上,为隋末蜀王杨秀所建。《蜀中名胜记》云:

> 东城楼,即散花楼也。……《舆地纪胜》:散花楼,隋开皇建,乃天女散花之处。

传说给散花楼涂上诱人的神话色彩,使人闻楼名而浮想联翩;经李白生花妙笔的描绘,就更令人神往。其诗如下:

> 日照锦城头,朝光散花楼。金窗夹绣户,珠箔悬琼钩。飞梯绿云中,极目散我忧。暮雨向三峡,春江绕双流。今来一登望,如上九天游。

此诗写实与想象、夸张结合,描绘了霞光下的散花楼和远景,表现了诗人的登临之乐和豪放性格。李白游峨嵋时,写了《登峨嵋山》诗,诗中的峨嵋宛如仙境:

> 蜀国多仙山,峨嵋邈难匹。周流试登览,绝怪安可悉?青冥倚天开,彩错疑画出。冷然紫霞赏,果得锦囊术。云间吟琼箫,石上弄宝瑟。平生有微尚,欢笑自此毕。烟容如在颜,尘累忽相失。倘逢骑羊子,携手凌白日。

俗称"峨嵋天下雄",诗中"绝怪安可悉",的"绝怪"二字,可为"天下雄"作注。"青冥倚天开,彩错疑画出",又把"绝怪"形象化了,如一幅浓墨重彩的山水画。简洁的几笔,便将峨嵋山壮丽雄伟的风姿,突现在读者眼前。接着诗人幻想遇见了神仙，得到了成仙之术，反映了道教思想的影响。李白蜀中时期更为著名的作品，可能要算那首《白头吟》，其诗云：

锦水东北流，波荡双鸳鸯。雄巢汉宫树，雌弄秦草芳。宁同万死碎绮翼，不忍云间两分张。此时阿娇正娇妒，独坐长门愁日暮。但愿君恩顾妾深，岂惜黄金买词赋。相如作赋得黄金，丈夫好新多异心。一朝将聘茂陵女，文君因赠《白头吟》。东流不作西归水，落花辞条羞故林。兔丝固无情，随风任倾倒。谁使女萝枝，而来强萦抱？两草犹一心，人心不如草。莫卷龙须席，从他生网丝。且留琥珀枕，或有梦来时。复水再收岂满杯，弃妾已去难重回。古来得意不相负，古今惟见青陵台。

虽然本篇与古辞《白头吟》题目、主题均相同，但内容更丰富，感情更深厚，表现了李白对妇女不幸命运深切的关怀与同情，艺术上虽然还可看出六朝与唐初影响，但基本上形成了李白乐府诗的风格。李白早期还有不少作品，其中以律诗为多，《彰明逸事》云.

时太白齿方少，英气溢发，所为诗文甚多，微类宫中行乐词体。今邑人所藏百篇，大体皆格律也。虽颇体弱，然短羽缡缝，已有雏凤态。

可惜这些诗作今已不能全见，王琦《李太白全集》之《诗文拾遗》仅收录十余篇，皆五言格律诗。这些诗若真是太白所作，则可看出，李白写诗亦从律体入手，随着思想的成熟和艺术的熟练，逐渐突破了格律，所作多是乐府、歌行了。

二、第一次漫游时期

这一时期，李白的生活内容较前丰富，并逐渐形成了他那个性鲜明的创作风格。李白出蜀时间，历来意见不同。黄锡珪《李太白年谱》为开元十四年，王琦《李太白年谱》为开元十三年，今人詹瑛《李白诗文系年》、郭沫若《李白与牡甫》以及一般研究者均从王说。前几年李白研究者郁贤皓提出,李白出蜀应在开元十二年。本书仍依王说。李白是在开元十三年(公元725年)秋,"仗剑去国,辞亲远游"的。离蜀时,诗人写下了《峨嵋山月歌》:

> 峨嵋山月半轮秋,影入平羌江水流。夜发清溪向三峡,思君不见下渝州。

诗人不仅用朗朗秋月、滔滔江水组成了优美动人的图画,而且通过咏月表现了对家乡的依恋之情。因此诗很有特色,前人对它有不少评语:

刘须溪说此诗:

> 含情凄惋,有竹枝缥缈之音。(王琦《李太白全集》)

王凤洲说:

> 此是太白佳境,二十八字中,有峨嵋山、平羌江、清溪、三峡、渝州,使后人为之,不胜痕迹矣。(同上)

王麟洲说:

> 作诗到精神传处,随分自佳,下得不觉痕迹,使一句两入,两句重犯,亦自无伤,如太白《峨嵋山月歌》,四句入地名者五,古今目为绝唱,殊不厌重。(同上)

以上诸家都指出了此诗的艺术特色。此时的李白,对政治前途充满幻想,对自己的才能也十分自负,加上旅途中饱览了波澜壮阔的长江景色,才思犹如眼前奔泻而来的长江水,因而写出了不少抒发情怀、歌颂大自然的优美诗篇,如《渡荆门送别》:

> 远渡荆门外,来从楚国游。山随平野尽,江入大荒流。月下飞天

镜,云生结海楼。仍怜故乡水,万里送行舟。

二三联写途中历览的两岸风景,简洁地概括出瑰奇多变的自然景象,反映了诗人乐观开朗的心情,末联是拟人手法:江水也仿佛情意绵绵,突出地表现了诗人初出蜀时对家乡的深深的怀念。全诗清新飘逸,显示出李白诗歌开始形成自己的艺术风格。

李白出峡后游历了江陵、武昌、长沙、岳阳,然后又东游南京、扬州、绍兴等地,途中李白同各式各样的人物建立联系,以培养自己的社会声望。如李白在江陵会晤了司马承祯,并写了《大鹏遇希有鸟赋》(即后来改写的《大鹏赋》),赋中"太白盖以鹏自比,而以希有鸟比司马子微"(元祝尧《古赋辨体》),充满了豪放俊逸之气。李白《赠从兄襄阳少府皓》也说:"结发未识事,所交尽豪雄。""豪雄"即侠士。其《古风》其十,可能就作于此时,诗中把"为人排难解患而无所取"的鲁仲连比作"明月出海底",表现了无比的仰慕。李白这一时期的创作,狂放不羁的性格和豪情侠气比较突出。

李白二十七岁来到安陆,与许圉师孙女结婚。此后,便以安陆为中心,漫游各地。李白在安陆比较悠闲,有"云卧三十年,好闲复爱仙"之语,但建功立业的愿望一点没有减弱,因此又写了《代寿山答孟少府移文书》,提出"达则兼济天下,穷则独善一身","申管晏之谈,谋帝王之术,奋其智能,愿为辅弼,使寰区大定,海县清一"的政治理想,并开始了向地方长官的干谒。李白在安陆受到李长史、裴长史这些地方官吏的轻蔑,乃"西入秦海,一观国风",一度经南阳入长安,谋求出仕之机。过去认为李白只在天宝初年去过长安,一九六二年稗山在《中华文史论丛》第二辑发表《李白两入长安辨》,提出李白曾于开元二十五年夏至二十九年之间初入长安。"初入长安"说为许多论者赞同,唯确切时间有分歧。郭沫若《李白与杜甫》认为李白初入长安当在开元十八年,论说比较充分,本书用此说。李白曾自言:"三十成文章,历抵卿相",开元十八年他恰逢三十岁,而且在安州又曾两次碰壁,去人文荟萃的京华寻找出路,是完全可能的。李白初入长安,首先结识了玄宗驸马张垍。张垍很受玄宗宠幸,玄宗曾亲自登门看望张垍,并"许于禁中置内宅,侍为文章,赏赐珍玩,不可胜数"(《旧唐书·张垍传》)。但张垍只把李白安排在终南山玉真公主别馆暂住,没有为他奔走。李白蛰居于此,穷愁潦倒,彷徨苦闷,心情极为压抑,他的《玉真公主别馆苦雨,赠卫尉张卿二首》,充分表现了他渴望遇合而不得的愁苦心情,其一为:

> 秋坐金张馆,繁阴昼不开。空烟迷雨色,萧飒望中来。翳翳阴垫苦,沉沉忧恨催。清秋何以慰,白酒盈吾杯。吟咏思管乐,此人已成灰。独酌聊自勉,谁贵经纶才。弹剑谢公子,无鱼良可哀。

末联以冯谖未遇时自比,对张垍不无讥讽之意。

此次长安之行未获成功,诗人失望地回到安陆,但不久又出外漫游。因忧愁郁结于心,生活更加放纵,《襄阳歌》一诗,很能表现他当时的精神状态:

> 落日欲没岘山西,倒着接䍦花下迷。襄阳小儿齐拍手,拦街争唱《白铜鞮》。傍人借问笑何事,笑杀山公醉似泥。鸬鹚杓,鹦鹉杯,百年三万六千日,一日须倾三百杯。遥看汉水鸭头绿,恰似葡萄初酸醅。此江若变作春酒,垒曲便筑糟丘台。千金骏马换小妾,笑坐雕鞍歌落梅。车傍侧挂一壶酒,凤笙龙管行相催。咸阳市中叹黄犬,何如月下倾金罍?君不见晋朝羊公一片石,龟头剥落生莓苔。泪亦不能为之堕,心亦不能为之哀。清风朗月不用一钱买,玉山自倒非人推。舒州杓,力士铛,李白与尔同死生。襄王云雨今安在?江水东流猿夜声。

此诗表现了富贵无常、及时行乐的思想,语言奔放,想象奇特,艺术成就很高。"清风"两句描绘醉后神态,壮语绝伦,确系太白口气。诗中完全否定功名富贵,同诗人仕途失意不无关系。另一首《江上吟》也值得一读:

> 木兰之枻沙棠舟,玉箫金管坐两头。美酒樽中置千斛,载妓随波任去留。仙人有待乘黄鹤,海客无心随白鸥。屈平词赋悬日月,楚王台榭空山丘。兴酣落笔摇五岳,诗成笑傲凌沧洲。功名富贵若长在,

汉水亦应西北流。

此诗主题与《襄阳歌》相似。"屈平"两句强调文章著述千秋不朽,骄奢淫逸一时之乐。"功名"两句反语作结,遒劲有力。此诗充分表现了诗人非常珍视自己的才华,鄙视功名富贵的傲岸精神。诗人鼓吹了放纵行乐的消极思想,这是由于作者政治理想不能实现,对现实不满又无能为力。杜甫说李白"佯狂真可哀",陈毅同志说李白"大不满现实,遂有游仙醉",都是知人之言。

李白这一时期的作品,虽然常有鄙视统治者和功名富贵的内容,但是,由于当时李白与统治阶层接触还不多,对社会了解还不深,他尚未认识自己不遇于时的根本原因,因此,作品缺乏对统治阶层的有力揭露与抨击,抒发的往往只是一种自怨自艾的情绪,如《古风》二十五、二十六、二十七,俱以香草美人自比,悲叹青春早逝,使人想起《楚辞》中"日月忽其不淹兮,春与秋其代谢。惟草木之零落兮,恐美人之迟暮"。《长歌行》更直接表现了这种忧思:

……功名不早著,竹帛将何宣?桃李务青春,谁能贳白日?……畏落日月后,强欢歌与酒。秋霜不惜人,倏忽侵蒲柳。

渴望献身却报国无门,怀经济之才而无用武之地,这种遭遇,赋予李白此期诗歌一种豪纵而又凄怆的基调。

三、二人长安时期

天宝元年(公元742年),唐玄宗诏征李白入京,李白以为盼望已久的报国机会来到了,心情非常激动,在南陵(今安徽南陵县)告别家人时,写了《南陵别儿童入京》:

白酒新熟山中归,黄鸡啄黍秋正肥。呼童烹鸡酌白酒,儿女嬉笑牵人衣。高歌取醉欲自慰,起舞落日争光辉。游说万乘苦不早,著鞭跨马涉远道。会稽愚妇轻买臣,余亦辞家西入秦。仰天大笑出门去,我辈岂是蓬蒿人。

诗中充满了喜悦与欢欣，最后两句形象生动地表现了李白的豪放性格。正是怀着这种心情，李白飞奔长安。关于此次诏征李白的原因，过去也有分歧。一说天宝初李白与吴筠隐居剡中，吴筠被召入京，在玄宗面前推荐李白，玄宗下了征诏。一说李白实为玄宗妹玉真公主（道号持盈法师）所荐。经长期研究与争论，否定了前说，但后说也无确凿证据。其实，很可能是闻李白才名而下诏的。李白此次入京，所受待遇确实"前无比俦"，李阳冰《草堂集序》说：

> 天宝初，皇祖（指玄宗）下诏，征就金马，降辇步迎，如见绮、皓。以七宝床赐食，御手调羹以饭之，谓曰：卿是布衣，名为朕知，非素蓄道义，何以及此？置于金銮殿，出入翰林中，问以国政，潜草诏诰，人无知者。

李白亲笔所写《为宋中丞自荐表》也说：

> 天宝初，五府交辟，不求闻达。亦由子真谷口，名动京师，上皇闻而悦之，召入禁掖。

两条材料都应该是可靠的，李白二入长安为玄宗所召，当无疑义。但此时的玄宗早已失去前期励精图治的雄心，成为沉迷声色、不问国事的昏君。召李白进京，无非是想借其文才，写些颂扬"德政"和宫廷排场的诗歌，点缀统治集团的腐朽生活，并无让李白参政之意，所谓"问以国政"云云，不过是门面话。环境的突然变化，确实给诗人的创作带来不利的影响，此期他的部分诗作，专写宫廷游乐、宴饮，如《宫中行乐词八首》、《清平调词三首》、《侍从宜春苑奉诏赋龙池柳色初青听新莺百啭歌》等篇，艺术上不乏特色，内容却很平庸。当然，此时的李白，也不曾忘怀优美的大自然，如他有一首《下终南山过斛斯山人宿置酒》诗，描写诗人在一个月夜从终南山下来，访问一位隐士，两人对酌倾谈，共赏幽美的自然景色，其诗为：

暮从碧山下,山月随人归。却顾所来径,苍苍横翠微。相携及田家,童稚开荆扉。绿竹入幽径,青萝拂行衣。欢言得所憩,美酒聊共挥。长歌吟松风,曲尽河星稀。我醉君复乐,陶然共忘机。

　　此诗和陶渊明、王维的某些作品很相似,反映了李白在长安时生活与思想的一个侧面。

　　玄宗前期很有作为,后期的腐化,非初入宫廷的李白所能了解。因此,此时李白对玄宗深怀知遇之感。他把玄宗看作"明主",希望通过这位"明主"实现自己的政治理想。他在赠友诗里反复说,"待吾尽节报明主,然后相携卧白云"(《驾去温泉宫后赠杨山人》);"逢君奏明主,他日共翻飞"(《温泉侍从归逢故人》)。但是,诗人逐渐了解了统治集团的腐败,逐渐体会到自己作为御用文人的可悲处境。诗人高洁的品性同周围肮脏的环境无法妥协,用诗人的话说,就是"青蝇易相点,白雪难同调"。他傲岸不屈、鄙视权豪的反抗精神,终于时时处处表现出来,"揄扬九重万乘主,谑浪赤墀青琐贤";"手持一枝菊,调笑二千石",宣称:"凤饥不琢食,所食唯琅玕。焉能与群鸡,刺蹙争一餐!"前人甚至说:"李白不能屈身,以腰间有傲骨"(《鼠璞》王琦注本引)。《酉阳杂俎》较详细地记载了李白令高力士脱靴的故事:

　　李白名播海内,玄宗于便殿召见,神气高朗,轩轩若霞举。上不觉忘万乘之尊,因命纳履。白遂展足于高力士,曰:"去靴!"力士失势,遽为脱之。

　　新、旧《唐书》及《唐国史补》等都提到此事,虽无法证实,但人们相信它,传诵它。奸宦佞臣的谗毁自然纷至沓来,谗毁者传说有张洎、高力士和杨玉环。偌大的宫廷已无李白容身之处。他毅然请求还山,去过无拘无束、自由快意的漫游生活。玄宗轻信谗言,借口李白"非廊庙器"而将其"赐金放还"。李白在长安的后期,由于亲眼目睹了最高统治集团的真面目,写出了一系列揭露与批判现实的诗篇,如《古风》二十四、三十九和《玉壶吟》、《行路难》等。这些作品反映现实的深度与广度都有很大进步,诗人豪放不羁、嫉恶如仇的个性,也表现得更加鲜明。

四、第二次漫游时期

李白离开长安,在洛阳与杜甫相遇,他们一见如故,情逾兄弟。杜甫《赠李白》有句:"李侯金闺彦,脱身事幽讨。亦有梁宋游,方期拾瑶草。"两人同游梁宋,又遇高适。三位诗人饮酒论文,登高怀古,十分快意。杜甫有诗回忆这段经历:

> 忆与高、李辈,论交入酒垆。两公壮藻思,得我色敷腴。气酣登吹台,怀古视平芜。芒砀云一去,雁鹜空相呼。(《遣怀》)
>
> 昔者与高李,晚登单父台。寒芜际碣石,万里风云来。桑柘叶如雨,飞霍去徘徊。清霜大泽冻,禽兽有余哀。(《昔游》)

第二年,李、杜再次相遇,杜甫写了《与李十二白同寻范十隐居》,盛赞李白及他们之间的友谊:

> 李侯有佳句,往往似阴铿。余亦东蒙客,怜君如弟兄。醉眠秋共被,携手日同行。……

李白赠杜甫诗虽不多,却情深意厚,如分别时所作《鲁郡东石门送杜二甫》:

> 醉别复几日,登临遍池台。何时石门路,重有金樽开?秋波落泗水,海色明徂徕。飞蓬各自远,且尽手中杯!

"何时"两句,多么殷切地盼望他日重逢!《沙丘城下寄杜甫》也是感人之作:

> 我来竟何事?高卧沙丘城。城边有古树,日夕连秋声。鲁酒不可醉,齐歌空复情。思君若汶水,浩荡寄南征。

60

诗人对杜甫的深切怀念,鲁酒、齐歌均无法排遣,只有浩荡的汶水才堪寄托怀念之情! 还有一首《戏赠杜甫》,以前论者多以为是对杜甫的嘲讽,郭沫若同志在《李白与杜甫》中作了有力的辩驳。李白、杜甫是中国文学史上的两颗巨星,李杜聚会是非常难得的文坛佳话。不久,杜甫西入长安,李白南游吴越,从此两人再也没有见面。但他们的友谊至老不衰,杜甫后来写了许多怀念李白的诗篇,特别在李白因永王璘事件判刑后,时人多认为罪有应得;曾与李、杜同游梁宋的高适,这时已做高官,也是袖手旁观,只有杜甫深为李白不平:"文章憎命达,鬼魅喜人过。""冠盖满京华,斯人独憔悴。孰云网恢恢,将老身反累。千秋万岁名,寂寞身后事。"不愧为李白的知音与挚友!

李白这次漫游,以东鲁和梁园为中心,即所谓"十载客梁园",又游历了现在山东、山西、河南、河北、湖南、湖北、江苏、浙江的许多地方。长安的遭遇,沿途的见闻,使诗人痛心疾首。为寻求精神解脱,诗人一路纵酒行乐,但正如诗人自己所说:"举杯销愁愁更愁。"强烈的精神痛苦和思想矛盾,促使李白写出许多内容充实、思想深刻的不朽诗篇,如《古风》五十一,以咏史的方式,把玄宗比作殷纣王、楚怀王,这是很大胆的。《鸣皋歌送岑征君》痛斥"蝘蜓嘲龙,鱼目混珍,嫫姻衣锦,西施负薪"的黑暗政治。《远别离》针对玄宗宠信李林甫、杨国忠、安禄山辈的事实,提出"君失臣兮龙为鱼,权归臣兮鼠变虎"的严重警告。脍炙人口的作品还有《梁甫吟》、《答王十二寒夜独酌有怀》、《上李邕》等。上述诗篇都表现了作者对社会深刻的观察和反对统治集团的叛逆精神。李白对天宝中后期李唐王朝贪图边功、穷兵黩武的罪行,也极为愤慨。《战城南》、《古风》三十四等作品,严厉谴责了战争的发动者,对饱受战争苦难的人民表示了深深的同情。

天宝十一载,诗人有幽州之行。此行动机说法不一。一般认为诗人在漫游中听说安禄山有谋反之兆,为辨明传说,"且探虎穴向沙漠,鸣鞭走马凌黄河"(《留别于十一兄逖、裴十三游塞垣》)。诗人亲眼见到安禄山手握重兵,扩军备战,气焰嚣张,料他必反无疑。但自己是放逐之臣,"心知不得语",只能"揽涕黄金台,呼天哭昭王"。近来有人提出,李白此行原希望立功边塞,后因见到安禄山叛乱迹象而作罢。此说可供参考。

这一时期,李白漫游了广大地区,观察认识社会的能力加强了,创作技巧进一步提高,写出了不少揭露和抨击黑暗现实、具有广泛社会意义的优秀作品,同时,诗人在旅途中,还创作了许多描绘祖国壮丽山河的名篇,其中《梦游天姥吟留别》、《西岳云台歌送丹丘子》等,都是举世公认的力作。它们将诗人的主观感情同客观景物高度融合,有力地倾吐了诗人对大自然的热爱,也寄托了他寻求精神解脱的愿望。这一时期是李白创作精力最旺盛的阶段,艺术技巧也进入了炉火纯青的境界。

五、晚年生活和创作

天宝十四载,"安史之乱"起,北方广大地区沦陷,李白作为一个流浪诗人,"有策不敢犯龙鳞,窜身南国避胡尘",但他时刻关心着局势。诗人细致地描绘了叛军罪行:

中原走豺虎,烈火焚宗庙。王城皆荡复,世路成奔峭。……苍生疑落叶,白骨空相吊。(《经乱后将避地剡中留赠崔宣城》)

奔鲸夹黄河,凿齿屯洛阳。(《北上行》)

洛阳三月飞胡沙,洛阳城中人怨嗟。天津流水波赤血,白骨相撑如乱麻。(《扶风豪士歌》)

同时,诗人又表现了昂扬的战斗精神:

何日清中原,相期廓天步。(《赠溧阳宋少府陟》)

誓欲斩鲸鲵,澄清洛阳水。(《赠张相镐》)

过江誓流水,志在清中原。(《南奔书怀》)

李白还积极动员亲友参加讨叛战争,如《送外甥郑灌从军》云:

斩胡血变黄河水,枭首当悬白鹊旗!

李白自己也渴望为平乱作出贡献,但却无处效力。他只好上了庐山,

"吾非济代人,暂隐屏风叠",但他的心无法离开动乱的大地,他的《古风》十九,典型地表现了他当时内心的巨大矛盾:虽想摆脱所有羁绊,获得精神的绝对自由,但又一刻不能忘记"流血涂野草,豺狼尽冠缨"的现实。李白这一时期许多作品的基调,已经不仅是个人被放逐的怨恨,而是个人命运同国家的不幸、人民的灾难紧紧交织而产生的一腔悲愤。因此,这些作品具有强烈的忧国忧民的思想光辉。

天宝十五年(肃宗至德元年),安禄山攻陷潼关,玄宗奔蜀途中令太子李亨为"天下兵马元帅",并分授诸王兵权,永王璘出任山南东道、岭南、黔中、江南西道节度使。不久,李亨称帝,是谓肃宗,改元至德。永王亦在江陵潜募将士。肃宗对永王已有戒心,立即命永王归蜀。永王拒不受命,更引兵东下。肃宗急忙调军遣将,对付永王。永王途经浔阳,慕李白才名,邀请入幕。李白因政治上的一再挫折以及健康原因,开始曾有顾虑,但永王三次下书相邀,特别是永王以平乱为号召,正合李白夙愿。李白虽时刻关心着国家命运,但看不到统治集团的内部矛盾,对整个战局也缺乏远见。匡济之心不死的李白,终于下了庐山。李白在永王军中写了《永王东巡歌十一首》、《在水军宴赠幕府诸侍御》等诗,殷切期望永王能够完成平乱重任,并勉励同僚忠心报国;自己则以谢安自比:"但用东山谢安石,为君谈笑静胡沙。"以鲁仲连自勉:"所冀旄头灭,功成追鲁连。"报国之心,跃然纸上。

乾元元年(公元758年),李白因永王事件被判长流夜郎(今贵州正安西北)。诗人写了不少诗篇,抒发自己巨大的悲伤:"我愁远谪夜郎去,何日金鸡放赦回?"(《流夜郎赠辛判官》)"平生不下泪,于此泣无穷"。(《江夏别宋之悌》)过三峡时,写了《上三峡》一诗:

> 巫山夹青天,巴水流若兹。巴水忽可尽,青天无到时。三朝上黄牛,三暮行太迟;三朝又三暮,不觉鬓成丝。

诗人化用古代民谣,描写流放途中的艰苦生活和痛苦心情,完全口语化,感情却很深沉。又如《自巴东舟行经瞿唐峡登巫山最高峰晚还题壁》,也很能见出诗人的性格和此时的心情:

江行几千里,海月十五圆。始经瞿塘峡,遂步巫山巅。巫山高不穷,巴国尽所历。日边攀垂萝,霞外倚穹石。飞步凌绝顶,极目无纤烟。却顾失丹壑,仰观临青天。青天若可扪,银汉去安在?望云知苍梧,记水辨瀛海。周游孤光晚,历览幽意多。积雪照空谷,悲风鸣森柯。归途行欲曛,佳趣尚未歇。江寒早啼猿,松暝已吐月。月色何悠悠,清猿响啾啾。辞山不忍听,挥策逐孤舟。

此诗境界开阔,引人入胜。开始两句,表明诗人已在流放途中走了一年多,来到巫山,可与前诗参看。艰苦的旅程,无穷的悲愤与忧愁,并不能改变诗人对大自然的热爱。年近花甲之人,徒步登顶,纵目远眺,豪情一似当年。当然,内心的忧郁仍是难以排遣的,最后六句是日暮归途的景色,多少带些凄怆。《唐宋诗醇》评此诗:

> 词意沉郁,盖白忧患之余,虽豪迈不减,而怀抱可知。

由于创痛巨大,李白此时极易触景伤情,如《望木瓜山》一诗:

> 早起见日出,暮见栖鸟还。客心自酸楚,况对木瓜山。

木瓜味酸,诗人见到木瓜山,不由触动内心的辛酸,感慨无穷。又如《流夜郎题葵叶》:

> 惭君能卫足,叹我远移根。白日如分照,还归守故园。

葵叶能保护自己的根基,诗人自叹不如。只希望还有赦免之日,能回故乡度过残年。诗人的希望不久果然实现了,乾元二年,关中大旱,朝廷发布赦令:

> 天下现禁囚徒,死罪从流,流罪以下一切放免。(《唐大诏令集》卷八十四《春令减降囚徒赦》)

李白因此重获自由，心情非常兴奋，"传闻赦书至，却放夜郎回"，"暖气变寒谷，炎烟生死灰"。回江陵时，写了千古名篇《早发白帝城》。此诗一洗流放途中的悲痛忧郁，基调高昂，感情奔放。作者通过自然而又精练的语言，描绘了一幅瑰丽的下水行舟图：诗人身登扁舟，从彩霞笼罩的白帝城出发，顺着奔腾的江水飘然而下，一天就到了千里之遥的江陵。诗中虽无只字表露作者的心情，但读者却强烈地感受到他重见天日的喜悦。此诗评价历来极高，王士禛认为与王维《渭城曲》、王昌龄《奉帚平明》、王之涣《黄河远上》同为唐代七绝压卷之作，"终唐之世，亦无出四首之右者矣"（见王阮亭《唐人万首绝句选·凡例》）。但其写作时间意见不一。一说此诗系李白二十五岁（开元十三年）出蜀途中所作，詹瑛《李白诗文系年》便持此论。今人大多认为作于乾元二年遇赦以后。

李白遇赦后，创作热情很高："去岁左迁夜郎道，琉璃砚水长枯槁。今年赦放巫山阳，蛟龙笔翰生辉光。"（《自汉阳病酒归寄王明府》）不仅如此，他仍希望为国效力："圣主还听《子虚赋》，相如却欲论文章。"这种希望是很幼稚的。他在江夏写了一篇可与杜甫《北征》媲美的长诗《经乱离后天恩流夜郎忆旧游书怀赠江夏韦太守良宰》。此诗以诗人同韦某的交游和时事为经纬，叙述作者"赐金放还"后的行踪，国家动乱的概貌，作者对安禄山必反的预见，以及自己从璘事件的经过，表现了作者报国无门的苦闷；并颂扬韦某固守房陵的功绩，称赞其诗文如"清水出芙蓉，天然去雕饰"；最后仍期望韦某举荐自己："君登凤池去，勿弃贾生才。"此诗内容丰富，是了解李白生活、思想与创作的重要材料；结构纡回曲折，令人读后回肠荡气。前人有不少评论，选录于下：

《柳亭诗话》：

> 李、杜长篇，全集中不多见。《北征》一首，沉着森严，龙门叙事之笔也。《忆旧书怀》一首，飘扬恣肆，南华寓言之遗也。光焰万丈，于此乎见之。

《唐宋诗醇》：

> 通篇以交情时事互为经纬，汪洋灏瀚，如百川之灌河，如长江之

赴海,卓乎大篇,可与《北征》并峙。

诗人在江夏与不少亲友重聚,畅叙别情,感慨万端:"昔放三湘去,今还万死余。""万死余"固属夸张,但可看出诗人经历了多少艰难辛酸!李白还写了《望鹦鹉洲怀祢衡》一诗,对恃才傲物的祢衡正惨遭黄祖杀害,深表愤慨与哀惋,末联"至今芳洲上,兰蕙不忍生",含义深远,寄托着诗人无限的同情。但诗人虽遭"万死"之难,昔日的豪情逸气犹在,他的名篇《江夏赠韦南陵冰》一诗可证:

> 胡骄马惊沙尘起,胡雏饮马天津水。君为张掖近酒泉,我窜三巴九千里。天地再新法令宽,夜郎迁客带霜寒。西忆故人不可见,东风吹梦到长安。宁期此地忽相遇,惊喜茫如堕烟雾。玉箫金管喧四筵,苦心不得申长句。昨日绣衣倾绿樽,病如桃李竟何言!昔骑天子大宛马,今乘款段诸侯门。赖遇南平豁方寸,复兼夫子持清论。有似山开万里云,四望青天解人闷。人闷还心闷,苦辛长苦辛。愁来饮酒二千石,寒灰重暖生阳春。山公醉后能骑马,别是风流贤主人。头陀云月多僧气,山水何曾称人意,不然鸣笳按鼓戏沧流,呼取江南女儿歌棹讴。我且为君捶碎黄鹤楼,君亦为吾倒却鹦鹉洲。赤壁争雄如梦里,且须歌舞宽离忧。

此诗开头叙述对故人的思念,以及与故人意外重逢的惊喜。"天地再新法令宽,夜郎迁客带霜寒",隐含对肃宗的讥刺。接着通过对故人公正之论的感激,反映了作者所处的阴冷环境。作者连写四句饮酒、骑马、游山玩水,表现胸中郁结的愁闷是何等巨大。"我且"两句是千古名句,表明作者对现实的梦想终于破灭了,作者在意识到这一点时,内心的痛苦像火山一样喷发出来。结尾虽有些消极,也是无可奈何之下一种难免的自慰。此诗笔势纵放,感情起伏多变,时而沉郁,时而悲愤,时而平缓,时而激越,具有很高的艺术性,保持了作者一贯的风格,也显示了作者至老不变的个性。

李白在江夏住了一些日子,又南行至岳州。适逢贾至因事贬为岳州司马,"同是天涯沦落人",两人意气相投,诗酒唱和。李白有《巴陵赠贾舍人》诗,语意温婉,慰贾又复自慰.然含微讽之意。李白屡经挫折,受尽谗毁,因而忧谗畏讥,文笔也较过去委婉了。不久,李白返回江夏,但很快便再来岳州,目的可能是躲避毁谤,其《鸣雁行》一诗,充分表现了这种心情:

> 胡雁鸣,辞燕山,昨发委羽朝度关。——衔芦枝,南飞散落天地间,连行接翼往复还。客居烟波寄湘吴,凌霜触雪毛体枯。畏逢矰缴惊相呼。闻弦虚坠良可吁,君更弹射何为乎?

全诗通篇写雁,实乃自喻。结尾三句,读之如闻惊悸之声。胡震亨评此诗:

> 鲍照本辞叹雁之辛苦霜雪,太白更叹其遭弹射,似为己之逢难寓感,观湘吴一语可见。

《唐宋诗醇》亦云:

> 此白遭难避祸而作,步步忧虞,所谓惊弓之鸟,一结婉而多讽,诵之恻然。

是年秋李晔亦至巴陵(即岳州)。李白有《陪族叔刑部侍郎晔及中书贾舍人至游洞庭五首》《陪侍郎叔游洞庭醉后三首》。两组诗是李白晚年写景抒情的佳作,现引第一组七绝如下:

其一

洞庭西望楚江分,水尽南天不见云。日落长沙秋色远,不知何处吊湘君?

此诗先写远景,长江西来,浩浩荡荡,水天一色。末句借凭吊湘君,寄喻秋色已远的感慨。全篇意境开阔,情景交融。

其二

南湖秋水夜无烟,耐可乘流直上天。且就洞庭赊月色,将船买酒白云边。

第一句看似平淡,却高度概括了洞庭秋月的迷人景色。诗人身临其境,浮想联翩,似乎可"乘流上天"了。但为了突出眼前景色之美,诗人却说暂且顾不得上天,而要去云水交汇的湖畔买酒。一个"赊"字把洞庭人格化了。此诗想象奇妙之至。当然,不能因此就说诗人已乐而忘忧,从整组诗可以看出,奇妙想象的背后,是对现实的完全失望。

其三

洛阳才子谪湘川,元礼同舟月下仙。记得长安还欲笑,不知何处是西天?

"洛阳才子"是以西汉贾谊比贾至,同姓而又同贬潇湘,引喻恰切。"元礼"是东汉李膺之字,这里喻李晔,也很得当。三、四句化用桓谭《新论》:"人闻长安乐,则出门向西而笑。"作者当年壮志凌云,现在西望长安,已笑不出来了,含蓄地表现了内心的悲愤。此诗句句用典,均极自然贴切。

其四

洞庭湖西秋月辉,潇湘江北早鸿飞。醉客满船歌《白苎》,不知霜露入秋衣。

此诗写月已偏西,早鸿飞起,天色将晓,游人还在湖上痛饮狂歌。三、四句形容游客的醉态,十分传神。

其五

帝子潇湘去不还,空余秋草洞庭间。淡扫明湖开玉镜,丹青画出是君山。

"帝子"一句与前"不知此处吊湘君"句呼应,寄慨深远。后一句笔调轻匀,"状如十二螺髻"的君山,隐约显现于明镜般的湖面,诚如丹青画出。

李白这组绝句声调和谐,语言优美,意在言外。此外还有《秋登巴陵望洞庭》、《夜泛洞庭寻裴侍御清酌》、《酬裴侍御留岫师弹琴见寄》、《夏十二登岳阳楼》等,都是这一时期诗人生活与思想的反映,如同一幅幅淡墨图画,在清新秀丽的景色中,蕴含着无穷的哀怨。是年深秋,李白又南游零陵,贾至有《送李十二赴零陵》诗:

> 今日相逢落日前,洞庭秋水远连天。共说金华旧游处,回看北斗泪潸然。

"说金华""看北斗"都说明他们"身在江湖,心怀魏阙",不甘心眼前无可奈何的处境。李白在零陵盘桓些时日,于上元元年(公元760年)回到巴陵,然后又去江夏、浔阳,后寓于豫章。《庐山谣寄卢侍御虚舟》这一名篇,就是当时所作:

> 我本楚狂人,凤歌笑孔丘。手持绿玉杖,朝别黄鹤楼。五岳寻仙不辞远,一生好入名山游。庐山秀出南斗傍,屏风九叠云锦张,影落明湖青黛光。金阙前开二峰长,银河倒挂三石梁。香炉瀑布遥相望,回崖沓嶂凌苍苍。翠影红霞映朝日,鸟飞不到吴天长。登高壮观天地间,大江茫茫去不还。黄云万里动风色,白波九道流雪山。好为《庐山谣》,兴因庐山发。闲窥石镜清我心,谢公行处苍苔没。早服还丹无世情,琴心三叠道初成。遥见仙人彩云里,手把芙蓉朝玉京。先期汗漫九垓上,愿接卢敖游太清。

此诗气魄豪迈,庐山雄伟壮丽的景色,被作者描绘得淋漓尽致,充分反映了作者对自然、对生活的热爱;但同时诗中又鼓吹了寻仙访道的出世思想,从中可看出李白晚年复杂的内心世界。过去有人怀疑此诗为伪作,缺乏根据。"我本"一句,"文革"中曾被论证为李白"尊法反儒",更是曲解。这一时期,李白的《豫章行》、《公无渡河》等,反映现实,展示思想,都很深刻。第二年，李白又往来金陵、宣城、历阳之间，游踪所至，均有诗纪实。如《登金陵凤凰台》、《登金陵凤凰台置酒》等。特别应指出，李白听说李光弼领兵讨伐史朝义叛军，不顾老衰，奋然请缨，中途因病折回金陵。他的《闻李太尉大举秦兵百万出征东南，懦夫请缨，冀申一割之用，半道病还，留别金陵崔侍御十九韵》，就叙述了这一经过，表示诗人杀敌报国的热望至老不减。

宝应元年(公元762年)，漂泊无依的李白从金陵来到当涂，投靠其族叔李阳冰，有诗云："小子别金陵，来自白下亭。"李阳冰《草堂集序》亦云："公遐不弃我，乘扁舟而相顾。"李白在当涂虽已患病，仍写了一些诗篇，如当年重阳往游龙山时所作《九日龙山饮》，诗中有"黄花笑逐臣"句，可见诗人对放逐一事仍愤愤不平，又有《九月十日即事》：

> 昨日登高罢，今朝更举觞。菊花何太苦，遭此两重阳。

末联言简意赅，有弦外之音：诗人先被"赐金放逐"，后又被流放夜郎，两次沉重的打击，正如菊花两次被采折一样。

宝应元年十一月，伟大诗人李白病逝于当涂，时年六十二岁。临终前，李白写下了绝笔诗《临路歌》：

> 大鹏飞兮振八裔，中天摧兮力不济。余风激兮万世，游扶桑兮挂石袂。后人得之传此，仲尼亡兮谁为出涕？

李白多次以大鹏自喻。《大鹏赋》表示要"一鸣惊人，一飞冲天"；《上李邕》高唱："大鹏一日同风起，扶摇直上九万里，假令风歇时下来，犹能簸却沧溟水。"表现出虽有挫折，仍要进取的精神。《临路歌》仍以大鹏自喻，抒发了壮志未酬的感慨。这三首诗结合起来，其实就提供了李白的一个大体的形象。

李白的政治思想及具体主张

李白一生自许"怀经济之才",他是要用这种才能"兼济天下"、"事君荣亲"的。但因其一生努力皆以失败告终,故后人对其才能多有怀疑,说他是大言无用、华而不实,"岂济世之人哉"!现在有些论者谈到这一问题,往往采取抽象肯定、具体否定的态度,即承认李白确有远大的政治理想,有的也笼统地承认李白的确有经济之才,但进一步分析,总认为李白的理想空泛,没有什么具体内容,这样实质上就与古人之"华而不实"、"大言无用"的评价一致了。

李白确实常常口吐"狂言",抒发自己的兼济大志,这固然与他的豪放性格有关,但其主要目的却是让更多的人了解自己,以期得到有力者的引荐。他说:"白闻天不言而四时行,地不语而百物生,白人焉,非天地也,安得不言而知乎?"这使人想到《左传》所载:"仲尼曰:志有之,'言以足志,文以足言'。不言谁知其志,言之无文,行而不远。"可见自言其志自古就是广声誉、壮声名的必要手段。但李白言志之词在当时就受到了一些人的怀疑与讽刺,他为此感到伤心:"自言管葛竟谁许?长吁莫错还闭关","时人见我桓殊调,见余大言皆冷笑。"当然,没有人要把李白描绘成一位杰出的政治家。他自己也没有留下完整的政治业绩和政论文章,但李白的确想做杰出的政治家,这是没有疑义的。他不仅有远大的政治理想,而且有理想社会的具体蓝图。他的具体的政治主张就散见于他的各种文字里,这是了解李白政治主张的最好材料,不对它们进行细致的分析,是无法得出正确结论的。

特别需要指出,李白的具体政治主张属于儒家思想范围,如节俭、用贤、轻刑及重农、慎甲兵等,从根本上说,就是实行儒家的"仁政"。可是在具体叙述中,李白有时却用了道家的语言,这是因为,第一,李白毕竟很早就受道家影响;第二,在某些方面,如劝诫统治阶级去奢等,道家比较彻底,故借用之;第三,当时道家思想很流行,用一些道家语言阐述自己的观点,容易为人理解和接受。这并不能否定儒家思想是李白思想中的主导方面。

下面分四部分叙述李白的政治主张。

一、希望统治者节俭去奢、与民同乐

玄宗在开元初还做出过"戒奢去欲"的姿态,曾多次下诏禁珠玉锦绣,仅开元二年秋就有两次,一次针对朝廷,"乘舆服御、金银器玩,宜令有司销毁,以供军国之用,其珠玉、锦绣,焚于殿前;后妃以下,皆毋得服珠玉锦绣"(《资治通鉴》卷二十一)。一次针对百官,"百官所服带及酒器、马衔、镫,三品以上,听饰以玉,四品以金,五品以银,自余皆禁之,妇人服饰从其夫、子。其旧成锦绣,听染为皂。自今天下更毋得采珠玉,织锦绣等物,违者杖一百,工人减一等"(《资治通鉴》卷二十一)。这些诏令当然不会全部落实,但这样反复重申,多少也反映了玄宗当时的状态。开元中期以后,玄宗认为天下太平,带头奢侈起来,如他经常命令百官举行游宴,住宿饮食费用皆由公家提供;他大量赐钱,挥霍无度。至天宝间,玄宗更认为有了奢侈的基础:"玄宗召公卿百僚观左藏库,喜其货币山积。"此时玄宗两京宫女竟有四万余人。他不仅占子妃杨玉环,而且宠遇极甚,封为贵妃;贵妃的三个姐姐也因此受宠,三个夫人每年每人赐钱千贯作为脂粉费;杨氏一门甲第洞开,车马华丽,势倾天下。玄宗"用物之数,常过其入。于是钱谷之臣,始事朘刻。太府卿杨崇礼句剥分铢,有尔折渍损者,州县督送,历年不止。其子慎矜专知太府,次子慎名知京仓,亦以苛刻结主恩。王珙为户口邑役后,岁进钱百亿万缗,非租庸正额者,积百宝大盈库,以供天子燕私"(《新唐书·食货志》)。上有所为,下必效焉,整个官僚阶层都在醉生梦死之中。李白用"圆光过满缺,太阳移中昃"来感叹盛唐气象即将成为历史,这是诗人的也是政治家的敏感。作为封建时代怀有兼济大志的知识分子,李白不可能对这样的现实等闲视之;但由于时代与阶级的局限,他又提不出根本性的改革方案。然而,在历史允许的范围里,李白的"济时策"却是相当大胆和进步的,那便是希望统治者结束"珠玉买歌笑"的生活,实行节用戒奢的措施。这在他的许多诗文里都有较详细的阐述。儒家历来重视文学的社会作用,强调文学要有政治内容,如孔子"兴、观、群、怨"的诗论,汉儒主张诗歌要体现"美与刺"的观点等。李白是赞成这种主张的,故李阳冰说他"言多讽兴"。李白的《明堂》、《大猎》二赋便是有所为而作的。在《大猎赋》的序言里,他明确表示要"以大道匡君"。他曾自言"谏猎短书成",很可能即指此赋。李白对君主的希望是——

> 下明诏,班旧章。振穷乏,散敖仓,毁玉沉珠,卑宫颓墙。使山泽无间,往来相望。帝躬乎天田,后亲于郊桑。弃末反本,人和时康。(《明堂赋》)
>
> 使天人晏如,草木繁殖。六宫斥其珠玉,百姓乐于耕织,寝郑卫之声,却靡曼之色。(《大猎赋》)

这两篇赋写于不同时期,但向君主提出的政治主张是一致的。一是对待百姓。李白发现,由于土地兼并及地主阶级的残酷剥削,百姓不仅"穷乏",而且已厌恶耕织了,因此他要求统治者"振穷乏,散敖仓",使"百姓乐于耕织"。二是对待统治者自己。李白二入京师,比较了解内幕,如"宫中供贵妃院织锦刺绣之工,凡七百人,其雕刻熔造,又数百人"(《旧唐书·杨贵妃传》)这样的奢侈状况,因此他要求统治者"毁玉沉珠,卑宫颓墙"、"六宫斥其珠玉"、"寝郑卫之声,却靡曼之色",其中"寝郑卫之声,却靡曼之色"具有很强的针对性。众所周知,玄宗虽是昏君,却"洞晓音律,丝管皆造其妙",开元初,"选乐工数百人,自教法曲于梨园,谓之'皇帝梨园弟子';又教宫中使习之;又选使女,置宜春院,给赐其家"(《资治通鉴》卷二百一十二)。许多人曾提出讽谏,认为玄宗正当春秋鼎盛之时,应该戒郑声、尚朴素,以国家大事为重。玄宗表面上"嘉赏"了他们,行动上却依然故我,而且越到晚年越沉迷于此,根本不把国家事务放在心上。这使李白无法保持沉默。李白还认为统治者应像孟子主张的那样与民同乐。他曾献《宫中行乐词》,其三云:"君王多乐事,还与万方同。"不能把李白的这类奉诏诗统统看作简单的应酬之作,偶尔恐怕也有深意存焉。魏裔介《读李太白诗》曰："是气曰浩然，不只为章句。沉香亭畔词，讽谏有微趣。"在李白看来，只要统治者实行如上两方面的措施，就能达到"人和时康"、"天人晏如"的理想社会。需要注意的是，这里用了"弃末反本"等道家语言，其实质却是儒家的"仁政"。道家主张："小国寡民，使有什伯之器而不用，使民重死而不远徙。虽有舟舆，无所乘之，虽有甲兵，无所陈之。使人复结绳而用之。"这种"去奢寡欲"是要社会回到纯朴愚昧的原始状态。而李白讽劝统治者却是为了缓和阶级矛盾，发展生产。这完全是儒家"博施于民而能济众"、"施仁政于民"那一套理论。"外道内儒"，这就是李白思想的特征。

李白不仅在《明堂》、《大猎》两赋里提出了自己具体的政治主张，而且还写了许多诗歌揭露、讽刺以玄宗为代表的统治阶级。因为这些作品不像两赋是写给皇帝看的，故更为大胆和尖锐。李白在这些作品里也阐述了自己的政治主张。此类作品很多，如《古风·四十三》便是借古讽今，矛头直指玄宗。《阳春歌》也有句云："飞燕皇后轻身许，紫宫夫人绝世歌。圣君三万六千日，岁岁年年奈乐何！"对玄宗的批判多么尖锐！另外，李白两入长安，对权贵小人的认识不断深刻和丰富，因而对他们的揭露也就特别无情。《古风》里的许多篇都是这样的作品。

总之，无论是向统治者提出希望和主张，还是揭露与抨击他们，李白的出发点都是儒家那一套"仁政"的理论，即通过减轻剥削来缓和阶级矛盾，达到"海县清一"的政治局面。显然李白的立场仍在李唐统治集团那一边，但他的诗文"灌输了对于现存秩序永恒性的怀疑"（恩格斯语），却应该是肯定的。

二、希望统治者选贤任能

唐朝继承并发展了隋朝制定的考试制度，建国初期广开才路，中小地主出身的知识分子有可能获得参与国家政权的机会，如马周由布衣而卿相便是典型例子。这样诱人的前途，使人们对这一时代寄予了无限希望。李白说："功名不早著，竹帛将何宣？"（《长歌行》）王昌龄亦云："天生贤才，必有圣代用之！"（《上李侍御书》）但实际情况却复杂得多。封建制度本身存在着巨大的弊病，根本不可能人尽其才，特别是随着社会经济的恢复与发展,统治阶级总是日益腐朽堕落。唐开元中期以后,政治十分黑暗,标志之一即是李白痛斥的"糟糠养贤才"。正因如此,李白特别希望统治者选贤任能。这一具体的政治主张是与他"海县清一"的社会理想密切相连的。

大家知道,道家是反对举贤用才的。主张:"不尚贤,使民不争。"庄子也说:"不尚贤,不使能";"举贤,则民相轧"。儒家的政治理想是所谓"仁政",而"仁政"是需要人去推行的,因此他们主张选贤任能。孔子反复主张"举贤才"。子路问他:"治国何如?"答曰:"在于尊贤而贱不肖。"荀子也说:"贵贤,仁也;贱不肖,亦仁也。"李白强调"重贤",即源于此。初出蜀时,李白是相当自信的,自称:"已将书剑许明时。"一入长安的失败使他初步接触了社会现实,开始认识到人尽其才是多么困难。二入长安,他一下子接触了统治阶级的最上层,对黑暗政治有了更清楚的认识。随着玄宗的荒于政事,李林甫独揽了大权。为了一己的私利,他一方面大肆重用不学无术、专事逢迎者,如吉温之流,"附离者虽小人,且为引重";另一方面妒贤嫉能、排抑胜己之士,"有才名于时者,尤忌之"。天宝六载李林甫"恐草野之士对策斥言其奸恶",竟借故使所有举子"无一人及第"。杨国忠上台以后,由于他自己不学无术,更加排斥贤能之士,政坛一片乌烟瘴气。

李白面临的就是这样的社会现实。他在自己长期的不幸遭遇中,接触了许多怀才不遇的人士,看到了压制人才的普遍性,思想逐渐成熟,深深感到眼前的社会不符合他的理想,不符合他要求统治者选贤任能的愿望。他酬张某时说:"与君各未遇,长策委蒿莱。宝刀隐玉匣,绣涩空莓苔。"又送张十四云:"猛虎伏尺草,虽藏难蔽身。有如张公子,肮脏在风尘。"在他看来,有才不被重用,就像隐于玉匣的宝刀,伏于草间的猛虎。李白用"好鸟集珍木,高才列华堂"来形象地表达自己的愿望。在《送杨少府赴选》里,他说:

> 大国置衡镜,准平天地心。群贤无邪人,朗鉴穷清源。……山苗落涧底,幽松出高岑。

这便是要求国家用人当分清贤愚,使"山苗"与"幽松"各得其所。李白特别赞扬君臣的际合,羡慕"刘葛鱼水本无二"。他反复歌颂古代能发现、任用贤人的君王:"燕昭延郭隗,遂筑黄金台。剧辛方赵至,邹衍复齐来";"君不见昔时燕家重郭隗,拥篲折节无嫌猜;剧辛乐毅感恩分,输肝剖胆效英才。"

李白主张选贤任能完全是从国家利益出发的,他说:"君能礼此最下士,九州拭目瞻清光。"晚年仍坚持这一主张,他在《为宋中丞自荐表》里说:"古之诸侯,进贤受上赏,蔽贤受明戮。"这是希望别人能进贤荐能;而在《与贾少公书》里,他说明自己入永王幕府的目的之一就是"报国荐贤",可见在他看来,荐贤就是报国之举了。

但是,李白所见的却是与其主张相反的现象。在极度失望和愤慨之中,李白对此进行了猛烈的抨击。这种抨击最初起因于个人的命运:"我如丰年玉,弃置秋田草。"随着阅历的丰富和认识的深入,就超出了个人的范围,具有社会意义了。不妨将此看成李白从反面表达的政治主张。这类诗很多。《如古风·五十一》,诗人借古讽今,大胆抨击了当时忠臣受压、小人掌权的现实。《诗比兴笺》注解:"此叹明皇拒直谏之臣,张九龄、周子谅俱窜死也。"看"夷羊"两句,即可知道唐朝政治荒唐到了什么程度。《古风·八》借董偃揭露和讽刺那些趋炎附势的外戚,借扬雄表达自己对那些怀才不遇之士的同情,锋芒是很鲜明的。高适《行路难》其一是同一主题,但李白的观察更细致,抨击更尖锐。有些诗篇十分形象地描写了当时贤愚混淆的黑暗现实;

> 鸡聚族以争食,凤孤飞而无邻;蟏蛸嘲龙,鱼目混珍;嫫姆衣锦,西施负薪。(《鸣皋歌送岑徵君》)
> 梧桐巢燕雀,枳棘栖鸳鸯。(《古风·三十九》)
> 骅骝拳跼不能食,蹇驴得志鸣春风。《折扬》、《黄华》合流俗,晋君听琴枉《清角》。巴人谁肯和《阳春》,楚地犹来贱奇璞。(《答王十二寒夜独酌有怀》)

晚年的《醉后赠从甥高镇》有句:"君为进士不得进,我被秋霜生旅鬓。时清不及英豪人,三尺童儿唾廉蔺。"这里的"时清"当然是反语了,它和初出蜀时所作"已将书剑许明时"的"明时",形成鲜明的对照。几十年的坎坷生涯，特别是几次重大的政治挫折，使李白对社会的真实面貌有了清楚的了解。从"明时"到"时清"，反映了李白认识的提高。晚年的《拟古》之八，凝结了他多年的观察与思考。萧士赟逐句解说："'嘉谷隐丰草，草深苗且稀'，喻贤人在野混于常人之中。'农夫既不异，孤穗将安归'，农夫见谷之在草而不别异之，犹贤者见贤之人，在野而不荐引也。'常恐委畴陇，忽与秋蓬飞'，喻在野之贤唯恐老之将至，与草木俱腐也。'乌得荐宗庙，为君生光辉'，在野之贤冀在位之贤引而进之，以羽仪朝廷也。"此诗极富比兴之法，明眼人一读便知；典型性极强，难怪"士怀才而不遇，千载读之犹有感激"。在《于阗采花》里，李白借明妃之事指出："贤不肖之易置者众矣！"李白不仅希望最高统治者任用贤人，而且希望在位者举贤荐能。在他看来，只有上下齐心，贤能之士才能各得其所，从而实现"九州清"的政治局面。

和李白同时的许多诗人，也揭露过当时贤愚颠倒的黑暗现实，但都不如他那样集中、鲜明、强烈、深刻。这是由于李白有着远大的政治理想。了解这一点，就能加深对李白这类诗篇的理解。失望时，李白也"反抗"，那就是饮酒与求仙，"豪士无所用，弹弦醉金罍。东风吹山花，安可不尽杯？"（《金陵凤凰台置酒》）这里的豪士当然指他自己以及和他一样的怀才不遇者了。这样，高唱"天生我才必有用"的李白和低吟"但愿长醉不复醒"的李白终于统一起来了。

三、希望统治者轻刑、减税，实行"仁政"

开元天宝年间，以玄宗为首的统治集团日益腐化。为了搜刮更多的民脂民膏供其挥霍，善于苛剥百姓的杨崇礼、王鉷之流受到重用，各地的贪官污吏也加重了对人民的压迫与剥削。这样的记载很多，如：

> 吏有徇于利者，单车述职，捆载而归；有徇于名者，立威肆极，视人如草，鳌百姓而不谓之暴，挂法令而不罪其荒。（《唐朝仪郎魏郡县令□□墓志铭□□》）
> 郡县官僚，并为货殖，竞交互放债侵入，互为征收，割剥黎庶。（《唐会要》卷六十九）

李白两入长安并周游各地,对此十分了解。为了实现自己的政治理想,他针锋相对地提出减刑、薄税、爱民等措施。除了直接抨击贪官恶吏外,他更多的是通过赞扬比较清廉的官吏,来阐述自己的主张。李白所作《李公去思颂碑》称:虞城县令李锡"奉诏修建初,启运二陵,总徙五郡,支用三万贯。举筑雷野,不鞭一人,功成余八千贯"。能"安四人,敷五教,处必粝食,行惟单车。观其约而吏俭,仰其敬而俗让,激直士之素节,扬廉夫之清波。三月政成,邻境取则。因行春,见枯骸于路隅,恻然疚怀,出俸而葬,由是百里掩骼,四封归仁"。所作《韩君去思颂碑》赞扬武昌宰韩仲卿继承孔子传统:"仲尼,大圣也,宰中都而四方取则;子贱,大贤也,宰单父人到于今而思之。乃知德之休明不在位之高下,其或继之者得非韩君乎……未下车,人惧之,既下车,人悦之。惠如春风,三月大化。"安史乱中,"宋城易子而炊骨。吴楚转输,苍生熬然,而此邦晏如,襁负云集。居未二载,户口三倍其初"。儒家的"仁",其中心就是爱人,所谓"节用而爱人,使民以时","因民之所利而利之"等。显然,李白认为李、韩两人实行了儒家的"仁政"。碑文充分反映了李白的儒家立场。李白特别赞扬李韩二人敢于反对地方豪强。韩到武昌后,"奸吏束手,豪宗侧目","官绝请托之求,吏无丝毫之犯"。虞城县本来"邑中有聚党横猾者,实惟二耿之族,几百家焉",李某将其"训为纯人,易其里曰大忠正之里"。当然,李、韩作为统治阶级成员,反豪强不可能彻底,但毕竟有进步作用。李白写的是颂德碑文,为讨生者欢喜,难免有溢美之词,但也可以看出李白的政治态度。

　　在其他一些诗文里,李白还赞扬过许多他认为清廉的地方官吏。如赞友人崔某"为官不爱钱";赞宣城宇文太守"下马不作威,冰壶照清川",以至"霜眉邑中叟,皆美太守贤";赞太守赵悦"赤县扬雷声,强项闻至尊……出牧历三郡,所居猛兽奔",这是指赵悦使残暴敛迹。当然,这些赞语肯定也有过溢之处。李白尤其赞扬一些官吏的较有影响的善政,如开元年间,齐瀚主持开凿了有益于民生的瓜洲新河,李白称颂云"丰功利生人,天地同朽灭"。

　　最能表现李白儒家理想的是赞誉地方官贺某的《任城县厅壁记》,摘引如下:

宽猛相济,弦韦适中。一之岁肃而教之,二之岁惠而安之,三之岁富而乐之。然后青衿向训,黄发履乱。未耜就役,农无游手之夫;杼轴和鸣,机罕啧蛾之女。物不知化,陶然自春。权贵锄纵暴之心,黠吏返淳和之性。行者让于道路,任者并于轻重,扶老携幼,尊尊亲亲,千载百年,再复鲁道。

"宽猛相济,弦韦适中",这种统治人民的两手政策,完全符合儒家的主张:"道之以政,齐之以刑,民免而无耻;道之以德,齐之以礼,有耻且格","省刑罚"。"肃而教之"、"惠而安之"、"富而乐之",也符合儒家"富民"、"教化"的思想。这与道家完全不同。老子主张:"常使民无知无欲,使夫智者不敢为也。为无为,则无不治。"当然,儒家的目的是为了使被压迫者"心悦诚服"。"扶老携幼,尊尊亲亲,千载百年,再复鲁道"云云,更是彻头彻尾的儒家语言。读这些对于理想社会的天真描绘,很容易想起《史记》所载孔子闻政三月的鲁国情况:"粥羔豚者弗饰贾,男女行者别于涂,涂不拾遗,四方之客至乎邑者不求有司,皆予之以归。"正如前面所说,李白有时借用一些道家语言表达自己的儒家思想,这里再举一例:李白在《赠清漳明府侄聿》一诗里,提出了"心和得天真,风俗犹太古"的社会理想,很像道家反末归本、小国寡民的理论,但其具体内容却和道家大相径庭。如"日为苍生忧"就不是道家的无为思想而是儒家的入世主张;"缲丝鸣机杼,百里声相闻",就不符合"鸡犬之声相闻,老死不相往来"的理想;而"蒲鞭挂檐枝,示耻无扑抶",则完全是儒家的减刑、教化之说。

四、希望统治者重农业、慎甲兵

既然李白的政治理想是儒家的"仁政",即"利民"、"安民"之类,这就决定他必然要主张重农业和慎甲兵。

先说重农业。李白虽然主要生活在上层和中层,但在长期的漂泊生涯里,也时常接触农村,对渔樵、农圃等颇感兴趣:"山童荐珍果,野老开芳樽;上陈樵渔事,下叙农圃言。""相携及田家,童稚开荆扉。"都是很好的记录。他晚年更加同情农民:"田家秋作苦,邻女夜春寒。"字字真切,情深意重。在人们的印象里李白只会饮酒作诗,其实他自己也种过地。他曾有诗写到自己:"小节岂足道,退耕春陵东。归来无产业,生事如转蓬。"李白家居东鲁时还小有田产,看来"退耕"是可能的。李白认为要实现"海县清一",就必须重视农业,这符合儒家的农本思想。因没有专门的论述,他的这一思想往往被人们忽略,其实是李白政治思想的一个很重要的方面。比如怎样评价官吏,李白的一个重要标准,就是看其是否能让人们归田种地,是否重视农业生产。李白赞贺某使"耒耜就役,农无游手之夫;抒轴和鸣,机罕嚬蛾之女";赞阎某使"飞鸟还旧巢,迁人返躬耕",赞李阳冰"惠泽及飞走,农夫尽归耕";赞徐某使"浮人若云归,耕种满郊岐;川光净麦陇,日色明桑枝",都是例子。李白是反对不义战争的,一个重要原因就是它大量征发青壮农夫,直接影响了农业生产。唐代是以农业为命脉的封建国家,农业遭到破坏,就减少了主要赋税来源,不仅农民生活受到影响,封建国家也受到冲击。所以,李白反对因战误农。他在《古风·十四》里表达了这种思想:"赫怒我圣皇,劳师事鼙鼓。阳和变杀气,发卒骚中土。三十六万人,哀哀泪如雨。但悲就行役,安得营农圃?"可见李白的顾虑是很深的。李白描写了当时农业生产遭到破坏的可怕景象:"咸阳天下枢,累岁人不足。虽有数斗玉,不如一盘粟。"李白也反对玄宗热衷于求仙访道,原因之一仍然是担心求仙访道妨碍农事。《古风·四十八》借批判秦始皇讽刺玄宗:"秦皇按宝剑,赫怒震威神。逐日巡海右,驱马驾沧津。征卒空九寓,作桥伤万人。但求蓬岛药,岂思农扈春?力尽功不赡,千载为悲辛。"希望统治者重视农业,以达到"安民"、"保民"的目的,这无疑是有积极意义的。

再说慎甲兵。唐王朝曾是相当强大的封建国家。在它的边庭上,有许多民族自治政权。如何协调中央政权同它们的关系是唐王朝政治生活中十分重要的事情。李白胸怀济世之志,不可能对此漠不关心。当然,无论是中央政权还是地方自治政权,都只代表少数人的利益,本质上都贪婪好战。然而,历史上两种政权友好相处的时间是相当长的,即使发生了战争,往往也有正义与非正义的区别,不能因为双方都是剥削阶级政权而不作具体分析。李白虽然常常站在中央政权一边,但不是一个善恶不分的糊涂人。一方面他热情歌颂唐朝进行的具有进步意义的战争,创作了许多充溢着强烈爱国主义精神的诗篇;另一方面,李白主张儒家的"仁政",

特别希望边防安定、人民安居乐业。李白有诗句说:"转战渡黄河,休兵乐事多。萧条清万里,瀚海寂无波。"他希望停止边战,"父子得安闲"、"良人罢远征"。因此,李白强烈抨击唐王朝发动的不义战争。如天宝中的"南诏之战",李白痛斥:"千去不一回,投躯岂全生!""至今西洱河,流血拥僵尸。"并提出自己的和平愿望:"如何舞干戚,一使有苗平?"《帝王世纪》载:有苗氏部落拒绝舜的政令,舜不事征伐,修教三年,执干戚而舞,有苗氏终于归服。李白认为唐统治者应向儒家的理想人物舜学习,用心内政,才能平定天下,而不应出兵南诏。当时玄宗一边求仙,一边又屡启边恤,李白作诗:"穷兵黩武今如此,鼎湖飞龙安可乘?"其讽刺是很尖锐的。我们知道,道家反对任何战争,如早期道家人物宋轻就主张"禁攻寝兵",而不区分正义与否。李白对战争的态度属于儒家,他的诗句如"乃知兵者是凶器,圣人不得已而用之",更是典型的儒家思想。

　　以上从四方面介绍了李白的政治主张,可以看出,是不公平的命运,使李白的思想逐渐成熟,政治主张逐渐具体和丰富。虽然这些主张的目的不外是巩固唐朝的统治,但希望统治者戒奢、用贤、"安民"、"利民"、重农业、慎甲兵,客观上是有积极意义的。应该承认,李白并非只会口吐狂言,他的政治思想和具体主张很值得进行深入的研究。

李白的浪漫主义精神及其表现手法

"风格即人",诗人的性格就是他的创作风格。沈德潜《说诗晬语》指出:

> 有第一等襟抱,第一等学识,斯有第一等真诗。

徐增《而庵诗话》亦说:

> 诗乃人之行略,人高则诗亦高,人俗则诗亦俗,一字不可掩饰,见其诗如见其人。

正因为李白有"第一等襟抱",所以才写出"第一等真诗",正因为他品格高洁,其诗才脱尽凡俗。吴乔《围炉诗话》说:

> 太白胸怀,有高出六合之气,诗则寄兴为之,非促促然诗人之作也。

这里所谓"气",就是浪漫主义的精神和气质。由于李白胸怀"高出六合之气",其诗才能"气骏而逸,法老而奇,音越而长,调高而卓"(《诗镜总论》)。但是,李白这种"气"形成的原因,却又人言言殊。由于这个问题比较抽象,有人采取回避态度;《诗镜总论》则干脆说是"其殆天授,非人力也"。

不可否认,李白过人的天赋,是形成李白狂放不羁的性格——表现在创作上,就是高度的浪漫主义——不可缺少的原因,但不是唯一的原因。《诗镜总论》的说法完全否定了后天的影响。

前文说过,李白出生于一个具有明显流徙色彩的富商家庭,因此,他从小所受的教育,不像一般士大夫家庭那么严格。有人试图从这里找到李白豪放性格形成的原因,如宋代沈明远在《寓简》卷四中说:

> 李太白云:"小时大人令诵《子虚赋》,私心慕之。及长,南游云梦七泽之壮观,酒隐安陆者十余年矣。"夫人之教其子,可先之以诗礼,所以防闲其邪心,使之可以言,可以立,动遵于法训,乃可责以成人之事耳。白方幼稚,而其首诲之以靡丽之词;然则白之狂放不羁,盖亦过庭之所致也。

沈明远对李白所受的家庭教育的指责,其根据是封建礼教的那些原则,今天看来当然不能成立。但他指出李白"狂放不羁"性格的形成与家庭教育有关,还是给人启发的。我们知道,自称"每饭不忘君"的杜甫,就出生于世代"奉儒守官"的家庭。

除了读赋作诗,李白从小还"诵六甲"、"观百家",特别是很早就受到侠士的影响。李白有诗回忆:

> ……结发未识事,所交尽豪雄,却秦不受赏,击晋宁为功。托身白刃里,杀人红尘中,当朝揖高义,举世钦英风。(《赠从兄襄阳少府皓》)
>
> ……忆昔作少年,结交赵与燕。金羁络骏马,锦带横龙泉。(《留别广陵诸公》)

这种游侠生活充满了浪漫的色彩,逐渐地在诗人身上培养出一种急公好义、豪放无畏的性格,一种高度浪漫的精神与气质。李白自叙初出蜀时的一段文字,就是很好的佐证:

> 曩昔东游维扬,不逾一年,散金三十余万,有落魄公子,悉皆济之。此则是白之轻财好施也。又昔与蜀中友人吴指南同游于楚,指

南死于洞庭之上，白襌服恸哭，若丧天伦。炎月伏尸，泣尽而继之以血。行路闻者，悉皆伤心。猛虎前临，坚守不动。遂权殡于湖侧，便之金陵。数年来观，筋肉尚在。白雪泣持刃，躬申洗削；裹骨徒步，负之而趋；寝兴携持，无辍身手；遂丐贷营葬于鄂城之东。故乡路遥，魂魄无主，礼以迁窆，式昭朋情。此则是白存交重义也。（《上安州裴长史书》）

随着阅历的增加，李白对社会的认识逐渐深入，他的任侠行为减少了，但游侠生活培养起来的正义感和热情慷慨的性格却一直伴随他走完人生的路程。可以说，李白一生都带着几分"侠气"，这种"侠气"，其实就是一种浪漫主义气质。

李白曾自言，"一生好入名山游"。观其一生经历，此言确实不虚。李白出蜀前就曾漫游蜀中各地，登峨嵋、陟剑门、隐岷山。二十五岁时，"仗剑去国，辞亲远游"，以后遍游黄河流域和大江南北，几乎所有的名山大川都留下了诗人的足迹。毫无疑问，山水风光极大地陶冶了诗人的性灵。孙觌《送删定侄归南安序》说：

李太白周览四海名山大川，一泉之旁，一山之阻，神林鬼冢，魑魅之穴，猿狖所家，鱼龙所宫，往往游焉。故其为诗，疏宕有奇气。

孙觌看到了山水自然对李白诗歌风格——其实就是李白性格——的影响，虽然夸大了它的作用。陆游有句："挥笔当得江山助，不到潇湘岂有诗"；清黄仲则也说过："自怜诗少幽燕气，故向冰天跃马行"，都是指山水同创作风格实即作者性格的密切关系。

在长期漫游中，李白结交的一些人物，对他豪放性格和浪漫气质的形成也有重要作用，因其他章节已介绍，这里不再详述。

另外，道家的影响也是形成李白性格的重要原因。李白平生蔑视权贵，虽然未能完全做到"不屈己、不干人"，但他的一些诗文确实流露出一股轩昂之气。这固然同他熟悉权贵底细有关，但也由于他在一定程度上接受了庄子愤世嫉俗的思想。李白有诗云：

黄金白璧买歌笑,一醉累月轻王侯。手持一枝菊,调笑二千石。

杜甫也描写过李白的傲态:

李白斗酒诗百篇,长安市上酒家眠;天子呼来不上船,自言臣是酒中仙。

苏轼也借用他人之语赞扬李白:

戏万乘若僚友,视俦列如草芥。

《侯鲭录》有一段记载,虽是传说,却生动地再现了李白形象:

李白开元中谒宰相,封一板上,题云:海上钓鳌客李白。相问曰:"先生临沧海钓巨鳌,以何物为钓线?"白曰:"以风浪逸其情,乾坤纵其态;以虹蜺为丝,明月为钩。"相曰:"何物为饵?"曰:"以天下无义丈夫为饵。"时相悚然。

李白一生好以大鹏自比,显然也有着庄子《逍遥游》的影响。李白《大鹏赋》里的大鹏,具有冲破一切束缚的力量,是精神自由的象征:

刷渤海之春流,晞扶桑之朝暾。焯赫乎宇宙,凭陵乎昆仑。一鼓一舞,烟朦沙昏。五岳为之震荡,百川为之崩奔。尔乃蹶厚地,揭太清。亘层霄,突重溟。激三千以崛起,向九万而迅征。背嶪太山之崔巍,翼举长云之纵横,左回右旋,倏阴忽明,历汗漫以夭矫,距阊阖之峥嵘。簸鸿蒙,扇雷霆。斗转而天动,山摇而海倾。

这种掀天揭地的形象,充分表现了李白热烈追求精神解放的浪漫气质。

但是,除了天赋外,如果把李白性格和创作风格的成因完全归结为他生长的家庭环境、交游的朋友,以及任侠与道家思想的影响等方面,那仍是不全面的,因为忽略了产生李白的那个时代,而再杰出的人物,也只能是时代的产物。

盛唐时期,知识分子对国家和个人的前途常常很有信心,渴望建功立业在诗人中是很普遍的现象。如高适"二十解书剑,西游长安城",自信"举头望君门,屈指取公卿"(《别韦参军》);岑参也很自负,"尝自谓曰:云霄坐致,青紫俯拾"(《感旧赋序》);杜甫的理想更为高远:"自谓颇挺出,立登要路津。致君尧舜上,再使风俗淳"(《奉赠韦左丞丈二十二韵》)。李白的抱负我们已经很熟悉了:"申管、晏之谈,谋帝王之术,奋其智能,愿为辅弼,使寰区大定,海县清一。"(《代寿山答孟少府移文书》)这些语言,带有明显的盛唐的印记。比较一下中晚唐诗人的心境,区别是十分明显的。如李贺自谓:"长安有男儿,二十心已朽。"王国维认为李白纯以气象胜,有一定道理。这种气象,就是盛唐人所独有的自信、积极、蓬勃的气概。欧阳修《读李集效其体》诗曰:

> 开元无事二十年,五兵不用太白闲。太白之精下人间,李白高歌《蜀道难》。

但是,李白踏进政治舞台之日,正是盛唐走向衰亡之时,官场日趋腐败,政治日趋黑暗。李白《古风·五十四》云:

> 倚剑登高台,悠悠送春目。苍榛蔽层丘,琼草隐深谷。凤鸟鸣四海,欲集无珍木。鸒斯得所居,蒿下盈万族。晋风日已颓,穷途方恸哭。

因此,一方面,是时代给了李白金色的理想;另一方面,又是这个时代,从根本上堵塞了李白实现理想的道路。而李白的人生态度又是那样乐观、积极:"苟无济代心,独善亦何益?"严酷的现实无法改变他的志向,他要继续奋斗,继续前进。正是在这种顽强的搏击中,迸发出了李白强烈的浪漫主义精神的火花。

请看他的著名的《行路难·其一》:

金樽清酒斗十千,玉盘珍馐值万钱。停杯投箸不能食,拔剑四顾心茫然。欲渡黄河冰塞川,将登太行雪暗天。闲来垂钓碧溪上,忽复乘舟梦日边。行路难! 行路难! 多歧路,今安在! 长风破浪会有时,直挂云帆济沧海。

人生道路的障碍是如此巨大,以致面对美酒珍馐,诗人却会停杯投箸。然而,诗人无法放弃自己的理想,而且还唱出了"长风破浪会有时,直挂云帆济沧海"这样充满乐观主义精神的豪言壮语。这里,诗人命运之艰难、苦闷之深重、理想之执着、信念之坚定,都带有时代的特点。

李白多次描写过仙境,这些描写是令人神往的:

朝饮颍川之清流,暮还嵩岑之紫烟,三十六峰常周旋。常周旋,蹑星虹,身骑飞龙耳生风。我知尔游心无穷。(《元丹丘歌》)

遥见仙人彩云里,手把芙蓉朝玉京。先期汗漫九垓上,愿接卢敖游太清。(《庐山谣寄卢侍御虚舟》)

这些描写中高度的浪漫主义色彩,是对当时黑暗现实的否定。葛立方《韵语阳秋》说李白——

或欲把芙蓉而蹑太清,或欲挟两龙而凌倒景,或欲留玉舄而上蓬山,或欲折若木而游八极,或欲结交王子晋,或欲高揖卫叔卿,或欲借白鹿于赤松子,或欲餐金光于安期生。抑身不用,郁郁不得志,而思高举远引耶!

这是知者之言。现实越黑暗,李白对仙境的向往就越热烈,关于仙境的幻想就越丰富、越浪漫。但是,李白的理想并不是远离尘世,恰恰相反,他的理想只有在现实社会里才能实现。他在向往和描绘仙境的同时,一刻也没有离开他所面对的现实。他的高度的浪漫主义有着深厚的现实生活的基础。著名长篇《梦游天姥吟留别》就是突出的例子。诗人借描写梦境,表现了自己的热烈追求。诗人梦中的仙境是多么动人:

我欲因之梦吴越,一夜飞度镜湖月。湖月照我影,送我至剡溪。谢公宿处今尚在,渌水荡漾清猿啼。脚著谢公屐,身登青云梯。半壁见海日,空中闻天鸡。千岩万转路不定,迷花倚石忽已暝。熊咆龙吟殷岩泉,栗深林兮惊层巅。云青青兮欲雨,水澹澹兮生烟。列缺霹雳,丘峦崩摧。洞天石扉,訇然中开。青冥浩荡不见底,日月照耀金银台。霓为衣兮风为马,云之君兮纷纷而来下。虎鼓瑟兮鸾回车,仙之人兮列如麻。

这正是诗人梦寐以求的理想境界,诗人似乎陶醉其中了,他的心境该是非常满足,非常愉快的吧? 但是诗人——

忽魂悸以魄动,恍惊起而长嗟。惟觉时之枕席,失向来之烟霞。

他又回到了严酷的现实面前。可见诗中高度的浪漫主义有着深刻的时代的原因。

李白是我国文学史上自屈原以后又一位伟大的浪漫主义诗人。李白曾自称:

兴酣落笔摇五岳,诗成笑傲凌沧洲。(《江上吟》)

伟大的现实主义诗人杜甫也极赞李白的文学成就:

笔落惊风雨,诗成泣鬼神。(《寄李十二白二十韵》)

李白诗歌的浪漫主义特色有哪些表现手法呢?

一、浪漫色彩的题材

李白很喜欢采用富于浪漫色彩的历史传说与历史人物作为诗歌的题材,如《古风·三十一》:

> 郑客西入关,行行未能已。白马华山君,相逢平原里。璧遗镐池君,明年祖龙死。秦人相谓曰:"吾属可去矣。"一往桃花源,千春隔流水。

王琦注所引《搜神记》记载:

> 秦始皇三十六年,使者郑容从关东来,将入函关,西至华阴,望见素车白马,从华山上下,疑其非人。道住,止而观之。遂至,问郑容曰:"安之?"郑容曰:"之咸阳。"车上人曰:"吾华山使也,愿托一牍书,致镐池君所。子之咸阳,道过镐池,见一大梓,有文石,取款梓,当有应者,即以书与之。"容如其言,以石款梓,果有人来取书,云明年祖龙死。

祖龙,指秦始皇。此诗表面上仅仅叙述了一则历史传说,其实表达了一种不祥的预感:现实社会即将大乱!忧虑是很深的。由于这则传说确有神奇的色彩,因而诗篇获得了浪漫的效果。再如《古风·二十一》:

> 郢客吟白雪,遗响飞青天。徒劳歌此曲,举世谁为传? 试为巴人唱,和者乃数千。吞声何足道,叹息空凄然。

显然,李白在这里同样不是为了讲述故事,他"吞声"、"叹息",也并非为古人发幽思,目的仍是借历史来抨击现实。富有传说性质的故事为诗篇带来了浪漫的色彩。其他如"君不见昔时燕家重郭隗,拥篲折节无嫌猜"(《行路难·其二》),"君不见朝歌屠叟辞棘荆,八十西来钓渭滨"(《梁甫吟》),"君不见高阳酒徒起草中,长揖山东隆准公"(同上),都采用具有浪漫色彩的历史故事。在《古风·其十》里,李白更塑造了鲁仲连这样一个传奇人物的形象:奇伟倜傥,光明磊落;因义不帝秦而声名远扬;虽有大功却一无所取……鲁仲连在李白的笔下被理想化了,这反映了李白本人的人生理想。

李白还喜欢采用一些幻想的事物作为题材。如天马、凤凰,特别是大鹏,以突出形象,寄托自己的理想与追求。这些幻想的事物充分表现了李白豪放不羁的个性和积极乐观的进取精神,使诗篇充满了浪漫主义特色。

山水自然是李白诗篇的重要题材,他描绘过明山秀水,但出现在他的名篇里的却往往是雄山奇水。这不是偶然的。它说明只有在雄山奇水中,诗人豪放的性格、热烈的追求,才能得到最完全的表现,他的汹涌澎湃的激情,才能得到最充分的抒发。因此,他描绘"连峰去天不盈尺"、"百步九折萦岩峦"的蜀道,"屏风九叠云锦张"、"回崖沓嶂凌苍苍"的庐山和"白浪如山"、"涛似喷雪"的长江。请看诗人笔下的华山和黄河:

> 西岳峥嵘何壮哉!黄河如丝天际来。黄河万里触山动,盘涡毂转秦地雷。……巨灵咆哮擘两山,洪波喷流射东海。三峰却立如欲摧,翠崖丹谷高掌开。(《西岳云台歌送丹仙子》)

李白的诗中,自然山川充满了动感和生命力,它们是李白内心世界的寄托和写照。

二、跳跃式结构

李白的诗篇,特别是那些有代表性的作品,常常具有特殊的形式,姑称之为"跳跃式结构"。这种结构,形成了李白诗歌的波澜与气势,增强了它们的浪漫主义色彩。

人们对李白诗歌中强烈的"自我"形象都有深刻的印象,如"大道如青天,我独不得出","仰天大笑出门去,我辈岂是蓬蒿人","天生我材必有用,千金散尽还复来"等都是千古名句。即使涉及一些生活现象,李白也往往侧重于主观感情的表达,而很少对具体过程作详细的描绘,如《乌栖曲》便是很好的例子:

> 姑苏台上乌栖时,吴王宫里醉西施。吴歌楚舞欢未毕,青山犹衔半边日。银壶金箭漏水多,起看秋月坠江波,东方渐高奈乐何!

此诗揭露与抨击了吴王的骄奢淫逸,但并没有详细描写吴王的荒淫生活。若是在现实主义诗人的笔下,一定会是另一种样子。由于这首诗特色鲜明,所以受到贺知章等人的激赏。再如《丁都护歌》,虽然也描绘了纤夫的痛苦生活,但主要是直接表达了诗人的同情。"一唱《都护歌》,心摧泪如雨";"君看石芒砀,掩泪悲千古",都凝聚着作者强烈的感情。

正因为有时诗人的感情太强烈了,简直如山洪突发,汹涌澎湃,一泻千里,诗人无法命令感情"刹车",去冷静地刻画交代具体事物,而只好让感情的激流任意起伏驰骋,以吐尽自己胸中的郁积。这样就使李白的诗篇,特别是那些名篇,形成了特殊的跳跃式的结构。如《远别离》,诗人似乎在叙述舜与娥皇、女英的古老传说,中间却插入了"我纵言之将何补","君失臣兮龙为鱼,权归臣兮鼠变虎"这样可能触犯时政的议论。初看此诗似乎"杂乱无章","扑朔迷离",不知李白所云者何。但是,只要结合当时的历史状况和李白个人的遭遇,就会明白,李白是借历史传说来表达他对天宝年间政局的忧虑,感情是很深沉、很强烈的。诗篇的"扑朔迷离",反映了李白"不想说又不忍不说"(《唐诗鉴赏词典》语)的内心矛盾。

又如《梁甫吟》里,一会儿智能之士终遇明主,一会儿智能之士又终遭谗毁;一会儿晋谒天帝,一会儿又回到人间;一会儿满怀信心,一会儿又悲苦迷惘。诗人的感情丝毫不受束缚,在想象的天地里自由驰骋,结构上就出现了奇幻多变、跌宕跳跃的现象,正如范德机《诗评》所说:

> 如江海之波,一波未平,一波复起,又如兵家之阵,方以为正,又复为奇;方以为奇,忽复是正,奇正出入,变化不可纪极。

阅读这类诗篇,容易为其结构的"零乱"所困惑,其实稍稍用心,就会发现,全诗有着统一这些"零乱"结构的内在的东西,这就是诗人的感情。只有把握了诗人的感情,才能读懂这类作品。李白《宣州谢朓楼饯别校书叔云》在结构上也很有特点,其诗如下:

> 弃我去者,昨日之日不可留;乱我心者,今日之日多烦忧。长风万里送秋雁,对此可以酣高楼。蓬莱文章建安骨,中间小谢又清发。俱怀逸兴壮思飞,欲上青天揽明月。抽刀断水水更流,举杯消愁愁更愁。人生在世不称意,明朝散发弄扁舟。

此诗一开头就倾吐了强烈的郁愤,但中间却突然赞美建安文学和谢朓的诗歌,甚至产生了"欲上青天揽明月"的"逸兴",似乎作者的思路开了"小差"。其实,了解李白的读者知道,由于政治上屡遭挫折,李白的心情极为痛苦,只好寄情于山水诗酒;不过由于李白的个性,他在失望之中也不失豪迈浪漫的气概。最后四句又与开篇呼应,使感情回到现实中来。因此,把握了李白这类诗歌的特殊结构,也有利于理解他的思想感情。

再如《梁园吟》,开头写诗人离开京阙来到梁园(今河南开封东南),想到自己政治上的失意,十分苦闷:

> 洪波浩荡迷旧国,路远西归安可得? 人生达命岂暇愁,且饮美酒登高楼。

按常理,诗人应该继续抒发自己怀才不遇的感慨,但李白突然笔锋一转,掀起了一层波澜:"人生达命岂暇愁,且饮美酒登高楼",乐天知命,否定了自己多年来的追求,并结合梁园的历史,以汹涌的激情,冲击了执着于功名的人生理想:

> 昔人豪贵信陵君,今人耕种信陵坟。荒城虚照碧山月,古木尽入苍梧云。梁王宫阙今安在? 枚马先归不相待! 舞影歌声散渌池,空余汴水东流海! 沉吟此事泪满衣,黄金买醉未能归。

诗至此,虽然痛快淋漓,情绪难免有些消极,一般说来,后面的诗句总会比较低沉吧,但是,李白大笔一挥,又起一层波澜:

> 歌且谣,意方远。东山高卧时起来,欲济苍生未应晚。

只有读完全诗,我们才完整地把握了诗人的感情,从而也把握了诗人内心矛盾发展的过程。全诗波澜起伏是由于诗人感情的激荡多变。而诗人强烈的感情,也在这种跳跃的结构中得到了非常成功的表现。

李白诗歌的这一特点,早已有人指出,如黄庭坚评李诗:

如黄帝张乐于洞庭之野,无首无尾,不主故常。非墨工椠人所可拟议。(《苕溪渔隐丛话》前集)

赵翼也说:

李青莲之不可及处,在乎神识超迈,飘然而来,忽然而去,不屑屑于雕章琢句,亦不劳劳于镂心刻骨,自有天马行空,不可羁勒之势。(《瓯北诗话》)

两段评论实际上都涉及了李诗的结构,很有见地,给后人不少启发。

三、奇特的想象与夸张

艺术是生活的反映,但是诗人在反映生活时,却往往借助超现实的手法,因为有时这样做不仅能真实地反映生活,而且能更准确地把握生活的本质。这是浪漫主义文学的基本原理。李白就是运用超现实手法的杰出代表。沈德潜《说诗晬语》指出:

太白想落天外,局自变生,大江无风,涛浪自涌,白云卷舒,从风变灭。

李白具有丰富的想象力,当他十分痛恨现实社会,热烈追求理想世界时,往往虚构出仙境与梦境,当现实生活本身不足以表达他的一腔豪情与激愤时,他也常借助于想象和夸张。这与现实主义诗人明显不同。如要表现自己怀才不遇的不幸和愤慨,李白便说:"吟诗作赋北窗里,万言不值一杯水! 世人闻此皆调头,犹如东风射马耳。"(《答王十二寒夜独酌有怀》)用"不值一杯水"来形容万言诗章的价值;用"东风射马耳"来夸张人们的反应,生动形象地表现了诗人当时的愤慨和痛苦,收到了极好的效果。再如诗人描写自己的愁绪,便说:

白发三千丈,缘愁似个长。不知明镜里,何处得秋霜?(《秋浦

歌》其十五)

诗人把夸张的对象与具体的事物联系起来,借"三千丈"的白发来极写自己的愁绪,使无形的"愁"通过有形而夸张地"发",表现得更加夸张,更加鲜明,给读者以具体生动的感觉。"君不见高堂明镜悲白头,朝如青丝暮成雪"(《将进酒》),也是用夸张的手法感叹光阴之速和人生易老。李白抒发自己的胸怀,也常常采用夸张的手法,从而突出自己无拘无束的风度和一腔激情,如《襄阳歌》:

> 鸬鹚杓,鹦鹉杯,百年三万六千日,一日须倾三百杯。遥看汉水鸭头绿,恰似葡萄初发醅。此江若变作春酒,垒曲便筑糟丘台。

动人的想象与大胆的夸张融合在一起,使诗人李白狂放不羁的形象更加鲜明和突出,他的性格与精神也得到更真实的表现。李白还善于借助想象与夸张来表达诗中主人公的感情与愿望,从而使他诗中的人物形象性格鲜明、栩栩如生。如李白描写一位商人之妇对丈夫的思念心情:

> 早晚下三巴,预将书报家。相迎不道远,直至长风沙。(《长干行》)

据考,长风沙至金陵至少有七百里,长干里即在金陵。事实上女主人公根本不可能亲自到长风沙去远道迎接归来的丈夫,但是这里的夸张不仅不使人感到虚假,相反,却更真实地表现了女主人公对丈夫的深情,若是如实写来,肯定不会有这样的艺术效果。《北风行》表现了一位妇女对战死的丈夫的怀念与悲痛,诗人这样夸张她的愁苦与思绪:

> 黄河捧土尚可塞,北风雨雪恨难裁。

这里的想象多么奇特,夸张又是多么大胆,用语不多但效果奇佳。

类似的例子举不胜举,如写侠客的豪举,有"三杯吐然诺,五岳倒为轻";写功名如过眼烟云,有"功名富贵若长在,汉水亦应西北流";写诗人望月时的奇想,有"持取月中桂,能为寒者薪";写醉酒后的狂语,有"划却君山好,平铺湘水流",写自己对京城的忆念,有"狂风吹我心,西挂咸阳树";写黄河的气势,有"黄河之水天上来,奔流到海不复回";写蜀道的艰难,有"蜀道之难难于上青天,使人听此凋朱颜";写长江的风急浪高,有"一风三日吹倒山,白浪高于瓦官阁";写山寺之高,有"不敢高声语,恐惊天上人"……这些想象与夸张真可谓新、奇、怪、绝,但由于它们的基础是生活本身,所以它们虽出人意外,却毫不做作。它们都准确地表现了诗人的心情、感想、愿望、感情等,因而有力地表现了诗人的"自我形象"。日本厨川白村《出了象牙之塔·艺术的表现》里有段话很有道理:

> 所谓支那(即中国)人者,是极其善于夸张的。……说道"白发三千丈",将人当呆子。什么三千丈,一尺也不到的。但是,一听到说道三千丈,总仿佛有很长的拖着的白发似的感得。……虽然是大谎,但这却将或一意义的"真",十分传给我们了。(转引自林东海《诗法举隅》)

夸张既要生活和科学的"真",又要艺术与感情的"真"。因为北方冬天常有大雪,故说"燕山雪花大如席",就使大雪的形象更加突出;因为人是可能愁白头的,故用"白发三千丈"来夸张人的愁绪,亦使人感到更加"真实";因为确有一座天姥山,虽是"一小丘耳",但是诗人却用以寄托自己对理想世界的追求和向往,故而写成:"天姥连天向天横,势拔五岳掩赤城。天台四万八千丈,对此欲倒东南倾。"从感情的角度看,李白诗中的天姥就比自然界的天姥更真实,更典型。读者关心的并不是现实中的天姥到底有多高,而是天姥这个形象凝聚了李白怎样的感情。叶燮说,"蜀道之难难于上青天"这样的夸张,"实为情至之语"(《原诗》),也指出了夸张中感情的重要性。

李白的诗歌确实充满了浪漫主义的精神和特色,不妨引释齐己的《读李白集》来作本章的结束语:

> 竭云涛,刳巨鳌,搜括造化空牢牢。冥心入海海神怖,骊龙不敢为珠主。人间物象不供取,饱饮游神向玄圃。锵金铿玉千余篇,脍吞炙嚼人口传。须知一二丈夫气,不是绮罗儿女言。

李白诗歌的思想内容与艺术特色

李白的诗歌,现存近一千首,主要表现了如下几方面的思想内容:

一、强烈的叛逆精神

唐玄宗中年以后,沉迷声色,荒弃政事,宠信重用"口蜜腹剑"的李林甫、流氓国戚杨国忠以及心怀异志的安禄山,依靠宦官高力士,甚至宠爱斗鸡徒之流,朝臣中正直有为之士,均被贬斥或杀害。面对豪门权贵横行跋扈的情况,不少知识分子趋炎附势,倒向权豪。但是,傲岸不屈的诗人李白,却不与黑暗势力同流合污,他用自己的诗篇来揭露封建统治集团政治上的腐败和生活上的荒淫。他要求"平交王侯",宣称"遭逢圣明主,敢进兴亡言";他幻想凭个人的才能,改变当时的社会现实,造成一种"寰区大定、海县清一"的政治局面。他的《古风》五十九首,有不少篇是借古讽今,对豪门权贵的骄纵恣肆、兼并土地、掠夺财富、欺压人民的罪行,予以大胆的抨击,如《大车扬飞尘》,揭露宦官、斗鸡徒的豪华奢侈、飞扬跋扈:"鼻息干虹霓,行人皆怵惕"。《咸阳二三月》化用汉朝馆陶公主宠幸董偃的丑闻,揭露社会的黑暗:董偃一类的小人得到皇帝的宠幸,获得高位,过着荒淫的生活;而像扬雄那样的学者,却不受重用,沉困下僚。《殷后乱天纪》,矛头直接指向唐玄宗,把他比作昏庸的殷纣王、楚怀王,这是相当大胆的。这些诗篇,充满了诗人内心的激愤之情,洋溢着强烈的叛逆精神。诗人痛恨以唐玄宗为首的统治集团所造成的"梧桐巢燕雀,枳棘栖鸳鸯"的黑暗现实,斥责权贵"斗鸡金宫里,蹴踘瑶台边,举动摇白日,指挥回青天"(《古风》其四十四),咒骂他们是苍蝇、蹇驴、猛犬、群鸡……以发泄诗人内心的激愤。诗人嘲讽那些依附权贵而得势的人是"蹇驴得志鸣春风";吟着"松柏虽苦寒,羞逐桃李春","羞逐长安社中儿,赤鸡白狗赌梨粟",鲜明地表现了自己高尚的气节。他以倔强的姿态高唱:"焉能与群鸡,判蹩争一餐!"他不但自己不向权豪折腰,而且还勉励友人要保持气节,"愿君学长松,慎勿学桃李。受屈不改心,然后知君子"(《赠韦侍御黄裳》)。他认为"为草当做兰,为木当做松。兰幽香风远,松寒不改容"(《于五陵山赠南陵常赞府》)。李白这种不畏豪强、坚持气节的可贵品格,有助于加深他对社会的认识。"当涂何翕忽,失路长弃捐",李白敏锐地觉察到,代表腐朽势力的豪门权贵,虽然气势汹汹、喧嚣一时,他们得意的时间是不会长久的。他终于唱出了"风吹芳兰折,日没鸟雀喧"的警告。李白揭露现实的诗篇,客观上无异于宣布了唐王朝必将走向灭亡,从而引起人们"对于现存秩序永久性的怀疑"。因此,他的这些作品具有极大的进步意义。

李白作品的叛逆精神,除揭露和批判黑暗现实和豪门权贵外,还表现在歌颂游侠、反对腐儒、蔑视封建等级制度等方面。

游侠之风,早在先秦即很风行,秦、汉更盛。司马迁《史记·游侠列传》,描写了朱家、郭解等游侠的典型形象。游侠的出现不是偶然的,其根本原因是社会存在着不平等现象。游侠的特征是轻生死、重然诺、好打抱不平。游侠之风至唐不衰,当时文艺作品中亦有所反映,如《霍小玉传》里的黄衫豪士,即是这类人物的艺术形象。前文说过,李白很早就受到任侠风气的熏陶。他十分赞赏游侠那种"三杯吐然诺,五岳倒为轻"的豪情侠骨。他追求自由,重视义气,挥金如土,这些特征与游侠是一致的。他鄙视那些只知读死书而不识时务的腐儒,把他们和侠士对比而加以贬抑。他说:"儒生不及游侠人,白首下帷复何益!"指出他们连"平生不读一字书"、"猛气英风振沙碛"的边城儿都不如。他的《侠客行》一诗,热情赞颂了游侠:

赵客缦胡缨,吴钩霜雪明。银鞍照白马,飒沓如流星。十步杀一人,千里不留行。事了拂衣去,深藏身与名。闲过信陵饮,脱剑膝前横。将炙啖朱亥,持觞劝侯嬴。三杯吐然诺,五岳倒为轻。眼花耳热后,意气素霓生。救赵挥金槌,邯郸先震惊。千秋二壮士,烜赫大梁城。纵死侠骨香,不惭世上英。谁能书阁下,白首太玄经?

此诗开始描绘侠客的服饰外貌,表现他们粗犷豪迈的作风。接着刻画他们的侠义行为和不图名利的品格。下面表明侠客平生交游,均为任侠人物,然后进一步表现他们交友的信义,又以朱亥、侯嬴为例,力赞侠客的重义轻生,以表示诗人对他们的羡慕。最后四句更竭力赞扬侠士的不凡性格,并嘲讽了"白首太玄经"的儒生。此诗层层深入,从外表到内心对游侠之士作了细致的描绘,塑造了英勇豪迈、光明磊落的侠客形象。李白一方面对游侠极力赞扬,另一方面又对读死书的儒生表现了强烈的不满。除《侠客行》的结尾几句外,李白的《嘲鲁儒》也是经常被引用的。《嘲鲁儒》像一幅人物漫画,生动地勾勒了一个腐儒的艺术典型。有人以此为据,认为李白是反儒的。其实,李白诗中嘲讽的只是"白发死章句","问以经济策,茫如坠烟雾"的腐儒,展示了科举制度造成的畸形现象,不能因此便认为李白反对儒家。《侠客行》与《嘲鲁儒》相对照,正显示了诗人的爱憎,由此也可感受到李白的叛逆精神。

二、突出的爱国主义思想

支持正义战争、反对非正义战争,是李白诗歌进步思想内容的重要组成部分。李白很赞赏自管仲以来众多的抵制边境少数民族统治者侵扰的人物和他们的事迹、主张。他描写战争的诗篇,充满了爱国主义的激情,表明了诗人对抗击边境游牧民族统治者侵扰的立场和态度。

唐王朝自建立统一政权以来,曾屡次受到保持着奴隶制生产方式的少数民族统治者的侵扰。据史书记载,初唐时期的突厥国力很强大,"控弦百余万",东起契丹,西至吐谷浑、高昌,都是它的属地。当启民可汗第三子颉利可汗继位后,"承父兄之资,兵马强盛,有凭陵中国之志"。而唐初的统治者则认为:"建国伊始,勿遑外顾",对颉利可汗每扰容之,"赐予不可胜数"。颉利可汗因此得寸进尺,气焰日益嚣张,"言辞悖傲,请求无厌",屡次进犯中原,掠夺男女财物,为害严重,唐王朝甚至有迁都之议。唐太宗李世民继位后,突厥又犯边境,直逼长安。李世民亲至渭水便桥之南,与突厥首领对话,突厥见唐军阵营严整,不敢轻进,议和而去。贞观三年,太宗派兵部尚书李靖领兵十余万出征突厥,大败敌军。公元六三〇年,颉利被俘,从而使唐解除了边境的一部分威胁。李白的《塞上曲》一诗,即咏此史实,其诗云:

> 大汉无中策,匈奴犯渭桥。五原秋草绿,胡马一何骄? 命将征西极,横行阴山侧。燕支落汉家,妇女无花色。转战渡黄河,休兵乐事多。萧条清万里,瀚海寂无波。

诗人借古咏今,批评唐高祖李渊软弱无能,歌颂唐太宗李世民抗击侵扰的显赫武功,全诗气壮调雄,音韵铿锵,充满积极乐观的爱国主义热情。李白还写了组诗《塞下曲》,赞颂抵御外族统治者侵扰的正义战争,这里选录几首:

其一

> 五月天山雪,无花只有寒。笛中闻折柳,春色未曾看。晓战随金鼓,宵眠抱玉鞍。愿将腰下剑,直为斩楼兰。

这首诗实际上是整组诗的总纲。前面四句勾勒出塞外的荒凉景象:夏日仍有积雪,没有任何花草,战士们虽听见《折杨柳》的羌笛声,却看不到春天的景色。后面四句集中表现了他们的战斗生活和从军的志愿:为了抗击入侵之敌,战士们生活极端艰苦,破晓时便投入了战斗,夜间也不敢酣睡,只能抱着马鞍略事休息。他们之所以甘于过这样艰苦的生活,只是为了要消灭入侵之敌,保卫祖国。全诗语言朴素,气韵昂扬,具有很强的感染力量。

其三

> 骏马似风飙,鸣鞭出渭桥。弯弓辞汉月,插羽破天骄。阵解星芒尽,营空海雾消。功成画麟阁,独有霍嫖姚。

此诗写战争的全部过程。首联描绘出发时的情景:像狂飙一样奔驰的快马,以及唐军士兵催马前进的鞭声,多么威武雄壮。颔联描写唐军离开京城,来到边塞,打败了入侵的"天之骄子"。《汉书·匈奴传》:"胡者,天之骄子也。"胡,指少数民族。颈联写战争胜利结束,预示战争的"星芒"已经散尽,战争的气氛已经消失。尾联写唐军凯歌而还,朝廷却不能论功行赏,巧妙地揭露了封建社会的黑暗本质。作战本是靠广大战士流血牺牲,但是受赏者却"独有霍嫖姚",即只有个别的将帅。诗人借用汉朝典故,尖锐地讽刺了唐王朝统治者赏罚不明。"独有"二字,深刻、含蓄地揭露了封建等级制度的不合理。李白敢于正视现实,对不合理的现象大胆地进行抨击,是具有积极意义的。当然,这首诗的基调是表现唐朝威武雄壮的军威和敌人"阵解"、"营空"的彻底溃败,同样洋溢着爱国主义的情绪。

其五

塞虏乘秋下,天兵出汉家。将军分虎竹,战士卧龙沙。边月随弓影,胡霜拂剑花。玉关殊未入,少妇莫长嗟!

首联表明了战争的性质:因敌人的侵犯,汉朝才出兵。"汉家"是借用汉朝喻唐王朝。下两联,细致而又概括地描写了唐军出征的情景:将军接受任命,率军出发,边塞环境凄凉,战士露宿沙漠,以及边地月色与弓影相随、胡霜凝于剑端等。尾联指出,要扫平入侵之敌,还须经过长时间的战斗,诗人用劝勉和同情的口吻,对战士们年轻的妻子说:"战争未结束,征人未能还,你们不要长吁短叹吧!"从这语重心长的诗句中明显地流露出来全诗的思想倾向:诗人既同情战士们戍守边塞的艰苦,也同情思妇对征人的深切思念。但是,诗人采用了劝勉的口吻,鼓励着思妇们,希望她们以大局为重。这里表现了诗人坚决支持正义战争的态度,以及希望战士们保家卫国的爱国主义精神。

在李白的全部作品里,表现战争的诗歌很多,除了上引的几首外,还有《胡关饶风沙》、《羽檄如流星》、《书怀赠南陵常赞府》、《战城南》等许多篇。从这些诗作中可以看出:李白虽热情歌颂将士们的卫国战争,但对唐王朝的穷兵黩武则坚决反对。

玄宗中期,边境游牧部落统治者的侵扰基本上已经停止,玄宗却好大喜功,一味推行拓边的穷兵黩武政策,连年征战,致使农事荒废,经济衰

落,兵役赋税繁重,人民不堪其苦。据《通鉴》卷二一五载:

> 开元之前,每岁供边兵衣粮,费不过百万,天宝之后,……每岁用衣千二十万匹,粮百九十万斛,公私劳费,民始困矣。

面对如此严重的现实,李白发出了"穷兵黩武今如此"的愤怒呼声,指出这种战争必然给人民带来深重的灾难。如《古风》其三十四,用写实的手法,描绘了非正义战争给人民带来的灾难,对不义战争的制造者——以唐玄宗为首的统治集团进行了深刻的揭露与批判。还有其他许多诗篇,都表现了诗人进步的思想。诗人还把揭露不义战争与对豪门权贵的斗争联系在一起,如《答王十二寒夜独酌有怀》诗中有句云:

> 君不能,学哥舒,横行青海夜带刀,西屠石堡取紫袍。

"哥舒",指唐玄宗时的边将哥舒翰。天宝八载,哥舒翰曾以数万人的牺牲,攻下吐蕃仅以数百人守御的石堡城,因功拜特进鸿胪员外卿,加摄御史大夫,身着紫袍。李白对哥舒翰牺牲士兵生命换取紫袍加身的行径,怀着极大的愤怒,在诗中给予有力的抨击。

"安史之乱"爆发后,诗人对安史叛军表现了无比痛恨,写下不少充满爱国激情的诗篇。当叛军攻陷东都洛阳时,诗人愤怒控诉:

> 中原走豺虎,烈火焚宗庙。……王城皆荡复,世路成奔峭。……苍生疑落叶,白骨空相吊。(《经乱后将避地剡中留赠崔宣城》)

诗中形象地描绘了人民惨遭蹂躏和屠杀的苦难,抒发了希望挽救国家而不可得的痛苦心情。再如《古风》其十九《西上莲花山》一诗,继承了屈原《离骚》的艺术手法,又有所发展与创造,表现了诗人强烈的爱国主义精神。诗人对扫除叛乱、恢复中原,始终具有坚定的信心。他高唱道:"誓欲斩鲸鲵,澄清洛阳水"、"过江誓流水,志在清中原"。这些豪迈响亮的诗句,给人们以极大的鼓舞。其他如《永王东巡歌》十一首,《在水军宴赠幕府诸侍御》等作品,都洋溢着诗人高昂的爱国主义热情。

三、对下层人民的同情与关切

对待人民的态度,是评价文学家和文学作品的重要根据。生长在富裕家庭的李白,很少有接近下层人民的机会。但是,由于他具有进步的政治理想,一旦接触了劳动人民,就能自觉地运用诗歌这一文艺形式,反映人民的苦难生活和思想感情。如《丁都护歌》便常常为人们所引用:

> 云阳上征去,两岸饶商贾。吴牛喘月时,拖船一何苦。水浊不可饮,壶浆半成土。一唱《都护歌》,心摧泪如雨。万人凿盘石,无由达江浒。君看石芒砀,掩泪悲千古。

诗人带着对船夫苦难生活的深厚同情,揭露了统治阶级对劳苦人民的压榨。又如《宿五松山下荀媪家》,不仅表现了诗人对劳动人民的同情与关切,而且显示了诗人对下层人民的朴素的平等态度。诗人感谢荀媪对他的殷勤接待,自愧无所成就,不能使百姓的生活得到改善,故云"令人惭漂母,三谢不能餐"。"目中不知有开元天子"的李白,却对一位贫苦农妇如此尊重,确实是很可贵的。李白能从感情上和下层劳动人民如此融洽,主要是由于他在生活实践中,逐渐提高了思想认识。他亲身接触了劳动人民,才有可能体察到"农家秋作苦,邻女夜春寒";才能感受到老妇"跪进雕胡饭"的朴素真挚的感情,才能因为自己对改善人民生活无能为力而内疚。李白在长期的漫游中,和下层社会的人民建立了一定的感情。如李白有《哭宣城善酿纪叟》诗,诗中吊唁一位卖酒的老翁,诗虽简短,情意却那么真挚而深厚!这样深挚的感情,与诗人蔑视权贵、粪土王侯的态度恰恰形成鲜明的对比。又如《秋浦歌》组诗中,有不少描写劳动人民生活的作品,表现了李白对下层人民的深厚感情。由于李白确实接触了各种各样的劳动者,他能宛然如生地勾勒各种人物形象,如《秋浦歌》其十三:

> 绿水净素月,月明白鹭飞。郎听采莲女,一道夜歌归。

月光照映着夜幕下的绿水,白鹭在月光中飞翔;青年人听着采莲女的歌声由远而近,然后相伴一道回家。简单的四句话,像画面一样展现出水乡青年男女劳动后的欢娱情景,富于浓郁的江南民间生活气息。又如其十四:

炉火照天地,红星乱紫烟。赧郎明月夜,歌曲动寒川。

这是描写冶矿工人劳动的诗。我国冶矿工业,到唐代已有较大的发展。秋浦又是银、铜矿产地之一。诗的前两句,是冶矿工地的写实;后两句描写冶矿工人劳动时的状况。笔力遒劲,气势雄伟。炼矿是艰苦的劳动,诗人用"赧郎明月夜,歌曲动寒川"这样壮丽的语言,表现矿工们的英武形象,十分生动感人。若是诗人不曾亲历其境,是写不出这样的诗句的。再如其十六:

秋浦田舍翁,采鱼水中宿。妻子张白鹇,结置映深竹。

诗中描写一对捕鱼为生的老年夫妇的生活:老翁为了捕鱼,夜间也住在渔船上;老伴虽住在茅屋里,双手仍不停地编织着捕鸟雀的网。简洁的几笔,生动逼真地显示出水乡劳动人民勤劳的生活态度和艰苦贫困的生活状况。

《秋浦歌》组诗还有许多佳作,但从上面所引的几首中,就可以看出李白对劳动人民有一定的了解;当描写到下层人民的劳动与生活时,诗人的笔端是饱含着同情与关切的。诗人在漫游生活中,处处细心观察人民生活的艰辛和劳动的沉重,如《下泾县陵阳溪至涩滩》一诗中有这样的句子:

渔人与舟子,撑折万张篙。

短短的两句诗,读者却如亲眼见到渔民和船夫怎样不顾生命安危,终年冒着凶险的风浪捕鱼和摆渡!这些为数不多的诗篇,有力地展现了李白对劳动人民的深厚同情和平等态度。

四、挥斥幽愤

抒写自己的政治抱负和表现自己怀才不遇的苦闷,是李白诗歌里特别引人注意的思想内容,因为其他章节作了较多的论述,这里不再重复。

总之,李白诗歌的思想内容是丰富而深刻的,除了杜甫,同时代的诗人中无人能够相比。通过他的诗歌,不仅能认识这个伟大的诗人,而且能认识那个遥远的时代。

李白诗歌的艺术特色也是突出和鲜明的,下面分几方面介绍。

(一)强烈的抒情性

李白诗歌的艺术特色之一是抒情性特别强烈。他具有惊人的想象力和不可羁勒的感情,因此,无论写什么主题,他总能融注自己的感情,使人一看就知道是李白的作品,不是任何诗人所能模拟或替代的。他自由挥洒如椽之笔,点染出各种富有艺术魅力的意境,展示出蔑视尘俗、反抗压迫、追求自由、向往光明的性格。如《梦游天姥吟留别》,全凭想象,描绘出一幅浪漫主义图画。由于写的是梦境,诗人的感情更可以任意驰骋,他驱使着日月山川、龙虎熊鸾,创造出具有强烈个性的典型意境,揭示出诗人憎恨黑暗、追求光明的峻洁人格。

李白不像杜甫、白居易那样喜欢细致的描写,而往往直接抒发自己的感情,从而形成一种奔腾的气势。如写愁,则说:"抽刀断水水更流,举杯消愁愁更愁";写志愿,则说:"但用东山谢安石,为君谈笑净胡沙";写仕途不幸,则说:"而我竟何辜,远身金殿旁,浮云蔽紫闼,白日难为光";……其感情确实像山洪冲出山谷,一泻千里。《答王十二寒夜独酌有怀》、《行路难》、《宣州谢朓楼饯别校书叔云》等等,都是这样的作品。因此,李白虽然同许多诗人一样,也写黄河、蜀道,北风、雨雪,但不是对客观事物的简单模拟,而是明显地染上了诗人浓厚的感情色彩。读者不正可以由"黄河之水天上来,奔流到海不复回"、"蜀道之难,难于上青天"、"燕山雪花大如席,片片吹落轩辕台"等诗句里,感受到诗人李白的性格与豪情吗?

有时,诗人热烈的思想感情,不便于直接抒发,他便借助丰富的想象和奇幻的神话传说,如《远别离》、《梁甫吟》和前面提到的《梦游天姥吟留别》等。在这些诗篇里,诗人同样千方百计地表现自己的思想,抒发自己的感情,写下"日惨惨兮云冥冥,猩猩啼烟兮鬼啸雨,我纵言之将何补?皇穹窃恐不照余之忠诚";"我欲攀龙见明主,雷公砰訇震天鼓,帝旁投壶多玉女"等个性非常强烈的诗句。

(二)鲜明的形象

李白诗歌的艺术特色,还表现在对艺术形象、尤其是对自我形象的塑造上。如《江上吟》《襄阳歌》《月下独酌》等诗,把诗人狂放不羁的性格,描绘得淋漓尽致。一些历来不大为读者注意的小诗,也突出地表现了诗人的个性和生活态度,塑造了诗人鲜明的自我形象。如《友人会宿》诗:

> 涤荡千古愁,留连百壶饮。良宵宜清谈,皓月未能寝。醉来卧空山,天地即衾枕。

诗人的"百壶饮",并非为了酗酒,而是要"涤荡千古愁"。饮酒消愁,这是李白中、晚年作品的一个常见的主题。此诗末联又突出地表现了诗人旷达的胸怀。另一首《夏日山中》也值得一读:

> 懒摇白羽扇,裸袒青林中。脱巾挂石壁,露顶洒松风。

从这类小诗中不难看出,阮籍、嵇康那种放荡佯狂,蔑视礼法、不与统治阶级合作的反抗精神,对李白有多大的影响。李白要求快意自适,醉了就以天地为衾枕,随意躺在空山中;热了就裸身露顶,承受松风的吹拂。这些动作,绝不是所谓礼法之士所能做到的。这些小诗可谓快人快语,形象生动,使诗人目空一切的傲岸性格和随意自适的形象跃然纸上。

然而诗人有时又显得那么恬淡,如《自遣》一诗:

> 对酒不觉暝,落花盈我衣。醉起步溪月,鸟还人亦稀。

短短的四句诗,便描绘出诗人独酌凝神、落花满衣、醉后步月的情景,动中有静,景中有情,意境空灵,耐人寻味。再如《山中问答》:

问余何事栖碧山,笑而不答心自闲。桃花流水窅然去,别有天地非人间。

这首诗意境雅致,情绪淡然,读者在此见到的是一位恬淡闲适的诗人,他的心境与大自然完全融在一起了,绝无一丝佯狂之态。这类诗篇使人想起了王维、孟浩然的作品,它们都能通过表现自然现象,揭示出诗人本身一瞬间的生活和心境。李东阳《怀麓堂诗话》云:

诗贵意,意贵远不贵近,贵淡不贵浓;浓而近者易识,远而淡者难知,……李太白"桃花流水窅然去,别有天地非人间",王摩诘"返景入深林,复照青苔上",皆淡而愈浓,近而愈远,可与知者道,难与俗人言。

李白的这些小诗,确实清幽淡远、朴实自然,微妙地表现了诗人在某些场合的内心世界,使我们更深刻更全面地理解了李白及其作品。当然,不能把作品中的艺术形象与现实生活中的作者等同起来,但在这些佳作中,前者身上确实有着后者的影子。

李白的诗不仅塑造了个性鲜明的自我形象,而且描绘了各阶层正反面人物的形象,其艺术特点是爱憎分明的态度、朴实自然的白描手法,并且努力使人物形象都具有一定的性格特征。对反面人物,李白总是以憎恶的感情、锐利的笔触,勾勒出他们丑恶的面目和污浊的灵魂,如"鼻息干虹霓"的斗鸡徒、"连云开甲宅"的宦官、"白发死章句"的腐儒、"西屠石堡取紫袍"的边将。而对政治、经济上没有独立地位,并受尽封建礼教摧残和毒害的广大妇女,李白总是用饱和着同情的笔触,描绘她们美丽的外表、高尚的品德,以及她们内心的痛苦与欢乐,特别是塑造了各种各样的思妇形象。如《北风行》,描写一位被战争夺去了丈夫的妇女的悲痛。诗的开头借神话"烛龙栖寒门"的故事,作了夸张的渲染,使全诗笼上一层凄清悲愤的气氛,以衬托这位妇女内心痛苦的深重。在北风怒号、雪花如席的酷寒环境里,女主人公回忆着往事,不忍再见到丈夫遗留下来的"白羽箭",只得把它焚烧掉,但仍然不能平息内心的悲愤,于是她愤怒地控诉:"黄河捧土尚可塞,北风雨雪恨难裁!"读者自然会问:造成这一悲剧的究竟是谁呢? 作者没有直接回答。据史料记载,李白这首诗写于天宝十一载游历幽州时。当时安禄山为了迎合玄宗好大喜功之心,不断地向边境各民族挑起战争,驱使成千上万的百姓做无谓的牺牲,造成了大量的孤儿寡妇。《北风行》诗中的女主人公形象,可能有它的模特儿。然而,她的遭遇实际上是当时北方妇女不幸命运的艺术概括,所以具有广泛的社会意义。诗人还很注意细节的描写,使人物形象生动、典型,从而收到很好的艺术效果。其他如《子夜吴歌》《长相思》等诗,无不是通过细节的刻画,来塑造人物和表现思妇深沉的忧郁情怀,如《子夜吴歌》其三:

> 长安一片月,万户捣衣声。秋风吹不尽,总是玉关情。何日平胡虏,良人罢远征。

前人评此诗,大多认为精华在前四句,如王夫之云:"前四句是天壤间生成好句,被太白拾得。"(《唐诗评选》)田同之云:"李太白《子夜吴歌》'长安一片月……',余窃谓删去末二句作绝句,更觉浑含无尽。"(《西圃诗说》)这些说法自然有一定的道理,不过有了末二句,更能表现女主人公的内心愿望,使思妇的形象更为丰满。再如其四:

> 明朝驿使发,一夜絮征袍。素手抽针冷,那堪把剪刀? 裁缝寄远道,几日到临洮?

末句同样以问话作结,思妇的忧虑心情跃然纸上。

唐代的封建自然经济比较发达,商人为了追求利润,东奔西走,远出经商,他们的妻室只能终年过着凄苦孤独的生活。这种带普遍性的社会问题,也是李白作品所表现的内容。《长干行》即是这类作品中有代表性的一篇:

> 妾发初覆额,折花门前剧。郎骑竹马来,绕床弄青梅。同居长干里,两小无嫌猜。十四为君妇,羞颜未尝开。低头向暗壁,千唤不一回。十五始展眉,愿同尘与埃。常存抱柱信,岂上望夫台。十六君远

行，瞿塘滟滪滩。五月不可触，猿声天上哀。门前迟行迹，一一生绿苔。苔深不可扫，落叶秋风早。八月蝴蝶黄，双飞西园草。感此伤妾心，坐愁红颜老。早晚下三巴，预将书报家。相迎不道远，直至长风沙。

　　长干是今江苏南京市附近的地名。唐朝江南地区商业经济相当发达，商人在长江一带往来贸易，十分活跃。《长干行》即当时民间流行的歌曲，内容以抒写爱情为主。当时不少文人对这一民间文艺形式加工提炼，改写成和民间歌曲相似的短歌，但形象往往不够鲜明。李白一方面采用了乐府旧题，借鉴了民歌形式，另一方面又发挥了独创性，从而塑造出鲜明的人物形象。

　　李白的《长干行》基本上是通过人物的回忆和展望，层层铺叙，使人物形象一步步地生动、鲜明起来。开始六句，回忆思妇与丈夫儿时的情景，两小无猜的儿童共同玩耍的场面，历历在目。从"十四为君妇"到"岂上望夫台"，回忆婚后从"羞颜未尝开"到建立起"愿同尘与埃"的笃厚夫妇情谊的过程。"常存抱柱信"二句，承上启下，女主人公平日以为可与丈夫互相厮守，永不分离，可是残酷的现实使她的愿望破灭了。"十六君远行"到"坐愁红颜老"，把思妇想念远行之人，担忧他遭遇三峡风浪的焦虑和触物伤情的憔悴形象，表现得十分详尽。最后四句，是思妇内心的展望。她希望丈夫归来，预先寄一封书信回家，她将不辞路远，前去迎接自己的亲人。全诗脉络清晰，结构严谨，绝无堆砌烦琐，或节外生枝的描写。诗人还采用当时民间的通俗语言，注意了细节描写，以突出人物形象。如"低头向暗壁，千唤不一回"，表现新婚少妇的羞涩情态，宛然如生；"五月不可触，猿声天上哀"，细致地刻画了少妇为远经三峡的丈夫担心的心理，同时也把三峡峻岭连绵、遮天蔽日、猿啼哀切，声音似来自天上的景状，表现得非常真实而又哀婉动人。"门前迟行迹，一一生绿苔"二句，写少妇思念心切，每日在门前寻觅丈夫的足迹，但绿苔遍地，越来越深，无法扫干净了，这样日复一日，不觉秋风已起，吹得落叶满地，要寻觅丈夫的足迹更不可能了。这一系列的细致刻画，把一个思妇的艺术形象塑造得多么真实而生动！这显然不是从概念出发，而是诗人在现实生活感受中"悉其人情土俗，因而演之为长什"。李白在这个艺术形象的塑造中，融注了深切

的同情;而这个思妇形象因为具有一定的普遍性,因而具有了典型性。又如《巴女词》:

> 巴水急如箭,巴船去若飞。十月三千里,郎行几岁归?

仅仅二十字的小诗,也展现了一位少妇送别亲人时的惆怅心情。前两句写"水"与"船",用"如箭"、"若飞"来形容,确是传神之笔,并为后两句作了铺垫。诗人把握住送别者不忍离别、盼望行者早归的心理特征,以明白如话的语言,勾勒出一个伫立江边、瞭望如飞而去的巴船,发出"郎行几岁归"这样痴语的女性形象。如此富于生活气息的小诗,的确令人回味。再如《思边》:

> 去年何时君别妾? 南园绿草飞蝴蝶。今年何时妾忆君,西山白雪暗秦云。玉关此去三千里,欲寄音书那可闻?

西山,即雪山,又名雪岭,上有积雪,经夏不消,在四川成都之西,当时与吐蕃接壤,故有兵戍守。此诗形象地抒写了女主人公对戍边丈夫的思念之情,时间跨度一年,空间跨度三千里。六句诗,三个层次:一、二句是回忆,正是春天,绿草如茵,蝴蝶双飞,却凄然而别。三、四句写思念,亲人远在"西山白雪"的边境,那里该是多么寒冷? 五、六两句:"玉关此去三千里,欲寄音书那可闻?"别说重逢,就是鱼雁也无法往还,思妇内心的痛苦,得到了形象、生动的表现。

李白还用许多短小精粹的诗篇,为妇女向黑暗社会提出控诉,如《玉阶怨》:

> 玉阶生白露,夜久侵罗袜。却下水精帘,玲珑望秋月。

仅仅四句,便栩栩如生地描画出一位被幽闭深宫的妇女形象。白居易《上阳人》开头几句说:

> 上阳人,红颜暗老白发新。绿衣监使守宫门,一闭上阳多少春。

玄宗末岁初选入，入时十六今六十。

它为《玉阶怨》作了很好的注释。宫女终身禁锢深宫，只能深夜对月抒怀。这首诗，概括地表现了千千万万个深宫妇女的幽怨，具有很强的典型意义。又如《怨情》：

美人卷珠帘，深坐颦蛾眉。但见泪痕湿，不知心恨谁。

此诗主题与《玉阶怨》类似，取材与表现手法略有不同。前者静中写动，后者动中写静；前者较含蓄，后者较直露。但两首诗都简洁地勾勒出一位满怀幽怨的妇女形象。如果诗人对所描写的对象没有深刻的理解和细致的观察，不可能塑造得如此生动、逼真。

李白笔下的妇女形象，并非只有思妇和怨女，如《秦女休行》便描绘了一位侠女的形象。王琦在此诗题下注："古词魏朝协律都尉左延年所作，今拟之。"为作比较，兹将两篇同录于下：

左诗：

　　步出上西门，遥望秦氏庐。秦氏有好女，自名为女休。休年十四五，为宗行报仇。左执白杨刃，右据鲁宛矛。仇家便东南，仆僵秦女休。女休西上山，上山四五里，关吏呵问女休，女休前置词：平生为燕王妇，于今为诏狱囚。平生衣参差，当今无领襦。明知杀人当死，兄言快快，弟言无道忧，女休坚词为宗报仇死不疑，杀人都市中，激我都巷西。丞卿罗列东向坐，女休凄凄曳梏前，两徒夹我持刀，刀五尺余。刀未下，朣胧击鼓赦书下。

李诗：

　　西门秦氏女，秀色如琼花。手挥白杨刃，清昼杀仇家。罗袖洒赤血，英声凌紫霞。直上西山去，关吏相邀遮。婿为燕国王，身被诏狱加。犯刑若履虎，不畏落爪牙。素颈未及断，摧眉伏泥沙。金鸡忽放赦，大辟得宽赊。何惭聂政姊，万古共惊嗟。

110

左诗虽不失为一篇平实的纪事之作,却缺乏艺术力量。李白所拟作,篇幅精简,语言自然,主人公形象更生动、典型,最后还表达了诗人的主观感受,因而能打动读者的心。又如《东海有勇妇》,诗人塑造了"捐躯报夫仇,万死不顾生"的东海勇妇的形象,赞美她"豁此伉俪愤","粲然大义明","十子若不肖,不如一女英"。根据"北海李使君,飞章奏天庭。舍罪警风俗,流芳播沧瀛"的诗句,内容可能是真人真事,因为"北海李使君"可能指当时的北海太守李邕。在这侠女式的人物形象上,仍然凝聚了李白对被压迫、被侮辱的广大妇女的深切同情。

(三)自然、生动、个性鲜明的语言

李白诗的语言,最突出的特点是具有强烈的个性,例如蜀道之难,历代诗人感叹多矣,但李白却说:

> 蜀道之难,难于上青天!

此句历代传诵不绝,因为诗人在塑造自然形象时,发挥了高度的夸张和幻想,给读者留下了深刻的印象。杜甫赞李白的诗"惊风雨"、"泣鬼神",诚为知音。又如《四岳云台歌》开头的几句:

> 西岳云台何壮哉！黄河如丝天际来。黄河万里触山动,盘涡谷转秦地雷。

简洁的诗行中,黄河的形象、动态、声响,无不得到了充分的表现,从中亦可感受到李白狂放不羁的性格和一泻千里的豪情。欧阳修《李白杜甫诗优劣说》举李白《襄阳歌》为例:

> 至于"清风朗月不用一钱买,玉山自倒非人推",然后见其横放。

这话很有见地。再如:

> 狂风吹我心,西挂咸阳树。(《金乡送韦八之西京》)
> 俱怀逸兴壮思飞,欲上青天揽明月。(《宣州谢朓楼饯别校书叔

云》)

　　我且为君捶碎黄鹤楼,君亦为吾倒却鹦鹉洲。(《江夏赠韦南陵冰》)

　　读这些诗句,一般不会误为是别人所作,因为它们充分表现了李白的个性、李白的感情。李白集中,这类诗句俯拾皆是,不一一列举了。

　　朴实自然,情真意切,是李白诗语言的又一特色。李白的一些赠别、怀友之作,往往只用一二佳句,即表现出深切动人的感情。如《沙丘城下寄杜甫》,下两联为:

　　鲁酒不可辞,齐歌空复情。思君若汶水,浩荡寄南征。

　　酒与歌原是李白最喜爱之物,但这时"鲁酒"、"齐歌"也不能宽慰他思念挚友的情怀。《送别孟浩然》末联不明言送别时的惆怅心情,而通过景物的描绘,写出了诗人对友人的深挚感情。《闻王昌龄左迁龙标遥有此寄》末联,诗人想象明月、清风成为诗人的邮使,送去对友人的同情。这些诗作,托物寄意,比喻形象,语言明白流畅,似是脱口而出,却是诗人真挚感情的结晶。关于李白诗歌语言的自然、清新,其他章节也曾涉及,可以参看。

　　当然,李白诗作中也掺杂着一些"含光混世"、消极颓废的思想因素,这是应当注意分析和批判的。

李白的古赋八篇

一

赋作为一种文体，有它发生、发展、消亡的过程。《诗·大序》说：诗有"风、赋、比、兴、雅、颂"六义。当时赋还只是诗的表现手法之一，后来才发展成一种独立的文学样式。它既非诗又似诗，既非散文又似散文，是介乎诗与散文二者之间的一种文体。但从它的渊源考察，仍然是诗歌的衍变。班固曾经指出：

> 赋者，古诗之流也。（《两都赋序》）

又说：

> 大儒（荀子）孙卿及楚臣屈原，离谗忧国，皆作赋以讽，咸有恻隐古诗之义。（《汉书·艺文志》）

班固认为，诗与赋原是相同的文体，又把荀子和屈原列为辞赋的创始者。但严格说来，赋与屈原的骚，还是有所不同的。刘勰的《文心雕龙》就分别有《辨骚》与《诠赋》。《辨骚》指出：

> 自风雅寝声，莫或抽绪。奇文郁起，其离骚哉！固已轩翥诗人之后，奋飞辞家之前。岂去贤之未远，而楚人之多才乎？昔汉武爱骚，而淮南作传，以为国风好色而不淫，小雅怨诽而不乱，若离骚者，可谓

兼之。

刘氏认为《离骚》兼《国风》和《小雅》之长，而且"奋飞辞家之前"。其《诠赋》则认为：

> 诗有六义，其二曰赋。赋者，铺也，铺采摛文，体物写志也。……秦世不文，颇多杂赋；汉初词人，顺流而作。陆贾扣其端，贾谊振其绪，枚、马同其风，王、扬骋其势……观夫荀结隐语，事数自环。宋发巧谈，实始淫丽。枚乘《菟园》，举要以会新。相如《上林》，繁类以成艳。贾谊《鵩鸟》，致辨于情理。子渊《洞箫》，穷变于声貌。孟坚《两都》，明绚以雅赡。张衡《二京》，迅发以宏富。子云《甘泉》，构深玮之风；延寿《灵光》，含飞动之势。凡此十家，并辞赋之英杰也。

刘勰举魏、晋赋中的一些代表作品为例，分析了它们各自的艺术特色，最后指出，一些作者舍本逐末，写赋千篇一律，"遂使繁华损枝，膏腴害骨。无贵风轨，莫益劝戒"。这就是使扬雄晚年"追悔于雕虫，贻诮于雾縠者也"的那类赋。

刘勰这两篇文学评论，对《骚》、《赋》作了比较明确的阐述。屈原的作品虽也被后世称作赋，而且后世的赋家确也曾受其影响，可是它却具有独特的艺术特色，即重在抒情言志。而赋的艺术特点则在于说理叙事。到了汉代，士大夫文人的创作主要是赋，作赋之风盛极一时。加上统治者对"铺采摛文"的赋的需求和欣赏，士大夫文人更以作赋求取功名富贵，如刘勰所举的十家，均以赋而闻名于后世。最能表现汉赋特色的作家作品，莫过于司马相如的《子虚》、《上林》，扬雄的《长杨》、《羽猎》。这些赋描写宫苑、游猎，堆砌辞藻，极力夸张，而结构又相当宏伟。李白对这类作品曾提出尖锐的批评：

> 《上林》云：左苍梧，右西极。考其实地，周袤才经数百。《长杨》夸胡，设网为周陆，放麋鹿其中，以搏攫充乐。《羽猎》于灵台之囿，围经百里而开殿门。当时以为穷壮极丽，迨今观之，何龌龊之甚也。但王者以四海为家，万姓为子，则天下之山林禽兽，岂与众庶异之？

而臣以为不能以大道匡君,示物周博,平文论苑之小,窃为微臣之不取也。(《大猎赋·序》)

李白认为司马相如、扬雄的大赋,局量都很狭窄,内容也很浅薄,不能匡君以"大道"。他认为帝王要以"四海为家,百姓为子";臣子要"以大道匡君";这符合他"使寰区大定,海县清一"的政治理想。汉赋专事夸张而缺乏内容的特点,过去也有人指出,如挚虞说:

夫假象过大,则与类相远;逸辞过壮,则与事相违。辩言过理,则与义相失;丽靡过美,则与情相悖。此四过者,所以背大体而害政教,是以司马迁割相如之浮说,扬雄疾辞文之赋丽以淫也。(《文章流别论》)

刘勰指出:

自宋玉景差,夸饰始盛。相如凭风,诡滥愈甚。故上林之馆,奔星与宛虹入轩;从禽之盛,飞廉与鹪鹩俱获。及扬雄甘泉,酌其余波,语瑰奇则假珍于玉树,言峻极则颠坠于鬼神。(《文心雕龙·夸饰》)

过饰夸张确是汉赋的特殊表现形式,但从中也反映出汉帝国繁荣强大的气象。

西汉的赋,题材狭窄,不出宫苑游猎等,东汉虽有转变,仍较狭窄。魏晋时代,赋的题材扩大了,抒情成分加强了,篇幅也比较精练了,如曹植的《洛神赋》、王粲的《登楼赋》、陶潜的《闲情赋》,都是篇幅短小、感情充沛、个性鲜明的优秀作品。到了南北朝,骈文盛行,加以沈约对声律的研究、提倡,文学创作更重视形式,骈四俪六之风盛极一时。它们大都辞藻艳丽、音律和谐,称为骈赋。但当时的赋家大多是上层文人,描写的无非是宫廷淫靡生活,使赋这一文体日趋没落了。

唐朝初期,文学创作依然因袭六朝余风,讲究形式华靡和语言的堆砌雕饰。骈体与声律说的影响,使骈赋演进为律赋。因为唐朝以作赋为进士考试的科目,律赋就与后世的制举文相似,很少文学价值了。章太炎指出：

> 赋之亡盖先于诗，继隋而后，李白赋《明堂》，杜甫赋《三大礼》，诚欲为扬雄台隶，犹几弗及，世无作者，二家亦足以殿，自是赋遂泯灭。（《国故论衡·辨诗篇》）

杜甫的《三大礼赋》，久已不传，无从了解，而李白的八篇古赋，却幸运地被保存下来。《明堂赋》确是一篇近似模拟汉赋的作品，《古赋辨体》说：

> 太白《明堂赋》从司马、扬、班诸赋来，气豪辞艳，疑若过之，论其体格，则不及远甚。

何焯《陆本李集校评》云：

> 《明堂》、《大猎》二赋，晋、宋以降，未有是作。

这些评论对我们了解李白的赋很有帮助。

要谈李白的赋，不能不回叙一下李白的文学主张，看看这些主张与他写赋实践的关系。以下作些概括的介绍。

二

唐初陈子昂最先反对六朝形式主义文风，大力提倡复古，他说：

> 文章道弊五百年矣，汉、魏风骨，晋、宋莫传。……仆尝暇时观齐、梁间诗，采丽竞繁，而兴寄都绝。（《修竹篇序》）

他谈的虽然是诗，实际也适用于赋。李白继陈子昂之后，进一步反对六朝浮艳绮靡之风。吴乔《围炉诗话》说：

子昂太白,皆疾梁、陈之艳薄,而思复古道者。然子昂以精深复古,太白以豪放复古,必如此,乃能复古耳。若其揣摩于形迹以求合,奚足言复古乎!

吴乔指出陈、李两位诗人主张相同而风格各异。精深与豪放,恰切地概括了二者在复古实践中所走的不同道路。前者是如实地深刻地反映现实的现实主义,后者则是感情充沛、幻想驰骋的浪漫主义。他们都不是亦步亦趋地模仿古人,而是有所革新和创造。李阳冰《草堂集序》云:

陈拾遗横制颓波,天下质文翕然一变,至今朝诗体尚有梁、陈宫掖之风,至公(指李白)大变。

这段文字反映了从陈子昂到李白文学革新与复古的发展情况。李白自己也宣称:"将复古道,非我而谁!"(见孟棨《本事诗》)这里的所谓复古,实际是要求革新。正如马克思所指出,不过是借用古人的文字,穿着"这种久受崇敬的服装,用这种借来的语言,演出世界史的新场面"。(《路易·波拿巴雾月十八日》)李白正是打着复古的旗帜,在创作实践中极力扫除浮艳绮靡之风,独创新意,自铸伟辞,他的古赋基本上就贯穿着这种精神。这些赋,从数量和篇幅看,在全集中都只占极少数,故而历来所评甚少。关于赋这一文体,李白有自己的理论主张:

赋者古诗之流,辞必壮丽,义归博远。(《大猎赋》)

第一句继承了《两都赋序》的说法,后二句从赋的形式与内容方面表明了自己的主张。《明堂赋》虽如《古赋辨体》所说,"从司马、扬、班诸赋来",但却具有"以大道匡君"的意义,这一点值得肯定。他的《大猎赋》、《大鹏赋》,严格说来都不曾越出汉赋的规模,但仍有所创新。他极力从"博远"、"壮丽"着笔,根据所要表达的不同内容,采取不同的表现手法。《大鹏赋》充分发挥了主观幻想的浪漫主义精神,《明堂赋》则是精雕细琢地如实描绘。还有另一类型的抒情小赋,大多为模拟前人之作,《酉阳杂俎》云:

> 李白三拟《文选》，不如意，辄焚之，惟留恨、别赋。

流传下来的只有一篇《拟恨赋》。其他如《愁阳春赋》、《惜余春赋》、《悲清秋赋》、《剑阁赋》，有的也有模拟的痕迹，可是都写得清新自然，前人称赞这些短赋"雕冰缕脂"，颇能道出这类作品的艺术特色。

三

李白胸怀旷达，性情豪放。文如其人，他的赋大多是意境辽阔、气势奔放之作，能给读者强烈的艺术感染。特别是《大鹏赋》通过对大鹏这一形象的描写，色彩鲜明地展示了诗人本身的思想境界。大鹏的形象显然来自《庄子·逍遥游》，但不是生搬硬套，而是有所创造，扬弃了《逍遥游》中那些阐述哲理的抽象议论，着重描写了大鹏"激三千以崛起，向九万而迅征"的遨游：

> 背嶪太山之崔嵬，翼举长云之纵横。左回右旋，倏阴忽明。历汗漫以夭矫，羾阊阖之峥嵘。……斗转而天动，山摇而海倾。

大鹏的一举一动，能使宇宙震惊，山岳摇撼，大海倾覆。这样巨大的威力，还有什么能够相比！正因为大鹏飞得高，所以"块视三山，杯观五湖"。它的巨大身躯几乎遮盖了整个天空，致使"任公见之而罢钓，有穷不敢以弯弧，莫不投竿失镞，仰之长吁"。它"上摩苍苍，下覆茫茫"，使"盘古开天而直视，羲和倚日以旁叹"。以上描写大鹏飞在高空的情景，接着又写它下降时所产生的影响。

> 天吴为之怵慄，海若为之躨跜。巨鳌冠山而却走，长鲸腾海而下驰，缩壳挫鬣，莫之敢窥。

诗人调动一切艺术手段，从各方面对客观现象作了生动而夸张的描写，衬托出大鹏的巨大形象。在这个艺术形象上，可以看到诗人自己的影

子。然后他再用黄鹄、玄凤等鸟类与之相比,越显出大鹏的伟大、其他鸟类的渺小:

> 岂比乎蓬莱之黄鹄,夸金衣与菊裳。耻苍梧之玄凤,耀彩质与锦章。既服御于灵仙,久驯扰于池隍。精卫殷勤于衔木,鹈鹕悲愁乎荐筋。天鸡警晓于蟠桃,踆乌晰耀于太阳。不旷荡而纵适,何拘挛而守常? 未若兹鹏之逍遥,无厌类乎比方。

平时被人们视为"仙禽"、"神鸟"的黄鹄、玄凤、精卫、鹈鹕、天鸡、踆乌,在李白的笔下,不过是"拘挛而守常"的俗物,唯有大鹏可以无拘无束地尽情遨游,这种对比,形象生动地表现了诗人豪放不羁、鄙视世俗、热爱自由的性格,使人想起晚唐诗人皮日休对李诗的赞语:"五岳为辞锋,四海为胸臆。"《古赋辨体》评此赋:

> 事与辞称,俊迈飘逸。

这篇赋是李白青年时所作。当初他出蜀后在江陵遇到司马承祯,司马承祯称赞李白"有仙风道骨,可与神游八极之表",李白便写了这篇赋,原题为《大鹏遇希有鸟赋》,以大鹏自喻,以希有鸟比司马承祯。后来,他认为此赋写得不够理想,"中年弃之",其《大鹏赋·序》云:

> 余昔于江陵,见天台司马子微(即司马承祯),谓余有仙风道骨,可与神游八极之表,因著《大鹏遇希有鸟赋》以自广。此赋已传于世,往往人间见之。悔其少作,未穷宏达之旨,中年弃之。及读晋书,睹阮宣子(阮修,字宣子,晋人)《大鹏赞》,鄙心陋之。遂更记忆,多将(与也)旧本不同。今复存手集,岂敢传诸作者,庶可示之子弟而已。

从这篇序可以看出李白的创作态度相当认真,此赋青年写出、中年"弃之",后来全凭记忆重新改写,可见作者是经过反复的艺术构思的。诗人把抽象的理想借形象的活动表达出来,大鹏及周围的诸多形象,都是逐渐酝酿成熟的。由于诗人胸怀旷达,思想活跃,热爱自由,加上想象力极为丰富,所以在各种形象的塑造上都发挥了充分的幻想与夸张,创造出一种辽阔无垠的艺术境界,展示出诗人的豪迈气概和目无尘俗的高洁胸怀,给予读者以深刻的艺术感染。假使单纯地描写大鹏的遨游,缺乏明确和丰富的思想内涵,就不能达到"义归博远"的要求。正因为李白笔下的大鹏表达了他的远大理想,这个形象才能如此强烈地打动读者。

《大猎赋》也表现出一种宏伟壮丽的艺术意境。赋中为此常常使用夸张的艺术手法,如描写开始围猎的场面:

> 于是擢倚天之剑,弯落月之弓,昆仑叱兮可倒,宇宙噫兮增雄。河汉为之却流,川岳为之生风。羽毛扬兮九天绛,猎火燃兮千山红。

场面壮丽,气势磅礴,完全符合"辞欲壮丽"的宗旨。又如描写打猎时的情景:

> 所以喷血流川,飞毛洒雪。状若乎高天雨兽,上坠于大荒。又似乎积禽为山,下崩于林穴。阳乌沮色于朝日,阴兔丧精于明月。

被打中的野兽,像雨点一般坠落;被射死的飞禽,如山岳一样堆积,因而太阳为之改容,月亮为之变色。这个骇人的场面,为创造辽阔的意境起了极大的作用,同时也揭示出封建统治阶级的"暴殄天物"。作品对封建统治者虽作了些歌颂,但其中包含了讽谏之意。例如在描写打猎的场面以后,有如下一段文字:

> 俄而君王茫然改容,愀然有失。于居安思危,防险戒逸。斯驰骋以狂发,非至理之弘术。且夫人君以端拱为尊,玄妙为宝。暴殄天物,是谓不道。……

从这里仍能看出诗人在努力实践自己的"以大道匡君"的主张。天宝二年,玄宗曾猎于渭川,此赋可能就写于是年。李白在长安写的诗几次提到"献赋",如"献赋有光辉"(《温泉侍从归遇故人》)、"昔献长杨赋"

（《答杜秀才五松山见赠》）、"夸胡新赋作"（《秋夜独坐怀故山》）。《古赋辨体》评此赋：

> 《大猎赋》与《子虚》、《上林》、《羽猎》等赋，首尾布叙，用事遣辞，多相出入。

又说：

> 太白天才英卓，所作古赋差强人意。但俳之蔓虽除，律之根故在。虽下笔有光焰，时作奇语，只是六朝赋尔。

说李白此赋与汉赋"多相出入"、"只是六朝赋尔"，似乎有所惋惜，其实正从反面说明，李白的赋有所创新，而不是死板的模仿。

李白的一些抒情小赋同样意境辽阔，如送友人入蜀的《剑阁赋》，开始一段文字，描绘了一幅广漠无垠的自然境界：

> 咸阳之南直望五千里，见云峰之崔嵬。前有剑阁横断，倚青天而中开。

剑阁的险峻挺拔之势，宛然在目。然后对它周围的环境作了概括的描写，烘托出可怖的气氛：

> 上则松风萧飒瑟飔，有巴猿兮相哀。旁则飞湍走壑，洒石喷阁，汹涌而惊雷。

萧瑟的松涛，凄厉的猿鸣，汹涌的飞湍，构成一支五音繁汇的交响乐章，夸张地渲染了剑阁的气氛。如果用绘画来比拟，则像一幅泼墨山水，粗犷的几笔，即点染出一幅极富生命力的山水图画。

四

除了通过夸张的描写，展现辽阔的意境外，李白的赋还常常描写互相

联系的客观景色,借以抒发主观情思,这也是加深意境的手法之一。如《惜余春赋》云:

> 春每归兮花开,花已阑兮春改。叹长河之流速,送驰波于东海。

这里,诗人把抽象的春与具体的花联系起来,使春也具象化了。花开花落是实,春来春去是虚,虚实结合,情景交融。下两句借“长河之流速”,惋惜春光易逝;“送驰波于东海”,表明正在逝去的春光,是无法挽留的。诗人的心情,给作品涂上一层怅惘的色彩,使作品的意境更加深邃含蓄。热爱生活和李白追求进步理想是密切相连的,诗人担心来不及实现政治抱负,而时光已逝。接着提出了令人惊叹的幻想:

> 恨不得挂长绳于青天,系此西飞之白日。

用长绳系日,多么奇特的幻想!热爱生活的心情,表现得多么形象!屈原的《离骚》曾说:

> 折若木以拂日兮,聊逍遥以相羊。

也是唯恐时光逝去,自己的理想不能实现。在这一点上,李白与屈原是一致的。由于这种大胆的幻想,使作品达到了“义归博远”的要求,突出地表现了诗人远大的理想。

李白的诗善于写景,赋也是这样。诗人经常只用随意的几笔就勾勒出一幅自然风景图画,其中蕴藉着无限的深情,如《愁阳春赋》:

> 东风归来,见碧草而知春。荡漾惚恍,何垂杨旖旎之愁人?天光青而妍和,海气绿而芳新。野彩翠兮阡眠,云飘飖而相鲜。演漾兮黉缘,窥青苔之生泉。缥缈兮翩绵,见游丝之萦烟。

碧草、垂杨、天光、海气、青苔、游丝,确是春天景色,然而在诗人笔下并不是一般的“春光明媚”,而是染上了一层发人愁思的色泽,故而引出了后面两句:"魂与此兮俱断,醉风光兮凄然",概括了前文的情景,并引起下文对游子、远人的思念。"若使春光可揽兮,吾欲赠天涯之佳人",抒深远之情,含不尽之意。又如《悲清秋赋》,诗人登上九疑之山,纵目远眺四方的景物:望三湘是"水流寒以归海,云横秋而蔽天";遥望燕越是"西阳半规,映岛欲没,澄湖练明,遥海上月"。西下的夕阳,半为远峰所掩,露出一个半圆,澄澈明净的湖水,如一匹白练,遥远的海上升起一轮明月,这是多么迷人的秋景。仅几行文字,概括出时间与空间景物的变化,显示了不同事物的面貌。接着又深入一步,展现了一幅秋夜的风景画:

荷花落兮江色秋,风袅袅兮夜悠悠。

此句虽然从《楚辞》化出,但有其特色,给人以音韵悠扬的美感。诗人本来是"临穷溟以有羡,思钓鳌于沧州",但实际上"无修竿以一举",只得"抚洪波而增忧"。最后,诗人低吟:"人间不可以托些,吾将采药于蓬丘",表现了诗人有志不遂的忧愤和对人间丑恶与黑暗的憎恨。可见李白的修仙炼丹,是对黑暗现实的一种不满。这样的作品,也可以说是"义归博远"了。

五

赋从六朝以来就讲究骈四俪六,唐初继承了这种形式而更加音律化,故称为律赋。李白的古赋在这方面却有所突破,他虽然基本上没有摆脱骈俪的句式,但根据内容的需要,在骈俪的句式中渗进了三、五、七、九乃至十余言的长短句,做到了参差有致,灵巧多变,如《大鹏赋》写大鹏迅起高飞的一小节文字,用了几个刚劲有力的三言句:

蹶厚地,揭太清,亘层霄,突重溟。

急促简短的音节,显示了大鹏动作的迅猛有力。诗人形容大鹏飞得高远,则用比较徐舒的七言句:

背巢太山之崔嵬,翼举长云之纵横。

使人似乎能感受到大鹏在蓝天自由翱翔的豪迈气势。诗人写大鹏飞翔时的气势和威力,又用四、六、三、五等句式错综交织,形成一种变化多姿的旋律:

左迴右旋,倏阴忽明。历汗漫以夭矫,玑阊阖之峥嵘,簸鸿蒙,扇雷霆。斗转而天动,山摇而海倾。怒无所搏,雄无所争,固可想象其势,髣髴其形。

末两句是启示读者想象大鹏漫游云海的雄姿。诗人写到大鹏遨游太空时的巨大影响,又以夸张的七言诗句来表现:

喷气则六合生云,洒毛则千里飞雪。

为显示大鹏高飞的程度,则用反衬的句式:

块视三山,杯观五湖。

总之,不同的句式,抑扬顿挫,变幻多姿,与大鹏翱翔云海的动态和谐协调,读来富于节奏感,对深化作品的意境,起着很好的配合作用。

李白的赋,在用韵方面也是灵活自然的,基本上用平声韵,间有仄声,如《拟恨赋》一开始就用仄声:

晨登太山,一望蒿里。松楸骨寒,宿草坟毁。浮生可嗟,大运同此。于是仆本壮夫,慷慨不歇。仰思前贤,饮恨而没。

表明诗人对古人有志未遂、抱恨而死的感慨,音调苍凉悲愤。接着历数古代壮志未酬的英雄人物,各有不同的遭遇,如写刘邦:

昔如汉祖龙跃,群雄竞奔,提剑叱咤,指挥中原。东驰渤澥,西漂昆仑。断蛇奋旅,扫清国步。握瑶图而倏昇,登紫坛而雄顾。一朝长辞,天下缟素。

此节先用平声,到"断蛇奋旅"即转入仄声,从近似慷慨悲歌的旋律中,透露出一位英雄人物未能完成全部事业即与世长辞的遗憾心情。又如写屈原:

> 昔者屈原既放,迁于湘流。心死旧楚,魂飞长楸。听江风之袅袅,闻岭狄之啾啾。永埋骨于渌水,怨怀王之不收。

全用平韵,显得凄切悲痛,很能表现屈原的悲愤心情。

再如《大猎赋》里"于是……"一节文字,用了钟、音、弓、风、红这些韵脚,有形、有色、有声,自然而不做作,朗朗上口,铮铮悦耳,给人以优美的音乐感。

李白的赋,乍看似乎漫不经心、脱口而出,细读就可发现都是经过字斟句酌、千锤百炼的。如《悲清秋赋》里有"水流寒以归海,云横秋而蔽天"这样的句子。"流寒"、"横秋",不仅写出了秋日凄清的景色,而且和"归海"、"蔽天"配合起来,揭示出一种辽阔的意境,确是经过精心锤炼的。又如《大猎赋》有句云:

> 乃召蚩尤之徒,聚长戟,罗广泽。呵雨师,走风伯。

这里,作者驱使自然界的大胆想象表现得极为生动。再如形容被射落的飞禽之多,则说:

> 喷血流川,飞毛洒雪。

"流川"、"洒雪",把数量的概念形象化了。又如"块视三山,杯视五湖",把字句浓缩到了极点。

综上所述,可以看到,李白的八篇古赋,既总结了前人创作实践的经验,又有所创新,意境辽阔,气势奔放,语言精练、生动、形象,音韵协调,虽然还没有完全摆脱前人格律的影响,但却有鲜明突出的艺术特色,是全面认识李白不应忽略的作品。

李白的古诗五十九首

李白全集中,五言古诗相当多,是他诗歌作品的重要部分。李阳冰编辑《草堂集》时,把五十九首五言古诗单独编为一卷,列于全集之首。《唐宋诗醇》称赞李阳冰"以古风列于卷首"是"有卓见者"。《草堂集》虽已失传,李阳冰的《序》被保存下来。其中谈到李白的文学成就时,有一些很好的意见:

> (李白)凡所著述,言多讽兴,自三代以来,风、骚之后,驱驰屈、宋,鞭挞扬、马,千载独步,唯公一人。……卢黄门云:陈拾遗横制颓波,天下质文翕然一变,至今朝诗体,尚有梁、陈宫掖之风。至公大变,扫地并尽。

这段文字说明:

一、李白的著述,多有所"讽兴",即托物寄意;

二、李白继陈子昂之后,坚决反对"梁、陈宫掖"之风,提倡古朴自然。

说"梁、陈宫掖之风"至李白而"大变,扫地并尽",未免有些夸张。唐代诗风的转变,应归功于初唐至盛唐许多诗人共同的努力,李白所起的作用只能说是比较大些、明显些。

李《序》指出的李白诗的两方面特色,当然是就李白全部作品而言,但古诗五十九首尤为明显。李阳冰把五十九首编为一卷,列于集首,是有一定道理的。他是李白的族叔,李白去世前就住在阳冰当涂县令任所,临终时亲手将毕生著作交给阳冰,请他作序,"枕上授简,俾予为序"(《草堂集序》)。因此,李阳冰如此编排,还可能是遵照李白生前的意见。

李白的这五十九首古诗很受人们重视,前人有过不少评论,这里选列几则:

> 李白古风数十首,感时托物,慷慨沉着。(《屠纬真文集》)
> 白古风五十九首,……其间指事深切,言情笃挚,缠绵往复,每多言外之旨。(《唐宋诗醇》)
> 太白诗纵横驰骋,独古诗二卷,不矜才,不使气。(《唐诗别裁》)

这些评语的精神,均与李阳冰的论述相契合,可见五十九首确有它的独特的风格。例如在乐府歌行里,表现怀才不遇的怨愤时,诗人的思想感情一泻千里,不可遏抑。《行路难》、《将进酒》、《饯别校书叔云》等诗,莫不激昂慷慨,意气凌云。严羽所谓的“他人作诗用笔想,太白但用胸口一喷即是”,正是指这类作品而言。而在古风五十九首里,虽然仍是抒发怀才不遇的感慨,风格却全然不同,如《古风》其二十六、二十七:

> 碧荷生幽泉,朝日艳旦鲜。秋花冒绿水,密叶罗青烟。秀色空绝世,馨香谁为传?坐看飞霜满,凋此红芳年。结根未得所,愿托华池边。
> 燕赵有秀色,绮楼青云端。眉目艳皎月,一笑倾城欢。常恐碧草晚,坐泣秋风寒。纤手怨玉琴,清晨起长叹。焉得偶君子,共乘双飞鸾?

两首诗含蓄蕴藉,意在言外,与《将进酒》等主题虽同而风格迥异。前者通篇以荷花为喻,慨叹“秀色空绝世,馨香谁为传”,意境深幽秀美,给人以隽永的艺术享受,同时又使人为美好事物的瞬间凋谢而深感惋惜。后者也写得幽深哀怨,活画出一幅渴望得遇知己的美人情思图画,寄托深远,含而不露。王夫之曾说鲍照的五言诗“深秀如静女”,借来评价李白这类作品,也是很恰切的。

李白五十九首古诗中表现上述主题的作品,不仅风格幽深秀美,并能通过抒发怀才不遇的苦闷,揭示出社会现实的黑暗。别林斯基说:“诗人是社会、时代、人类的器官和代表。”诗人的作品,如果离开社会和时代,单纯描写个人的痛苦或欢乐,那么,无论在艺术上如何"出色",也很难拨动读者的心弦。过去往往把李白表现怀才不遇的主题说成是个性使然,而不能指出形成其个性的社会基础以及作品的社会意义。诗人的作品应该有其鲜明的个性,但必须表现一定的社会现实内容。李白上述作品就是如此,因而具有浓厚的时代特色,这是很值得重视的。如《古风》其十:

> 齐有倜傥生,鲁连特高妙。明月出海底,一朝开光耀。却秦振英声,后世仰未照。意轻千金赠,顾向平原笑。吾亦澹淡人,拂衣可同调。

这首诗可能是李白青年时期的作品。唐代开元年间,正是经济、文化、政治各方面繁荣发展的"开元盛世"。"盛唐"气象,对诗人起着巨大的鼓舞作用。他壮志满怀,意气风发,抱着对功名事业的热烈愿望,唱出了高昂的心声。此篇看似歌颂历史人物,实际是自咏。他纵谈"五霸"之事,蔑视功名富贵,表示要与鲁仲连拂衣同调,做一番轰轰烈烈的大事。盛唐气象正是李白产生这种思想的现实基础。由于对鲁仲连行为的向往,诗人把这个人物形象塑造得十分崇高,"明月出海底"一句,就把他所仰慕的鲁仲连表现得光明峻洁,光彩照人。《唐宋诗醇》云:"白姿性超迈,故感兴于鲁连";《詹昧昭言》亦云:"此诗是托鲁连起兴以自比";都道出了李白这首诗的本意。此时的李白意气豪迈,雄心勃勃,大有不可一世之慨,这种心理状态在诗里得到了突出的表现。

诗人抱定强烈的用世理想,步入社会现实后,政治上屡遭挫折,深感无用武之地的苦闷。于是他浪迹江湖,放荡纵饮,求得精神上的慰藉。《古风》五十九首的许多篇章都是他这种苦闷精神的艺术再现,如《古风》其十二:

> 松柏本孤直,难为桃李颜。昭昭严子陵,垂钓沧波间。身将客星隐,心与浮云闲。长揖万乘君,还归富春山。清风洒六合,邈然不可攀。使我长叹息,冥栖岩石间。

通过对艺术形象的描写,展现了诗人刚正不阿的崇高品德。写的虽是严子陵,实际仍是"夫子自道","盖有慕乎子陵之高尚"(徐祯卿语,郭本李集引)。邢昉《唐风定》赞此诗:"咏史亦人所同,气体高妙则独步矣。"《古风》其十三,与前者意同,均系借咏历史人物以自况,是借他人之酒杯,浇自己胸中之块垒;"不矜才,不使气",婉转曲折,意在言外。如果对李白所处的时代和生活经历缺乏较深的了解,是不能正确理解这些诗作的真实内容的。

李白是位有理想、有胆识的伟大诗人,又生就"不屈己,不干人"的傲岸性格,不肯低首于豪门权贵,对功名利禄比较淡漠,但对"济苍生"、"安社稷"的理想,却执着地追求。其《古风》十五云:

> 燕昭延郭隗,遂筑黄金台。剧辛方赵至,邹衍复齐来。奈何青云士,弃我如尘埃! 珠玉买歌笑,糟糠养贤才。方知黄鹤举,千里独徘徊。

诗人用战国时燕昭王筑黄金台招贤纳士的故事,与当时的情况相对照,揭露唐代统治集团"珠玉买歌笑,糟糠养贤才",讽刺他们不但不识贤才,而且颠倒是非的标准。萧士赟云:

> 太白少有高尚之志,此诗岂出山之后不为时相所礼,有轻出之悔欤? 不然何以曰:"方知黄鹤举,千里一徘徊?"吁! 读其诗者,百世之下犹有感慨。(《分类补注李太白集》)

此论似嫌穿凿,还是陈沆《诗比兴笺》里的一节评论更合诗意,他说;

> 此诗刺不养士求贤也。天宝之末,宰臣娼嫉,林甫贺野无遗贤,国忠非私人不用,惟庙堂声色是娱,而天地间贤人隐矣。

《古风》其五十,进一步指出统治者并非不识贤愚,而是颠倒贤愚标准:"流俗多错误,岂知玉与珉?"这里的"流俗",其实仍然指当时的封建统治者。《古风》其五十七云:

> 羽族禀万化,小大各有依。周周亦何辜! 六翮掩不挥。愿衔众禽翼,一向黄河飞。飞者莫我顾,叹息将安归?

此诗通篇以鸟为喻,抒发诗人内心的忧愤与痛苦。诗人渴望得到在位者的推荐,以实现自己宏伟的政治抱负,而在位者却无进贤之心,使诗人有志不遂,只能空自叹息。陈沆云:"野有忧国之人,朝无用贤之相。"一语道破此诗的主题思想。

上述诗篇,尽管慨叹自己怀才不遇,对统治者尚无深沉怨恨,可能是未至长安待诏翰林时所作。《古风》其五十六:

> 越客采明珠,提携出南隅。清辉照海月,美价倾皇都。献君君按剑,怀宝空长吁。鱼目复相哂,寸心增烦纡。

此诗借"越客采明珠"事,写自己初到长安时,满心希望用自己的才能辅佐国君,使"寰区大定,海县清一",结果却遭谗而被黜,如明珠投暗,为流俗所哂。诗人内心思绪纷纭,形之于诗,忧愤深沉。《古风》其五十四,又深入一层,揭示出统治集团内部的黑暗。诗的开始两句"倚剑登高台,悠悠送春月",写诗人春日登高望远。他所见到的是这样的景象:"苍榛蔽层丘,琼草隐深谷。"诗人通过自然界的现象,隐喻畸形的社会现实。"苍榛"比小人,"琼草"喻正直之士,意谓其时庸碌无能之辈,身居高位;才能之士埋没草野。以下四句,用凤鸟与鸴斯喻正直才能之士和小人。前者虽有用世之心,无人推举,只能是"凤鸟鸣四海,欲集无珍木";后者小人得志,呼朋引类,多至万族,"鸴斯得所居,蒿下盈万族"。最后两句"晋风日已颓,穷途方恸哭",以阮籍穷途恸哭自比,正如《唐宋诗醇》所云:

> 天宝以还,小人道长,君子道消矣,物亦各从其类也。篇中连类引象,杂而不越。穷途恸哭,亦无可如何而已。

李白对当时政治的腐败,强烈不满,作了一系列的揭露,但其从政之心始终坚定不移;虽然总是不遇于时,但他始终相信总有一日会遇到知已,受到重用,实现建功立业的宿愿。如《古风》其十六末句说:"雌雄终不隔,神物会当逢。"表明了诗人对前途的乐观和自信。

怨愤怀才不遇的作品,是《古风》五十九首的一个重要组成部分。这些诗篇虽然取材角度不同,表现手法各异,艺术境界有别,但借古讽今、挥斥幽愤则是一致的。

《古风》五十九首的另一个内容,就是对封建统治阶级、特别是对最高统治者唐玄宗的讽刺与批判。

李白在长安翰林待诏三个年头,接触了上层统治集团,经历了坎坷的遭遇,对封建统治集团生活的荒淫腐朽,有了较为深刻的认识,觉察到国家的前途危机四伏,因而忧心殷殷。五十九首中有不少诗篇从各个不同的角度对统治集团进行了鞭笞与揭露。如《古风》其八:

> 咸阳二三月,宫柳黄金枝。绿帻谁家子?卖珠轻薄儿。日暮醉酒归,白马骄且驰。意气人所仰,冶游方及时。子云不晓事,晚献《长杨》辞。赋达身已老,草《玄》鬓若丝。投阁良可叹,但为此辈嗤。

此篇显系借咏汉朝馆陶公主宠幸董偃事,讽刺唐玄宗时外戚荒淫无耻的生活,而又以扬雄自比,为有才能而沉沦不遇者慨叹。萧士赟云:"此时戚里骄纵踰制,动致高位,儒者沈困下僚,是诗必有所感讽而作。"唐仲言亦云:"此刺戚里骄横而以子云自况,所谓绿帻必有所指。"《古风》其十八《天津三月时》也是讽刺权贵之作,托物寄意,弦外有音。《古风》其二十四亦是相近的作品,此诗是广大读者所熟悉的:

> 大车扬飞尘,亭午暗阡陌。中贵多黄金,连云开甲宅。路逢斗鸡者,冠盖何辉赫!鼻息干虹蜺,行人皆怵惕。世无洗耳翁,谁知尧与跖?

此诗对宦官、斗鸡徒的揭露,具有深刻的社会意义。天宝年间,唐玄宗宠幸宦官、佞臣,不理政事,玩物丧志。"开元天宝中,宦官黄衣以上三千员,衣朱紫千余人"(《新唐书·宦者传》)。其中尤以高力士权倾朝野,一般期求升官晋爵者,无不贿以厚礼,曲意逢迎。李林甫、杨国忠等均与高力士互相勾结,狼狈为奸,形成了一个欺上压下的统治集团。玄宗又爱好斗鸡游戏,凡善于斗鸡者,必得到特殊宠幸,如斗鸡童子贾昌,因受到玄宗的赏识,提升为五百小儿长,"四十年恩宠不逾"。李白目睹了唐玄宗这些荒唐的行径,深为痛恨,于是此诗对宦官、斗鸡徒进行了鞭辟入里的批判。诗的开始,通过对环境的描绘,创造了一种天昏地暗的气氛。三、四两句,写出宦官们的气势,他们仗着皇帝的宠幸,到处敲诈勒索,搜刮民脂民膏,供其挥霍浪费。《新唐书·高力士传》云:太监中"黎敬仁,……边令诚等,并内廷供奉,或外监节度军,修功德,市鸟兽,皆为之使。使还,所裹获动巨万计。京师甲第池园,良田美产,占者十六"。他们雕樑画栋的住宅,连成一片,如绵延不断的云彩。"中贵多黄金,连云开甲宅",不仅表明了宦官权势之大,生活之奢华,而且表明了当时有权势的宦官数量极多。宦官本是供帝王及其家属在宫廷内驱使的仆役,可是在唐玄宗时代,竟成为一个拥有极大权力的阶层,甚至左右着皇帝的一切行动。诗人通过对这种反常现象的描绘,从一个侧面揭露了唐玄宗的昏庸腐朽。以下四句,从另一角度描写斗鸡徒的豪奢骄纵,他们气焰嚣张,路人为之怵惕。斗鸡徒的社会地位本是很低的,但他们的衣冠车盖为什么如此豪华?诗人用质问的语气,促使读者去思考这种畸形现象的原因,加强了批判的力量。当时民谣说:"生儿不用识文字,斗鸡走马胜读书。贾家小儿年十三,富贵荣华代不如。能令金距期胜负,白罗绣衫随软舆。父死长安千里外,差夫治道挽丧车。"可见玄宗对斗鸡徒的宠爱。诗的末两句:"世无洗耳翁,谁知尧与跖!"意谓当时没有许由那样具有高尚情操的人,谁能辨别人的善恶呢? 跖,相传为古代的"大盗","从卒九千人,横行天下,侵暴诸侯"(《庄子·盗跖篇》),实际就是古代反抗阶级压迫、剥削的起义领袖。李白沿用古代传统说法,反映了他的阶级局限。萧士赟解此诗云:"此篇讽刺之诗,盖为贾昌辈而作,末句谓世无高识者,故莫知此等之为跖行而太白辈之为贤人也,亦太白不遇而自叹欤!"萧氏所言符合李白的原意。此诗和五十九首里的许多诗作一样,寓意深远。

唐王朝从武德元年(公元618年)到天宝十四载(公元745年)共一百三十八年,出现了所谓的"盛世",但统治阶级逐渐腐败堕落。李白写于天宝十四载的《古风》其四十六,形象地概括了唐朝建国以来的历史,抨击了玄宗后期的政治状况,对唐朝的前途表示了深沉的忧虑:

一百四十年，国容何赫然！隐隐五凤楼，峨峨横三川。王侯象星月，宾客如云烟。斗鸡金宫里，蹴鞠瑶台边。举动摇白日，指挥回青天。当涂何翕忽，失路长弃捐。独有扬执戟，闭关草《太玄》。

诗人一方面以高度概括的笔力，写出了唐王朝建国以来的繁荣富强的现象；另一方面又用大量篇幅描写了当时朝政的紊乱：昔日的"金宫"、"瑶台"，已成为斗鸡、蹴鞠的场所；斗鸡、蹴鞠之徒的权力之大，甚至可以"摇白日"、"回青天"（青天、白日此处均指最高统治者）。最后又以斗鸡、蹴鞠之辈与"闭关草《太玄》"的扬雄对比：前者虽得意于一时，但一旦失势，即将被弃置不用。唯有保持高洁人格的扬雄，闭门著书立说，能获不朽。诗人对唐王朝的开元盛世，表示了衷心的怀念与赞扬，对玄宗后期的腐化生活，作了严肃的批判，"白日青天，以比其君，斗鸡蹴鞠，明皇所好。此等得志用事，举动指挥，足以动摇主听"（萧士赟《分类补注李太白全集》）。而诗人自己则表示愿像扬雄那样闭门著书，不与流俗为伍。他在《行路难》其二里说："羞逐长安社中儿，赤鸡白狗赌梨栗"。《古风》其四十又说："凤饥不啄食，所食唯琅玕。焉能与群鸡，刺蹙争一餐！"诗人的高傲态度，是一贯的。李白在《一百四十年》这首诗里表现了政治上的敏感，他已觉察到唐王朝繁荣的背后，衰败的因素也在增长，因此心情沉重，感慨深沉。诗的结构严整，语言简练，是《古风》五十九首里的代表作之一。

与上类主题相联系的，是借咏史对唐玄宗进行大胆的讽刺，如《古风》其五十一云：

殷后乱天纪，楚怀亦已昏。夷羊满中野，菉葹盈高门。比干谏而死，屈平窜湘源。虎口何婉娈？女婆空婵娟。彭咸久沦没，此意与谁论？

据萧士赟与陈沆说，这首诗作于张九龄遭贬之后，"此叹明皇拒直谏之臣，张九龄、周子谅俱窜死也"（《诗比兴笺》）。《通鉴》云：

133

开元二十五年,夏四月辛酉,监察御史周子谅弹牛仙客非才……流瀼州,至蓝田而死。李林甫言:子谅,张九龄所荐也。甲子,贬九龄荆州长史。

开元二十八年二月,荆州长史张九龄卒。

此诗是否为张九龄而作,不必拘泥,但其咏古讽今,以殷纣王与楚怀王影射唐玄宗,是无可置疑的。天纪,指天的纲纪,也就是指政治。殷纣王是历史上有名的暴君,他统治的时代,政治黑暗,终致亡国。楚怀王亦昏聩无能,宠信奸佞,使国势日衰。二者共同的特征是:拒绝忠谏,听信谗言。诗人用这两个亡国之君隐喻唐玄宗,希望促使庸玄宗觉醒。夷羊,相传是一种神兽,殷纣将亡之时,曾在殷都郊野出现。菉、葹是两种恶草。《楚辞·离骚》有"薋菉葹以盈室兮",用恶草隐喻朝廷奸佞之多。李白亦用此隐喻奸佞如李林甫、杨国忠之流。以下又用比干、屈原的遭遇比喻唐王朝正直之臣惨遭陷害,再用《离骚》中女婆的形象,惋惜忠臣不为最高统治者了解。末联叹惜当时已无彭咸这样的贤人,诗人的满腔悲愤无处倾诉。彭咸是殷朝的贤大夫,谏君不听,投水而死。此诗句句用典,措辞却明白切直,对唐王朝的黑暗现实进行了深刻的揭露,批判的矛头直指唐玄宗。在封建专制的黑暗时代,对国家大事有所指摘,往往不能直说,而要引征历史典故来表现,即通常所说的"用典"。用典、用事的艺术方法,从根本上说,也就是比、兴。这首诗无一语涉及现实,而又句句影射现实。由于权奸当道,深文罗织,朝臣不敢议论国事,只好借古讽今。然而用典太多,容易破坏诗的形象的生动性,这就特别需要深厚的艺术功力。此诗虽然全篇用典,但自然贴切。这种比、兴手法,渊源于《诗经》和《楚辞》,经过李白创造性的融化、运用,更具有艺术魅力。陈廷焯说,"太白一生大本领全在《古风》五十九首",大概就是指这一点。

《古风》五十九首的许多诗篇都是针对统治集团的,故不得不采取比较曲折的表现手法,最多的是借咏史以讽今,形成了五十九首的独特风格。如《古风》其三:

秦王扫六合,虎视何雄哉!挥剑诀浮云,诸侯尽西来。明断自天启,大略驾群才。收兵铸金人,函谷正东开。铭功会稽岭,骋望琅邪台。刑徒七十万,起土骊山隈。尚采不死药,茫然使心哀。连弩射海鱼,长鲸正崔嵬。额鼻象五岳,扬波喷云雷。鬐鬣蔽青天,何由觌蓬莱?徐市载秦女,楼船几时回?但见三泉下,金棺葬寒灰。

全诗围绕秦始皇的一生功过着笔,前八句肯定秦始皇征服六国,统一天下的功绩;后半部分揭露秦始皇不恤民力,大兴土木的过失以及企求长生不老的迷信思想,末联对他的迷信思想作了无情的嘲讽。表面上诗人完全是在咏史,但究其实质,却明明在借古讽今。徐祯卿说:"此篇借秦始皇以为讽也。"陈沆亦云:"此亦刺明皇之词。"都指出了这一点。唐玄宗晚年也迷信神仙,企求长生,其行为是很荒唐的,《通鉴》卷二一六载:

> 天宝九载十月,太白山人王玄翼上言见玄元皇帝,言宝仙洞有妙宝真符。命刑部尚书张均等往求,得之。时上尊道教,慕长生,故所在争言符瑞,群臣表贺无虚月。李林甫等皆请舍宅为观,以祝圣寿,上悦。

唐玄宗的迷信神仙已经到了荒唐可笑的程度,一班谄谀求进的佞臣,投其所好,获取宠信。李白对此深恶痛绝,故作《秦王扫六合》。因此,这首诗具有强烈的战斗性。《古风》其四十八,仍借秦始皇为喻,更深一层讽刺唐玄宗。诗人饱含对人民的同情,指责秦始皇不顾农业生产、不惜人民生命,为他架石桥以求不死之药:

> 征卒空九寓,作桥伤万人。但求蓬岛药,岂思农扈春?

唐玄宗后期同样不恤民力,不顾农时,做了许多劳民伤财的事。这首诗充满了对人民的同情和对统治者的愤恨。说李白"社稷苍生曾不系其心膂",实在是太片面了。

《古风》五十九首中,另一类主题是维护祖国统一,支持正义战争,反对非正义战争。唐玄宗中、晚期,边境游牧部落的侵扰基本上已经停止。李隆基好大喜功,醉心于推行扩边政策。连年用兵,使人民担负繁重的赋税和兵役,农村生产遭到破坏,经济凋敝。《通鉴》卷二一五载:

开元之前每岁供边兵衣粮，费不过二百万；天宝之后，边将奏益兵浸多，每岁用衣千二十万匹，粮百九十万斛，公私劳费，民始困矣。

面对如此严重的现实，诗人对以唐玄宗为首的非正义战争制造者进行了无情的揭露。如《古风》其六，开始用"代马"、"越禽"起兴，表明人们对故乡的眷恋之情。统治者制造边境战争，使人民离乡别井，远戍边塞。边地十分苦寒，"惊沙乱海日，飞雪迷胡天"；战士生活无比艰苦，"虮虱生虎鹖，心魂逐旌旆"。尽管边塞环境恶劣，战士们依然奋力苦战。他们不仅得不到任何奖赏，也无人了解他们对国家的忠诚。末尾以"谁怜李飞将，白首没三边"作结，语气深沉，意在言外，耐人寻味。今人詹锳《李白诗文系年》云：

《诗比兴笺》：此诗伤王忠嗣也。忠嗣兼河西、陇右、河东节度使，仗四节，制万里，屡破突厥、吐蕃、吐谷浑。李林甫忌其功名日盛，恐其入相，因事构陷几死，赖哥舒翰力救，乃贬汉阳太守而卒。故悲伤其功高不赏，忠诚莫谅也。

此说虽有一些根据，但从诗的内容分析，含义似更广泛，非为一人一事而作。它揭示了当时朝廷里君主昏庸，权奸当道，是非颠倒，赏罚不明的黑暗现实，若坐实于一人，反而显得拘泥。《唐宋诗醇》评此诗：

民安乡井，离别为难，况驱之死地乎！起意恻然可念。《杕杜》劳士，道其家室之情；《出车》劳卒，美其执获之功。……明皇喜边事，致有冒赏掩功者，故萧士赟谓其感讽时事，有为而作。《扬水》、《圻父》，所以为《风》、《雅》之变也。

这段议论可作参考。又如《古风》其十四，亦是同一主题：

胡关饶风沙，萧索竟终古。木落秋草黄，登高望戎虏。荒城空大漠，边邑无遗堵。白骨横千霜，嵯峨蔽榛莽。借问谁陵虐？天骄毒威武。赫怒我圣皇,劳师事鼙鼓。阳和变杀气,发卒骚中土。三十六万人,哀哀泪如雨。且悲就行役,安得营农圃?不见征戍儿,岂知关山苦?李牧今不在,边人饲豺虎。

历代对此诗所反映的内容意见分歧。杨齐贤认为是描写征伐吐蕃、南诏之战;萧士赟否认杨说,指出诗中所写景物皆系北方,故而认为"当是为哥舒翰攻吐蕃石堡城之事而作也";胡震亨又认为攻石堡城唐兵只有三万三千人,与诗中所言"三十六万人"不合。奚禄诒则指出此诗为"讥天宝初之开边也,不必定指何人"。此说比较符合作品所表现的内容。《唐宋诗醇》亦言:"此诗极言边塞之惨,中间直入时事,字字沉痛,当与杜甫《前出塞》参看。"此诗主旨是抨击玄宗后期穷兵黩武的拓边战争,"且悲就行役,安得营农圃?"劳动人民被迫出征,以致无人耕作,田园荒废。"不见征戍儿,岂知关山苦?"写尽了边地士兵所遇到的艰难困苦,读此常使人想起王昌龄《代扶风主人答》中的诗句:"去时三十万,独自还长安。不信沙场苦,君看刀箭瘢!"末联慨叹边无良将,不能保卫边地人民的安全,士兵的生命也没有保障。诗人对人民所遭受的深重灾难,寄予无限的同情,这与杜甫《前出塞》第一首"君已富土境,开边一何多!弃绝父母恩,吞声行负戈"命意相同,皆是深刺玄宗黩武政策的力作。再如《古风》其三十四,诗人严厉斥责杨国忠制造的南诏战争。天宝十载,杨国忠为了个人的目的,蓄意挑起了对南诏的征伐,把人民推入灾难的深渊。《通鉴》天宝十载云;

夏四月,壬午,剑南节度使鲜于仲通讨南诏蛮,大败于泸南。……制大募两京及河南、北兵以击南诏,人闻云南多瘴疠,未战,士卒死者什八九,莫肯应募。杨国忠遣御史分道捕人,连枷送诣军所。……于是行者愁怨,父母妻子送之,所在哭声震野。

诗人将这一历史悲剧,作了形象的概括:

羽檄如流星,虎符合专城。喧呼救边急,群鸟皆夜鸣。白日曜紫微,三公运权衡。天地皆得一,澹然四海清。借问此何为?答言楚征兵。渡泸及五月，将赴云南征。怯卒非战士，炎方难远行。长号别严亲，日月惨光晶。泣尽继以血，心摧两无声。困兽当猛虎，穷鱼饵奔鲸。千去不一回，投躯岂全生？如何舞干戚，一使有苗平！

诗的开始四句，描写当时朝廷调兵遣将，文书往来，疾如"流星"，以致"群鸟皆夜鸣"，烘托出一片骚乱动荡的状态和紧张的气氛。接着四句，以幽默的口吻说明当时国家清平、四海安定，为什么劳师远征，把人民推入火海？以下"借问"二句，一问一答，承上启下，指出因奸臣杨国忠贪图边功，虚报军情，进行无休止的边境战争，使人民遭受家破人亡、妻离子丧的痛苦。诗人运用了回旋曲折的手法，揭示出这次战争的非正义性质。接着又对强行征兵的残酷情景作了形象的描绘，对"连枷送诣军所"的受难者及送别的父母妻子倾注了深厚的同情，通过具体的描写，形象鲜明地展现了这场生离死别的历史悲剧。"长号别严亲"四句，似乎比杜甫"爷娘妻子走相送，尘埃不见咸阳桥。牵衣顿足拦道哭，哭声直上干云霄"（《兵车行》）更为沉痛和悲愤。这种惊心动魄的诗句，使人对悲剧的制造者充满了痛恨。最后诗人引用舜的故事，说明只有"敷文德以来远人"，才是正确的对外政策，这充分表现了诗人对待战争的严正态度。《唐宋诗醇》评论此诗云：

> "群鸟夜鸣"，写出骚然之状。"白日"四句，形容黩武之非。至于征夫之凄惨，军势之怯弱，色色显豁，字字沉痛。归结德化，自是至论。此等诗殊有关系，体近《风》、《雅》，杜甫《兵车行》、《出塞》等作，工力悉敌，不可轩轾。宋人罗大经作《鹤林玉露》，乃谓：白作为歌诗，不过狂醉于花月之间，社稷苍生，曾不系其心膂。视甫之忧国忧民，不可同年语。此种识见，真"蚍蜉撼大树"，多见其不自量也。

这里的分析是细致的，论断也颇公平。李白关心国事，在全集中有很多表现，如《书怀赠常赞府》即与《古风》三十四是"同旨"之作，其诗云："云南五月中，频丧渡泸师。毒草杀汉马，张兵夺秦旗。至今西洱河，流血拥僵尸。"表现的方式与前者不同，思想内容则是一致的。到安史乱起，诗人对国家的命运更加关注，对平叛战争则采取了支持与歌颂的态度。《古风》其十九,过去评论家往往把它归入游仙诗,其实是托游仙以抒发诗人的忧愤,看结尾四句:"俯视洛阳川,茫茫走胡兵。流血涂野草,豺狼尽冠缨。"诗人对叛军分裂祖国,残杀人民,有着多么深沉的痛恨!诗人既反对非正义战争,又支持平叛的正义战争。在安史叛乱期间,他"中夜四五叹,常为大国忧"。《古风》五十九首中反映平叛的作品虽不多,但仅从《西上莲花山》一诗,也足够表明诗人维护祖国统一的爱国思想了。

此外,五十九首古诗中还有表现诗人的理想、志向和文艺思想的作品,如《古风》其四十七"桃花开东园"、其一"大雅久不作"、其三十五"丑女来效颦"、其二十一"郢客吟白雪",均为寄托深远的力作。其他还有慨叹时光易逝,人生易老的其十一"黄河走东溟";言世事妄幻,不必营营于富贵的其九"庄周梦蝴蝶";感时思归,怀念乡里的其二十二"秦水别陇首";言人生短促,当及时行乐的其二十三"秋露白如玉"。这些诗,多少含有一些消极的思想因素,但联系时代背景,仍然可以看出诗人积极的人生态度和要求用世而不可得的深沉感慨。在古诗五十九首中,还有不少游仙诗。这些诗也并非完全表现消极出世的观念,而往往是诗人不满当时社会现实,期望得到一种美好世界的幻想,其积极面还是应该肯定的。其中有的作品如《西上莲花山》,还是诗人爱国主义思想的反映,不能笼统地归之于游仙出世。

综上所述,李白的《古风》五十九首,思想深刻,语言朴实。这些作品都是诗人生活实践的记录,是诗人理想、志向、思想和感情的艺术再现。当然这五十九首古诗也有其历史渊源,这方面古人所论颇多,如朱熹《朱子语类》云:

> 太白诗非无法度,乃从容于法度之中,盖圣于诗者也。《古诗》两卷,多效陈子昂,亦有全用其句处。太白与子昂相处不远,其尊慕之如此。
>
> 李太白诗,不专是豪放,亦有雍容和缓的。如首篇《大雅久不作》,多少和缓。

胡震亨云:

太白《古风》,其篇富于子昂之《感遇》,俭于嗣宗之《咏怀》。其抒发性灵,寄托规讽,实相源流也。

刘克庄云:

大白《古风》,与陈子昂之作,笔力相上下,唐之诗人,皆在下风。

《漫堂说诗》云:

阮嗣宗《咏怀》,陈子昂《感遇》,李太白《古风》,韦苏州《拟古》,皆得《十九首》遗意。

《唐宋诗醇》云:

白《古风》凡五十九首,……远追嗣宗《咏怀》,近比子昂《感遇》。

吴乔《围炉诗话》云:

子昂、太白皆疾陈、梁之艳薄而思复古道者。然子昂以精深复古,太白以豪放复古,必如此乃能复古耳,若其揣摩形迹以求合,奚足言复古乎?

以上评述,有的谈到了古诗五十九首总的风格,有的谈到了它的艺术手法,但主要是谈古诗之渊源的。所述内容虽有所不同,但对《古风》五十九首的渊源所自,观点几乎是一致的,都认为李白的古诗首源于《风》、《骚》和阮籍的《咏怀》,近受陈子昂《感遇》诗的启示。当然,《古诗十九首》也自有其影响。而吴乔的论述,则较深刻,指出李白与陈子昂同为复古,但其气势与风格又各有特色,并非模拟古人。

古诗自《诗》、《骚》以下,经过汉、魏,得到了很大的发展。特别是汉代民间创作,对五言古诗起着极大的推动作用。从《古诗十九首》里,便很能看出当时文人创作受民间文学的影响。魏、晋文人把五言古诗发展到一个高峰,至齐、梁一变而为浮艳绮靡的宫体诗,纯朴简洁的五言古诗几近绝迹。初唐诗坛,仍袭陈、隋余风,竟尚浮靡。《新唐书·杜甫传赞》云:

> 唐兴,诗人承陈、隋风流,浮靡相矜。

但是物极必反,陈子昂打出复古的旗帜,提倡写带有汉、魏风骨的五言古诗,其《感遇》诗,内容广阔丰富,唯表现艺术"洗炼过洁";李白继承子昂之志,声称"将复古道,非我而谁",在继承的基础上,加以创新,写出了具有独特风格的作品,《古风》五十九首,可以说是这方面的代表作,王阮亭在其《五七言诗选凡例》里说:

> 唐五言古诗凡数变,约而举之,夺魏、晋之风骨,变梁、陈之徘优,陈伯玉之力最大,曲江公继之,太白又继之。《感遇》、《古风》诸篇,可追嗣宗《咏怀》,景阳《杂诗》。

因为《古风》五十九首,是李白作品的重要组成部分,故而极受后人推崇,陈廷焯的一段话很有代表性:

> 太白一生大本领,全在《古风》五十九首。今读其诗,何等朴拙,何等忠厚。

此论虽然似嫌过分,但对我们理解古诗五十九首的风格及其在李白作品里的地位,还是极有启发的。

李白对乐府诗的继承与创新

"乐府"这一文体,追源溯流,远在周代即已出现。周朝的诗歌总集《诗经》大部分是入乐的,所以孔子说:"吾自卫返鲁,然后乐正,雅、颂各得其所。"(《论语·子罕》)墨子也说:"儒者颂诗三百,弦诗三百,歌诗三首,舞诗三百。"(《墨子·公孟篇》)司马迁说:"三百五篇,孔子皆弦歌之,以求合韶、武、雅、颂之音。"(《史记·孔子世家》)可见,《诗经》与音乐有密切的联系,后人即把《诗经》看成古代的乐经,明人刘濂云:

> 六经缺乐经,古今有论矣。愚谓乐经不缺,三百篇者,乐经也。世人未之深考耳(《乐经元义》)。

郑樵在《乐府总序》里有段叙述,也说得很具体:

> 古之达礼三:一曰燕,二曰享,三曰祀。所谓吉、凶、军、宾、嘉,皆主此三者以成礼。古之达乐三:一曰风,二曰雅,三曰颂,所谓金、石、丝、竹、匏、土、革、木,皆主此三者以为乐,……自后夔以来,乐以诗为本,诗以声为用,八音六律为之羽翼耳。仲尼编诗,为燕、享、祀之时用以歌,而非用以说义也。古之诗今之辞曲也。若不能歌之,但能诵其文而说其义可乎?

经过秦始皇焚书,至汉朝,古乐均已散失;经学家们又对《诗经》作了穿凿附会的解释,把它捧上了经学的宝座,使它完全脱离了音乐。实际上,《诗经》本是周代的一部乐府。

汉武帝刘彻专门设置乐署,采诗夜诵,被之管弦,《文心雕龙·明诗》篇说:

> 暨武帝崇礼,始立乐府,总赵、代之音,撮齐、楚之气。

《汉书·礼乐志》也有记载:

> 至武帝定郊祀之礼,……乃立乐府,采诗夜诵,有赵、代、秦、楚之讴,以李延年为协律都尉,多举司马相如等数十人,造为诗赋,略论律吕,以合八音之调,作十九章之歌。

《汉书·李延年传》说:

> 延年善歌,为新交声,是时上方兴天地诸祠,欲造乐,令司马相如等作诗颂,延年辄承意弦歌所造诗,为之新声曲。

由此可见,乐府官署的设立,民歌的采集,至汉武帝时始成为一种制度,后世却把入乐的诗统统称为"乐府"。顾亭林《日知录》说:

> 乐府是官署之名,……后人乃以乐府所采之诗名之曰乐府。

"乐府"遂由机关之名一变而为诗体的名称了。

"乐府"中的文人之作,均为燕享祭祀时歌功颂德的作品,很少文学价值;"乐府"里的民歌,则是我国文学宝库里的珍品。古代统治者为了考察民情,设有采诗之官,到汉武帝时,更是大规模采集民歌民谣,《汉书·艺文志》说:

> 自孝武立乐府而采歌谣,于是有赵、代之讴,秦、楚之风,皆感于哀乐,缘事而发。

当时采诗地域遍及黄河、长江流域,根据《汉书·艺文志》所载,民歌目录有一百三十八篇,可惜未能全部流传下来,现存汉代民歌约有四十篇。

宋人郭茂倩编集的《乐府诗集》,所收歌辞极为完备,其分类方法亦为后人所采用。他把乐府歌辞分为如下六类:

1.《鼓吹曲》,这是西汉传入的《北狄乐》,用于朝会、田猎等场面;

2.《相和歌》,这是汉代所采各地俗乐;

3.《杂曲》,收集汉代民歌较多,与《相和歌辞》同为汉代乐府的精华;

4.《清商曲》,多为民歌,又分为《吴声歌》、《神弦歌》、《西曲歌》三部分;

5.《横吹曲》,本是西域音乐,多奏于军中马上,汉武帝时传入中国;

6.《杂歌谣辞》,从古代到唐朝的徒歌与谣、谶、谚语。

汉乐府中最值得注意的是民间歌辞。这些民间歌辞反映的社会内容极为广泛,风格朴实,语言通俗,音节和谐。因其"感于哀乐,缘事而发",故而能真实地反映封建社会的各种矛盾,对后人认识当时社会有很大的意义。民歌里又以叙事诗数量最多,如《陌上桑》、《东门行》、《十五从军征》、《上山采蘼芜》、《孤儿行》、《病妇吟》等篇。明人胡应麟称这些民间创作为:"质而不俚,浅而能深,近而能远,天下至文,靡以过之"(《诗薮·内编卷一》);"矢口成言,绝无文饰,故浑朴真至,独善古今"(《诗薮·内编卷二》)。胡氏所评,颇能道出这些作品的佳处。至长诗《孔雀东南飞》,汉乐府的艺术已达到登峰造极的高度,沈德潜评论此诗:"淋淋漓漓,反反复复,杂述十数人口中语,而各肖其声音面目,岂非化工之笔?"(《古诗源》)这确是深有体会的见解。

汉乐府民歌"足以观风俗,知厚薄"(《汉书·艺文志》),故对后世产生了极大的影响。东汉末叶,三曹、七子继承了汉乐府民歌的流风余韵,所创作的诗歌,也能够真实地反映当时社会的动乱、人民的苦难,风格也由朴实浑成进而成为慷慨任气、华丽俊爽。这是民间文学影响文人创作最突出的范例之一。到晋宋时代,虽然傅玄、鲍照仍能继承建安精神,但一般的文人作品则更重视文辞的修饰,并讲究排比对偶。齐梁以下,进一步趋向了浮艳奢华。一直到唐初陈子昂起而复古,才改变了长期形成的浮靡之风。李白步陈子昂后尘,扫荡齐、梁之气,力倡继承"建安风骨",取得了突出的成就。李白的诗歌在体裁上是丰富多彩的,而最有代表性

的还是乐府诗。现存李诗近千首,乐府即占一百五十首以上,而且其中大多是名篇。赵翼云:

> 青莲工于乐府,盖其才思横溢,无所发抒,辄借此以逞笔力。

李白的乐府诗,不仅数量多,而且继承了汉乐府的精神,最能表现他的性格特征、生活遭遇,最能体现他的艺术手法,也反映了相当广泛的社会现实,因此成为李白诗歌里最有代表性和最为广大读者所喜爱的部分。胡应麟在《唐音癸签》卷九引遁叟的一段话很有见地:

> 太白于乐府最深,古题无一弗拟,或用其本意,或翻案另出新意,合而若离,离而实合,曲尽拟古之妙。尝谓读太白乐府者有三难:不先明古题辞义源委,不知夺换所自;不参按白身世遭遇之概,不知其因事傅题、借题抒情之本旨;不读尽古人书,精熟《离骚》、选赋及历代诸家诗集,无由得其所伐之材与巧铸灵运之作略。今人第谓太白天才,不知其留意乐府,自有如许功力在,非草草任笔性悬合者。不可不为拈出。

又说:

> 拟古乐府,至太白几无憾,以为乐府第一手矣。

这番议论,对李白乐府确有所体会,基本上是得当的。

那么,李白乐府诗最显著的特点是什么呢?答案应该是继承与创新的精神。

李白乐府几乎全部袭用乐府旧题,但是在内容上却完全不同于旧乐府,而是借旧题写新事,表达很深的寄托:或是抒发愤懑,感叹人生;或是讽刺时政,揭露社会各方面的矛盾。

沈德潜说:

> 古乐府声律,唐人已失。试看太白所拟,篇幅之短长,音节之高

下,无一与古人合者,然自是乐府神理,非古诗也。

古诗与乐府的区别,主要在于前者不入乐,后者入乐,实际上古诗也有不少原是乐府,后世古乐散失,仅留下了徒诗,《诗经》就是如此。不过仔细区分,仍可看出二者的差别:古诗篇幅短,乐府篇幅有长有短,古诗字句较平板整齐,乐府参差不齐;古诗音韵平稳,乐府抑扬顿挫。李白的乐府诗皆符合上述各点,但又如沈德潜所说:"篇幅之短长,音节之高下,无一与古人合者。"这就表现了李白乐府诗的创新精神。当然,李白乐府的创新精神不仅表现在"篇幅"、"音节"方面,更突出的是表现在思想内容上,因此胡应麟评李白乐府诗说:

> 连类引义,尤多讽兴,为近古所未有(《李诗通》)。

王世贞亦云:

> 青莲拟古乐府,而以己意己才发之(《艺苑卮言》)。

李白乐府诗,如果仅看其形式往往像是拟古,可是就内容分析,即可看出它们的创新精神。例如《杨叛儿》这首民歌,古题只有四句:

> 暂出白门前,杨柳可藏乌。欢作沉水香,侬作博山炉。

《杨叛儿》原名《杨婆儿》,是首童谣。《通典》卷一四五说:"杨叛儿本童谣也。齐隆昌(南北朝齐郁林王年号,公元494年)时,女巫之子曰杨旻,少随母入内,及长为太后所宠爱,童谣云:'杨婆儿共戏来所欢',语遂讹成杨叛儿,后世用来表达男女恋情,遂演成此诗。"李白虽用旧题,但改造为八句,其辞云:

> 君歌杨叛儿,妾劝新丰酒。何许最关人?乌啼白门柳。乌啼隐杨花,君醉留妾家。博山炉中沈香火,双烟一气凌紫霞。

146

杨升庵说：

> 古杨叛曲仅二十字，太白衍之为四十四字，而乐府之妙思益显，隐语益彰，其笔力似乌获扛龙文之鼎，其精光似光弼领子仪之军矣（《升庵诗话》）。

陈沆亦说：

> 诗中杨花与其篇题皆寓其姓也，"君醉留妾家"寓其旨也。香化成烟，凌入紫霞，而双双一气，不少交散，两情固结深矣。其寓长生殿七夕之誓乎！（《诗比兴笺》）

以上两家解释，基本切合诗意，唯后者"其寓长生殿七夕之誓乎"一语，纯属画蛇添足，盖源于封建士大夫喜用帝王后妃事解诗的陋习。李白作此诗时，还是青年，哪来什么"长生殿七夕之誓"！李白的这首乐府诗，内容与原诗一致，却比原诗更凝重，但又不失原诗用隐语的特色。可能是李白漫游东南一带时的创作。它汲取了民间传说，在古辞的基础上深化了内容，反映出民间男女青年纯真朴实的爱情。又如《荆州歌》：

> 白帝城边足风波，瞿塘五月谁敢过？荆州麦熟茧成蛾，缫丝忆君头绪多，拨谷飞鸣奈妾何！

《乐录》云："都邑三十四曲有《荆州乐》，又有《荆州歌》。"胡震亨说此曲"即《江陵乐》也，其辞云：'纪城南里望期云，雉飞麦熟妾思君。'"又说："'乌鸟双双飞，侬欢今何在？'白诗盖采此。"可知李诗来自民歌，经改造提高，又不失原意。杨慎说：

> 此歌有汉谣之风，唐人诗可入汉乐府者，惟太白此首，及张文昌《白鼍谣》、李长吉《邺城谣》三首而止。杜子美却无一篇可入此格。（《李诗选》）

此言未免太过，但指出李白此篇有民歌之风，还是很启发人的。再如《猛虎行》，古诗仅四句：

> 饥不从猛虎食，暮不从野雀栖。野雀安无巢，游子为谁归？

李白袭用旧题，衍为四十来句的长诗，反映"安史之乱"时的社会现实及个人的思想。其诗如下：

> 朝作猛虎行，暮作猛虎吟。肠断非关陇头水，泪下不为雍门琴。旌旗缤纷两河道，战鼓惊山欲倾倒。秦人半作燕地囚，胡马翻衔洛阳草。一输一失关下兵，朝降夕叛幽蓟城。巨鳌未斩海水动，鱼龙奔走安得宁？颇似楚汉时，翻覆无定止。朝过博浪沙，暮入淮阴市。张良未遇韩信贫，刘项存亡在两臣。暂到下邳受兵略，来投漂母作主人。贤哲栖栖古如此，今时亦弃青云士。有策不敢犯龙鳞，窜身南国避胡尘。宝书玉剑挂高阁，金鞍骏马散故人。昨日方为宣城客，掣铃交通二千石。有时六博快壮心，绕床三匝呼一掷。楚人每道张旭奇，心藏风云世莫知。三吴邦伯皆顾盼，四海雄侠两追随。萧曹曾作沛中吏，攀龙附凤当有时。溧阳酒楼三月春，杨花茫茫愁杀人。胡雏绿眼吹玉笛，吴歌《白纻》飞梁尘。丈夫相见且为乐，槌牛挝鼓会众宾。我从此去钓东海，得鱼笑寄情相亲。

此诗仅仅袭用了乐府旧题，内容与形式全不受原诗的影响。诗中从安史叛乱时的大动乱情景写到个人在事变中的态度。"有策不敢犯龙鳞，窜身南国避胡尘"两句，道出了诗人的苦闷。诗人虽胸怀长策，但不被任用，只得向南逃避。诗人又怎样来排遣这种苦闷呢？那只能"有时六博快壮心，绕床三匝呼一掷"。在近乎疯狂的精神状态中，不由联想到"叫呼狂走方落笔"的张旭："楚人每道张旭奇，心藏风云世莫知"。王琦根据这两句诗，在《李太白全集》本篇的按语中说："是诗当是天宝十五载之春，太白与张旭相遇于溧阳，而太白又将遨游东越，与旭宴别而作也。"细看此诗下文，并无表明与张旭相遇的文字。杨齐贤认为"此诗似非太白之作"。萧士赟也认为是伪诗。胡震亨《李诗通》也把此诗编入附录。朱谏

《李诗辨疑》则说："今按诗意,前八句稍可观,宣'一输一失'以下,皆狂妄颠迷言语,诚无伦次脉络可寻。"亦断为伪作。然而严羽却说:"太滥漫,疑非白诗,然声情确似。"严羽虽有所怀疑,却认为"声情确似"太白之作。众人认为伪作的原因,主要是诗中有"颇似楚汉时"一语,以为比拟不伦。瞿蜕园、朱金城校注的李白集,在本篇按语中指出:

> 前人疑此诗者大抵以"颇似楚汉时"一语似非唐之臣子所宜言,而不知唐人于此等文字不似后人之计较,以本集崔宗之赠诗中"分明楚汉事"一语证之,已可知其不足怪矣。

此论颇有见地。前人囿于封建观念,因一句诗即否定全篇,是不可取的。又如《战城南》,这本是乐府古题,原作是一首诅咒战争和劳役的诗:

> 战城南,死郭北,野死不葬乌可食。为我谓乌:"且为客豪。野死谅不葬,腐肉安能去子逃?"水深激激,蒲苇冥冥。枭骑战斗死,驽马徘徊鸣。梁筑室,何以南,何以北,禾黍不获君何食?愿为忠臣安可得?思子良臣,良臣诚可思,朝行出攻,暮不夜归。

汉代自武帝以后,连年的征战给人民带来了深重的灾难,因此人民创作了这首乐府,托为战死者的自诉,其辞质朴,其情动人。李白也有感于天宝年间统治者黩武好战,给人民和士兵带来沉重的苦难,写作了这首乐府《战城南》:

> 去年战桑干源,今年战葱河道。洗兵条支海上波,放马天山雪中草。万里长征战,三军尽衰老。匈奴以杀戮为耕作,古来惟见白骨黄沙田。秦家筑城备胡处,汉家还有烽火燃。烽火燃不息,征战无已时。野战格斗死,败马号鸣向天悲。乌鸢啄人肠,衔飞上挂枯树枝。士卒涂草莽,将军空尔为。乃知兵者是凶器,圣人不得已而用之。

可以看出,李白在内容与形式两方面都受到汉乐府《战城南》的明显影响,但是又有极大的创新。内容上具有了更广阔的社会意义,已经不仅是对一次战斗的悲诉,而是表达了他对战争这种现象的总的看法,尤其是末尾两句更把全诗提到了一个新的思想高度。在形式与艺术特点上,较古乐府更简明精练,形象更为突出,语言也更为流畅。

李白乐府中的另一类作品,沿用旧题,抒发情怀,其代表作为《将进酒》:

> 君不见,黄河之水天上来,奔流到海不复回!君不见,高堂明镜悲白发,朝如青丝暮成雪!人生得意须尽欢,莫使金樽空对月。天生我材必有用,千金散尽还复来。烹羊宰牛且为乐,会须一饮三百杯。岑夫子,丹丘生,将进酒,杯莫停。与君歌一曲,请君为我倾耳听。钟鼓馔玉不足贵,但愿长醉不复醒。古来圣贤皆寂寞,唯有饮者留其名。陈王昔时宴平乐,斗酒十千恣欢谑。主人何为言少钱,径须沽取对君酌。五花马,千金裘,呼儿将出换美酒,与尔同消万古愁。

《将进酒》是汉乐府《鼓吹曲·铙歌》的曲词,一作《惜空酒樽》,内容多写饮酒放歌的情景。本篇题材与古辞近似,但主要表现诗人蔑视功名富贵、鄙弃尘俗的傲岸精神。李白在长安翰林待诏时,亲眼见到朝廷的腐败黑暗,他以鄙视一切的高傲态度,拒不与奸佞权豪同流合污,终于遭到各方面的谗毁,被放逐离开长安。诗人思想的痛苦和矛盾,是可想而知的。他对朝廷仍存在着幻想:"愿一佐明主,功成还旧林。"但现实又使他感到理想的幻灭。诗人无法解决这一矛盾,只能以酗酒来排除苦闷。正如范传正在《新墓碑》里所说:"饮酒非嗜其酣乐,取其昏以自富;作诗非事于文律,取其吟以自适。"可见,李白纵酒狂歌,都不过是借着诗酒之兴,"挥斥幽愤"而已。《将进酒》便是这种心理状态下的产物。

《将进酒》一开篇,诗人便以狂飙骤起之势,直抒胸臆,两个"君不见"唱出了深沉的人生感叹,诗人借黄河之水一泻千里、永不复返的自然现象,感慨人生短暂、岁月易逝。"朝如青丝暮成雪",虽未免夸张,却是艺术的真实。既然人生多悲而生命又极其短促,那么又怎样来排遣内心的苦闷呢?这就很自然地过渡到了下句:"人生得意须尽欢,莫使金樽空对月。"所谓"人生得意"并非指"志得意满",而是指挚情好友一旦相聚,互诉心曲的欢快心情;"莫使"句是"须尽欢"的最好的注释,写得非常形象,又为下面的诗句作了铺垫。

由"天生我材必有用"直至全诗结束，都可视为劝酒之词。诗人的感情有如奔腾澎湃的潮水，撞击着他的心灵，一次又一次地激越迸发出撼人心弦的诗句。这一大段回环往复的吟唱可以分为三层：

"天生我材必有用"四句为第一层。诗人自信"材必有用"，强烈地表现了他对人生的积极、乐观的态度，尽管他一生屡遭挫折，却始终没有放弃过对理想的追求，他总是挣扎着从痛苦中站立起来，表现出他那傲岸不屈的顽强性格和积极进取的人生态度。同时，在生活方式上他也表现得极为旷达，唱出"千金散尽还复来"的豪放诗句。"烹羊"两句，当然是夸张之词，然而也正是在这夸张的言辞中，激荡着一种英雄豪迈之气，显示出他豪宴痛饮，完全是为了排遣怀才不遇的苦闷。萧士赟说："此篇虽似任达放浪，然太白素抱用世之才，而不遇合，亦自慰解之词耳！"（《分类补注李太白集》）这话是不错的。

从"岑夫子"至"唯有饮者"为第二层，这一层在感情上要比上一层更加强烈。"岑夫子，丹丘生"，是对挚友的热情呼唤："将进酒，杯莫停"，是相劝痛饮。短促的句式，透露着酒酣意浓的快慰情绪。"与君歌一曲，请君为我倾耳听！"醉态朦胧之中，诗人引亢高歌，还要求朋友为之"倾耳"静听，自然直率的口吻，活画出醉汉的狂态。然而不管是佯狂，还是真醉，当无法挥斥的幽愤袭上心头的时候，诗人唱出了最为强烈的反抗心声："钟鼓馔玉不足贵，但愿长醉不复醒！古来圣贤皆寂寞，唯有饮者留其名。"这四句典型地表现了诗人悲愤的心情，表达了诗人对豪门权贵奢侈生活的极大蔑视。人间的丑恶使他愤懑，所以诗人宁愿长留醉乡，也不愿用清醒的眼光去看取痛苦的人生。在诗人看来，自古以来圣贤仁人皆默默无闻地逝去了，只有那醉酒狂歌、愤世嫉俗的高士才留下了不朽的英名。这些镗鞳的诗句写得何等警人！诗至此，积郁在他心头的痛苦和愤怒，可以说已经全部爆发出来了。于是，他的酒兴也达到了高潮。

从"陈王昔时宴平乐"到全诗结束，是第三层。"斗酒十千恣欢谑"一句紧承上面的诗句而来。陈王曹植是怀才不遇、愤世嫉俗的诗人，他在《名都篇》中，描写了一位英爽青年驰骋打猎，以美酒大宴宾客，借以抒发其壮志难酬的愤懑。李白援用此典，寓意是很明显的。"主人何为言少钱？径须沽取对君酌"，狂言无忌，他要主人只管沽酒，为了尽情一醉，什么"五花马"、"千金裘",都可以拿去换酒,真可谓"不惜千金买一醉"了。试问诗人何以如此?不是为了别的,只是为了"与尔同消万古愁"。真是画龙点睛之笔,最后结出了一个"愁"字,全诗的主题和盘托出,概括以尽了。

这首诗借劝酒以抒情,气势豪迈,感情充沛,有似长江大河一泻千里,严羽《评点李集》说此篇:

> 一往豪情,使人不能字句赏摘。盖他人作诗用笔想,太白但用胸口一喷即是,此其所长。

这是中肯的评语。李白此篇虽沿用乐府旧题,但却集中表达了诗人真挚、强烈的感情,比起仅仅描写饮酒放歌的古乐府来显得内容厚重,形象突出,正体现了李白对古乐府的继承与创新精神。

此诗写作时代,自从李白曾于开元年间一入长安之说提出后,有的论者就认为此诗是李白一入长安后所作。但仔细考察此诗,无论是内容还是风格,都不像是诗人青年时期的作品,似仍应归入翰林待诏,被赐金放还后挥斥幽愤之作。

又如《远别离》,梁朝江淹有《远别离》,梁简文帝也有《生别离》,都是学习古乐府,描写惜别之情的作品,但李白却借旧题表现诗人对国事日非的忧虑.此篇被收入《河岳英灵集》,当然是天宝十二载以前的作品。萧士赟说:

> 此诗大意,谓无借人以国柄,借人以国柄,则失其权。失其权则虽圣哲不能保其社稷妻子,其祸有必至之势(《分类补注李太白集》)。

唐玄宗晚年,贪图逸乐,不问国事。有一次他对高力士说:"天下无事,朕将吐纳导引,以天下事付林甫,若何?"(《新唐书·高力士传》)又一次,他说:"朕春秋高,朝廷细务付宰相,蕃夷不龚付诸将,宁不暇邪!"(同上)朝廷军政大权逐渐落入李林甫、杨国忠、安禄山这班佞臣、蕃将之手,言路闭塞,政治极端黑暗。安禄山掌握了三镇兵权,野心勃勃,谋反企图路人皆知，而昏庸腐败的唐玄宗却一味采取纵容姑息的态度，竟表示：如有人再言安禄山谋反者，即"绑送禄山，听其处置"。

李白在长安的三个年头，对当时朝政的黑暗，有较深的认识，被"赐金放还"以后，浪迹江湖，但对国家大事仍极为关注，关于安禄山的叛逆劣迹，可能亦时有所闻。可是处于他的地位，又怎敢直言进谏？因此，他借传说与神话为题材，用隐晦曲折的手法，离奇闪烁的描写，创作了这首有代表性的诗篇：

> 远别离，古有皇英之二女。乃在洞庭之南，潇湘之浦。海水直下万里深，谁人不言此离苦？日惨惨兮云冥冥，猩猩啼烟兮鬼啸雨，我纵言之将何补？皇穹窃恐不照余之忠诚，雷凭凭兮欲吼怒。尧舜当之亦禅禹。君失臣兮龙为鱼，权归臣兮鼠变虎。或云：尧幽囚，舜野死。九疑联绵皆相似，重瞳孤坟竟何是？帝子泣兮绿云间，随风波兮去无还。恸哭兮远望，见苍梧之深山。苍梧山崩湘水绝，竹上之泪乃可灭。

此诗以舜与二妃生离死别之恨贯串全篇，夹杂着对阴沉凄苦气氛的渲染、人君失权之后果的议论，使全篇结构显得纵横变幻，杳冥莫测，充满阴森恐怖的气氛。诗一开始，就把读者引向渺茫的上古时代，舜与二妃的生离死别之恨，正如"海水直下万里深"那样深无底止。接着四句，更创造了一种悲凉凄惨的气氛，暗喻玄宗失权将导致的后果。"我纵言之将何补"？是诗人对这一悲剧无可奈何的慨叹。以下迷离恍惚地指出："君失臣兮龙为鱼，权归臣兮鼠变虎。"这两句是诗人创作此篇的中心思想，也是对昏庸的唐玄宗提出的警告。李隆基是不可能接受诗人的耿耿忠言的，因此，诗人不能不陷入更深的痛苦，依然回到舜与二妃的传说上来，以抒发内心的痛惜之情。以下的一大段写得悲痛欲绝，真是长歌当哭。此篇揭示矛盾十分深刻，表现手法亦十分奇特，构成一种"黑云压城城欲摧"的阴沉意境。全篇的艺术结构，不受凝固的格律约束，参差不齐的句式、抑扬顿挫的旋律，随着诗人感情起伏变化，但又显得和谐自然，完整统一。这种艺术特色是与诗人浪漫主义气质密切相连的。

关于此篇主旨，前人有一些意见可供参考，如胡震亨说：

此篇借舜二妃追舜不及,泪染湘竹之事,言远别离之苦,并借《竹书》杂记见逼舜禹、南巡野死之说,点缀其间,以著人君失权之戒,使其词闪幻可骇,增奇险之趣。盖体干于楚《骚》,而韵调于汉铙歌诸曲,以成为一家语,参观之,当得其源流所自。(《李诗通》)

明人高棅说:

太白此诗伤时君子失位,小人用事,以致丧乱,身在江湖之上,欲往救而不可,哀忠谏之无从,舒愤疾而作。(《唐诗品汇》)

这些评语都看出了作者的用心。在艺术结构和表现手法上,前人也有过许多评论,如范梈说:

此篇最有楚人风,所贵乎楚言者,断如复断,乱如复乱,而辞意反复行乎其间者,实未尝断而乱也。使人一唱三叹,而有遗音。(《李诗选》)

王夫之说:

通篇乐府,一字不入古诗,如一匹蜀锦,中间固不容一尺吴练,工部讥时语开口便见,供奉不然,……工部缓,供奉深。《唐诗评选》

说李白此篇"断如复断,乱如复乱",确切地指出了它在艺术结构上跳跃性的特点,正因如此,乃能"极尽迷离"。说它"深",表明了它通过艺术手段,极为隐晦地阐述了它的主题思想,即人君失权之危殆。此诗由于表现艺术奇特,不易了解其旨意,故历来评论颇有分歧,概括起来有如下几种:

1. 以为刺玄宗、肃宗父子之间的矛盾。

王世懋《艺圃撷余》说:

太白《远别离》篇,……其太白晚年之作邪!先是肃宗即位灵武,玄宗不得已称上皇,迎归大内,又为李辅国劫而幽之,太白忧愤而作此诗。

沈德潜亦主此说:

> 玄宗禅位于肃宗,宦者李辅国谓上皇居兴庆宫,交通外人,将不利于陛下,于是徙上皇于西内,怏怏不逾时而崩。诗盖指此也。

2. 以为此诗指玄宗入蜀之事。
陈沆《诗比兴笺》说:

> 此篇或以为肃宗时李辅国矫制迁上皇于西内而作,或以为明皇内任林甫外宠禄山而作,皆未详绎篇首英、皇二女之兴,篇末帝子湘竹之泪托兴何指也。本此以绎全诗,其西京初陷,马嵬赐死时作乎!

3. 认为讥权归李林甫、杨国忠。
萧士赟说:

> 此诗前辈咸以为上元间李辅国矫制迁上皇于西内时太白有感而作,余曰非也。此诗大意谓无借人国柄,借人国柄则失其权,失其权则虽圣哲不能保其社稷妻子,其祸有必至之势。诗之作其在天宝之末乎!

仔细分析,萧士赟的说法较为合乎诗意,且此诗曾载入《河岳英灵集》,此集所收作品下限为天宝十二载,故《远别离》定作于天宝十二载以前,一、二两说所述背景皆晚于此年,故不可从。

另一首乐府长诗《蜀道难》,也是历来聚论纷纭的奇特作品。《蜀道难》是乐府《相和歌·瑟调曲》三十八曲之一,李白借旧题而写新意。此诗亦被收入殷璠所编《河岳英灵集》,殷璠极赞此篇云:

> 可谓奇之又奇,然自骚人以还,鲜有此体调也。

155

正因为此篇实在出"奇",所以过去对这首诗的主题思想猜测颇多,大体有如下几种意见:

1. 罪严武危房琯、杜甫(见范摅《云溪友议》、《新唐书·严武传》)。

2. 讥唐玄宗入蜀(见萧士赟《分类补注李太白诗》、沈德潜《唐诗别裁》)。

3. 刺章仇兼琼(见沈括《梦溪笔谈》、仇兆鳌《杜少陵集详注》)。

4. 沿用乐府旧题,别无寓意(见胡震亨《李诗通》、顾炎武《日知录》)。

此诗既然被收入《河岳英灵集》,必然写于天宝十二载以前。严武镇蜀、唐玄宗入蜀,均在天宝十二载以后,上举一、二两种说法,显然难于成立。章仇兼琼镇蜀,虽在天宝十二载以前,但据史料所记,他在蜀并无叛逆之意,相反,他还通过杨国忠极力钻营,企图入京做官,结果也达到了目的,因此,第三种说法也与史事不符。第四种意见,认为此诗只是沿用乐府旧题,别无寓意,虽较切合诗的基本内容——描写山水,但不够全面。

联系李白与本篇同时期所作的《剑阁赋》(题下原注:"送友人王炎入蜀")、《送友人入蜀》来考察,可以肯定《蜀道难》亦是李白在长安时为了送别友人入蜀而作的。诗中许多描绘蜀道高险难行,叮嘱友人早日返回长安的诗句与前二者颇多相似之处,只是本篇比前二者写得更细致、更深入,更能拨动读者的心弦。为了便于分析,仍将原诗抄录于下:

噫吁嚱,危乎高哉! 蜀道之难,难于上青天。蚕丛及鱼凫,开国何茫然! 尔来四万八千岁,不与秦塞通人烟。西当太白有鸟道,可以横绝峨眉巅。地崩山摧壮士死,然后天梯石栈相钩连。上有六龙回日之高标,下有冲波逆折之回川。黄鹤之飞尚不得过,猿猱欲度愁攀援。青泥何盘盘,百步九折萦岩峦。扪参历井仰胁息,以手抚膺坐长叹。问君西游何时还,畏途巉岩不可攀。但见悲鸟号古木,雄飞雌从绕林间。又闻子规啼夜月,愁空山。蜀道之难,难于上青天,使人听此凋朱颜。连峰去天不盈尺,枯松倒挂倚绝壁。飞湍瀑流争喧豗,砯崖转石万壑雷。其险也若此,嗟尔远道之人胡为乎来哉! 剑阁峥嵘而崔嵬,一夫当关,万夫莫开。所守或匪亲,化为狼与豺。朝避猛虎,夕避长蛇,磨牙吮血,杀人如麻。锦城虽云乐,不如早还家。蜀道之难,难于上青天,侧身西望长咨嗟。

此篇一开始,就用惊讶的口语"噫吁嚱"表明诗人对蜀道艰难的感叹,在表现手法上,给人一种不同一般的"奇特"印象,以下围绕着一个"险"字,沿着由秦入蜀的路线,展开具体的描写。"蜀道之难,难于上青天"这个惊险的中心形象贯穿着全篇,随着情节的发展,它在全篇中三次出现,每一次出现,都概括着所描写的具体内容,其他次要的形象又围绕着这个总的形象出现,从而形成一个完美的艺术结构。

此诗在取材方面,充分表现出诗人知识渊博、想象丰富,如蚕丛、鱼凫、子规等物,均为蜀中传说和蜀地产物,用来描写蜀道景物,十分贴切。"六龙回日",形容秦岭之险峻;"冲波逆折",形容深涧之逆流,均能使人惊悸。猛虎、长蛇,写剑阁之险恶,亦令人不寒而慄。通过这一系列形象,"蜀道之难,难于上青天"便显得具体、生动。

其他如句式的参差不齐,音韵的抑扬顿挫,语言的奔放畅达,使全诗显得纡回曲折而又协调匀称,更增强了对读者的艺术感染。沈德潜云:

> 笔阵纵横,如虬飞蠖动,起雷霆乎指顾。任华、卢仝辈仿之,适得其怪耳。太白所以为仙才也。

又云:

> 太白七古想落天外,局自变生。大江无风,波浪自涌。白云从空,随风变灭。此殆天授,非人可及。……读李诗者,于雄快之中,得其深远宕逸之神,才是谪仙面目。(《唐诗别裁》)

这是从艺术手法上阐明了李白诗歌的亦是《蜀道难》的美学价值。

今之论者,也有根据李白第一次出长安失败后的情况,认为此诗是表现诗人怀才不遇、反映仕途坎坷、挥斥幽愤之作,而且以诗中某些诗句比喻仕途艰险或朝廷黑暗,这当然也可备一说,但在没有足够的史料证明此诗确系反映仕途坎坷之作以前,笔者仍持"送友人入蜀"之说,在送别友人时,也可表现个人怀才不遇的慨叹,但其主题仍在送友。

综合上引诸篇,足以证明李白乐府诗的创新精神。其他如《上留田行》、《行路难》、《梁甫吟》、《梁园吟》、《独漉篇》等等,无一不是借旧题而写现实,其共同特色是:寄托深远,艺术精湛,风格豪放而又略带凄怆悲愤。正如王夫之所指出,李白乐府诗的特点就在于一个"深"字,因此能使读者回味无穷。

李白的五、七言律诗

律诗是从唐代发展、兴盛起来的新体格律诗,其特点是讲究平仄与对仗,格律严密,王世贞《艺苑卮言》云:

> 律为音律法律,天下无严于是者。知虚实平仄不得任情,而法度明矣。

律诗每首或五言八行四十字,或七言八行五十六字。每一联中,出句与对句平仄声调要"对";两联之间,前一联对句与后一联出句要"粘"。律诗的发展同齐梁声律论的发明,以及唐初诗人沈佺期、宋之问的提倡与努力有密切的关系,宋荦《漫堂说诗》云:

> 律诗盛于唐,而五言律为尤盛。神龙以还,陈、杜、沈、宋开其先,李、杜、高、岑、王、孟诸家继起,卓然名家。

这里描绘了律诗在唐代兴盛的情况。其实五言律诗比七言律诗发展、成熟得要早,因此,五言律在初、盛唐特别兴盛,沈德潜《说诗晬语》说:

> 五言律,阴铿、何逊、庾信、徐陵已开其体。唐初人研揣声音,稳顺体势,其制乃备。神龙之世,陈、杜、沈、宋,浑金璞玉,不须追琢,自然名贵。开宝以来,李太白之明丽,王摩诘、孟浩然之自得,分道扬镳,并排极盛。杜子美独辟畦径,寓纵横排奡于整密之中,故应包涵

一切。终唐之世,变态虽多,无有越诸家之范围者矣。

七言律诗兴起得较晚,有人认为始于初唐;也有人认为始于盛唐,如袁枚《随园诗话》便说:

> 七律始于盛唐,如国家缔造之初,宫室粗备,故不过树立架子,创建规模;而其中之洞房曲室,网户罘罳,尚未齐备。至中晚而始备,至宋元而愈出愈奇。

袁枚的说法不尽符合实际情况,如认为七律始于盛唐;但他指出了七律的发展过程还是值得参考的,因为七律确实形成得较五律为晚,因而盛唐诗人较少有以七律称雄者,第一位在七律这一形式上取得突出成就的是杜甫,他生活的时代已经接近中唐。在杜甫之后的李商隐等人用心创作七律,才使这种诗体进入了全盛的局面。这样,我们就可以理解毕忠吉在《辟疆园杜诗注解序》里所说的一段话:

> 予观唐三百年,以二律并称,擅长者独子美一人,供奉长于五而短于七。

因为李白生活的时代,五律已经成熟,七律尚在形成之中,因此他的五律就比七律成就要大,创作数量也不一样。当然,我们在分析李白律诗时是把五、七言律诗看作一个整体,知道二者之间存在着某些区别也就可以了。

说到李白的律诗,我们便会想到一些人的评论,它们虽然失之片面或武断,却仍值得深思。如有人干脆说李白的律诗毫无成绩,胡应麟在《诗薮·外编》里说:

> 唐人特长近体,青莲缺焉。

李白作品的体裁主要是乐府歌行、古诗和绝句,律诗合计尚不到一百首(五律九十余首,七律九首),数量相对说来确实很少。但若因此说他

不"长"此体,实在太简单化了。也有人探讨李白律诗之所以少的原因,如陆生《口谱》云:

> 其(李白)诗宗《风》、《骚》,薄声律,故终身作七言近体,仅八首(应为九首)而已。

《千一录》说:

> 太白耻为郑卫之作,律诗故少。

这些推测都是根据李白自己的主张,故而有其可信的一面。翁方纲《石洲诗话》说:

> 太白之论曰:寄兴深微,五言不如四言,七言又其靡也。……所谓七言之靡,殆专指七言律耳,故其七律不工。

此话并不全面。事实上,李白对律诗掌握得还是很熟练的,在《本事诗·高逸篇》里,有这样的记载:

> 上(玄宗)知其(李白)薄声律,谓非所长,命为宫中行乐五言律诗十首。……白取笔抒思,略不停缀,十篇立就,更无加点。笔迹遒利,凤跌龙拏,律度对属,无不精绝。

看看李白的《宫中行乐词》(实存八首)也确实如此,虽然思想内容方面无可称道,但其平仄粘对无一不合,对仗工整、气韵天然。如《其二》云:

> 柳色黄金嫩,梨花白雪香。玉楼巢翡翠,珠殿锁鸳鸯。选妓随雕辇,徵歌出洞房。宫中谁第一,飞燕在昭阳。

前三联皆是工对,这比一般律诗中二联对仗更胜一筹,细品全诗,又确实"律度对属,无不精绝"。更何况这组律诗是诗人在酒醉中挥笔而成的,可见他对格律确实已经烂熟于心了。

李白熟练地掌握了律诗的格律、对仗等要求,但所作又确实不多,原因究竟是什么呢?这是因为:律诗虽然是一种新诗体,是文学发展和进步的结果,但是它的要求确实很严格,声律对偶行数都有明确的规定,这对李白这样性格豪放、追求自由的诗人来说,无疑是一种束缚,它不太适宜表现李白那奔放的思想感情和俊朗的性格,因此他常常选择乐府歌行体或古风体。清代赵翼《瓯北诗话》的一段话还是很有道理的:

> (李白)才气豪迈,全以神运,自不屑束缚于格律对偶,与雕绘者争长。

由于李白胸襟高迈、才气过人,他的律诗作品虽然不是很多,却成为唐代诗坛上的奇葩,正如傅若金《清江集》所云:

> 太白天才放逸,故其诗自为一体。

因此,要想全面地认识与理解李白,就不能不读他的律诗。

李白青少年时期便开始学习和写作律诗,或者说,他的诗歌创作,是从学习和写作律诗入手的。虽然此时的作品还不能独树一帜,却非常突出地显露了李白非凡的才华。如《访戴天山道士不遇》:

> 犬吠水声中,桃花带露浓。树深时见鹿,溪午不闻钟。野竹分青霭,飞泉撞碧峰。无人知所去,愁倚两三松。

首联描写山中日出时景色:隔水传来的犬吠声,打破了空山的宁静;朝阳下带露的桃花,显得更为艳丽。颔联仍从视觉与听觉的感受,展示深山的寂静,既不与上一联重复,又进一步渲染了山中的寂寥气氛。"不闻钟"三字暗示寺中道士外出,尤为精彩之笔,且为末联作了铺垫。以上二联写近景。颈联由近及远:翠竹丛生,把山野中的雾霭分隔开来,瀑布从峰颠泻下,如同悬挂碧峰的一道飞泉,多么幽美的自然环境!尾联"无人

162

知所去"暗示诗人曾向旁人询问过道士的去向,下句写他一面倚着松树,一面发愁,形象逼真地写出诗人访道士不遇的惆怅神情,确是"无一字说道士,无一字说不遇,却句句是访道士不遇"。(吴大受《诗筏》)吴汝伦说,前四句"写深山幽丽之景,设色甚鲜采"(《唐宋诗举要》引)。全诗格律严谨,中二联对仗工整,表现出秀丽工稳的特点。《寻雍尊师隐居》也是李白在蜀中所作:

> 群峭碧摩天,逍遥不记年。拨云寻古道,倚树听流泉。花暖青牛卧,松高白鹤眠。语来江色暮,独自下寒烟。

此诗仍是格律相合,对偶严整,意境亦与上一首接近,有古道,有流泉,有青牛,有白鹤,最后两句更写出了诗人黄昏时独自下山归去的形象,但似不如上一首那么清新可喜。然而这两首诗都说明李白写作律诗的功力在青少年时期就是很深的。

初出蜀时,李白写下了《渡荆门送别》,这首诗也很有特点:

> 渡远荆门外,来从楚国游。山随平野尽,江入大荒流。月下飞天镜,云生结海楼。仍怜故乡水,万里送行舟。

此篇情景交融,景壮情深。诗一开始直接表明乘舟东下,险渡荆门,来楚地漫游。严羽说:"太白发句,谓之开门见山"(《沧浪诗话》),是不错的。颔联描绘途中景物随着舟行而产生的变化,原意是指舟行经过荆门,蜀中诸山已不复见,长江进入了广阔无垠的原野。诗人没有描写舟行本身,却从视觉中山与江的变化来显示舟行的动态,客观景物被诗人写活了。关于这一联诗句,常被人们誉为"雄阔",确很恰当。诗人年轻热情,仗剑远游,放眼看原野开阔、大江奔流,心情该是多么兴奋,其诗境自然雄奇阔大。但过去也有不同的理解,胡应璘《诗薮·内编》云:"'山随平野尽,江入大荒流',此太白壮语也。杜'星垂平野阔,月涌大江流',骨力过之。"胡氏强分上下,颇为勉强,李杜之句其实都是雄阔而有骨力的,正可相敌,何况二人所写景致也有不同。王琦注云:"李是昼景,杜是夜景;李是舟行暂视,杜是停舟细观,未可概论。"很有道理。二者皆为名句,所写具体景色、时间、条件不同，描写手法当然也有所区别，正如翁方纲所说，此二诗"不容区分优劣"。此诗颈联则从静观着笔，月影倒映江中，似从空中飞下的明镜；江上凝聚的云彩，如同奇妙的海市蜃楼，是写实，也是想象。诗人具有敏锐和精确的观察力，所用比喻十分贴切，描绘的自然景象又非常生动、形象。末联收束有节，带住全诗。诗人赋予江水以人的品格，不说自己在长江中远航，却说江水万里相送，故而更觉故乡江水可爱，表现了诗人热爱故乡山水的感情。沈德潜说"诗中无送别意，题中二字（指'送别'二字）可删"（《唐诗别裁集》）。未免胶柱鼓瑟。诗中明明有"万里送行舟"之句，怎能说"无送别意"？诗人把江水当做万里相送的密友，完全符合他那富于浪漫色彩的性格与气质。《唐宋诗举要》说这首诗"语意偆侻，太白本色"，确是精当之评。这里，我们又从李白秀丽的风格以外看到了另一种色彩——俊逸。中两联虽然对偶整严，但确是"有对偶处仍自工丽，且工丽中别有一种英爽之气，溢出行墨之外"（赵翼《瓯北诗话》）。《赠孟浩然》也表现了这种风格特点，其诗云：

> 吾爱孟夫子，风流天下闻。红颜弃轩冕，白首卧松云。醉月频中圣，迷花不事君。高山安可仰，徒此揖清芬。

诗人先声夺人，开篇即用热情的语言直接表明自己对孟浩然的态度和孟浩然所获得的声名。颔联概括地描写孟浩然由红颜少年至白首老翁都抱轻视高官、安隐山林的人生态度；颈联则具体介绍孟浩然隐处的行为——赏月、醉酒。这两联突出地表现了孟浩然的性格与风采，而且"疏宕中仍自精炼"（《唐宋诗举要》引吴汝纶语），很耐人寻味。尾联先用"高山安可仰"一句宕开一笔，又用"徒此揖清芬"收住，突出了诗人对孟浩然高洁品格的崇敬与羡慕之情。此诗有开有合，有声有色，细细品味，确有俊逸秀丽的特色。《太原早秋》也常常为人们提起：

> 岁落众芳歇，时光大火流。霜威出塞早，云色渡河秋。梦绕边城月，心飞故国楼。思归若汾水，无日不悠悠。

苏仲翔先生《李杜诗选》说这首诗"全诗流转自然，中四句一明一暗，点出诗题"。首联点出时令:"岁落"即岁末;"大火"即心星,六月以后,此星偏西南下行,大火西流,正是初秋。颔联由霜落及云色具体描绘太原秋天之"早",颇为生动、形象,意境高远,比之一般描写秋色的作品显得俊逸,尤其是一"出"一"渡"更是一字千金。颈联由景入情,表现了诗人思念家乡、急于归去的心愿。尾联又用汾水作比,形象具体地抒发了自己的思乡之情,给人以俊爽飘逸的感觉。《唐宋诗举要》总评这首诗为"格调高逸",还是恰当的。

二入长安之时,李白因其《蜀道难》、《乌栖曲》而被人誉为"谪仙人"。这个时期,李白的律诗保存和发展了原有的风格特点,除了《宫中行乐词》等少数诗作因为所吟咏的对象和当时的环境显得秾丽纤弱以外,其他律诗仍是俊逸秀丽的,如那首被《唐宋诗醇》定为"五律正宗"的《送友人入蜀》,其诗如下:

> 见说蚕丛路,崎岖不易行。山从人面起,云傍马头生。芳树笼秦栈,春流绕蜀城。升沉应已定,不必问君平。

此诗起句便见诗人胸襟,"蜀道之难,难于上青天",诗人却轻笔写来,真是"起浑雄无迹"(《唐宋诗举要》引吴汝纶语)。"山从"二句更为警拔,徐而庵曰:"山从二句,是承上崎岖不易行五字,勿作好景会。"(王琦注引)吴汝纶说这两句"能状奇险之景,而无艰深刻画之态"(《唐宋诗举要》引语)。"芳树"一联又简洁形象地描绘出蜀地风物,"五六风景可娱"(李梦阳语),诗人用笔颇为飘逸。尾联言而不露,给人以凝重、含蓄的感觉。虽然如此,此诗的基调仍是俊逸秀丽、工稳谨严的。

总之,李白前期的律诗,因其精神的乐观与积极而使其诗意境开阔,神气飞扬,风格上呈现出俊逸秀丽的特点。这方面前人的评价很多,《唐诗别裁》评李白律诗云:

> 逸气凌云,天然秀丽。

这个评价虽然比较简洁,但却非常准确,对我们了解李白律诗的风格很有帮助。《唐诗品汇》也说:

> 盛唐五言律句之妙,李翰林气象雄逸。

这个评价侧重在"气象",即诗歌里所体现的诗人的精神风貌,也包括了诗歌的风格,用"雄逸"来概括也很得当,只是对李白律诗艺术上呈现的秀丽的一面未予注意。《诗薮·内编》卷四的评论也很能发人深思,胡应麟试图在风格的比较中来评论李白律诗的特点和风格,他说:

> 五言律诗,极盛于唐。要其大端,亦有二格。陈、杜、沈、宋,典丽精工;王、孟、储、韦,清空闲远,此其概也。……太白风华逸宕,特过诸人,而后之学者,才非天仙,多流率易。

这里评李白律诗既不是"典丽精工",又不是"清空闲远",而是"风华逸宕",因此能"特过诸人"。胡氏的评论比较准确。以上的这些评论基本概括了李白律诗,特别是前期律诗的风格特点。李白前期律诗在题材上较多的是送别、赠友和览胜之作,在形式上比较倾向于声律对偶的严谨和讲究,像"山随平野尽,江入大荒流"、"山从人面起,云傍马头生"等都是千古传诵的名句。

天宝年间李白赐金放还以后,可以看作李白思想与生活的后期。随着对社会的认识不断深入,诗人的思想逐渐成熟。反映在律诗创作上,首先是题材较前期丰富和深刻了。李白用律诗的形式表达对边塞的关心,有《塞下曲六首》,如"其三",表现了军队里的不平等现象:

> 骏马如风飙,鸣鞭出渭桥。弯弓辞汉月,插羽破天骄。阵解星芒尽,营空海雾消。功成画麟阁,独有霍嫖姚。

王琢崖解最后两句云:"言成功奏凯图形麟阁者,止上将一人,不能遍及血战之士。太白用一独字,盖有感乎其中欤!"(《李太白全集》)这个解释是正确的。再如"其五",表现了征夫思妇的主题:

> 塞虏乘秋下,天兵出汉家。将军分虎竹,战士卧龙沙。边月随弓

影，胡霜拂剑花。玉关殊未入，少妇莫长嗟。

李白还用律诗表达自己对劳动妇女的感激之情，其《宿五松山下荀媪家》云：

> 我宿五松下，寂寥无所欢。田家秋作苦，邻女夜春寒。跪进雕胡饭，月光明素盘。令人惭漂母，三谢不能餐。

诗里表达的感情，是深厚而感人的。李白也用律诗来表达对盛唐社会的忧虑，其《登金陵凤凰台》便是这样的作品。当然李白此期律诗里表现最多的还是怀才不遇的忧伤和希冀立功的愿望。总之，这一时期律诗的内容是丰富多彩的。

李白的后期律诗，虽然仍然保持了俊逸秀丽的风格特点，但又注入了凝重古朴的色彩，如：

> 试发清秋兴，因为《吴会吟》。碧云敛海色，流水折江心。我有延陵剑，君无陆贾金。艰难此为别，惆怅一何深！（《送鞠十少府》）
> 楼观岳阳尽，川回洞庭开。雁引愁心去，山衔好月来。云间逢下榻，天上接行杯。醉后凉风起，吹人舞袖回。（《与夏十二登岳阳楼》）

政治的失意与认识的深入，使这两首诗里显露出凝重的色调。当然其俊逸之气并未消失，尤其是后一首"云间"二句，更是逸气凌云。其心绪与诗风的变化，只有细细体会方能把握。在李白后期律诗里，确实多有雄浑古朴之气，再如《秋登宣城谢朓北楼》：

> 江城如画里，山晚望晴空。两水夹明镜，双桥落彩虹。人烟寒橘柚，秋色老梧桐。谁念北楼上，临风怀谢公？

这首诗后人评论颇多，如方回《瀛奎律髓》云：

太白亦有《登岳阳楼》八句,末及孟、杜。此诗起句似晚唐,中二联言景而豪壮,则晚唐所无也。宣州有双溪、叠嶂,乃此州胜景也,所以云两水。惟有两水,所以有双桥。王荆公《虎图行》"目光夹镜当坐隅",虎两目如夹两镜,得非仿谪仙"两水夹明镜"之意乎?此联妙绝。起句所谓"江城如画里"者,既指此之三四联之景,与五六皆是也。谢朓为宣城贤太守,得太白表章之,其名逾千古不朽焉。

纪昀《瀛奎律髓刊误》云:

> 五六佳句,人所共知。结在当时不妨,在后来则为窠白语,为浅率语,为太现成语,故论诗者当论当世。

李白此诗确实很有特色,前四句描绘傍晚晴空,江城景色优美如画,正是"刻划鲜明,千古常新"(《唐宋诗举要》引吴汝伦语)。"人烟"二句虽然仍是描绘如画,但已有"苍老峭远"(《唐宋诗举要》引沈德潜语)之气。尾联更表现了诗人怀念谢朓而无人理解的忧思,以浑朴凝重之笔收住全诗。

李白后期的一些送别诗也与前期有所不同,虽然它们常常是格律谨严、对偶精当之作,但诗中的精神已经与前期大不一样了,如《江夏别宋之悌》云:

> 楚水清若空,遥将碧海通。人分千里外,兴在一杯中。谷鸟吟晴日,江猿啸晚风。平生不下泪,于此泣无穷。

此篇是诗人流放夜郎经过江夏时所作,其心情是很沉重的。"人分"两句被胡应麟赞为"超逸入神",确实表现了诗人的俊逸,但全诗的基调还是古朴而凄切的,若是将此诗与他早期作品相比,特色就更加突出了。

李白晚期律诗在形式上也有了值得注意的新变化,这是因为他有太强的感情要表达,严谨的格律和对偶的要求已明显地成为一种束缚。为了充分表达特定的思想与感情,就必须打破一些死板的规定;而这种突破又增强了李诗中的雄浑古朴之气,使他晚期律诗的风格更加鲜明。我们先来看形式变化并不很明显的《送友人》：

> 青山横北郭；白水绕东城。此地一为别，孤蓬万里征。浮云游子意；落日故人情。挥手自兹去，萧萧班马鸣。

此篇格律比较严谨，但对偶却有特点，首联即对，诗家谓之"偷春格"；三四句似对而非对，"三四流走，亦竟有散行者，然起句必须整齐"（《唐宋诗举要》引沈德潜语）。五六实对而不像对，豪无拘谨的感觉，尾联意境浑朴，正有古诗之风。我们知道，汉魏古诗长于抒情，而往往运用比兴，衬映烘托，用语不多却能收到言近旨远、语短情长的效果。明人许学夷《诗源辨体》说："汉魏五言，为情而造文，故其体委婉而情深。"刘勰也说古诗"结体散文，质而不野，婉转附物，怊怅切情"（《文心雕龙》）。李白此篇虽讲格律与对偶，但极自然而使人不觉，且语言流畅，追求意境，确有古诗的意味，仇苍柱《杜诗详注》云：

> 太白诗"浮云游子意，落日故人情"，对景怀人，意味深永。少陵诗'寒空巫峡曙，落日渭阳情'，亦是写景赠别，而语意浅短。杜诗佳处固多，此等句法却不如李。

李白此联之所以好，就在于他像古诗那样借比兴的方法，表达了对友人的深厚感情，王琦云：

> 浮云一往而无定迹，故以比游子之意。落日衔山而不遽去，故以比故人之情。

《送友人》确实语言质朴，感情委婉含蓄，意境浑厚，经得住回味，这正与古诗同一风格，所以《唐宋诗举要》引沈德潜语：

> 苏、李赠言多唏嘘语而无蹶蹙声，知古人之意在不尽矣。太白犹不失斯旨。

为了表达感情的需要,李白晚期律诗,有的竟不用对偶,而其意境则更雄浑古朴,如《夜泊牛渚怀古》:

牛渚西江夜,青天无片云。登舟望秋月,空忆谢将军。余亦能高咏,斯人不可闻。明朝挂帆席,枫叶落纷纷。

李白此篇作于晚年,故诗中借史事表达了自己怀才不遇的感慨。诗题下李白自注曰:"此地即谢尚闻袁宏咏史处。"据《晋书·文苑传》记载,东晋袁宏少时家贫,靠运租为生。镇西将军谢尚镇守牛渚,秋夜泛舟来江上赏月,听到袁宏在运物船中朗诵自己的《咏史诗》,大加赞赏,邀他来谈话,直至天亮。袁宏得到谢尚的重用,从此名声大振。李白在《劳劳亭歌》里也曾写道:"昔闻牛渚吟五章,今来何谢袁家郎?"可见他对袁宏的时遇是相当羡慕的。此诗首尾两联写景,中间两联抒情,情景交融,感人至深,颇受好评,如王士祯《带经堂诗话》云:

或问不著一字尽得风流之说,答曰:太白诗"牛渚西江夜,……",诗至此,色相俱空。正如羚羊挂角,无迹可求,画家所谓逸品也。

《唐宋诗醇》云:

白天才超迈,绝去町畦,其论诗以兴寄为主,而不屑屑于排偶声调,当其意合,真能化尽笔墨之迹,迥出尘埃之外。

在格律上,此诗比较特殊,平仄粘对无一不合,但全篇无一联对仗,陈仅《竹林答问》说此诗是"纯乎律调而通体不对者"。因为此诗无对,故有是否是律诗之争,王琦注云:

赵宦先曰:律不取对,如李白"牛渚西江夜"云云,孟浩然"挂席东南望"云云,二诗无一句属对,而调则无一字不律。故调律则律,属对非律也。……杨用修云:五言律八句不对,太白、浩然有之,乃是平仄稳贴古诗也。杨缪以对为律,亦浅之乎观律矣。古诗在格与意义,

170

律诗在调与声韵。如必取对,则六朝全对者正自多也,何不即呼律诗乎?律诗之名起于唐,律诗之法严于唐,未起未严,偶然作对,作者观者慎勿以此持心,方能得一代作用之旨。

此论颇为精当,确应以格律而不应以对仗来定律诗的是否。因此,李白此篇便无疑是律诗的一体,严羽云:

> 律诗有彻首尾不对者。……太白"牛渚西江夜"之篇,皆文从字顺,音韵铿铿,八句皆无对偶。(《沧浪诗话》)

李白此诗虽归律类,但又显古诗之风,意境雄浑,语言自然,确实有汉魏古诗"气象混沌,难以句摘"的风格特点,正如《李诗纬》所说:

> 若太白五律,犹为古诗之遗,情深而词显,又出乎自然。

游国恩先生等编著的《中国文学史》也说:

> 李白的五律,运古诗质朴雄壮气势于声律格调之中,往往不拘对偶,也很别具风格。

李白晚期的七律也同五律一样,保留着汉魏古诗中的浑朴气象,如《登金陵凤凰台》是李白七律的代表作,其诗云:

> 凤凰台上凤凰游,凤去台空江自流。吴宫花草埋幽径,晋代衣冠成古丘。三山半落青天外,二水中分白鹭洲。总为浮云能蔽日,长安不见使人愁。

《瀛奎律髓》云:

> 太白此诗,与崔颢《黄鹤楼》相似。格律气势,未易甲乙。此诗以凤凰为名,不过起句,已尽之矣,下六句乃登台而观望之景也。三

四怀古人之不见,五六七八咏今日之景而慨帝都之不可见。登台而望,所感深矣。

此诗确已不是单纯写景,而是忧时伤怀之作,尾联寓意极深。在格律上,此篇首联与颔联、颔联与颈联皆失粘,"凤凰"一词两次出现,这都是不合正规律诗要求的,故《艺苑卮言》云:"太白之七言律,子美之七言绝,皆变体也。"李白此诗虽有破律之处,但中间两联对仗极工,格律也大体相合,故存律诗精神。此诗风格古朴而雄浑,且意境高远,确有古诗之风。另一首《鹦鹉洲》似也应该提到,诗云:

> 鹦鹉来过吴江水,江上洲传鹦鹉名。鹦鹉西飞陇山去,芳洲之树何青青! 烟开兰叶香风暖,岸夹桃花锦浪生。迁客此时徒极目,长洲孤月向谁明?

此篇前四句皆是古风,用语自然古朴;后四句方始入律。这正如李白其他许多律诗一样,给人一种流动之感,姚鼐在《今体诗钞序》里评李白律诗的这种特点说:

> 于律体中以飞动票姚之势,运旷远寄逸之思,此独成一境者。

这一评价还是相当准确、精练的。

总之,李白后期律诗,因为要表达丰富的内容和强烈的感情,无论是仍遵律诗法度,还是脱出格律羁绊,都表现出一种近于汉魏古诗的浑厚古朴的风格特点。闻一多先生的意见很值得重视,他在《英译李太白诗》里指出:

> 李太白本是古诗和近体中间的一个关键。他的五律可以说是古诗的灵魂,蒙着近体的躯壳,带着近体的藻饰。

这正恰当地道出了李白律诗特别是他后期律诗的独特之处。

李白的五、七言绝句

绝句同律诗一样,在唐代也称为近体诗。它源于南北朝的"小乐府"。南北朝乐府中的民歌,大多是篇幅短小、五言四句的小抒情诗,虽然它们往往不够凝练,反映的内容也不够广泛,却是唐代绝句的源头。《李诗纬》云:

> 小乐府之遗,唐人裁为绝句,体之流变,盖微有辨焉。

李维桢也说:

> 绝句之源出于乐府,贵有风人之致,其声歌,其趣在有意无意之间,使人莫可捉著……

绝句又分为古绝和律绝。古绝不受格律的限制,不讲平仄,也不讲粘对,以押仄声韵为常见,出现比较早。古绝至唐受到律诗的影响,格律上也形成了一套固定的格式,在平仄、粘对、押韵诸方面都有了较为严格的要求,发展成为律绝。绝句正式形成在初唐,作者颇多,但成就不高,到了盛唐,写作绝句成为一时的风尚,每一位诗人至少都有几首以至几十首绝句。加之"唐人乐府多唱诗人绝句"(《杨升庵外集》),也促进了绝句的发展。但是唐代不同时期绝句发展情况也不一样,最成熟和最有成就的阶段是盛唐。王士禛《唐人万首绝句选·凡例》里说:

> 七言,初唐风调未谐,开元、天宝诸名家无美不备……

胡应璘《诗薮·内编》也说：

> 盛唐绝句，兴象玲珑，句意深婉，无工可见，无迹可寻。中唐遽减风神，晚唐大露筋骨，可并论乎？

在盛唐众多的绝句作者当中，李白是非常突出的一位。李白最擅长者自然是乐府歌行，但他的五七言绝句也取得了巨大的成就，历来的评价是相当高的。他的七绝与"诗家夫子"王昌龄的七绝被人们推为"有唐绝唱"，焦弱侯《诗评》云：

> 龙标、陇西真七绝当家，足称联璧。

《漫堂说诗》云：

> 三唐七绝并堪不朽，太白、龙标绝伦逸群。

卢世㴶《紫房馀论》亦言：

> 天生太白、少伯以主绝句之席，勿论有唐三百年，两人为政，亘古今来无复有骖乘者矣。

《艺苑卮言》也说：

> 七言绝句，王少伯与太白争胜毫厘，俱是神品。

李白的五言绝句同样受到后人的高度评价，人们将李白与当时成就最突出的几位诗人并提，如《唐诗品汇》云：

> 五言绝句，开元后李白、王维尤胜诸人。

宋牧仲《漫堂说诗》亦云：

> 五言绝句起自古乐府，至唐而盛，李白、崔国辅号为擅场。

因此，在盛唐诗坛上，真正在五言和七言绝句上都取得了第一流成就的，李白是唯一的人，《诗薮》云：

> 盛唐长五言绝而不长七言绝者，孟浩然也。长七言绝而不长五言绝者，高达夫也。五七言各极其工者李白，五七言俱无所解者少陵也。

这里对杜甫的评价是否准确，暂且勿论，但对李白的高度赞扬却是恰当的。李攀龙在(《唐诗选序》)里也说：

> 李白五、七言绝句，实唐三百年一人。

绝句的一个主要特点是篇幅短小，五绝仅四句二十字，七绝也是四句不过二十八字，怎样在这短短的篇幅里充分地表达诗人的思想感情，确实是一件很不容易的事。绝句不能像歌行或排律那样从容写来，而必须珍惜每一个字，以一当十，舍形似而求神似，正如屈绍隆《粤游杂咏序》所言：

> 诗以神行，使人得其意于言之外，若远若近，若无若有，若云之于天，月之于水，心得而会之，口不得而言之，斯诗之神者也。而五七言绝尤贵以此道行之。昔之擅其妙者，在唐有太白一人，盖非摩诘、龙标之所及。

这段论述确实精当地指出了绝句这一诗歌形式的特点，也准确地指明了李白绝句的特色与地位。

李白的绝句做到了内容的高度凝练，他善于捕捉最典型的情景与思绪，在有限的字行里，表达出精深的思想与丰富的内容，如他的两首咏史绝句：

> 越王勾践破吴归，义士还家尽锦衣。宫女如花满春殿，只今惟有
> 鹧鸪飞。（《越中览古》）
> 旧苑荒台杨柳新，菱歌清唱不胜春。只今惟有西江月，曾照吴王
> 宫里人。（《苏台览古》）

前一篇由古写到今，"三句说盛，一句说衰，其格独创"（沈德潜《唐诗
别裁》）；后一篇由今写到古，"通首言其萧索，而末一语兜转其盛"（《唐宋
诗醇》）。两首诗虽然"立格"有异，但都将昔日的繁华与今日的凄凉作了
鲜明而形象的对比，写尽了人世的变化和盛衰的无常，暗示出统治阶级生
前的荣华富贵终会化为灰烬。这么丰富的历史内容以及诗人对历史深沉
的反思却仅用四行诗便表现出来了，而且那么生动，耐人寻味，这确实体
现出李白的匠心。要想使绝句表达丰富的内容，一方面固然要尽可能做
到剪裁适宜和力求凝练，而且还应该追求弦外之音，使那看似简单明白的
四行诗富有暗示与回味的余地，使读者借助对诗人的了解与自己的生活
经历，真正理解诗人和他的作品。李白的《巴陵赠贾舍人》也是一首发人
深思的诗作：

> 贾生西望忆京华，湘浦南迁莫怨嗟。圣主恩深汉文帝，怜君不遣
> 到长沙。

贾至被贬官岳阳，李白这首诗对他表示了深切的同情与劝慰。杨慎
云："贾至左迁巴陵有诗云：'极浦三春草，高楼万里心。楚山晴霭碧，湘
水暮流深。忽与朝中旧，同为泽畔吟。感时还北望，不觉泪沾襟。'太白此
诗解其怨嗟也。"此诗后两句特别值得注意，从字面看，似乎在赞美肃宗对
贾至的恩情比汉文帝对贾谊要深厚，因为毕竟没有把他贬到长沙。其实，
只要细细体会，便会看出李白在这里使用的是反语，所谓"恩深"，所谓
"怜君"都是带有讽刺意味的，《唐宋诗醇》评它"可谓深婉"，是正确的。
再如《初出金门寻王侍御不遇咏壁上鹦鹉》也是别有深意的作品：

落羽辞金殿,孤鸣托绣衣。能言终见弃,还向陇西飞。

按诗意似乎是在描写鹦鹉鸟,实际却是暗写李白自己的不幸遭遇。李白在天宝初由玄宗亲诏至京师,认为"兼济天下"的理想终于有了实现的机会,于是"敢进兴亡言",得罪了玄宗和其他权臣,终于被"赐金还山"。因此他看到鹦鹉,便想到了自己的不幸,发出了"能言终见弃"的感叹。这种言外之意、弦外之音大大丰富了这首短诗的内容。为了在有限的字行里,表达更丰厚的内容,李白有时不是直白地抒写自己的感情与思绪,而往往借助于看似寻常的描写,但无限的情思与深沉的思考却无遗地表现了出来,这便形成了李白绝句含蓄的特点,如《劳劳亭》:

天下伤心处,劳劳送客亭。春风知别苦,不遣柳条青。

劳劳亭,故址在今江苏南京市南,是古代送别的地方,此诗是题咏之作。前两句似乎很平常,但却为全诗作了铺垫,使后两句自然地流出:因为古人送别,有折柳枝赠给远行人的习俗,春风知道人间离别的痛苦,所以它不让柳条发青。在这里,春风成了有感情的生灵,而更深的一层则是在说明:春风尚知离别之苦,离别之人更当如何呢?这出人意外的想象,使后两句显得很警拔,引人深思,耐人咀嚼。又如《闻王昌龄左迁龙标遥有此寄》:

杨花落尽子规啼,闻道龙标过五溪。我寄愁心与明月,随君直到夜郎西。

前两句仍似寻常,后两句却突发奇想:因为友人贬往龙标(湖南潜阳县),与自己相隔岂止万水千山?诗人只有把自己愁苦同情之心托付给明亮的月光,让明月载着自己的思绪去伴随着孤独的友人,给他以温暖与安慰。通过诗人的想象,本来无知无情的明月,也具有了情感,变成了一位多情的信使,而李白对友人深沉的思念与同情也就得到了形象的表现。细读此诗,确有余意无穷的效果。《独坐敬亭山》也是一首短而精的佳作:

众鸟高飞尽,孤云独去闲。相看两不厌,只有敬亭山。

鸟尽云去,多么寂静。此时诗人独坐在那里,默默地望着敬亭山出神;在他的想象里,敬亭山也在打量着他。诗人使山人格化了,把它作为唯一理解自己的知心朋友。李白对黑暗社会和世态炎凉的厌恶,在"相看两不厌,只有敬亭山"这看似简单的诗句里得到了含蓄的表现。常为人提起的《玉阶怨》也是含不尽之意于言外的精品,其诗云:

玉阶生白露,夜久侵罗袜。却下水晶帘,玲珑望秋月。

四句二十字,生动地描绘出一幅被禁闭深宫的妇女的幽怨图:她开始伫立玉阶,似有所思,立久而罗袜为露水打湿,她便退入帘内,透过水晶帘仍久久地望着秋月,毫无睡眠之意。李白通过这位宫女的动作与神态,刻画了她的苦闷与幽怨,也表现出诗人的深切同情。在艺术构思上,这首小诗也有高超之处,故萧士赟云:

太白此篇,无一字言怨,而隐然幽怨之意见于言外,晦庵所谓圣于诗者此欤!(《分类补注李太白集》)

此评颇为精当,正因为作者的主观感情以及女主人公的心理情绪,全是通过人物形象自然地表现出来,所以达到了所谓"不着一字,尽得风流"(司空图《诗品》)的境界,给读者留下了回味的余地。这便使李白的绝句形成了感情深沉、内容厚重和含蓄警策的特色。

苏轼曾以"诗中有画"来评王维的山水诗,其实李白的许多绝句也同样具有"如画"的特色。李白的人生观是积极的和乐观的,因而他往往用雄健粗放的线条和明朗的色彩来勾勒壮丽开阔的自然景色,从中亦表现出诗人无限宽阔的胸襟和乐观浪漫的情绪,如《望天门山》:

天门中断楚江开,碧水东流至此回;两岸青山相对出,孤帆一片日边来。

读着这首诗,眼前似乎出现了这样一幅图画:奇峻的天门山,像是被神工鬼斧从当中劈开,长江由上游奔腾而下,突遇奇峰,江水在此打一回旋又继续向东流去;两岸的群山,一片青绿,互相对峙,像是从地下猛然冒出似的;一只帆船正从太阳升起的地方驰来⋯⋯诗人把山与江交织起来描写,"山因江水的奔腾而奇峻,江因山峰的对峙而越发壮美"。清人方东树《昭昧詹言》卷一云:

> 叙述情景,须得画意,为最上乘。

在《望天门山》里,诗人注意了色彩的明朗和谐,山是青的,水是碧的,太阳是红的,船帆是白的,真做到了"状难写之景如在目前"(梅圣俞语)。这样,展现在读者面前的这一幅"长江与天门山"图便有了开阔的意境和明朗的色彩,从而也打上了诗人个人的印记。《望庐山瀑布》其二也是描写景色的佳篇,其诗云:

> 日照香炉生紫烟,遥看瀑布挂前川;飞流直下三千尺,疑是银河落九天。

在阳光照射下,远望香炉峰上,一片紫色烟云;庐山瀑布正像一条长河悬挂在山前,这是多么奇伟雄丽的景象!接着诗人又用"飞流直下"四个字,更写活了瀑布的动态;末句以奇特的联想传神地写出了瀑布源远流长、一泻千里的气势,真是形象生动,足见诗人之胸次宏阔。此诗颇受后人赞赏,《苕溪渔隐丛话》云:"太白《望庐山瀑布》绝句,东坡美之,有诗云:'帝遣银河一派垂,古来惟有谪仙词。'"李白的山水绝句,很注意动态与静态的相互结合。《望天门山》从江水奔腾而下的动态中去勾画高高矗立在江边的天门山,其重点是以动来写静;而《望庐山瀑布》则是由山峰的高峻来写瀑布从天倾落的动态,重点则是以静写动。两者虽有差异,却又有异曲同工之妙。在李白的笔下,很少有那种孤立地描写静态的作品,这是与他的性格和审美趣味密切相连的。李白的绝句描绘景物确有超人之处,因此胡应麟《诗薮》在论到李白、王昌龄难分轩轾时说:

> 七言绝,太白、江宁各有至处,大概李写景入神,王言情造极,王宫辞乐府李不能为,李览胜纪行王不能作。

这个分析虽然并不十分准确,因为李白言情不能不说是"造极"的,但指出李白描绘景物已经到了"入神"的程度,却是很精当的评论。

李白的绝句,不仅善于勾勒雄伟壮丽的自然景色,而且还特别追求一种"思与境偕"即情景交融的美,他往往能使自己的主观感情隐寓于精心描绘的景物之中,从而使主观之情与客观之景在短短的几行诗里得到很好的结合,以至达到融为一体的境界。清人王夫之《夕永堂日绪论·内编》说:

> 情景名为二,而实不可离。神于诗者,妙合无垠,巧者则情中景,景中情。

李白确实是"神于诗者",他的诗真正达到了情景交融、"妙合无垠"的高度。《早发白帝城》便是这样的作品:

> 朝辞白帝彩云间,千里江陵一日还。两岸猿声啼不住,轻舟已过万重山。

白帝彩霞、千里激流、青山猿啼、轻舟飞驰,是一幅多么壮丽、动人的图画!郦道元的《水经注·江水》有一节描写从三峡至江陵的文字说:

> 自三峡七百里中,两岸连山,略无阙处。重岩叠嶂,隐天蔽日。自非亭午夜分,不见曦月。至于夏水襄陵,沿泝阻绝。或王命急宣,有时朝发白帝,暮到江陵。其间千二百里,虽乘奔御风,不以疾也。……每至晴初霜旦,林寒涧啸,常有高猿长啸,属引凄异,空谷传响,哀转久绝。故渔者歌曰:"巴东三峡巫峡长,猿啼三声泪沾裳。"

这节文字,清新峻峭,颇有诗情画意,但气氛是凄凉的。李白仅用二十八字便概括了上引文字所叙述的景场,而又赋予了轻松明快的情绪,收到了很好的艺术效果,如焦竑《唐诗选脉会通》所云:

> 盛弘之谓白帝至江陵甚远,春水盛时,行舟朝发暮至。太白述之为约语,惊风雨而泣鬼神矣。

杨慎《升庵诗话》亦云:

> 白帝至江陵,春水盛时,行舟朝发夕至,云飞鸟逝,不是过也。太白述之为韵语,惊风雨而泣鬼神矣。

沈德潜《唐诗别裁》也说:

> (《早发白帝城》)写出瞬息千里,若有神助。入猿声一句,文势不伤于直。画家布景设色,专于此处用意。

《早发白帝城》确实在"布景设色"上巧用匠心,但仅仅如此还不能"惊风雨泣鬼神",因为诗人并非专意在写景,他也在抒情,字里行间我们不正感受到诗人那欢欣鼓舞、轻松愉快的心情吗?"轻舟"的"轻"字,用得巧妙,是写实,又体现了诗人的主观感受。其时诗人因为从璘而被长流夜郎,行至白帝城忽接赦令,他认为又可以实现自己的政治理想了,于是命驾而还,诗人那充沛欢畅的感情和重新焕发的青春活力,便不留痕迹地表现在这动人的画面之中,哪是情?哪是景?确实已经浑然一体,"妙合无垠"了。再如《黄鹤楼送孟浩然之广陵》也因此而成为千古绝唱:

> 故人西辞黄鹤楼,烟花三月下扬州;孤帆远影碧空尽,唯见长江天际流。

前两句点出了送别友人的地点和时季,似乎很平常,但却有深意在:

黄鹤楼乃武昌名胜,李白与孟浩然在此曾度过多少欢聚游宴的日子,今日在这里分手,人去楼空,又该有多少感叹?南国三月正是春光明媚的季节,好友不能相携漫游,又使人多么扫兴?三、四两句更是传神之笔,确是"非江行久不能知也"(陆游《入蜀纪》):李白临江送行,只见大江莽莽,孟浩然所乘小舟,如一片孤叶顺流而去,渐行渐远,直到帆失影没,只有一江碧水无言地流淌着,远处与蓝天相连……行者早已无踪无影,而送者却仍在江头木立、徘徊,不忍遽去,李白对友人深厚、诚挚的感情全在那如画的描绘之中表现出来了。诗中没有一言及于离愁别恨,但字里行间却分明浸透了李白对孟浩然的留恋和友情,也流露出故友远去后的惆怅。这里,深厚的感情寓于动人的景物里,情与景也达到了高度完美的融合。沈德潜在《唐诗别裁》里说:

> 七言绝句,以语近情遥,含吐不露为贵;只眼前景,口头语,而有弦外音,使人神远,太白有焉。

李白还有一些绝句似乎并不追求"如画"的效果,而是较直接地表达自己的生活情趣,或抒发一种激情,如《秋下荆门》:

> 霜落荆门江树空,布帆无恙挂秋风。此行不为鲈鱼鲙,自爱名山入剡中。

此诗意境开朗,神采飞扬,虽然并没有什么委婉曲折之处,却以饱满的热情打动了读者。这样的诗虽然看似直白,其实同样耐人寻味,不给人一览无余的感觉,又如《兰陵作》:

> 兰陵美酒郁金香,玉碗盛来琥珀光;但使主人能醉客,不知何处是他乡。

粗读此诗确会感到很直白,只是说:用郁金香浸泡的兰陵美酒,盛在玉碗里,呈现出琥珀一般美丽悦目的色彩,只要主人用这样的好酒供客人开怀畅饮,客人就会很快乐,而不再感到身在异乡了。其实,诗人却更有深意:"月是故乡明",主人怎能真正地使客"醉"而"不知何处是他乡"呢?这种"但使"是根本不可能的,从而使思乡之情表达得更为强烈。不妨再读《山中与幽人对酌》:

> 两人对酌山花开,一杯一杯复一杯;我醉欲眠卿可去,明朝有意抱琴来。

这里虽然仅仅记录了李白与"幽人"对酌的场面和对"幽人"说的话,但诗人性格的旷达和开朗也正在这直白的诗行里表现了出来,使读者千年以后仍想见其风采。而李白的《永王东巡歌》不仅用绝句表现了重大的政治题材,而且写得俊爽、豪迈而有气势,绝无纤弱平滞之气,这又和李白歌行乐府的精神是相通的,如:

> 永王正月东出师,天子遥分龙虎旗。楼船一举风波静,江汉翻为雁鹜池。(其一)
> 三川北虏乱如麻,四海南奔似永嘉。但用东山谢安石,为君谈笑静胡沙。(其二)
> 丹阳北固是吴关,画出楼台云水间。千岩烽火连沧海;两岸旌旗绕碧山。(其六)
> 试借君王玉马鞭,指挥戎虏坐琼筵。南风一扫胡尘静,西入长安到日边。(其十一)

这里,诗人直抒其爱国热情和雄心壮志,其情其志其气势,千百年来不知打动了多少读者的心。可见,追求"神韵"固然能够写出佳作,而直抒胸臆却也能产生精品,关键还在于作者的思想情操与艺术技巧。

李白还写作了一批绝句组诗,如《永王东巡歌》、《上皇西巡歌》、《横江词》、《陪族叔刑部侍郎晔及中书贾舍人至游洞庭》、《陪侍郎叔游洞庭醉后三首》、《送外甥郑灌从军》,《秋浦歌》里也有不少五言绝句。这种绝句组诗的形式,容纳了更丰富的内容,也使诗人的思想感情表达得更为充分,如《别内赴征》,这是一组七言绝句:

其一

王命三征去未还，明朝离别出吴关。白玉高楼看不见，相思须上望夫山。

其二

出门妻子强牵衣，问我西行几日归。归时傥佩黄金印，莫见苏秦不下机。

其三

翡翠为楼金作梯，谁人独宿倚门啼？夜坐寒灯连晓日，行行泪尽楚关西。

组诗以李白夫妻感情为主线，其一写诗人接到永王征书，就要下山从军去时的喜悦和将与夫人分别的惆怅；其二写诗人下山那一天，夫妻恋恋不舍的情景，后二句以开玩笑的方式对夫人作了安慰，诗句看似轻松，其实他的心情也是很沉重的；其三写诗人想象自己离开庐山后，夫人孤苦无依、夜坐伤泣的情形，表现了诗人既伤感又无奈的情绪。这三首诗，分开来可以独立成篇，合起来又是一个有机的整体。李白的绝句组诗大都如此，因为篇幅所限，这里就不再介绍了。

李白曾经赞扬别人的诗是"清水出芙蓉，天然去雕饰"，其实这也是他自己诗歌特别是绝句的一个显著的特点。唐初诗人写作绝句，还未脱尽六朝古诗的积习，讲究用典用事，给人一种生硬不谐的感觉。李白向生活寻找诗情，追求自然、天真之趣，他的绝句很少用典，语言纯朴自然，达到了所谓"俯拾即是，不取诸邻"（司空图《诗品》）的境界。这是因为诗人有了真情实感，不吐不快。所以，不做作，不搬弄典故，不雕镂字句，不故作艰深曲折，如脍炙人口的《赠汪伦》：

李白乘舟将欲行，忽闻岸上踏歌声。桃花潭水深千尺，不及汪伦送我情。

杨齐贤云："白游泾县桃花潭，村人汪伦常酿美酒以待白，伦之裔孙至今宝其诗。"四句诗如脱口而出，但诗人用潭深来写自己与汪伦的情深，既形象又恰当。"若说汪伦之情比于潭水千尺，便是凡语，妙境只在一转换

184

间"(沈德潜《唐诗别裁》)。于源《灯窗琐话》说:

> 赠人之诗,有因其人之姓借用古人,时出巧思,若直呼其姓名,似径直无味矣。不知唐人诗有因此而入妙者,如"桃花流水深千尺,不及汪伦送我情",……皆脍炙人口。

王琦注引唐汝询评语更为精当:

> 太白于景切情真处,信手拈出,所以绝调千古。

正是因为诗中融注了诗人深厚真挚的感情,才使它成为千古绝唱。再如《宣城见杜鹃花》也是难得的佳作:

> 蜀国曾闻子规鸟,宣城还见杜鹃花;一叫一回肠一断,三春三月忆三巴。

此诗是多么自然质朴,清新流畅,却将诗人晚年对家乡的忆念之情淋漓尽致地表现出来了。"因在异乡见杜鹃花开,想蜀地此时杜鹃应已鸣矣,不觉有感而动故国之思"(瞿蜕园、朱金城《李太白集校注》)。其中没有不必要的典故,也没有辞藻的修饰,有的只是诗人的真情实感。丁龙友说李白"绝句从六朝清商小乐府来"(《李诗纬》),指出了李白绝句与民歌的关系。民歌的本色便是语调明快、语言朴素、风格清新,李白正是学习了民歌的这些优点,不仅求形似更求神似,才创作出大量的有民歌风韵的绝句佳作,如《静夜思》就与《子夜秋歌》很接近,可以作一比较:

> 床前明月光,疑是地上霜。举头望明月,低头思故乡。(《静夜思》)
> 秋风入窗里,罗帐起飘扬。仰头看明月,寄情千里光。(《子夜秋歌》)

由此亦可看出李白向民歌学习是很用力的,在语言与意境上,民歌对他都有很明显的影响,当然,李白没有停留在民歌的水平上,而是使自己的作品意境更优美、语言更凝练。

李攀龙认为李白的绝句之所以好,就在于"盖以不用意得之"(《唐诗选序》),这种"不用意",便是自然真率,不雕饰,不卖弄,只是用简单明白的语言来抒写自己的所思所感。王安石说:

> 诗人各有所得,"清水出芙蓉,天然去雕饰",此李白所得也。(《渔隐丛话》引)

这也是认识到了李白诗歌特别是绝句的主要特色。清新自然看似简单,其实这却是要经过长期磨炼才能达到的境界,正如王安石所云:"看似寻常最奇崛,成如容易却艰辛。"(《题张司业诗》)李白的绝句之所以会形成这种特色,固然与他用力向民歌学习有关,同时也与他真诚自然的性格相一致。只有具有李白这样人格与性格的诗人,才能写出那样自然、真率、清新、明快的诗句,不妨再引数例来欣赏:

> 耶溪采莲女,见客棹歌回。笑入荷花去,佯羞不出来。(《越女词》)
> 渌水明秋月,南湖采白蘋;荷花娇欲语,愁杀荡舟人。(《渌水曲》)
> 南登杜陵上,北望五陵间。秋水明落日,流光灭远山。(《杜陵绝句》)
> 一为迁客去长沙,西望长安不见家。黄鹤楼中吹玉笛,江城五月落梅花。(《与史郎中钦听黄鹤楼上吹笛》)
> 峨眉山月半轮秋,影入平羌江水流。夜发青溪向三峡,思君不见下渝州。(《峨眉山月歌》)

李白的绝句确实自然、清新,似乎脱口而出,着笔即是,往往使人忽略了诗人的锤炼功夫。其实,李白是颇用心于炼意与炼字的,只是因为他艺术技巧的高超,而使这种努力显得不露痕迹。姜白石《白石诗说》(二十六条)说:

> 意格欲高,句法欲响,只求工于字句,亦末也,故始于意格,成于字句。句意欲深,欲远;句调欲清、欲古、欲和,是为作者。

张表臣《珊瑚钩诗话》卷一亦云:

> 诗以意为主,又须篇中练句,句中练字,乃得工耳。以气韵清高深眇者绝,以格力雅健雄豪者胜。

可见作诗首先要求"意",但是再精深的思考还是要通过文字来表达。因此,要想达到思深情浓的效果,就必须注意炼字。李白绝句中便有许多经过认真锤炼而可以称为"诗眼"的佳字,这些字的运用,常常为全诗产生画龙点睛的效果,如:"日照香炉生紫烟,遥看瀑布挂前川"中之"挂",把瀑布悬垂于山前的景象突兀地描绘出来,既形象又生动;"天门中断楚江开,碧水东流至此回"之"开",写活了江水从天门山的中断之处奔腾而出的气势,那滚滚的江水,似乎就在读者眼前奔流;"众鸟高飞尽,孤云独去闲"之"闲",把云朵悠然飘去的情景写得活灵活现,具体可见;"横江欲渡风波恶,一水牵愁万里长"(《横江词》其二)之"牵",使诗人面对大江而不能渡的愁思变得那样具体、形象;"李白乘舟将欲行,忽闻岸上踏歌声"之"踏",栩栩如生地描绘出村民汪伦边走边歌的形象;"庐山东南五老峰,青天削出金芙蓉"(《望庐山五老峰》)之"削",把五老峰高耸云天之状写得惟妙惟肖,使人感叹;"且就洞庭赊月色,将船买酒白云边"(《陪族叔刑部侍郎晔及中书贾舍人至游洞庭三首》其二)之"赊",写活了诗人的天真和情趣,真使人击节赞赏!这些"诗眼"的特点是形象、生动、概括力强,无精雕细刻之迹而又确实字字皆精。因为绝句只有二十或二十八字,它们的作用便显得更为重要。

在结构上,李白的绝句也很有特点,往往是前两句开门见山,看似平常;而后两句则或突发奇想,或陡起波澜,给人以警拔的感觉,使全诗获得深有余韵的效果,正所谓"结句当如撞钟,清音有余"(谢榛《四溟诗话》)。《诗辩坻》说:

> 七言绝起忌矜势,太白多直抒旨宅,两言后只用溢思作波掉,唱叹有馀响。

这里虽仅指李白的七绝,其实他的五绝亦是如此,《独坐敬亭山》《劳劳亭》都是这样的作品。像《越中览古》那样前三句一气直下,最后一句才突起波澜的绝句,李白集中似乎仅此一首。查慎行《初白诗评》曰:

> 用一句结上三句,章法独创。

另外,李白绝句还往往采用设问语式,有些是有问有答,有些是以问代答,有些是以不答代答,这样便调动了读者的想象,使短短的四行诗出现了层次和波折,收到了"言有尽而意无穷"的效果,如《忆东山二首》其一:

> 不向东山久,蔷薇几度花? 白云还自散,明月落谁家?

问话里表现了诗人对东山深深的忆念之情,他是那样关心着东山的蔷薇、东山的明月,这自然比直叙和描绘的方法要婉转,因而更能表现诗人微妙的心理情态。再如《春夜洛城闻笛》也是异曲同工之作:

> 谁家玉笛暗飞声? 散入春风满洛城。此夜曲中闻折柳,何人不起故园情?

前一问引起读者的遐想,脑海里自然出现了夜色中的洛阳城,似乎还听到了那不知来自何处的笛声;后一句答在问中:在这春日的夜晚,听着那伤离的乐曲《折杨柳》,凡是客居洛阳的人,必然勾起乡愁,"何人不起"便是"无人不起"。这里,诗人的故园之情表现得多么深沉,多么强烈!其他如《山中问答》,不正面回答"何意栖碧山"的询问,而却描绘了这样的景色:"桃花流水杳然去,别有天地非人间。"其实这便是诗人"栖碧山"的原因,美好的大自然使他不忍离去,但却意在言外,耐人回味。"不知明镜里,何处得秋霜?"因为前面写了他的"愁",故而这里的设问,自然使读者想到诗人在现实中所遭受的摧残和打击,这要比直接点明含蓄得多了。"纪叟黄泉里,还应酿老春。夜台无晓日,沽酒与何人?"(《哭宣城善酿纪叟》),最后一问写尽了诗人与纪叟的友情和诗人对纪叟的怀念,其语其情,感人肺腑。

李白的散文

　　李白的散文，为其诗名掩盖，历来不受重视。不少人认为，诗人的成就应以诗作为主。此话，有一定道理，但要全面地了解诗人的思想和艺术才能，其他文体的作品也是不可忽略的。

　　王琦注《李太白全集》共收散文五十八篇，分书、表、序、纪、颂、赞、铭、碑、祭文九类，内容相当广泛，表现艺术也颇有特色，是一份珍贵的文学遗产，对研究李白的生平、思想、性格，也有一定的参考价值。

一

　　李白的散文能用挥洒自如的笔触揭示自己的思想，挥斥内心的幽愤，好像在与读者促膝倾谈，豪放爽朗中带有凄怆悲愤之气，这与他坎坷不平的人生道路有着密切的联系。

　　"怀经济之才，抗巢由之节"的李白，在安陆时，已年近而立，政治上未取得任何成就，他的《代寿山答孟少府移文书》，自我剖析，颇为详尽。文中代寿山回答孟少府的一节文字说：

　　　近者逸人李白自峨眉而来，尔其天为容，道为貌，不屈己，不干人，巢由以来，一人而已。乃虬蟠龟息，遁乎此山。仆尝弄之以绿绮，卧之以碧云，嗽之以琼液，饵之以金砂。既而童颜益春，真气愈茂。将欲倚剑天外，挂弓扶桑，浮四海，横八方，出宇宙之寥廓，登云天之渺茫。

道家思想比较明显,真有飘飘欲仙之慨,可是笔锋一转,道出了李白积极用世的志愿:

> 俄而李公仰天长吁,谓其友人曰:吾未可去也。吾与尔达则兼济天下,穷则独善一身,安能餐君紫霞,映君青松,乘君鸾鹤,驾君虬龙,一朝飞腾,为方丈、蓬莱之人耳,此则未可也。乃相与卷其丹书,匣其瑶瑟,申管晏之谈,谋帝王之术,奋其智能,愿为辅弼。使寰区大定,海县清一,事君之道成,荣亲之义毕,然后与陶朱、留侯,浮五湖,戏沧洲,不足为难矣。

所谓"兼济"、"独善"、"事君荣亲",都是儒家的政治理想和人生哲学。可见,李白对隐居生活虽有向往,最终还是把"丹书"、"瑶瑟"收了起来,转而寻求"申管晏之谈,谋帝王之术"。管仲、晏婴是最早实行法治、富国强兵的政治家,李白希望学习他们,"使寰区大定,海县清一"。目的达到了,"然后与陶朱、留侯,浮五湖,戏沧洲,不足为难矣"。此文包括多么丰富而深刻的内容!说它"是儒家与道家思想的混合"(《李白与杜甫》),无宁说是儒家积极用世思想经过斗争克服了道家隐循弃世的消极思想。他所谓"浮五湖,戏沧洲",也与道家"功成名遂身退"有所区别,他是从历史事实里总结了经验,对封建统治阶级的嫉贤妒能的本质有一定的认识,因而提出了"功成身退"的主张,但其前提自然是功成,而道家是不言事功、绝圣弃智的。李白对建功立业的理想,执着追求,终身不渝,如此积极入世,怎能以道家思想概括之!正因为李白热衷于建功立业,不甘于隐居,又坚持不走科举道路,才使他经常周旋于地方长官之间,希望得到他们的赏识、推荐,从而实现自己的政治理想。可是他那放纵不羁的性格,又与庸俗的官场生活格格不入。和官吏们往来,有时就易于触犯他们的"威严",或受到同列者的谗毁。这样,诗人便到处碰壁,常常置身于极难堪的境地。内心的苦闷,发而为文,如《上安州李长史书》、《上安州裴长史书》,都写出了他的处境和心情,具有典型意义。前者是因醉后误认李长史而获罪,上书谢罪并自呈心迹,书中有如下一段文字:

> 白孤剑谁托,悲歌自怜。迫于凄惶,席不暇暖。寄绝国而何仰,

若浮云而无依,南徙莫从,北游失路。远客汝海,近还郏城。昨遇故人,饮以狂药。……属早日初眩,晨霾未收,乏离朱之明,昧王戎之视,青白其眼,懵而前行……御者趋召,明其是非,入门鞠躬,精魂飞散……

字里行间,流露出深重的凄怆、悲愤以及惶惑不安之感。诗人异乡漂泊,功名无就,歧路彷徨。因李长史"礼而遣之",他"深荷王公之德;铭心刻骨,退思狂愆(过),五情冰炭,罔知所措",最后还以他的《春游救苦寺》、《石岩诗》、《上杨都尉》等诗上呈,"幸乞详览",希望对方了解自己的才能,有所任用,用心可谓良苦矣。这些诗可惜都未流传下来,无从了解其内容。一个五品的地方官,竟使目下无尘的诗人如此战战兢兢地请罪,足见当时等级之森严了。《上安州裴长史书》,与前者大致是前后之作,从以下文字,可见李白对裴长史是久慕其名的:

白窃慕高义,已经十年。云山间之,造谒无路。今也运会,得趋末尘,承颜接辞,八九度矣。常欲一雪心迹,崎岖未便,何图谤言忽生,众口攒毁,将恐投杼下客,震于严威。然自明无辜,何忧悔吝。

李白写此文,不过三十岁左右,说"窃慕高义,已经十年",说明在他未出蜀以前,就已闻裴某之名。可能如他文中所说,裴长史"贵而且贤……而高义重诺,名飞天京,四方诸侯,闻风暗许",因而李白早闻其名。可是在安州与裴某交谈八九次,就受到"众口攒毁",可见李白确实不善于官场周旋,和一般庸俗的门下士难于相处。为了获得裴长史的理解,李白"剖心析肝","以明其心",在历述家世和个人学业以后说:

以为士生则桑弧蓬矢,射乎四方,故知大丈夫必有四方之志。乃仗剑去国,辞亲远游。

这可以与他《别匡山》诗中"莫怪无心恋清景,已将书剑许明时"之豪语相互映证,为国立功的宏愿,了然可见,表明离乡远游,不单纯是为了山水,主要是寻找政治出路。文中又举出一系列事实,证明自己的超群出众："东游维扬,不逾一年,散金三十万,有落魄公子,悉皆济之。"说明诗人有"轻财好施"的豪情侠骨;同行友人吴指南途中病故,李白伏尸痛哭,游历归来,又亲手洗削尸骨,肩负步行,"营葬于鄂城之东",证明他对友人"存交重义"的热情;又"昔与逸人东岩子隐于岷山之阳",广汉太守推举二人"以有道,并不起",表明他有"养高忘机不屈之迹";再如益州长史苏颋称赞他:"此子天才英丽,下笔不休,虽风力未成,且见专车之骨,若广之以学,可以相如比肩也。"前郡督马公曰:"诸人之文,犹山无烟霞,春无草树。李白之文,清雄奔放,名章俊语,络绎间起,光明洞彻,句句动人。"表明自己才华出众。李白不厌其烦地罗列许多往事,不是浅薄的自夸,而是希望引起对方的重视,不听信"众口攒毁"的"谤言",并能录用或推荐自己。宋人洪迈在其《容斋四笔》里谈到此文时说:

> 白以白衣入翰林,其盖世英姿,能使高力士脱靴于殿上,岂拘拘然怖一州佐耶! 盖时有屈伸,正自不得不尔。大贤不遇,神龙困于蝼蚁,可胜叹哉!

李白写此文,时在安陆,洪迈似认为翰林待诏时期,与事实不符。前面说过,脱靴一事,来自传说,不可深信,但洪迈说李白是"大贤不遇,神龙困于蝼蚁",还是确切的评论,从这一意义上说,洪迈可算李白的知己,道出了他写这篇文章的苦衷。由此也可了解,李白的一生并不完全像他某些诗中所表现的那样,飘飘然高踞一切之上,有时也不能不屈服于某些官吏之前,这是文章抑郁低沉的原因。这虽是个人遭际,却从一个侧面反映了当时社会现实的黑暗。

随着作者生活经验不断丰富,这类上书自陈的散文,基调也有所变化。比上述二文稍晚的《上韩荆州书》,内容与二文相似,同样是陈述自己的家世和愿望,希望对方了解和荐用,基调却大不相同,前者感情压抑,后者慷慨激昂,如叙述身世和愿望,《上韩荆州书》云:

> 白陇西布衣,流落楚汉。十五好剑术,遍干诸侯;三十成文章,历抵卿相,虽长不满七尺,而心雄万夫。王公大人,许与气义。

李白此文写于第一次入长安失败而归后,韩荆州乃韩朝宗,曾任荆州长史。李白《忆襄阳旧游赠济阴马少府巨》诗云:"昔为大堤客,曾上山公楼。高冠佩雄剑,长揖韩荆州。"指出"长揖韩荆州"之地在襄阳,与"十五好剑术,遍干诸侯"、"虽长不满七尺,而心雄万夫"等语意义一致。文中表白他的生活态度和宏伟志向的同时,显示出"王公大人"对他的重视。并表示"必若接之以高宴,纵之以清谈,请日试万言,倚马可待",情调高昂,气势雄壮,一扫前二文的抑郁低沉气氛。可贵的是,李白在这里还表现出他的自知之明:

> 白谟猷筹画,安能自矜。至于制作,积成卷轴,则欲尘秽视听,恐雕虫小技,不合大人。若赐观刍荛,请给纸笔,兼之书人,然后退扫闲轩,缮写呈上。

作者自认为政治上出谋划策,实非所长,至于文章,还有所积累,如果韩荆州愿意一览旧作,则可缮写呈上,真是不卑不亢。

李白尽管性情豪放,胸怀坦荡,由于政治上屡经挫折,理想无法实现,内心苦闷难以排遣,像《上韩荆州书》那样具有爽朗风格的散文,是不多见的,而表现壮志难酬、时光易逝、挥斥幽愤的文字,则常见于他的散文中,如《暮春送张祖监丞之东都序》开始的一段文字:

> 吁咄哉,仆书室坐愁,亦已久矣。每思欲遐登蓬莱,极目四海,手弄白日,顶摩青穹,挥斥幽愤,不可得也。而金骨未变,玉颜已缁,何常不扪松伤心,抚鹤叹息。误学书剑,薄游人间。紫微九重,碧山万里。有才无命,甘于后时。刘表不用于祢衡,暂来江夏;贺循喜逢于张翰,且乐船中。

此文显系政治上遇到挫折后所作,虽为送别,实乃借题发挥,语意伤感,颇有"泽畔行吟"之慨,很能唤起同一处境者的共鸣。

二

李白的散文还常常表达对友人不幸遭遇的同情,以揭露现实的黑暗,这类文章往往言简意深,令人读后难忘。

天宝年间,李白的好友崔成辅受韦坚冤狱牵连,被贬湘阴,湘阴在当时还是偏远之地,崔成辅受此不白之冤,忧伤愤懑,写成了《泽畔吟》诗稿,李白作了《序》。序中以锐利的笔触揭露贪官污吏的残暴,对崔成辅无辜遭贬,寄予深厚的同情:

> 崔公忠愤义烈,形于清辞。恸哭泽畔,哀形翰墨。……书所感遇,总二十章,名之曰《泽畔吟》。惧奸臣之猜,常韬之于竹简;酷吏将至,则藏之于名山。前后数四,蠹伤卷轴。

简单的几句话,便对当时权奸当道,酷吏横行,政治黑暗的现实作了深刻而形象的揭露。

在《饯李副使藏用移军广陵序》里,李白用夹叙夹议的手法,写李藏用英勇平定内乱,结果却是"社稷虽定于刘章,封侯未闻于李广"。序中说"勇冠三军"的李藏用"众无一旅",竟能"一扫瓦解,洗清全吴"。论其功"可谓万里长城,横断楚塞;不然,五岭之北,尽饵于修蛇,势盘地蠜,不可图也"。文章对唐肃宗时的政治紊乱、是非颠倒、赏罚不明,作了有力的鞭挞。

再如《春于姑熟送赵四流炎方序》,姑熟在唐时为宣州当涂县,赵四可能是当涂县尉。"以黄绶作尉,泥璠当涂",表明赵四是大才而小用,甚不得志;"以疾恶抵法,流于炎方"两句,把赵四的性格和冤屈,说得明明白白。尤其能拨动读者心弦的是描写赵四临行辞别父母的一段文字:

> 辞高堂而坠心,指绝国以摇恨。天与水远,云连山长。借光景于顷刻,开壶觞于洲渚。黄鹤晓别,愁闻命子之声;青枫暝色,尽是伤心之树。

这里没有写眼泪,没有写痛哭,只是通过对客观景物的描绘,表现出一个被迫害者含冤抱屈、远流炎方、辞别父母时的伤感,从而展现诗人对被迫害者的同情。同情被迫害者,也就是对迫害者的鞭笞和控诉。这样的文章,具有一定的教育意义。

李白这类暴露黑暗的散文，大多为他晚年所作，如天宝十四载在金陵写的《金陵与诸贤送权十一序》，权十一名昭夷，与李白友善，写此序前，李白有《独酌清溪江石上寄权昭夷》、《答高山人兼呈权顾二侯》诗，均可看出李白与权昭夷友谊之笃厚，他俩不但是诗文之交，而且一同"服勤炉火之业久矣"。因此，在送别的序文里，也就不免抒发内心的真实思想与感情，此序开始举出秦、汉的兴亡，皆在用人之是否得当，接着说：

> 自古英达，未必尽用于当年，去就之理，在大运尔。

字里行间有着深沉的感慨。然后作者笔锋巧妙地一转：

> 我君六叶继圣，熙乎玄风，三清垂拱，穆然紫极。天人其一哉！所以青云豪士，散在商钓，四座明哲，皆清朝旅人。

从字面看，似乎在赞扬当代政治清明，其实诗人是意在言外的。李白此序写于天宝十四载，"安史之乱"行将爆发，贤人在野，权奸当道，"清朝"云云，当然是反话，实际是揭露当时君昏臣佞，使"青云豪士，散在商钓"。李白这种手法，诗中也常可见到，如前面所引《古风》其三十四，在写到征兵的喧嚣致使"群鸟皆夜鸣"以后，诗人又说："白日曜紫微，三公运权衡；天地皆得一，澹然四海清。"国家如此清平，为什么会出现上面的现象？所以诗人用"借问此何为"的疑问，引出后面的回答。李白此序与这首《古风》一样，均是寓讽刺于歌颂之中，如不细心体会，容易忽略过去。

<h2 style="text-align:center">三</h2>

李白散文的内容是多方面的，有些文章，或谈骨肉欢聚，或为临别赠言，篇幅短小，语言生动，感情真挚，有的回忆往事，宛然在目，如《秋于敬亭送从侄耑游庐山序》，开始有一段文字：

> 余小时，大人令诵《子虚赋》，私心慕之。及长，南游云梦，览七

泽之壮观。酒隐安陆，蹉跎十年。初，嘉兴季父谪长沙西还时，予拜见，预饮林下。尚乃稚子，嬉游在旁。今来有成，郁负秀气。吾衰久矣，见尔慰心。申悲导旧，破涕为笑。

历叙往事，尽是家常琐屑，既叹自己蹉跎岁月，又喜李尚有成，"见尔慰心"终于"破涕为笑"，亲人聚会，悲喜交加，语切情真，十分动人。又如《冬日于龙门送从弟京兆参军令问之淮南觐省序》，文中回忆一段往事，也写得形象鲜明：

常醉目吾曰："兄心肝五藏，皆锦绣耶？不然，何开口成文，挥翰雾散？"吾因抚掌大笑，扬眉当之。使王澄再闻，亦复绝倒。

这使人想起《天宝遗事》的两条记载：

李太白少时，梦所用之笔头上生花，后天才赡逸，名闻天下。

李白有天才俊逸之誉，每与人谈论，皆成句读，如春葩丽藻，粲于齿牙之下，时人号曰李白粲花之论。

将这些记载与上文"开口成文，挥翰雾散"相映证，足见李白才思敏捷，不仅见之于笔端，而且形之于语言。"抚掌大笑，扬眉当之"，李白的自豪之感，宛然可见。其他如《送黄钟之鄱阳谒张使君序》、《早春于江夏送蔡十还家云梦序》、《送戴十五还衡岳序》，无不写得清新自然，诗味浓郁。特别是《春夜宴从弟桃花园序》，更是清新可喜，文中虽带骈俪之风，但由于感情真挚，无堆砌辞藻之弊，能给人以艺术享受，至今犹为人们所喜爱。其文不长，且引如下：

夫天地者，万物之逆旅也；光阴者，百代之过客也。而浮生若梦，为欢几何？古人秉烛夜游，良有以也。况阳春召我以烟景，大块假我以文章。会桃花之芳园，序天伦之乐事。群季俊秀，皆为惠连；吾人咏歌，独惭康乐。幽赏未已，高谈转清。开琼筵以坐花，飞羽觞而醉月。不有佳咏，何伸雅怀。如诗不成，罚依金谷酒数。

虽然流露了"浮生若梦"的感叹,但全文充满了对生活的热爱和乐观的情绪,充满了春意与诗情。有人评韩愈以文为诗,而李白以诗为文,还是有一定道理的。

上面提到的这些短小的散文,令人想起诗人那些抒情写景的小诗,如行云流水,舒卷自如。

四

李白另一类论事说理的散文,旁征博引,连类取譬,侃侃而谈,大有战国策士之风。如《为宋中丞请都金陵表》,文章开始即从历史上改朝换代的事实,说明"功高而福祚长永,德薄而政教陵迟",表明国运之长久,在于国君功高德厚,不在于迁都与否,这就为迁都之议确立了根据。接着说明"安史之乱"的原因:

> 贼臣杨国忠,蔽塞天聪,屠割黎庶,女弟席宠,倾国弄权。九土泉货,尽归其室。怨气上激,水旱荐臻。重罹暴乱,百姓力屈。

奸臣贵戚弄权,使整个北部中国,民穷财尽,依靠这穷脊之地来恢复国土,势必失望,从而引起下文迁都之议,并引史实以证明迁都之举历代有之:

> 今自河以北,为胡所凌;自河之南,孤城四垒。大盗蚕食,割为洪沟;宇宙巉屼,昭然可睹。……臣又闻汤及盘庚,五迁其邑,典谟训诰,不以为非;卫文徙居楚丘,风人流咏。

在陈述了迁都之现实与历史的根据以后,作者提出了自己的主张:

> 去扶风万有一危之近邦,就金陵太山必安之成策。

但仍恐对方不为所动,作者再陈金陵地势之险要,物产之丰富,利于收复国土：

> 况齿革羽毛之所生,楩楠豫章之所出,元龟大贝,充牣其中;银坑铁冶,连绵相属。划铜陵为金穴,煮海水为盐山。以征则兵强,以守则国富。横制八极,克复两京。……西以峨眉为壁垒,东以沧海为沟池,守海陵之仓,猎长洲之苑,虽上林、五柞,复何加焉?

作者有论点、有论据,历数迁都的种种有利条件,文气壮阔,滔滔不绝,与战国策士纵横捭阖之词,极为相似。何焯评论说:

> 观此表,则当时谈王说霸之徒,便以永嘉南渡为不可易之规,而肃宗之在彭原,方虞其为怀之洛阳,愍之长安矣。(《陆本李集校评》)

何焯把此表归入谈王说霸之类,是妥当的。李白要“申管晏之谈,谋帝王之术”,必要时难免“谈王说霸”。迁都金陵之议尽管是宋中丞授意,文章毕竟出于李白之手,文中审辨形势,陈述利害,如剥茧抽丝,层层脱落,表现了战国策士辩肆宏丽的风格。但是,迁都之议正与肃宗主张相矛盾,当然不会被接受。

《为宋中丞自荐表》是一篇自我推荐的文章,这类文章略事夸张,则难以取信;如实叙述,又不易动听。可是李白却把二者巧妙地结合起来,写得条分缕析,委婉曲折,文情并茂。如:

> 天宝初,五府交辟,不求闻达,亦由子真谷口,名动京师。……为贼臣诈诡,遂放归山,……
> 属逆胡暴乱,避地庐山,遇永王东巡胁行,中道奔走,却至彭泽。具已陈首。

寥寥数语,两件重大政治事件的真像明若观火,前者意在说明自己曾受重用,虽被放逐,原因乃在“贼臣诈诡”;后者意在开脱自己:从璘实乃胁迫而且中道即“奔走”。又如,文章由“臣闻古之诸侯,进贤受上赏,蔽

贤受明戮"一转,谈到李白的才能:

> 臣所管李白,实审无辜,怀经济之才,抗巢由之节。文可以变风俗,学可以究天人,一命不沾,四海称屈。

既然如此,那下面的请求便是顺理成章的了:

> 特请拜一京官,献可替否,以光朝列,则四海豪俊,引领知归。

作者正是一环扣一环,有进有退,有理有节,使自己的意见表达得既充分又自然。有人认为这里自我夸张太甚,其实,文章虽出李白笔下,但是"代宋中丞"而写的,因此便不存在什么自夸了,而且只有如此,才可能打动肃宗的心。在表现手法上,虽不脱骈四俪六之风,但论理缜密,用事得当,如开始用《周易》"天地闭而贤人隐,云雷屯而君子用"一句引起下文,自然而又得体。下半部分用"昔四皓遭高皇而不起,翼惠帝而方来",写李白的愿望,也很恰当。总之,李白陈情说理的文章,文气畅达,逻辑谨严,确有战国策士之风。

五

李白还有一些歌颂地方清正官吏的散文。这些地方官并不是一般的无为而治、两袖清风,而是有胆识,有作为,关心民间疾苦,勇于移风易俗。他们管辖一地,总是收集流亡,努力发展生产,繁荣社会经济;抑制豪强,严惩奸吏,革除弊政,安定社会秩序,如《武昌宰韩君去思颂碑》,称赞韩某治理有方,百姓欢悦:"奸吏束手,豪强侧目"。韩某很重视发展生产:

> 其初铜铁曾青,未择地而出,太冶鼓铸,如天降神。既烹且烁,数盈万亿,公私其赖之。

李白这类颂碑,总是着眼于一二细节,表现人物的个性特征,绝无堆砌辞藻、内容空洞之病。如《虞城县令李公去思颂碑》,便着意写了李某督造皇陵时"举筑雷野,不鞭一人"和见路有枯骸便"出俸而葬"的两个细节,使人物形象更为丰满。又如《天长节使韦公德政碑》,除了赞颂韦某的才能德政,还特别指出,韦某守房州时,坚决拒绝永王璘的征召:

> 利剑承喉以胁从,壮心坚守而不动。

李白即因参加永王幕府而被流放夜郎,但并不回避自己的问题,而是真诚地赞扬韦某审时度势的政治敏感,可见诗人胸怀之旷达。写韦某的政德,李白特别提道:

> 移镇夏口,……慎厥职,康乃人。减兵归农,除害息暴。

在社会大动乱之后,"减兵归农"是发展生产极其重要的措施;"除害息暴",则是安定社会秩序的必要之举。

以上三篇碑文,均为李白晚年所作,都是赞颂不畏豪强,除暴安民,收抚流亡,恢复生产,实质上是作者仁政爱民的儒家政治思想的具体体现。当然,这类文章不是晚年才有的,写于李白中年时期的《任城县厅壁记》,更典型地表达了作者"仁政富民"的儒家思想。这篇《厅壁记》是李白散文中的重要作品,但因为其他章节已较详细地论及,此处不再赘述。

这些赞颂的内容是否属实?李白在《任城县厅壁记》里说:"白探奇东蒙,窃听舆论,辄记于壁,垂之将来。"可见他是经过实际的调查,才形诸文字的。此文如此,其他几篇当亦有所根据;或有过誉之词,却非主观臆造。李白之所以要表彰这些清正的地方官,既是借以表达自己的愿望,也是希望后来者效法。这些散文所赞的虽然都是封建官吏,但他们的所作所为,符合人民的要求、愿望,因此这类文章有一定的进步意义,不应该一概否定。在表现手法上,李白的这类碑、记,行文平直,结构完整,语言朴实,因较注意细节描写,所以人物形象丰满、突出,从中不难看出《史记》中人物传记的影响。

六

李白散文中还有一些带有艺术再创造性质的画赞。中国绘画艺术,最重视的是神似,为画写赞,怎样把画中的形象转述出来,并做到传神,确实是非有精深的艺术造诣不可的。李白写的许多画赞,用传神之笔,状物写貌,栩栩如生地勾勒出画中的形象,令人惊叹其艺术再创造的非凡才能。如《当涂李宰君画赞》,全文仅三十二字,把李阳冰从政的经历,清廉的政声,作了高度的艺术概括。薛方山《浙江通志》说:

> 李阳冰,字少温,赵郡人,以辞翰名。乾元间为缙云令,修孔子庙,自为文记之……秩满,退居吏隐山,后迁当涂令。阳冰篆书尤著,舒元舆谓其不下李斯云。

画赞所述事迹,与《浙江通志》相符。此赞当做于宝应元年,李白已六十二岁,时阳冰为当涂令,李白依之,与阳冰朝夕相处,对其自然了解较深,他描绘阳冰的神情风貌:

> 眉秀华盖,目朗明星。鹤矫阆风,麟腾玉京。若揭日月,昭然运行。

言虽简而阳冰风采毕现,实为传神之笔。再如《李居士画赞》、《吉安崔少府翰画赞》、《宣城吴录事画赞》、《羽林范将军画赞》,描写画中人物形象特征,无不与人物身份吻合,而且往往能突出地再现人物的风神。又如《壁画苍鹰赞》云:

> 突兀枯树,旁无寸枝,上有苍鹰独立,若愁胡之攒眉。凝金天之杀气,凛粉壁之雄姿,嘴铦剑戟,爪握刀锥。群宾失席以瞬眙,未悟丹青之所为。吾尝恐出户牖以飞去,何意终年而在斯。

枯树一株,了无枝叶,苍鹰独立其上,其貌"若愁胡之攒眉";其神"凝金天之杀气,凛粉壁之雄姿";寥寥几笔,境界全出。画家布局,很费匠心,而诗人画赞,将画家的布局作了精确的艺术再现。最为出色之笔,似还在"群宾失席以瞬眙"四句,诗人没有直接夸赞画得如何逼真,而是运用烘托的技法,从观画者的惊叹、诗人自己的怀疑,显示出画中的苍鹰俨然如生,将读者引入画的艺术境界，这就比直接夸赞更胜一筹。王琦《李太白全集》在标题下附有"讥主人"字样，瞿蜕园、朱金城《李白集校注》在"评笺"中说：

> "出户牖以飞去"拟用《历代名画记》张僧繇画龙破壁上天事。不过赞画之逼真，非有寓意。

此说可取。艺术手法的借鉴，有时是必需的，但应在借鉴的基础上加以创新，方能不落前人窠臼。李白借鉴了前人的艺术经验，又从观画的感受中发挥了联想。此赞写得短小精悍，意境却隽永深邃。《观佽飞斩蛟龙图赞》也颇精彩，其文云：

> 佽飞斩长蛟，遗图画中见。登舟既虎啸，激水方龙战。惊波动连山，拔剑曳雷电。鳞摧白刃下，血染沧江变。感此壮古人，千秋若对面。

赞中描写佽飞为了保护全船乘客的性命，不顾个人安危，奋勇下水斩蛟，声势壮烈，惊心动魄。佽飞斩蛟的故事，源出《淮南子·道应训》：

> 荆有佽飞，得宝剑于干遂，还反渡江，至于中流，阳侯之波，两蛟夹绕其船。佽飞谓枻船者曰："尝有如此而得活者乎？"对曰："未尝见也。"于是佽飞瞑目，勃然攘臂，拔剑曰："武士可以仁义之礼说也，不可劫而夺也。此江中之腐肉朽骨，弃剑而已，予有奚受焉！"赴江刺蛟，遂断其头，船中人尽活，风波毕除。

原文百余字，写得有声有色。画家用丹青绘之于壁，意境已更显豁。诗人又形之于笔墨，这种艺术创作的再创造，要做到神形均肖，是很费匠心的。李白的赞，却出色地完成了这一任务，将这一故事画表现得形似神出。结语"感此壮古人，千秋若对面"指出了舍己救人的侠义精神将千古长存，从而升华了画的主题。

最后，谈一下李白的一篇奇文《为宋中丞祭九江文》。此文是李白在宋若思幕府时所作,使用了拟人化手法,写得气壮调雄,极为生动。文的开头结尾,均系一般祭文的套语,精彩处全在中间对江神说的一段文字:

今万乘蒙尘,五陵惨黩。苍生悉为白骨,赤血流于紫宫。宇宙倒悬,欃枪未灭。含识结愤,思剪元凶。若思参列雄藩,各当重寄。遵奉王命,大举天兵。照海色于旌旗,肃军威于原野。而洪涛渤潏,狂飙振惊。惟神使阳侯卷波,羲和奉命。楼船先济,士马无虞。扫妖孽于幽燕,斩鲸鲵于河洛。惟神佑我,降休于民。

前半部分写"安史之乱"造成的国家混乱、人民遭难的情况,以及当时形势的危急;后半部分写宋中丞出师平叛的军威之盛,但因遇洪水所阻,于是用祈祷而带命令的口吻,要求江神使风浪平息,人马得以安然前进,以达到扫平叛乱的目的。此段文字,每两句概括一重要内容,而且赋予江神以人的品格,句式整饰,措辞得体,表现了宋若思平叛的决心,也凝聚着诗人杀敌报国的爱国思想。文章的构思命意,别出心裁,对后世有一定的影响,韩愈的《祭鳄鱼文》,可能即受此文的启发。

综上所述,可以大致了解,李白的散文,内容充实,风格多样,反映了李白政治思想的部分内容,表现了李白生活与思想的复杂性和矛盾性。当然,在李白散文中也存在着某些消极的思想因素,个别篇章甚至表现了庸俗气息,如《为赵宣城与杨右相书》,杨右相即杨国忠,赵宣城乃宣城太守赵悦,文中对杨国忠多有阿谀谄媚之词,虽然是受赵悦命意,毕竟出自李白之手,好在这样的文章数量极少。

李白作品的渊源与影响

　　李白在中国文学发展史上,是一位继往开来、沾溉百世的伟大诗人。他之所以能取得如此巨大的成就,一个重要的原因,是由于他勤奋地、创造性地学习前代文学遗产,继承并发展了我国文学的优良传统。

　　李白的《古风》其一前半部分,实际上是一篇诗论,亦是李白对文学史的总的看法,其诗云:

　　　大雅久不作,吾衰竟谁陈! 王风委蔓草,战国多荆榛。龙虎相啖食,兵戈逮狂秦。正声何微茫,哀怨起骚人。扬马激颓波,开流荡无垠。废兴虽万变,宪章亦已沦。自从建安来,绮丽不足珍。

　　可以看出,李白是十分推崇《诗经》的,葛立方说,"李云'大雅久不作……',则知李之所得在《雅》",是有一定道理的。李白认为能产生"兴、观、群、怨"作用的诗歌才是"正声",他的作品继承了《诗经》所开创的现实主义精神,表现为大胆反映现实、抨击社会黑暗,这样的作品在李白全集中有相当的数量。同时,在艺术手法上,李白也受了《诗经》的影响,如李白的许多作品,就采取了比兴的手法来反映现实,《古风》里的许多篇,如《古风》其二,便使用比兴手法,讽刺了玄宗宫闱荒淫、废立无常的丑恶现象;《古风》其四十七,诗人亦用比兴手法,表现了自己所追求的人生理想和品格……李白这样的作品很多,故而李阳冰说李白:"凡所著述,言多讽兴。"《诗镜总论》云:

　　　太白长于感兴,远于寄衷,本于十五国风为近。

但是,对李白影响更大的似乎是屈原的积极浪漫主义。李白与屈原有许多共同之处:他们都追求进步理想,都热爱自己的祖国,都对反动腐朽的势力极端蔑视,都有强烈的反抗精神,他们的遭遇亦是同样不幸。因此,李白对屈原极为推崇:"屈平辞赋悬日月。"在艺术上,屈原上天入地的大胆想象,"凭心而言,不遵矩度"(鲁迅《汉文学史纲要》)的气势与句法,都对李白有明显影响,李白的许多诗文,如《天姥吟》《蜀道难》《梁甫吟》等等,不仅句法上,而且其意境与想象也与屈原的作品很相近,因而殷璠评李白曰:

> 故其为文章,率皆纵逸,至如《蜀道难》等篇,可谓奇之又奇,自
> 《骚》人以还,鲜有此体调也。(《河岳英灵集》)

李白描写自己遭受奸佞的嫉妒与诽谤:

> 君王虽爱蛾眉好,无奈宫中妒杀人。(《玉壶吟》)
> 由来紫宫女,共妒青蛾眉。(《古风·四九》)

这与屈原《离骚》中的诗句很相似:

> 众女嫉余之蛾眉兮,谣诼谓余以善淫。

又如描写自己所处的社会环境,李白云:

> 梧桐巢燕雀,枳棘栖鸳鸾。(《古风·三九》)
> 鸡聚族以争食,凤孤飞而无邻。蝘蜓嘲龙,鱼目混珍。嫫母衣
> 锦,西施负薪。(《鸣皋歌送岑征君》)

使人想起《九章·涉江》末尾的"乱辞":

> 鸾鸟凤凰,日以远兮。燕雀乌鹊,巢堂坛兮。露申辛夷,死林薄

兮。腥臊并御,芳不得薄兮。阴阳易位,时不当兮。

还能举出不少例子。可见,李白很认真地学习了屈原的浪漫主义精神和具体艺术手法,这使他成为屈原以后最伟大的浪漫主义诗人。但是,李白对屈原的学习不是停留在一般的模仿上,而往往表现出一种创新精神。同时,李白还表现出更大胆的对理想的追求和更狂放不羁的个性。如同是描写自己在通往理想世界的道路上遇到了阻碍,李白虽然借用了屈原的意境、化用了屈原的诗句,但却赋予诗句以新的色彩。屈原这样描写自己在"天门"前受阻后的情绪:

> 吾令帝阍开关兮,倚阊阖而望予。(《离骚》)

诗人显得有些无可奈何。而李白则是这样描写:

> 我欲攀龙见明主,雷公砰訇震天鼓,帝旁投壶多玉女。三时大笑开电光,倏烁晦冥起风雨。阊阖九门不可通,以额叩关阍者怒。(《梁甫吟》)

诗人的感情是多么强烈,行为又是多么勇敢! 由此亦可看出李白与屈原的某些区别。

关于李白作品接受《诗经》、《楚辞》的影响,前人多有评论,摘引如下:

《李诗通》:

> 太白诗宗《风》、《骚》,薄声律,开口成文,挥翰雾散,似天仙之词;而乐府诗,连类引义,尤多讽兴,为近古所未有。

《李诗纬》:

> 若太白五律,犹为古诗之遗,情深而词显,又出乎自然,要其旨趣所归,开郁宣滞,特于《风》、《骚》为近焉。

207

陆生《口谱》：

> 李白……其诗宗《风》、《骚》，薄声律，故终身作七言近体，仅八首而已。

吴乔《围炉诗话》评李白诗：

> 词多讽刺，《小雅》、《离骚》之流也。

李白《古风》其一虽然没有提到庄子，但庄子的散文对李白的影响也是很明显的。李白曾赞美庄周及其《逍遥游》说："南华老仙，发天机于漆园。吐峥嵘之高论，开浩荡之奇言。"（《大鹏赋》）又说："过此无一事，静谈《秋水篇》。"（《赠宇文太守兼呈崔侍御》）这都表现了李白对庄子作品的钦佩与爱好。李白固然接受了老庄思想中一些消极、落后的成分，但更值得注意的是他发展了庄周蔑视权贵和个人荣华富贵的传统，成为一个富有叛逆精神和敢于反抗现实的伟大诗人，故而龚自珍云：

> 庄屈实二，不可以并，并之以为心，自白始。（《最录李白集》）

庄子散文，常常吸取神话创作的经验，大量采用并虚构寓言故事，作为论证的根据，因此形成了想象奇特、夸张大胆和比喻生动的浪漫主义特色，这对李白有很突出的影响，尤其是庄子作品里的大鹏形象被李白借用了多次，这更是尽人皆知的典型例子。《柳亭诗话》有一段话很有道理：

> 《忆旧书怀》一首，飘扬恣肆，南华寓言之遗也。

这是注意到了庄子散文在风格上对李白作品的影响。

汉代及魏晋南北朝的文学对李白的影响也不能低估，其中首推乐府民歌。李白一生不倦地向汉魏六朝的乐府民歌学习，写作了大量的乐府作品。前面说过，他的乐府诗绝不是刻意模仿前人，而是充满了创新精神,往往借古题来反映现实,如《北风行》、《战城南》等。他也认真学习六朝"小乐府",如《西曲歌》、《子夜歌》,从而创作出许多清新、自然的五言绝句。如果说李白那些纵横恣肆的乐府歌行主要得力于汉代乐府的话,那么,他的绝句则主要得力于"宛转出天然"的"小乐府"。前者表现为内容丰富、句法自由、风格雄逸;后者表现为感情真挚、语言朴素、篇幅短小,如《越女词》、《巴女词》、《静夜思》等都是带有浓郁的民歌风味的作品。故明代高棅《唐诗品汇》说李白的诗"语多率然而成者,故乐府歌词咸善"。若不是努力学习汉魏六朝的乐府,李白的诗歌,尤其是乐府与绝句,就不可能取得那么高的成就。

对汉代的辞赋,李白在《古风》其一里表示了不满,认为扬雄、司马相如是"激颓波"之辈,但实际上,李白对辞赋这一汉代的主要文学形式也曾用力学习,他少年时,其父曾令他诵《子虚赋》,且"私心慕之",并曾自言"十五观奇书,作赋凌相如";大约二十岁时,苏颋评论他:"若广之以学,可以相如比肩也。"由这些记载看,李白青少年时期是十分推崇汉代辞赋家司马相如等人的,而且也开始了赋的写作。后来他虽对汉赋不能"以大道匡君"表示不满,但在许多方面,我们仍能看出汉赋对他的影响,如《大猎赋》、《明堂赋》都是明显的例证。另外,李白的一些散文,还接受了战国策论及汉初政论的影响,形成了纵横捭阖的特点。

李白对建安以后的文学似乎是持否定的态度,"自从建安来,绮丽不足珍",其实,他所反对的只是那种淫靡的文风,并非整个否定这时期的文学成就。他对魏晋以来有成就的诗人如曹植、阮籍、左思、陶渊明、谢灵运、鲍照、谢朓、吴均、何逊、阴铿、庾信等,都是十分推重的,如说:"张翰黄花句,风流五百年";"我吟谢朓诗上语,'朔风'飒飒'吹飞雨'";"解道'澄江静如练',令人长忆谢玄晖";"梦得池塘生春草,使我长忆登楼诗"。尤其是谢朓,李白诗中引用、化用、提到他的诗句不下十处,因而清人王士禛说李白"一生低首谢宣城"。

在思想内容上,阮籍、陶渊明等人对于腐朽统治阶级的讽刺,左思、鲍照等人对黑暗现实的抨击和抗议,曹植、阮籍、左思等人所抒发的怀才不遇、生不逢时的苦闷,以及陶渊明对山村田园的热爱,郭璞对仙境的向往,二谢对山光水色的喜悦,都对李白产生了深刻的影响。在艺术上,李白也认真向这些诗人学习。刘熙载《艺概》说:

太白诗以庄骚为大原,而于嗣宗之渊放,景纯之俊上,明远之驱迈,玄晖之奇秀,亦各有所取,无遗美也。

李白有些诗全篇皆受前人的影响,如李白的《夜坐吟》之于鲍照的《夜坐吟》、李白之《古风·十》之于左思的《咏史·三》、李白的《古风·四十六》之于左思的《咏史·四》、李白之《白纻词》之于鲍照的《白纻词》,内容与形式上都可以看出相似之处。当然,李白并不是机械地模仿前人,而是有所创新和发展,如李白《行路难》之一显然是受了鲍照《拟行路难》的启发,二诗都是抒发怀才不遇的感叹,但鲍诗较多地表达了个人的愤懑与牢骚,李白之作则较鲍作更有气魄和信心,充满了乐观向上的精神,具有更深刻、更广泛的社会意义,艺术上也更成熟。有时,李白很注意学习前人的意境、句法和词汇,常常表现为化用前人的佳句,使前人之作成为自己作品的有机组成部分,如李白的“却忆蓬池阮公咏,因吟渌水扬洪波”,便化用了阮籍的诗句“徘徊蓬池上,还顾望大梁。绿水扬洪波,旷野莽苍苍”。又如李白《古风·十三》的“君平既弃世,世亦弃君平”,是化用了鲍照之“君平独寂寞,身世两相弃”;李白《留别贾舍人至》的“谁见刘越石,化为绕指柔”,就是化用刘琨之“何意百炼钢,化为绕指柔”;再如李白的“独酌劝孤影,闲歌百芳林”,化用了陶渊明之“挥杯劝孤影,日月掷人去”;其“万物皆有托,吾生独无依”,化用了陶渊明之“万族各有托,孤云独无依”。另外,李白还曾三拟《文选》,他的《恨赋》里的一些段落、句法就与江淹《恨赋》十分相似。李白大量化用前人的佳句与词汇,早有人留意,如李梦阳说:

李、杜二子往往推重鲍谢,用其全句甚多。(《章园饯会诗引》)

《渔隐丛话》亦云:

李太白亦多建安句法,而罕全篇,多杂以鲍明远体。

有些人的分析与评价还很具体,如:

210

《杨升庵外集》云：

> 梁虞骞诗"落晖散长足，细雨织斜文"；太白亦用其字曰："日足森海峤"，然其惊人泣鬼，所谓铸伟辞，前无古人者乎！

又说：

> 曹子建诗"譬海出明珠"，与太白"如天落云锦"句法同。

胡元任说：

> 沈云卿诗"船如天上坐，人似镜中行"，原于王逸少语，所谓"山阴路上行，如在镜中游"之句，然李太白《入清溪山》诗云："人行明镜中，鸟度屏风里"，虽有所袭而语益工。

梅禹金说：

> 曹植《怨诗》"愿作东北风，吹我入君怀"。《怀徐幹诗》"将心寄明月，流影入君怀"。太白诗"我寄愁心与明月，随风直到夜郎西"，兼裁其意，撰成奇语。（王琦注本卷四引）

我们知道，六朝文学的末流确实是走向了浮艳淫靡，但是这一时期的文学，也应有自己的地位。就整个中国文学史来说，五言成熟于汉，七言开始于建安，而它们又都是在六朝才得到了进一步的发展，若是没有六朝文学，也就不会有今天意义上的"盛唐"。李白一方面极力反对六朝末流的文风，另一方面对魏以后有成就的诗人，又抱着学习的态度，从而使他成为一个集大成的诗人，故杜甫赞扬他：

> 白也诗无敌，飘然思不群。清新庾开府，俊逸鲍参军。（《春日怀李白》）
> 李侯有佳句，往往似阴铿。（《与李十二白同寻范十隐居》）

211

有人认为杜甫用六朝诗人来比李白是有意贬低他,这实在是无稽之谈。方弘静《千一录》说得好:

> 或又以杜比李于庚、鲍为轻之,又不然。庚、鲍岂可易者耶!

《朱子语类》亦云:

> 鲍明远才健,其诗乃《选》之变体,李太白专学之。

当然,李白对魏晋六朝文学的学习,并不是没有选择的,也不仅仅只在字、词、句上。在风格上,李白也颇得力于六朝文学,陈绎曾《诗谱》说:

> 郭璞构思险怪,而造语精圆,李、杜精奇处皆取此。谢灵运以险为主,以自然为宗,李、杜深处多取此。六朝文气衰缓,惟刘越石、鲍明远有西汉气骨,李、杜筋骨取此。

这一段话,虽然不十分全面,但还是比较中肯的。皮日休《郢州孟亭记》说:

> 明皇世章句之风,大得建安体,论者推李翰林、杜工部为尤。

《唐诗品汇》亦云:

> 李翰林天才纵逸,轶荡人群,上薄曹、刘,下该沈、鲍……

这些评论,对我们更好地了解李白的作品很有帮助。

总之,李白对他以前的文学传统和文学创作,进行了认真的总结,并采取了一种兼收并蓄的态度,因此,在他的作品里,时常能看到前人的影响。但是,李白又不是刻板地模仿前人,而是采取了革新与创造的态度。李白是十分反对死学古人的,其《古风·三十五》说:

丑女来效颦,还家惊四邻。寿陵失本步,笑杀邯郸人。一曲斐然子,雕虫丧天真。

陈绎曾有一段话说得很好:

李白诗祖《风》、《骚》,宗汉魏,下至鲍照、徐、庾亦时用之。善掉弄造出奇怪,惊动心目,忽然撒出,妙入无声,其诗家之仙者乎。(《诗谱》)

宋濂也说:

李太白,宗《风》、《骚》及建安七子,其格极高,其变化若神之不可羁。(《答章秀才论诗书》)

郝经亦说李白:

兼魏、晋以追风雅,尚辞以咏性情,则后世诗之至也。(《与撖彦举论诗书》)

这都是十分中肯和恰当的评价,说明了李白作品的渊源及他的创新精神。

在中国文学史上,李白及其作品对后代的影响十分深远,他的爱国主义思想和对人民疾苦深切的同情,他的蔑视权贵的豪迈气慨和"不屈己,不干人"的傲岸性格,他的"发想超旷,落笔天纵"的浪漫主义精神和特色,千百年来受到后人普遍的敬仰与学习,吴伟业《与宋尚木论诗书》说:

诗之尊李、杜……此犹山之有泰、华,水之有江、河,无不仰止而取益焉。

李白在生前就产生了广泛的影响,故而李阳冰《草堂集序》说:

> 自三代已来,风骚之后,驰驱屈、宋,鞭挞扬、马,千载独步,唯公一人。故王公趋风,列侯结轨,群贤翕习,如鸟归凤。

可见李白在当时诗坛的地位,同时的文人如杜甫、殷璠、魏颢、贾至、任华等大都给李白以极高的评价。中唐韩愈、孟郊大力向李白学习,创造出自己横放的艺术风格,李贺更从李白作品里吸取了丰富的营养,他的富于奇特幻想的诗篇,显然可以看出李白的影响,《岁寒堂诗话》说:

> 李贺诗,乃从太白乐府中来,瑰奇谲怪似之,秀逸挺拔则不及也。

李益等人亦认真向李白学习,《诗镜总论》说:

> 李益五古,得太白之深,所不能者,澹荡耳。太白力有余闲,故游衍自得。

其他诗人如唐代的杜牧、顾况、张籍、王建等,或在绝句,或在乐府,继承了李白的浪漫主义传统,至后代则宋苏轼被评为"宋则东坡似太白"(杨慎评语,《丹铅总录》引);陆游青年时有"小李白"之称,其他如石延年、苏舜钦、欧阳修、辛弃疾;元代有吴莱,杨维桢;明代有宋濂、高启、杨慎;清代有黄景仁、龚自珍;近代有郭沫若、闻一多……这些诗人无不从李白的作品里吸取了丰富的养料,从而取得了不同的成就。总之,从后代许多诗人的作品里,我们或者可以感受到李白那种狂放不羁的性格和浪漫主义的气概;或者可以看到李白式的想象、夸张和那使人回肠荡气的旋律……若是中国文学史上没有李白这样一位伟大的诗人,那会使人感到多么遗憾!在民间,李白作品的影响也很广泛,他的名字几乎人人皆知,他那些明白如话的诗篇,如《赠汪伦》、《静夜思》,甚至《将进酒》、《行路难》等等,广泛地被人们传诵着。

历代对李白及其作品的评价

对李白和他的作品,长期以来,有着各种各样的评论。

李白一生中,最大的问题莫过于从璘事件。在这个问题上,一直存在着两种看法:一种认为,李白从璘是背叛朝廷,流放夜郎罪有应得;另一种意见认为从璘是由于被迫。两种意见都与事实不符。李白参加永王璘幕府,既不是背叛朝廷,也不是被迫所为,实事求是,应该说是自愿参加的。在安史之乱爆发后,李白即有杀敌平乱的愿望,苦于投效无门。永王璘打的是北上平乱的旗帜,李白以为正可以借此机会,杀敌平乱,以伸报国之志,但是对永王璘是否真能用贤,则抱着怀疑的态度。他在《与贾少公书》中说:"扶力一行,前观进退。"表明了他投靠永王前也曾犹豫,对永王是心存怀疑的。但是一旦参加了永王军队,便希望借这支力量来实现自己"海县清一"的理想。从他参加幕府以后写的《永王东巡歌》、《在水军宴赠幕府诸侍御》中,可看出他对平乱救国的耿耿忠心,也可看出他把实现平乱的希望完全寄托在永王身上。

> 二帝巡游俱未回,五陵松柏使人哀。诸侯不救河南地,更喜贤王远道来。(《永王东巡歌》其五)

当时玄宗、肃宗逃亡在外,宗庙社稷毁于叛军之手,诸侯王无人发兵平乱,因此,李白对永王璘率舟师东下,大加赞扬。又云:

> 试借君王玉马鞭,指挥戎虏坐琼筵。南风一扫胡尘静,西入长安到日边。(《永王东巡歌》其十一)

诗意很明白,是要扫荡胡尘,回到长安君主身边。胡仔说:

> 《蔡宽夫诗话》云:太白从永王璘,世颇疑之。《唐书》载其事甚略,亦不明辨其是否。独其诗自序云:"半夜水军来,寻阳满旌旃。空名适自误,迫胁上楼船。徒赐五百金,弃之若浮烟。辞官不受赏,翻谪夜郎天。"(《经乱离后天恩流夜郎忆旧游书怀赠江夏韦太守良宰》)太白岂从人为乱者哉?盖其学本出纵横,以气侠自任,当中原扰攘时,欲藉之以立奇功,故其《东巡歌》有"但用东山谢安石,为君谈笑静胡沙"之句,其卒章云:"南风一扫胡尘静,西入长安到日边。"亦可见其志矣。(《苕溪渔隐丛话》)

这里的分析,有一定的道理。李白参加永王幕府实出于一片爱国热忱,其志在"扫胡尘"、"清幽燕",他不仅以此勉励永王,同时也以此勉励同僚,故云:

> 卷身编蓬下,冥机四十年。宁知草间人,腰下有龙泉?浮云在一决,誓欲清幽燕。愿与四座公,静谈金匮篇。齐心戴朝恩,不惜微躯捐。所冀旄头灭,功成追鲁连。(《在水军宴赠幕府诸侍御》)

如此诚挚恳切的诗句,表明了诗人赤心报国的决心。但是事与愿违,永王并没有把他当做参谋赞划的重臣,他在永王军中的地位不过是"侍笔黄金台,传觞青玉案"(《南奔书怀》)的幕宾而已。永王军的一切重大谋划,李白是没有参与的,也无从了解。到永王公开与肃宗对抗而至兵戎相见时,永王军中的将领幕宾纷纷离去,李白也逃出了军营。他在军中前后不过一个月的时间。公正地评论,李白是无罪的;统治者却把他投入浔阳狱中,诗人的愤慨和悲痛不言而喻。他在狱中写的《万愤词投魏郎中》,表现出他所痛心的事依然是"九土星分,嗷嗷凄凄",即国家分崩离析,人民苦难深重。统治者对诗人这片赤忱为国之心毫不顾念,他们"树榛拔桂,囚鸾宠鸡"。虽经崔涣、宋若思极力为之昭雪,将李白从狱中放出,可是不久,白发苍苍的诗人仍被流放夜郎,内心的痛苦可想而知。"愿结九江流,添成万行泪。"(《流夜郎永华寺寄浔阳群官》)所幸的是,当诗人行至巫山时,遇赦放还。对这样一件不白之冤,当时有的士大夫却抱着政治偏见,认为李白是附逆,是罪有应得。但了解他的人,则为之说公平话,如魏颢便说:

> 解携明年,四海大盗,宗室有潭者,白陷焉。谪居夜郎,罪不至此,屡经昭洗,朝廷忍白久为长沙汨罗之傅,路远不存,否极则泰,白宜自宽。(《李翰林集序》)

最突出的是李白的挚友杜甫,深为李白抱不平,他说:"世人皆欲杀,吾意独怜才"(《不见》),又说:"冠盖满京华,斯人独憔悴。孰云网恢恢,将老身反累。千秋万岁名,寂寞身后世"(《梦李白二首》其二),简直是替李白向社会提出了控诉。后来仇兆鳌在《杜诗详注》中说:

> 按《太白本传》:白喜纵横术,击剑,为任侠。杜公向赠诗云"飞扬跋扈为谁雄",盖恐其负才任气,至于偾事也。后来永王璘起兵,迫致不能自脱,观其作《东巡歌》云:"永王正月东出师,天子遥分龙虎旗",又云:"二帝巡游俱未回,五陵松柏使人哀"。又云:"南风一扫胡尘静,西入长安到日边",尚以勤王望永王,意中实未尝忘朝廷也。及璘败而白遂系狱,殆所遭时势之不幸耳。少陵惓惓系念,亦曲谅其苦心,而深为之悲痛耳。

这确实是公允之论。王穉登在《李翰林分体全集序》里说:

> 予怪乎宗李者画虎难成,妄加訾议,指永王璘之事为从逆,嗟乎!禄山篡乱,翠华西幸,灵武之位未正,社稷危于累棋,璘以同姓诸王,建义旗,倡忠烈,恢复神器,不使未央井中玺落群凶手,白亦王孙帝胄,慨然从之。……夫璘非逆,而从之者乃为逆乎?王维亦尝陷贼,以凝碧管弦诗获免。青莲故不幸而罹销骨之口,岂不冤哉!

这里的解释也有一定的道理,因为永王出师是以平乱救国相号召,到永王公开反叛时,李白已逃出军营。当然用王维的例子来相比,不是很恰切。永王军中部将在永王与肃宗的矛盾付诸武力之时,也都纷纷离去,结局却很不相同。如浑惟明原是永王军得力的将领,逃出永王军后,朝廷则加以重用,官至节度使。而李白则得到监狱和流放的处罚,这种不公正的待遇,怎能不使人们为之不平?!

然而,在理学大兴的宋代,士大夫对李白从璘事件,却有不同的看法。大诗人苏轼在其《李白碑阴记》里说:

> 李太白狂士也,又尝失节于永王璘,此岂济世之人哉!……士以气为主,方高力士用事,公卿大夫争事之,而太白使脱靴殿上,固已气盖天下矣。使之得志,必不肯附权幸以取容,其肯从君于昏乎!夏侯湛赞东方生云:"……戏万乘若僚友,视俦列如草芥……"吾于太白亦云。太白之从永王璘,当由迫胁。……

苏轼既认为太白从璘是"失节",又赞扬太白使高力士脱靴是"气盖天下",并认为如使太白得势,必不肯依附权贵,最后则以太白从璘"当由迫胁"来自圆其说。苏轼前后的矛盾,正反映了他本身的思想矛盾。他既有诗人的气质,主持正义,又受封建正统思想支配,二者的矛盾冲突反映在对李白从璘一事的评价里,便只能是"当由迫胁"了。李白从璘系由迫胁之说对后世起着一定的影响。晁公武《郡斋读书志》云:"安禄山反,明皇在蜀,永王璘节度东南,白时卧庐山,迫致之。"仇兆鳌亦说李白是"迫致不能自脱"。

南宋理学家朱熹对李白的诗很赞赏,认为"李太白诗非无法度,乃从容于法度之中,盖圣于诗者也"。但对李白从璘却极为不满,他说:"李白见永王璘反,便怂恿之,诗人没头脑至于如此!"这正是理学家看问题不从事实出发的例子。

总之,对李白从璘过去存在着不同的看法,有贬斥的,有谅解的,亦有为之辩护的。目前,学术界基本上一致认为,李白在"安史之乱"中,抱杀敌救国之志,苦于投效无门,见永王璘打着北上平乱的旗帜,又三次征召,才参加了永王幕府,永王背叛朝廷时,李白即趁乱逃了出来。因此,李白是无罪的。

其次,历代以来对李白作品的评价,也是意见纷纭的。李白的同时代人,如贺知章、李阳冰、魏颢、杜甫、殷璠等人,都给予他的诗文以高度的评价。《本事诗》说:

> 李太白初自蜀至京师,舍于逆旅,贺监知章闻其名,首访之。既奇其姿,复请所为文,出《蜀道难》以示之,读未竟,称叹者数四,号为谪仙。……又见其《乌栖曲》(或言是《乌夜啼》)叹赏苦吟曰:此诗可以泣鬼神矣。

魏颢《李翰林集序》说:

> ……七子至白,中有兰芳。情理宛约,词句妍丽。白与古人争长。三字九言,鬼出神入,瞠若乎后耳。

李阳冰《草堂集序》云:

> ……故其言多似天仙之辞。凡所著述,言多讽兴。自三代以来,风骚之后,驰驱屈、宋,鞭挞扬、马,千载独步,唯公一人。……古今文集,遏而不行,唯公文章,横被六合。可谓力敌造化欤!

殷璠《河岳英灵集》说:

> 至于《蜀道难》等篇,可谓奇之又奇,然自骚人以还,鲜有此体调也。

杜甫赞扬李白的诗句就更多,如:

> 李侯有佳句,往往以阴铿。(《与李十二白同寻范十隐居》)
> 白也诗无敌,飘然思不群。清新庾开府,俊逸鲍参军。(《春日忆李白》)
> 昔年有狂客,号尔谪仙人。笔落惊风雨,诗成泣鬼神。(《寄李

十二白二十韵》)

  敏捷诗千首,飘零酒一杯。(《不见》)

任华《杂言寄李白》也说:

  我闻当今有李白,《大鹏赋》《鸿猷文》,嗤长卿,笑子云,班、张所作琐细不入耳,未知云卿得在嗤笑限否?登庐山,观瀑布,"海风吹不断,江月照还空",余爱此两句。登天台,望渤海,云垂大鹏飞,山压巨鳌背,斯言亦好在。至于他作,多不拘常律。振摆超腾,既俊且逸。或醉中操纸,或兴来走笔。手下忽然片云飞,眼前划见孤峰出。……

以上所引赞誉之词,确实符合李白诗文实际,绝非溢美。可是到了中唐,出现了所谓的"扬杜抑李"派,元稹、白居易便是这一派的代表人物。元稹在《唐检校工部员外郎杜君墓系铭并序》中说:

  ……至于子美,盖所谓上薄风雅,下该沈、宋,言夺苏、李,气吞曹、刘,掩颜、谢之孤高,杂徐、庾之流丽,尽得古今之体势,而兼文人之所独专矣。使仲尼考锻其旨要,尚不知贵其多乎哉!苟以为能所不能,无可无不可,则诗人以来,未有如子美者。是时山东人李白,亦以奇文取称,时人谓之李、杜。余观其壮浪纵恣,摆去拘束,模拟物象及乐府歌诗,诚亦差肩于子美矣。至若铺陈终始,排比声韵,大或千言,次犹数百,辞气豪迈而风调清深,属对律切而脱弃凡近,则李尚不能历其藩翰,况堂奥乎?

认为李白仅仅在乐府歌诗上勉强比得上杜甫,其他方面连杜甫的门墙都进不去,何况登堂入室!这样绝对化的评论,是缺乏说服力的。白居易在《与元九书》中亦有一段文字:

  李之作才矣奇矣,人不逮矣,索其风雅比兴,十无一焉。杜诗最多,可传者千首。至于贯穿古今,觇缕格律,尽工尽善,又过于李。

白居易认为李诗的内容与形式,都不如杜甫。元、白对诗歌的理解以及评价诗歌的标准,都是以是否合乎风、雅为原则,而他们对《诗经》风、雅的认识,又深受汉儒的影响,认为诗总是要"干预教化","补察时政、导泄人情"的。其实李白的诗也有许多是接近风、雅的,然而,元稹、白居易为什么要扬杜抑李?除封建士大夫的传统观念以外,可能与文学的流派有关,元、白是现实主义诗人,他们继承了《诗经》以来的现实主义传统,所以对现实主义诗人杜甫格外赞许,而李白那种驰骋幻想的浪漫主义创作方法,不为元、白所理解,因而加以贬责,用他们的文学标准衡量李白的作品,终觉不如杜甫。其实李、杜各有所长,岂能厚此薄彼?当时韩愈对元、白的偏见就曾提出辩驳,他说:

> 李杜文章在,光焰万丈长。不知群儿愚,那用故谤伤?蚍蜉撼大树,可笑不自量!(《调张籍》)

这首诗针对性很强,对抑李扬杜派作了有力的反驳。李杜并重,确是合乎实际的公允之论,后来宋人严羽作了进一步的论述:

> 李、杜二公正不当优劣。太白有一二妙处,子美不能道;子美有一二妙处,太白不能作。子美不能为太白之飘逸,太白不能为子美之沈郁。太白《梦游天姥吟》、《远别离》等,子美不能道;子美《北征》、《兵车行》、《垂老别》等,太白不能作。论诗以李、杜为准,挟天子以令诸侯也。少陵诗法如孙、吴,太白诗法如李广。(《沧浪诗话》)

这是二者并重的具体阐述,颇有说服力。即使在唐代,二者并重的说法也有一定的影响,晚唐诗人李商隐《漫成》一诗说:

> 李、杜操持事略齐,三才万象共端倪。集仙殿与金銮殿,可是苍蝇惑曙鸡。

宋初许多论者推崇杜甫,但往往李杜并称,不分轩轾,如:

谁怜所好还同我,韩柳文章李杜诗。(王禹偁《赠朱岩》)

李杜风骚少得朋,将坛高筑竟谁登。(林逋《和皓文二绝》其一)

这些议论比较空泛,一般化,但也有人特别注意了李杜艺术才能的不同性质和作品的不同风格,似可推徐积为代表,他说:

盖自有诗人以来,我未尝见大泽深山,雪霜冰霰,晨霞夕霏,千变万化,雷轰电掣,花苞玉洁,青天白云,秋江晓月,有如此之人,如此之诗。……人生何用自缧绁,当须荦荦不可羁。乃知公(指李白)是真英物,万叠秋山清耸骨。当时杜甫亦能诗,恰如老骥追霜鹘。(《李太白杂言》)

徐积用老骥喻杜诗之老练沉着,用霜鹘比李诗之飘逸俊洒,是相当恰切的,其中特别表现了对李白的推崇,既赞扬了李白为人豪放,也称许李白天资难敌,诗风自由。欧阳修《李白杜甫诗优劣说》持论与此相近,他说:

"落日欲没岘山西,倒著接䍦花下迷。襄阳小儿齐拍手,大家争唱白铜鞮。"此常言也。至于"清风朗月不用一钱买,玉山自倒非人推",然后见其横放。其所以警动千古者,固不在此也。杜甫于白得其一节,而精强过之,至于天才自放,非甫可到也。

欧阳修特别赞扬了李白天资出众,诗风横放。但是,至王安石,情况有了明显的变化,抑李扬杜似乎又占了上风。王安石编了一本《四家诗选》,收杜甫、韩愈、欧阳修、李白的部分诗作,无论从时代先后还是从成就大小着眼,李白都该列于书前,但王氏却将李白排在第四,这确实是奇怪的。王安石曾指责李白说:

李白诗近俗,人易悦故也,白识见污下,十首九说妇人与酒。(宋胡仔《渔隐丛话》)

又说：

> 太白词语迅快，无疏脱处，然其识污下，诗词十句九句言妇人与酒耳。（宋释惠林《冷斋夜话》）

王安石的这些评论，现在看来当然不值一驳，但在当时还是有影响的。清人陈藻反驳此说，"杜陵尊酒罕相逢，举世谁堪入此公？莫怪篇篇吟妇女，别无人物与形容"（《读李翰林诗》），可称为李白诗的知音。其实，南宋即有人对王氏的两段话表示怀疑，也有人认为这两段话并非王安石所说，如陆游云：

> 世言荆公四家诗后李白，以其十首九首说酒及妇人。恐非荆公之言。白诗乐府外及妇人者亦少，言酒固多，比之陶渊明辈亦未为过。此乃读太白诗未熟者，妄立此论耳。四家诗未必有次序，使诚不喜白，当自有故。盖白识度甚浅，观其诗中如："中宵出饮三百杯，明朝归揖二千石"，"揄扬九重万乘主，谑浪赤墀青琐贤"，"王公大人借颜色，金章紫绶来相趋"，"一别蹉跎朝市间，青云之交不可攀"，"归来入咸阳，谈笑皆王公。高冠佩雄剑，长揖韩荆州"之类，浅陋有索客风。（《老学庵笔记》）

陆游虽怀疑王安石是否说过如上两段话，但他对李白诗也是不满意的，他认为李白"识度甚浅"。苏辙对李白也是极力贬抑的，他说：

> 李白诗类其为人，骏发豪放，华而不实，好事喜名而不知义理之所在也。语用兵，则先登陷阵，不以为难；语游侠，则白昼杀人，不以为非。此岂诚能也哉！白始以酒侍奉明皇，遇谗而去，所至不改其旧，永王将窃据江、淮，白起而从之不疑，遂以放死。今观其诗固然。唐诗人李、杜称首，今其诗皆在，杜甫有好义之心，白所不及也。（《苏栾城集》）

宋人对作家作品的评价，往往着重在所谓义理，实际不过是正统的三

纲五常之道,他们赞扬杜甫最主要的一条就是"每饭不忘君"。李白"不知义理",他的诗自然也就不如杜甫了。罗大经评李诗也说:

> 李太白当王室多难,海宇横溃之日,作为歌诗,不过豪侠使气,狂醉于花月之间耳。社稷苍生,曾不系其心脊。其视少陵之忧国忧民,岂可同年语哉!唐人每以李、杜并称,韩退之识见高迈,亦惟曰李、杜文章在,光焰万丈长,无所优劣也。至宋朝诸公,始知推尊少陵。东坡云:古今诗人多矣,而惟称杜子美为首,岂非以其饥寒流落而一饭未尝忘君也欤!又曰北征诗识君臣大体,忠义之气与秋色争高,可贵也。(《鹤林玉露》)

这段文字,把宋人扬杜抑李的原因说得何等明白。再举几条评论:葛立方《韵语阳秋》说:

> 杜甫诗唐朝以来一人而已,岂白所能望耶!

赵次公《杜工部草堂记》云:

> 李、杜号诗人之雄,而白之诗多在于风月草木之间,神仙虚无之说,亦何补于教化哉!惟杜陵野老负王佐之才,有意当世,而肮脏不偶,胸中所蕴一切写于诗。

但论到李白诗文的风格和艺术,宋人也不乏公平之论,如朱熹对李白从璘事件的认识是错误的,对李白诗却极为推崇,他说:

> 作诗先看李、杜,如士人治本经,本既立,方可看苏、黄以次诸家。(《朱子语类》)

严羽也说:

> 诗之极至有一,日入神,诗而入神,至矣尽矣,蔑以加矣。惟李、

224

杜得之,他人得之盖寡也。(《沧浪诗话》)

又说:

　　观太白诗者,要识真太白处。太白天才豪逸,语多率然而成者,学者于每篇中要识其安身立命处可也。(同上)

葛立方亦云:

　　李太白、杜子美诗皆掣鲸手也。余观太白《古风》,子美《偶题》二篇,然后知二子源流远矣。李云"《大雅》久不作,吾哀竟谁陈? 王风委蔓草,战国多荆榛",则知李之所得在雅,杜云"文章千古事,得失寸心知。骚人嗟不见,汉道盛于斯",则知杜之所得在骚。(《韵语阳秋》)

　　这些评论特别肯定了李白诗歌的艺术成就,有的并论李、杜而无所偏袒,有的虽仅论及李白,对杜甫亦无訾议,确是公允之论。
　　蒙古族统治的元朝,诗人中如方回、刘秉忠、周权、王恽等,对李白评价都很高,方回说:

　　人言太白豪,其诗丽以富。乐府信皆尔,一扫陈梁腐。馀篇细读之,要自有朴处。最于赠答篇,肺腑露情愫。(《杂书》)

　　说李白诗豪放,朴实自然,不事雕琢,是很中肯的。元人对李白的诗风极为推崇,评论也很多。清人宋荦在《元诗选序》中说:

　　宋诗多沈僿,近少陵;元诗多轻扬,近太白。

　　可见元人推崇李白,与元代诗风有关。
　　到了明代,崇尚李白的倾向,有了进一步的发展,如刘基、高启、王世贞、方孝孺、杨慎、王稚登、李挚等都在不同程度上偏重李白。高启《夜闻谢太史读李杜诗》云：

> 前歌《蜀道难》，后歌《逼仄行》。商声激烈出破屋，林鸟夜起邻人惊。我愁寞寂正欲眠，听此起坐心茫然。高歌隔舍与相和，双泪迸落青灯前。李供奉，杜拾遗，当时流落俱堪悲。严公欲杀力士怒，白骨江海常忧饥。二公高才且如此，君今谓我将何如？！

高启从生活感受出发，写出李、杜诗歌的感染力量，还是李、杜并重的。方孝孺的《吊李白》一诗，则对李白赞扬备至：

> 君不见唐朝李白特达士，其人虽亡神不死。声名流落天地间，千载高风有谁似？我今诵诗篇，乱发飘萧寒。若非胸中湖海阔，定有九曲蛟龙蟠。却忆金銮殿上见天子，玉山已颓扶不起。脱靴力士只羞颜，捧砚杨妃劳玉指。当时豪侠应一人，岂爱富贵留其身？归来长安弄明月，从此不复朝金阙。酒家有酒频典衣，日日醉倒身忘归。诗成不管鬼成泣，笔下自有烟云飞。丈夫襟怀真磊落，将口谈天日月薄。泰山高兮高可夷，沧海深兮深可涸。惟有李白天才夺造化，世人孰得窥其作？我言李白古无双，至今采石生辉光。嗟哉石崇空豪富，终当埋没声不扬。黄金白璧不足贵，但愿男儿有笔如长杠！

方孝孺评李白的诗，全从李白的为人处世中引出。高启、方孝孺都是因不屈服于统治者而被杀害的，他们对李白那种傲岸不屈的精神特别赞赏。

宋人抑李扬杜，着重在诗的思想内容，明人比较重李轻杜，主要偏重诗的艺术及风格，这均与当时的学术思想有密切的联系。特别值得注意的是，明人对李白、杜甫的作品作了不少比较分析，因此较有说服力，如胡应麟《诗薮》说：

> 才超一代者李也，体兼一代者杜也。李如星悬日揭，照耀太虚；杜若地负海涵，包罗万汇。李超出一代，故高华莫并，色相难求；杜唯兼综一代，故利钝杂呈，巨细咸蓄。李才高调逸而气雄；杜

体大思精而格浑。超出唐人而不离唐人者李也,不尽唐调而兼得唐调者杜也。

胡应麟此论与严羽等人的论述是一致的,话虽不多,却比较清楚地区别了李、杜两位诗人的不同气质、不同创作方法和不同艺术风格。它对清代的评论家有着深刻的影响。清人钱谦益、吴伟业、缪曰苣等,对于李、杜均极推崇,无所轩轾。晚清诗人龚自珍对李白的评论也很有特色,他说:

庄、屈实二,不可以并,并之以为心,自白始,儒、仙、侠实三,不可以合,合之以为气,又自白始。(《最录李白集》)

龚自珍的思想和作品,均受李白的影响,对李白的认识比较深刻。

如上所述,在长期的封建社会里,李白及其作品尽管有贬抑者,也有不少赞扬者。不过李白及其作品始终没有人作过全面的、科学的评价。历来注杜诗者号称千家,注李诗者仅三家而已,可见李诗之不受重视。究其原因,仍在李诗不符合所谓"三纲五常"之道。有趣的是,凡是推崇李白诗者,大多是下层受压抑的士大夫,或者是具有反抗思想的文人;而贬李诗者,一般均为政治地位很高的官僚,如元稹、白居易、王安石等。李白的生活态度和作品,不但具有正统观念的士大夫不能理解,即使近代资产阶级文人对此也存在着许多偏见。

我国五四运动前后,西方文艺思潮涌入,一些受西学影响较深的文人,对本国文艺抱着民族虚无主义态度,对李白采取了否定的态度,说李白是个道士,是出世之士,歪曲了李白的真实形象,否定了李白诗歌的社会意义。李白虽然受过道箓,也曾炼丹求仙,但都发生在他政治上遭到沉重打击后,目的是避祸全身和寻求解脱。他的世界观绝非道家思想可以包括,他本人更不是虔诚的道教徒所可比拟。他一生的抱负是要"使寰区大定,海县清一",而又终身不懈地追求着他的理想,他的作品反映了整整一个时代的社会矛盾和他本身的思想矛盾。

建国后,五十年代出版的几部《中国文学史》,用历史唯物主义观点对李白及其作品作了较全面的科学的评价,显示了新中国学术界批判继承文学遗产的卓越成就。六十年代初,特别是近几年,学术界对李白身世和作品的研究,更深入了一步,提出了不少新问题,但是在许多方面仍然存在着分歧,尚有待于每一位李诗研究者和爱好者去认真探索,做到更准确、更全面地认识和评价这位伟大的浪漫主义诗人及其作品。

历代对李白集的整理与校注

唐 代

李白的诗文在他生时便很有影响,他曾自言:"剑非万人敌,文窃四海声。"任华有《杂言寄李白》,其中说:"见说往年在翰林,胸中矛戟何森森。新诗传在宫人口,佳句不离明主心。"魏颢也说,李白的《大鹏赋》"家藏一本"。李白晚年已感到自己政治上恐难建功立业,故愈来愈倾心于文学事业,其《大雅久不作》(古风其一)便表示了他的愿望:"我志在删述,垂辉映千春。希圣如有立,绝笔于获麟。"因此,李白晚年至少三次将编集之事托付于至亲好友,可见他对自己诗文的重视。天宝十三载(公元754年),李白与王屋山人魏万相遇于扬州,二人相携至金陵同游,分手时,李白尽出己之诗文,嘱托魏万整理编集,魏万(后改名颢)在《李翰林集序》里说:

> 颢平生自负,人或为狂,白相见泯合,有赠之作,谓余尔后必著大名于天下,无忘老夫与明月奴。因尽出其文,命颢为集。

但不幸的是,第二年便发生了"安史之乱",李白所付诗文全部被魏万丢失。"经乱离,白章句荡尽"(魏颢《李翰林集序》),一直到上元末,魏万于绛偶得李白旧稿,一年以后,他便编成《李翰林集》共二卷,当时李白还在世,故魏《序》云:"白未绝笔,吾其再刊。"此本排列为:

> 首以赠颢作,颢酬白诗,不忘故人也。次以《大鹏赋》、古乐府诸篇积薪而录,文有差互者两举之。

乾元(公元758年至760年)间,李白流放夜郎遇赦归至江夏,遇到倩公,感到"神冥契合",因此,李白在《江夏送倩公归汉东序》里说:

> 仆平生述作,罄其草而授之。

但不知倩公是否将这些文稿编成集子。

宝应元年(公元762年),李白将终,又将编集之事拜托族叔李阳冰,阳冰《草堂集序》云:

> 阳冰试弦歌于当涂,心非所好,公(指李白)遐不弃我,乘扁舟而相顾。临当挂冠,公又疾亟,草稿万卷,手集未修,枕上授简,俾予为序。

李阳冰编辑并为之作序的即是《草堂集》十卷,其中诗文并非全是李白手稿,《草堂集序》云:

> 中原有事,公避地八年,当时著述,十丧其九,今所存者,皆得之他人焉。

《草堂集》编成后并未成为定本,故二十八年后(公元790年),刘全白《翰林学士李君碣记》说:"诗文亦无定卷,家家有之。"又过了二十七年(公元807年),范传正"于人间得公遗篇遗句,吟咏在口"(《唐左拾遗翰林学士李公新墓碑并序》)。然后编成文集二十卷,范《序》说:

> (李白)文集二十卷,或得之于时之文士,或得之于宗族。编辑断简,以行于代。

范本即是在阳冰本的基础上扩大而成的,虽收集仍不全面,但却是唐代最完备的一个本子。《旧唐书·李白传》:"有文集二十卷,行于时";《新唐书·艺文志》:"李太白草堂集二十卷(李阳冰录)";大约就是指范传正以李阳冰《草堂集》为底本增扩的那个本子,但魏颢、李阳冰、范传正的三个本子皆不传。

宋　代

如果说唐人由魏颢至范传正对李白诗文还只是一般的收集,那么到宋代则对李白集开始了增订、分类和考次。

咸平元年(公元998年),乐史以《草堂集》(十卷本)为底本,开始了第一次较大规模的增订,其《李翰林别集序》说:

> 李翰林歌诗,李阳冰纂为《草堂集》十卷,史又别收歌诗十卷,与《草堂集》互有得失,因校勘排为二十卷,号曰《李翰林集》。今于三馆中得李白赋、序、表、赞、书、颂等,亦排为十卷,号曰《李翰林别集》。

过了七十年,常山宋敏求在熙宁元年(公元1068年)重新进行了编辑整理,其《李太白文集后序》说:

> 唐李阳冰序李白《草堂集》十卷云:当时著述,十丧其九。咸平中,乐史别得白歌诗十卷,合为《李翰林集》二十卷,凡七百七十六篇,史又纂杂著为别集十卷。治平元年,得王文献公溥家藏白诗集上、中二帙,凡广一百四篇,惜遗其下帙。熙宁元年,得唐魏万所纂白诗集二卷,凡广四十四篇,因衷唐类诗诸编,泊刻石所传,别集所载者,又得七十七篇,无虑千篇。沿旧目而厘正其汇次,使各相从,以别集附于后。凡赋、表、书、序、碑、颂、记、铭、赞、文六十五篇,合为三十卷。同舍吕缙叔出《汉东紫阳先生碑》,而残缺间莫能辨,不复收云。

宋敏求的增订使乐史本更为丰富,故特别受到后人重视,但此本仍是一般的汇集,后来曾巩又前进一步,他就宋敏求这个三十卷本,于每类之中,考其先后而编年排次,其《李太白文集后序》说:

《李白集》三十卷,旧歌诗七百七十六篇,今千有一篇,杂著六十五篇,知制诰常山宋敏求字次道之所广也。次道既以类广白诗,自为序,而未考次其作之先后。余得其书,乃考其先后而次第之。

至此,李白文集大体成为定本,不仅收集诗文较丰富,且有编排考次,但其体例仍不十分恰当,故而胡震亨云:"至其体例,先古风,次乐府,又仍次古风,尤所不解。"(《唐音癸签》卷三十二)宋元丰三年(公元1080年)临川晏处善守苏州,以宋、曾所编李白文集付信安毛渐校正刊行,这便是李白集的第一个刻本,此本第一卷为序、碑,下二十三卷为歌诗,最后六卷为杂著。以后据此翻刻者有蜀本。同时沿乐史本系统下来的有咸淳己巳(公元1269年)本,题为《李翰林集》三十卷,这个本子伪作颇多,但也有一定的参考价值。

元　代

宋末李白诗文的集注本才出现,南宋杨齐贤(宋宁宗庆元五年进士),有集注《李白诗》二十五卷,元人萧士赟认为此本"博而不能约,至取唐广德以后事及宋儒记录诗词为祖,甚而并杜诗内伪作苏东坡笺事、已经益守郭知达删去者亦引用焉"(《补注李太白集序例》)。元世祖至元辛卯(公元1291年),萧士赟删补杨齐贤注本而成《分类补注李太白集》二十五卷,其《序例》说:

仆自弱冠知诵太白诗。时习举子业,虽好之未暇究也。厥后乃得专意于此,间趋庭以求闻所未闻,或从师以蕲解所未解。冥思遐想,章究其意之所寓,旁搜远引,句考其字之所原。若夫义之显者,概不赘演。或疑其赝作,则移置卷末,以俟巨眼者自择焉。此其例也。一日得巴陵李粹甫家藏左绵所刊舂陵杨君齐贤子见注本读之,……因取其本类此者(博而不约、误引)为之节文,择其善者存之。注未尽者,以予所知附于后,混为一注。全集有赋八篇,子见本无注,此则并注之,标其目曰《分类补注李太白集》。

232

萧氏于辨别李诗之真伪确实下了功夫,故时有发明,但其注却很烦琐,至使胡震亨批评说:

> 萧之解李,无一字为本诗发明,却于诗外旁引传记,累牍不休,注白乐府引郑夹漈说尤谬。郑于乐府之不可考者,概分门类为遗声。李乐府从古题本辞本义妙用夺换而出,离合变化,显有源流,不溯之为注,乃引郑勉强不通之说塞白耶!(《唐音癸签》卷三十二《录三》)

这个批评虽然过苛,但也说明了萧本的弱点。《四库全书总目提要》的评论比较适当:

> 注中多征引故实,兼及意义,卷帙浩博,不能无失。然其大致详赡,足资检阅……其于白集固不为无功焉。

萧氏本元代即有至大辛亥勤有堂刊本,明嘉靖癸卯(公元1543年)吴会郭云鹏又有校刻本,但改动很大,已非杨、萧本来的面目了。

明　代

明代对李白集的整理与校注又有发展,首先值得注意的是朱谏的《李诗选注》十二卷和《辩疑》二卷,合之即是一部李诗全集,其长短之处,《温州经籍志》卷二十六说得比较明白:

> 案荡南李诗选注,笺释文义,大抵以杨齐贤、萧士赟分类补注为蓝本,而删其词意浅俗,不类白作,及虽系白作,而出于不经意者。以其不全录原本,故名选注。其注征引故事,兼及意旨,详简得中,颇便省览。惟每篇必傅以六义,则未脱宋以来讲学家说诗窠臼。其考释亦间有疏漏。……然其纠正旧注者亦复不少,……固足与杨、萧注同行也。辩疑二卷,录选注所删诗二百十六篇,以为多他人作屬入李集。每篇皆略摘其疵累,以明其删削之旨……其鉴别亦尚精审。……然篇数既多,评议不必尽当,且好断某诗为李益作,某诗为李赤作,专

辄之弊,亦不能免。

朱氏此本虽时有武断之处和其他失误,但材料丰富,条理清楚,有分段串讲,间有总评,其对李诗的辩疑,还是能启发后人的。朱谏之后,胡震亨驳正旧注,作《李诗通》二十一卷,詹瑛先生在《李太白集版本叙录》自序中谈到胡氏本云:

> 其书首列朱茂时、朱大启并胡夏客题识。自卷一以下则为作者所改编的李白传、李白年谱及本诗。胡氏以宋敏求所收间杂伪作,曾巩所次体例亦多错紊,乃重为编订。以乐府居前,余古律各以类从,为二十卷。其李赤《姑孰十咏》、李益《长干行》、顾况《去妇词》混入者,并改正。而伪作经前人甄辨者别为一卷附集后。

胡氏认为杨、萧之注烦琐,故《李诗通》大量删去旧注,常常在诗题下用短语说明题意,对旧注也有许多纠正,只是过分追求简洁,有些注解因过略而不能说清问题。明代还有林兆珂撰的《李诗钞述注》十六卷,十分简陋,错误甚多;又有刘世教刊行的《合刻李杜分体全集李诗四十二卷杜诗六十六卷》,此本删去了所有旧注,而以古近诸体分类,其间本着编年而定先后。还有杨慎题辞、张愈光选的《李诗选》,仅收诗一百六十余首。

清　代

清代王琦的《李太白全集》三十六卷,是历来李白诗文合注最完备的本子。此本一出,便特别受到研究者与爱好者的重视。《四库全书总目提要》说:

> 琦字琢崖,钱塘人。注李诗者,自杨齐贤、萧士赟后,明林兆珂有《李诗钞述注》十六卷,简陋殊甚。胡震亨驳正旧注,作《李诗通》二十一卷,琦以其尚多漏略,乃重为编次笺释,定为此本。其诗参合诸本,兼以逸篇,厘为三十卷,以合曾巩序所言之数,别以序、志、碑、传、赠答、题咏、诗文、评语、年谱、外记为附录六卷,而缪氏所谓《考异》

一卷，散入文句之下，不另列焉。其注欲补三家（杨、萧、胡）之遗阙，故采摭颇富，不免微伤于芜杂，然捃拾残腾，时亦寸有所长。自宋以来，注杜者林立，而注李者，仅寥寥二三本，录而存之，亦足以资考证，是固物少见珍之义也。

王本材料丰富，考证也力求准确，确有集大成之功绩。他对典故和地理方面的铨释考订提出了一些独到的见解，在版本校勘上也时有创新。当然也有不足之处，如"采摭颇富，不免微伤于芜杂"；在笺释和人事考证上也屡有失误，加之王本删去了萧本诗题下原来宋本所注的李白游踪，也给研究者带来了麻烦。清代还有李调元、邓在珩合编的《李太白全集》十六卷，其内容基本上取自王琦注本而尽删其注，所附年谱亦是王琦所作，价值不高。清代还有康熙年间应泗源所编《李诗纬》，其书选了李白部分诗文并加以评论，有些观点还能启发人。

当 代

今人对李白集的整理与研究自然较古人进步，诗选有苏仲翔《李杜诗选》、复旦大学中文系《李白诗选》，都是较有影响的选本，而全集则有瞿蜕园、朱金城二人之《李白集校注》，此书上海古籍出版社于一九八〇年七月出了第一版。其《后记》说：

> 此书共分校、注、评笺三部分。校的部分以王琦注本为底本，并校勘北京图书馆藏宋刊本《李太白全集》（这个刊本原缺卷十五至卷二十四十卷，以缪刻本配补）、日本京都大学人文科学研究所影印静嘉堂藏宋刊本《李太白文集》（即陆心源丽宋楼藏本）等重要刊本十余种及唐宋两代重要总集及选本多种。注和评笺部分，以王琦注本为基础，并参考杨、萧、胡三家注本，汇集历代笔记、研究专著及有关考证评论等，尤着重总结王绮以后的研究成果，并纠正了前人及王本不少校勘、注释错误。

此书材料收集十分用力，如朱骏声《唐李白小传》等十一篇文字皆是王琦注本所未收的,并增辑了《鹤鸣九皋》等遗诗多首,对李集中的伪作,态度也很谨慎:"集中所收伪作,凡历来各家均有定论者,如卷七之《笑歌行》《悲歌行》等,今仍依王本编次,存诗校而不加注。若在存疑之列者,如卷八《草书歌行》等,则仍加注释。"(《李白集校注·凡例》)因为校勘时广泛参考了各种全集与选本,评、注时又吸收了历代诗话,特别是王琦以后对李白的研究成果,如岑仲勉先生对李白交游的考证,詹瑛先生对李白诗的系年、考证、笺释等等,便使这个本子较王琦本更完备,具备了集历来李白研究之大成的特色。当然,此本亦有可商之处,如一些注解是否恰当,有些系年是否合适等等,何况自此书出版后李白研究领域又出现了一些新的成果,也需要有新的本子来加以总结。尽管如此,《李白集校注》仍是至今为止最好的一个李白诗文合集的注本。

李白诗文名作品读

访戴天山道士不遇

犬吠水声中,桃花带露浓。

树深时见鹿,溪午不闻钟。

野竹分青霭,飞泉挂碧峰。

无人知所去,愁倚两三松。

　　这首诗作于开元初年,时作者隐居于大匡山。李白青年时便好道术,常与道士往还,此诗即写诗人上戴天山访道士不遇的情景。

　　一二两句,从听觉和视觉的角度,展现出山中日出前后的客观景物:犬吠之声隔着淙淙流淌的溪水一声声传来,打破了深山的宁静。带露的桃花在朝阳的映照下,显得更加明丽。"犬吠"是以动衬静,即以"犬吠"来反衬山林的幽静。"桃花"是渲染之笔,渲染景色的佳绝。此外,写犬吠之声还另有一层意思,即含蓄点明幽深之处必有道观在焉。也许诗人正是要到那里去拜访道士。这样,全诗一开始就创造出了一种超尘脱俗、恬静优美的意境,并暗中交代了诗人来这里的目的。写景中融进叙事,意在言外,韵味是十足的。

　　遗憾得很,诗人并没有遇到道士,所以三四两句仍然是写景。鹿是最敏感的动物,发觉有可疑的声音,就赶快逃跑。这里说"时见鹿",则表明是森林稠密的深山,很少人迹。通过写鹿,渲染了深山古刹的僻静,也更进一步写出了这确是出世道人的居处。古时庙宇都是用鸣钟报时的,"溪午不闻钟",是说从日出到正午他一直没有听到钟声,这就暗示要访的道士外出去了,还不曾回来。由此还暗示了诗人在这里盘桓的时间已经很久,他一直期待着道人归来。

留连徘徊之际,当然要观赏景色,所以五六两句依然是写景。不过上两联写的都是近景,这一联是远景。诗人极目远望,只见翠竹丛生,好似把山野中的青青云雾分隔开来一样,从山巅飞泻下来的瀑布,如同悬挂在碧绿的山峰之上。这两句笔触绮丽,描绘出了一幅峻美的山水画图。如果说上面几句是借景写人的话,这两句同样是为了表现道士所居之地的宁静。

直至全诗结尾,诗人还是没有遇见道士。"无人知所去,愁倚两三松",显然诗人向偶尔碰到的人打听过道士的去向,但是没有得到确实的回答。最后一句使用传神之笔写出诗人那种访人不遇的遗憾心情。

这是一首律诗。以律诗的格律来衡量,是应该忌犯重叠之病的,但诗人并没有为这一忌讳所拘。诗中"水声"、"飞泉"、"树"、"松"、"桃"、"竹",语皆犯重,但是读了它,并不使人感到重叠,反而觉得清新自然。由此可以了解李白在艺术创作实践中,一开始就能打破那些雕章琢句的形式主义的文风。他后来抨击"一曲裴然子,雕虫丧天真"的形式主义文风,而鲜明地提出"清水出芙蓉,天然去雕饰"的主张,强调诗歌要抒情写性,看来不是偶然的。尽管这首诗在艺术上还不是很成熟,但从李白艺术实践发展的过程来看,已开始显露了清新自然风格的萌芽。

白头吟

锦水东北流,波荡双鸳鸯。

雄巢汉宫树,雌弄秦草芳。

宁同万死碎绮翼,不忍云间两分张。

此时阿娇正娇妒,独坐长门愁日暮。

但愿君恩顾妾深,岂惜黄金买词赋。

相如作赋得黄金,丈夫好新多异心。

一朝将聘茂陵女,文君因赠《白头吟》。

东流不作西归水,落花辞条羞故林。

兔丝固无情,随风任倾倒。

谁使女萝枝,而来强萦抱?

两草犹一心,人心不如草。

莫卷龙须席,从他生网丝。

且留琥珀枕,或有梦来时。

覆水再收岂满杯,弃妾已去难重回。

古来得意不相负,只今惟见青陵台。

诗约作于开元八年(公元 720 年),时作者正在蜀中漫游。此诗内容丰富,感情浓厚,通过耐人回味的想象和比喻,生动地表现出被遗弃女子的悲愤心情。艺术上虽然还可以看出六朝与唐初的影响,但基本上形成了李白乐府诗的风格。

全诗是通过卓文君自诉的口吻来叙事抒情的,这样更有力也更直接地表达了广大妇女对于不幸命运的控诉。开头六句采用民歌比兴的手法,抒写卓文君对爱情的坚贞。"宁同万死碎绮翼,不忍云间两分张",意味着她是以万死不辞的决心来对待爱情的。然而,在黑暗如漆的封建社会里,一个普通女子的心愿终究不过是可怜的幻想而已。接下六句便叙写司马相如变心的经过。"相如作赋得黄金,丈夫好新多异心",这两句写得很深刻,上下两句的因果关系,暴露了贪财好色男子的共同心理。其中"多"字,进一步表明但得富贵,便生"异心"是封建社会中司空见惯的普遍现象。这也正是卓文君终于被抛弃的根本原因。

"一朝将聘茂陵女,文君因赠《白头吟》",在诗中起着承上启下的重要作用。由此以下至"弃妾已去难重回",倾诉被遗弃以后的悲愤决绝、缠绵悱恻的痛苦矛盾心情。这一大段的抒情描写比喻很丰富,而且对陷于不幸的弃妇的复杂心理,揭示得很细腻,从而使全诗的主题得到了深化。显然这是受了汉乐府《白头吟》古辞的启发和影响,但又比其更加光彩焕发。"东流不作西归水,落花辞条羞故林",两句是借流水、落花以示决绝之情,字里行间流露了对丈夫忘恩负义的愤怨。"兔丝固无情"至"人心不如草"六句是上述愤怨决绝之情的进一步发展。这里既借菟丝草的形象谴责丈夫本无情义,又借女萝自比,后悔自己过于痴情,最后又痛切感叹人不如草。再下"莫卷"、"且留"四句又推开一层,写自己对丈夫藕断丝连的感情。她恨薄情的丈夫,可是又思念着丈夫,甚至幻想丈夫能够回心转意,所以尽管"龙须席"生了"网丝",也下不了决心卷起来,尽管始终不见丈夫的身影,还希图在"琥珀枕"上能够得以梦中相会。诗人在上一层里写文君对丈夫的决绝怨恨,而这一层又写她缱绻难解之情,这两种感情是矛盾的,但又具体地统一在一个无辜被弃妇女的内心之中。"覆水再收岂满杯,弃妾已去难重回",这两句又再度回到决不与故夫复合的怨愤上来。恰如《诗经·氓》中女主人公最后所表示的"信誓旦旦,不思其反。反是不想,亦已焉哉"的痛心之极的感情。总之在如上大段的抒情描写里,诗人入情入理地表现了卓文君被弃之后低回往复、痛恨交织的心情。从而出色地塑造了一个弃妇的悲剧形象,通过她的幻想的破灭和真挚的爱情所遭受的凌辱,暴露了负心男子的卑劣行径。

"古来得意不相负,只今惟见青陵台",最后两句用议论收束全诗。"惟见"二字深刻表明"在天愿做比翼鸟,在地愿为连理枝"的幻想,在现今的世界上是不存在的,即使有的话,也只见以悲剧告终的韩凭夫妇的两座青坟而已。这一议论力透纸背,是对封建社会摧残和凌辱无辜妇女的强烈控诉。

　　这首诗将叙述、议论、抒情融为一体,比喻生动形象,想象丰富大胆,在艺术上有强烈的感染力。全诗能够通过对复杂内心世界的揭示,来展现人物形象,表现诗的主题。这些都为后世提供了宝贵的艺术经验。

峨眉山月歌

峨眉山月半轮秋,影入平羌江水流。
夜发清溪向三峡,思君不见下渝州。

此诗作于元开十三年(公元 725 年),时作者在清溪至渝州的途中。李白在蜀中生活了 20 年,他对巴山蜀水非常热爱,一旦要离开这里,难免生出无限的依恋之情,这首诗便是在这样的心境下写的。

这首七绝,用了五个地名,如写不好,必然会显得枯燥无味。但在李白的笔下,不但不显得乏味,反而能唤起读者丰富的联想,呈现出一种清新优美的意境。金献之《唐诗选脉会通》就曾指出:"李供奉《峨眉山月歌》五用地名字,古今脍炙。……天巧浑成,毫无痕迹,故是千秋绝调。"《李太白全集》王琦也引王凤洲云:"此是太白佳境,二十八字中有峨眉山、平羌江、清溪、渝州,使后人为之,不胜痕迹矣。益见此老炉锤之妙。"现在我们便来具体分析一下作者炼字炼句的巧妙。

第一句,连用两个名词,都是实物,并无诗意。句末缀一"秋"字,画龙点睛,便立即赋予了这些实物以生命的力量。这个"秋"字是不能移动的。假使说:"峨眉山秋月半轮",或曰"半轮秋月",就成了散文而不像诗了。第二句的"江水流",似乎也毫无意义,江水当然是流动的,有什么可说的呢? 然而"醉翁之意不在酒",诗人写江水并不是为了表现江水,而是为了表现月亮。写江水的流动,是为了表现投入江水的月影。这两句诗连起来,构成了一幅美妙的峨眉山秋月图。抬头仰望,半轮秋月,悬挂峻峭的山巅;低头俯视,投入平羌江的月影,在波心动荡不定。淡朴自然,展示出一种引人入胜的意境,能给读者具体的艺术感受。第三句,七个字高度地概括了诗人出发的时间(夜),地点(清溪)和去向(三峡)。概括也是写诗必须运用的艺术手法之一,但是诗的概括,还必须注意诗的特点,即平仄大致合拍,音韵基本协调。这句诗用一个"向"字把"清溪"和"三峡"两个地名联系起来,既说明了问题,又显得玲珑剔透,诗意盎然。最后一句揭示出诗的主题思想。"思君不见下渝州",表明了诗人离开故乡愈远,怀念故乡的心情愈切,尤其是思念故乡峨眉山的秋月。有人认为"君"是指一位友人,纵观全诗,很难得出怀念友人的意思。沈德潜云:"月在清溪山水之间,半轮亦不复见矣,'君'字即指月。"(《唐诗别裁》)所说极是。"君"字只是月亮的拟人笔法。宋朝诗人苏东坡曾在一首诗中写道:"峨眉山月半轮秋,影入平羌江水流,谪仙此语谁解道,请君见月时登楼",就更足以表明李白此诗是写峨眉山月,而不是怀人之作。上述分析,似乎并没有逐一指明四句之中用地名的妙处,但通过对于全诗的艺术分析,恰恰具体地说明了诗人是怎样将五个抽象的地名融入诗句,成为全诗内在的有机部分,并自然天成地表现了意境的优美和诗人深长的思乡之情。

巴女词

巴水急如箭,巴船去若飞。
十月三千里,郎行几岁归?

这首诗当做于开元十三年(公元725年)诗人出蜀的时候。诗中巴女的丈夫大约是乘船东下去经商,所以诗人模仿巴女的口吻,用极简单的几笔,勾勒出与丈夫分别时的情景,道出了女子当时的不忍分别的复杂心情。

诗中前两句写水、写船,"急如箭"、"去若飞"两个比喻恰切描摹了巴水湍急以及小船疾去的情形。这既是对客观事物的实写,又含蓄地写出了送行者洒泪惜别的细微心理活动。在诗中主人公看来,顷刻离别,去若离弦,万千心事还没有来及说,丈夫所乘坐的小船就消失在江水的尽头了,这实在是令人难以忍受的事情。接下两句是对巴女内心活动的直接刻画。巴女送丈夫离去以后,落泪如雨,痴痴立在岸边,她黯然地计算着:"十月三千里,郎行几岁归?"这是说身隔异地,何时才能团聚呢?我国古代社会,由于交通极不便利,各种物质条件的贫乏,行商在外的旅人往往客死异乡,或者竟在外地另立家室。在家独守的商妇,大多形同孤寡、无依无靠,她们的命运是非常凄凉的,所以她们与丈夫离别就像生离死别一样。本诗就在对这种无限惆怅的情调的描写中,提出了一个令人深思的社会问题。

这首小诗从题材到语言与六朝民歌几无区别,形式朴素简洁,语言明快自然、不假雕琢,真切生动地表现了巴女那种真挚淳朴的思想感情。

渡荆门送别

渡远荆门外,来从楚国游。
山随平野尽,江入大荒流。
月下飞天镜,云生结海楼。
仍怜故乡水,万里送行舟。

此诗作于开元十三年(公元725年),时作者离蜀远游至荆门,舟行途中,他历览两岸风景,襟怀为之开阔,遂写下了这首色彩鲜明、风姿秀逸的五言律诗。诗中描绘了舟过荆门所见之景色,抒发了依恋家乡的情感。

一、二两句叙写自己从遥远的蜀地,乘舟东下,渡过险要的荆门,来到楚地漫游。点明了行踪之远和出蜀的目的。《沧浪诗话》云:"太白发句,谓之开门见山。"本篇发端即有大气包举,笼罩全诗的气魄。

三、四两句以高度的艺术概括,描绘了途中景物随着舟行进程所呈现的变幻多姿的图景。万里长江流过荆门山以后,即浩浩荡荡涌入了广阔无垠的湖北平原,水流平缓,横无际涯,两岸则是一眼望不到边的原野,所以诗人写道:"山随平野尽,江入大荒流。"山随平野尽,是说山势随着迎面扑来的平原沃野渐趋消失。"荒"字寓有苍茫浑阔之意。"入"字更写尽了江水浩荡的气势。这两句笔力苍劲,气度恢弘,给人一种意境阔大的艺术享受。所以明文学家胡元瑞说:"'山随平野尽,江入大荒流',此太白壮语也",这是很中肯的。但是他接着又说"子美诗:'星随平野阔,江入大荒流'二语,骨力过之。"这就不确了。翁方纲《石洲诗话》指出:"此等句皆适兴乎会,无意相合;固不必谓相为倚傍,亦不容区分优劣也。"这种态度倒是比较可取的。

三、四句是着重从舟行的角度,写山写水;五、六两句又从静观仰视落笔,写月写云。月影映入江中,像从空中飞下的明镜,远天凝聚变幻的彩云,如同海市蜃楼,都是对于景物的写实,但又充满了丰富的想象。用"飞镜"、"海楼"形容月影和彩云,生动形象地描写了万里长江宽阔水面上那种波光流动、红云灿烂的绮丽景象。诗人具有敏锐、精确的观察力,运用贴切的比喻,描绘大自然的形象,能唤起读者丰富的联想。

　　结尾两句用拟人化的手法,赋予江水以人的特征,不说自己留恋故乡,而说故乡水万里相送,因而更觉故乡江水的可爱,从而形象生动地表现了诗人对故乡山水的深厚感情。沈德潜说:"诗中无送别意,题中二字(指'送别'二字)可删。"其实,"送别"二字并非多余,恰恰是全诗极有情致的所在。"仍怜故乡水,万里送行舟","怜"、"送"二字加强了诗的抒情气氛,具有荡人心魂的艺术魅力。融情入景、情景交隔,是我国古典诗词中传统的艺术手法。单纯为写景而写景的作品,是很少见的。尤其是李白这位具有浓厚浪漫主义气质的诗人,对大自然有着炽热的感情,对生长之地的故乡山水,更是一往情深。初次离开故土家园,在远程航行途中,日夜与家乡的江水为伴,因而把江水看成万里送行的密友,完全符合诗人的思想实际。故王夫之《唐诗评选》云:"结二语得象外于圜中,飘然思不穷,惟此当之。"所言极是。

望天门山

天门中断楚江开,碧水东流至此回。
两岸青山相对出,孤帆一片日边来。

此诗作于开元十三年(公元 725 年),时作者出蜀后初次过天门山。此诗写作者"望"中所见天门山胜景,色彩明朗,意境开阔,表现出青年诗人宽阔的胸襟和乐观浪漫的情绪。

这是一首脍炙人口的小诗。一、二两句用铺叙的方法,描写天门山的雄奇壮观和长江水浩淼奔流之势。"天门中断",写山。《舆地志》云:"博望、梁山,东西隔江相对,如门户,相去数里,谓之天门",但诗人不写两山隔江对峙,却说山势"中断",这就形象地写出了两山峭拔相对的险峻;同时通过丰富的想象,又赋予天门山以神话色彩,似乎它是为了江水的到来才开出这座"天门"的。"楚江开"写水,与"天门中断"相连,不仅点明了山与水的关系,而且写出了山势中断,长江至此鼓荡而出的气势。"碧水东流至此回",写山高水深,暗礁垒垒,长江至此,波浪回旋,改向东北流去。"碧"字明写江水之色,暗写江水之深;"回"字状江水奔腾回旋,更写出了天门山一带的山势走向。长江经过天门山的险状,通过这两句朴实而又精练的语言,艺术地再现在读者眼前。

三、四两句从舟行的角度进一步描绘天门山一带的山光水色。富于舟行经验的读者,一定能领会到"两岸青山相对出"的情景:船行景移,两岸苍翠的青山不断地涌现。这样写不仅恰切地表明了两山夹岸的行程之长,而且也极生动地暗示了江水湍急,舟行迅疾的情景。"相对出",语言直率,绝无雕饰,但准确地描摹了天门山一带江水两岸峰峦迭起、争相竞出的雄伟壮观的景色。"孤帆一片日边来",宕开一笔,写顺着江面远眺的景角。彼时彼刻在浩淼无际的天水相接之处,一片白帆正迎面驶来。因距离极远,只能见到帆,不能见到船身;又因旭日东升,极目望去就好像从江中升起的一样,所以才有"日边来"的感觉。全诗最后一笔写得极妙,画面的主体满眼是青山碧水,而极远处只见一点白帆沐浴在灿烂的晨曦中。这一点白帆,不仅能把读者的神思引向更深远迷茫之处,而且还使整个画面上远景、近景、主体、背景的层次更加分明起来,从而进一步显示了祖国山川的壮美。不仅如此,全诗结尾跳出一轮红日,映在碧水、青山、白帆之上,更增加了整个画面的明丽光艳。所以说这最后一笔正是从整个画面的布局、设色来考虑的神来之笔。

纵观全诗,诗人挥洒如橼巨笔,铺陈、描状,绘出了一幅长江天门山奇险秀丽的山水图。意境阔大恢弘,令人神往。所谓"意境",实际上是诗人的主观感情和客观景物交隔而成的一种艺术境界。此诗单纯写景,无一句言情。但透过明丽俊秀、壮阔雄奇的画面,处处又融进了诗人自己的感情、愿望和美学理想,裸露着诗人自己的灵魂。换言之,正是由于李白一生深挚地热爱祖国大地的自然风光,所以在他的笔下,祖国的河山仪态万千、无限风姿,无一不凝聚着强烈的爱国激情,从而使他的许多描写大自然的诗歌,获得了激动人心的巨大的美学价值。

望庐山瀑布二首（选一）

日照香炉生紫烟,遥看瀑布挂前川。
飞流直下三千尺,疑是银河落九天。

李白热爱祖国自然山水,他的一生大部分时间是在漫游中度过的。所以范传正说他:"偶乘扁舟,一日千里,或遇胜境,终年不移。时长江远山,一泉一石,无往而不自得也"(《唐左拾遗翰林学士李公新墓碑并序》)。诗人曾多次游历庐山,并写下了许多令人倾倒的名篇,本篇即是其中之一,当做于开元十三年(公元 725 年)。

庐山风景秀丽,香炉峰的瀑布尤为壮观。不过,它终究还是自然形态的东西,还比较粗糙,然而经过诗人的艺术加工,就更富有典型意义了。

开头第一句从香炉峰写起。慧远在《庐山记》中说:"香炉峰孤峰独秀,气笼其上,则氤氲若香烟。""日照香炉生紫烟"即写出了这种特色,使我们仿佛看到孤峰秀起,在灿烂的阳光照射下,濛濛游气,变成了紫色的薄雾,更显得玲珑透剔。第二句写瀑布。"遥看"二字,表明诗人是远眺而不是近观。正因远眺,才能看到瀑布的壮阔全景。"挂"字生动逼真地写出了诗人的眼中直觉:奔腾飞泻的瀑布,远远看去,给人一种长垂不动,遥挂天边的感觉。这一联概括地描写了香炉峰瀑布的奇伟景象。诗人如同作画一样,大笔勾勒,先成布局,准确鲜明地把握了景物的全貌,下面便是着色浓淡疏密的问题了。

"飞流直下三千尺,疑是银河落九天",诗人发挥了丰富的想象,运用夸张的手法和生动的比喻,浓墨重彩,集中描绘了瀑布的形象。"飞流"是写山高水急,有如天外飞来之势。"直下"是状直泻而下,瀑流飞湍,喧声如雷。"三千尺"极力夸张瀑布的壮观。这一句虽然全从视觉的角度写出,但一经诗人绘声绘色的夸张,便使读者恍如身临其境,亲眼看到了瀑布一样,甚至还亲耳听到了那动人心魄的"冰崖转石万壑雷"的声音。第四句把瀑布比喻成银光璀璨的银河,既生动又贴切,银河与瀑布的共同特征都是银光闪烁,但一在天上,一在地下,怎么能联想到一块呢?诗人用了一个"落"字,就把天上地下两个自然形象连在一起了,传神地写出了"飞流直下"的气势。"疑"字率直道破是诗人的想象,令人有回味的余地。

总观全诗,庐山瀑布雄壮的气势和空明的景象,经过诗人的艺术提炼,经过大胆的想象、夸张和生动贴切的比喻,的确是被活脱脱地表现出来了。然而,作品的成功之处更在于透过这种描写融进了诗人对于祖国、对于生活的火热感情。也正因如此,纯然自在的大自然,经过诗人的描写,才能光彩焕发,生气蓬勃,才能唤起人们对美的向往,对高尚感情的热烈追求。在这个意义上,这首七绝堪称千古绝唱。宋朝大诗人苏东坡称赞道:"帝遣银河一派垂,古来惟有谪仙词",所言极是。

望庐山五老峰

庐山东南五老峰，青天削出金芙蓉。
九江秀色可揽结，吾将此地巢云松。

开元十三年（公元 725 年），李白游襄汉，上庐山，东至金陵扬州。本诗即作于此时。全诗的内容，主要是状写五老峰的峭拔峻美，表达诗人想在此隐居的愿望。

一、二两句纵写五老峰壮丽峻美的全貌。首先点明五老峰所处位置，接下便大胆想象、设喻形容，极写五老峰的险峻秀丽。"削"字是说孤峰独秀，有如巨斧削成。把五老峰比喻为"金芙蓉"，一状山峰之秀丽，二状其颜色之焕然，想象是非常奇特的。句前冠以"青天"二字，不但写出了五老峰的高耸峭拔，而且颜色的映衬对比又非常鲜明。总之，一、二两句有如一幅彩色山水，笔力劲健、设色和谐，生动地再现了五老峰的壮丽景色。第三句是写诗人凭高临远所见到的阔大景色。诗中虽然没有点明诗人登山的时间，但从第二句中的"金"字，可以使人悟出当是在秋天。秋天的南国水乡，天高气朗，江水山色可以看得分外明晰，所以诗人说："九江秀色可揽结"，"可揽结"三字是形容景色分明，就像可以用手揽取一样。这样写一则准确地突出了物候的特点，二则又生动地表现了山势的高峻，诗人登上峰顶，俯瞰下界，所见到的景物似乎变得极小，因而可以用手来采摘它。"吾将此地巢云松"，结尾一句用情语作结，表达了诗人登临之时内心的深沉感触。诗人是非常喜爱大自然的，他曾多次说："五岳寻仙不辞远，一生好入名山游"（《庐山谣寄卢侍御虚舟》），"此行不为鲈鱼脍，自爱名山入剡中"（《秋下荆门》）。因此他见到了五老峰如此峻秀，

253

就情不自禁地想要在山间的松林里隐居下来。

这首诗是诗人早年写的,及到安史之乱爆发以后,再度来庐山时又说:"大盗割鸿沟,如风扫秋叶。吾非济代人,且隐屏风叠。"晚年,诗人遇赦回归,自江夏来庐山时,他还说:"好为庐山谣,兴因庐山发。闲窥石镜清我心,谢公行处苍苔没。早服还丹无世情,琴心三叠道初成。"在此,我们对诗人在不同境遇下隐居避世的心情暂且不论,但从这些诗句中确实可以看出,他一生对于庐山壮丽的景色,始终是深爱不已的。

这首诗在艺术上笔力雄放,全篇从景物的总体形象落笔,不做琐细的具体描绘,巨斧删削,一挥而就,境界阔大,表现了豪放飘逸的风格。

金陵城西楼月下吟

金陵夜寂凉风发，独上高楼望吴越。

白云映水摇空城，白露垂珠滴秋月。

月下沉吟久不归，古来相接眼中稀。

解道"澄江静如练"，令人长忆谢玄晖。

此诗约作于开元十四年（公元726年），时作者初游金陵。诗中描写了秋天月夜登楼所见景色，同时表达了对前辈诗人谢朓的仰慕之情，隐隐透出一种世无知音的苦闷寂寞情怀。

一、二两句叙写登楼的时间、地点以及环境气氛。夜深人寂，金陵城下西风乍起，诗人独上西城，举目四望，只见整个吴越原野全都被如水的月光笼罩了，呈现出一片朦胧的景色。这两句起笔平衡，境界阔大，虽未言情，而墨浓情深，从而为以下所抒发的思古幽情，蓄足了力量。接下两句即以写景承之。"白云映水摇空城，白露垂珠滴秋月"，秋水澹澹，白云、城阙映入水中，在月色下轻轻地摇动着。白露凝为水珠，明亮亮的缀在草木之上，泛着晶莹的光点。这两句是景物的实写，尽管没有正面描写月色的皎洁，却从侧面烘托出了月色的可爱。"摇"、"滴"二字，以动写静，恰好反衬出彼时彼刻万籁俱寂的特点。五、六两句上承第二句，转出"沉吟"一层。诗人所以"沉吟"不归，是因为处于如此明静的景色之中，览物兴怀，不禁联想起古今诗坛的盛衰。"古来相接眼中稀"一句，即写出内心深处的深沉感慨。一方面表达了对古人的倾慕，另一方面又含蓄地表达了对自梁、陈以来"艳薄斯极"诗风的不满。七、八两句是全诗的结束，点明诗人在诗歌创作上所推崇的不是别人，而是"令人长忆"的谢玄晖。

这首诗以写眼前景起笔,而归结于对谢朓的钦佩。首尾之间是怎样联系起来的呢? 其关键就在于诗人眼前的明丽景色正恰如谢朓诗清新秀丽的风格特点。谢朓的山水诗对祖国东南一带秀丽风景的描摹是异常细腻、精确和生动的。诸如"余霞散成绮,澄江静如练"(《晚登三山还望京邑》),"天际识归舟,云中辨江树"(《之宣城郡出新林浦向板桥》),"余雪映青山,寒雾开白日。暖暖江村见,离离海树出"(《高斋视事》),这些诗句精工明丽、清新自然。不难体会谢朓山水诗的风格即有如"白云映水摇空城,白露垂珠滴秋明"的明媚。处于这种环境之中,也就自然会联想起当年谢朓描写金陵景色的名句。应该说这正是本诗含蕴精微的所在。

中国诗歌发展到六朝时代,前有谢灵运,后有谢朓,极大地发展了山水诗的特色,对后世的影响很大。尤其是谢朓,他的诗风颇为李白击节称赏,本诗及《宣州谢朓楼饯别校书叔云》、《秋登宣城谢朓北楼》二诗,就极有力地证明了这一点。王渔洋在《论诗绝句》中说李白"一生低首谢宣城"确是有根据的。

长干行二首(选一)

妾发初覆额,折花门前剧。

郎骑竹马来,绕床弄青梅。

同居长干里,两小无嫌猜。

十四为君妇,羞颜未尝开。

低头向暗壁,千唤不一回。

十五始展眉,愿同尘与灰。

常存抱柱信,岂上望夫台?

十六君远行,瞿塘滟滪堆。

五月不可触,猿声天上哀。

门前迟行迹,一一生绿苔。

苔深不能扫,落叶秋风早。

八月蝴蝶来,双飞西园草。

感此伤妾心,坐愁红颜老。

早晚下三巴,预将书报家。

相迎不道远,直至长风沙。

　　此诗描写一个商人的妻子思念在长江上游经商的丈夫,全篇用第一人称的口吻,通过人物对过去的回忆和对未来的设想,塑造了一个由天真活泼的女孩到忧愁苦闷的少妇形象。封建社会的妇女由于没有享受经济独立的权利,只能依附丈夫生活,所以视野极为狭隘,感情也十分脆弱。诗中的主人公为了盼望丈夫的归来,竟至"坐愁红颜老",她内心世界的空虚,完全是由于妇女依附地位所造成的,实质上正暴露了封建制度的不合理。作者虽然主观上未必能见到这一点，但是诗的客观意义是极深刻的。

　　此诗在艺术表现上，通过人物的回忆及对于未来的渴望，层层铺叙，展开了一连串生动的细节描写，从而写出了女主人公的必然命运和鲜明的个性特征。诗的开始六句，回忆幼年时代的情景：一个刚留发的小姑娘，折朵花儿在门前游戏；骑着竹马，手里拿着青梅的男孩过来转着圈儿奔跑玩耍。一对"两小无嫌猜"的天真活泼的儿童呈现在读者面前。从"十四为君妇"到"岂上望夫台"，回忆婚后从"羞颜未尝开"到建立了"愿同尘与灰"的深厚夫妻情谊的过程。如上两层描写，诗人极力通过细节刻画展现女主人公幼年和青年时代的内心的单纯明朗。她憧憬着未来美好的生活，爱情的温暖阳光也似乎更加强了她对于生活的信念。这一段生活写得愈美好，就愈比衬出其后来命运的不幸。"常存抱柱信，岂上望夫台"两句，承上启下，是全诗的机杼之处。正当她深信能与丈夫终身厮守、永不分离的时候，不幸就开始降到她的头上了。从"十六君远行"到"坐愁红颜老"即集中描写了她与丈夫分离，美好愿望破灭，陷于无穷思念之中的不幸遭遇。夫婿远行，久而不归，她担心丈夫遭到不幸，所以日夜悬念，忧心忡忡。处于孤独寂寞之中，最容易触物伤情，所以行迹绿苔、秋风落叶、蝴蝶双飞……无不使她痛心疾首，直至浓重的忧愁使得她形容憔悴，陷于深沉的苦闷而不能自拔。这一段关于女主人公内心苦闷的描写恰与上面的内容形成鲜明对照。对比之下，集中地表现了全诗的主题。最后四句，写发主人公内心的渴望。她希望丈夫归来，能预先寄来一封书信，她将不辞路远，去途中迎接。她和丈夫究竟能不能团聚？诗人没有说，这就有待于读者按照生活的逻辑去想象了。显然，诗中女主人公的命运是有典型意义的，她对于爱情的忠贞以及缠绵含蓄的性格也反映了我国古代妇女的共同心理特征。与上述层层铺叙的手法相适应的是本篇结构严谨，脉络清晰，绝无堆砌烦琐或节外生枝的描写。

　　《长干行》一诗是李白乐府诗中艺术成就尤为卓越的一篇。诗人之所以取得如此成就，除去他个人的天赋气质、刻苦实践等因素之外，更重要的是受了古乐府民歌的哺育。比如诗的前半部分从"十四为君妇"到"十六君远行"一段，用年龄序数法铺叙女子的生活经历，就是受了古乐府《孔雀东南飞》的深刻影响。但是诗人在借鉴的过程中又加进了自己的创造。"年序"不再是简单的描写线索,而是结合了一系列生动的细节描写:"低头向暗壁,千唤不一回",初婚时的羞涩情态,宛然在目。"十五始展眉,愿同尘与灰"则又维妙维肖地表现了已婚少妇爱情的热烈。这些描写充实了生活内容,人物形象。要比《孔雀东南飞》中的概括描写更能使人受到感染。又比如诗的后半部分从"十六君远行"到"八月蝴蝶来"一段,用四季相思的笔法,写时节变换和女子触物生情的情景,又是受了南朝乐府《西州曲》的影响。通过一系列景物的描绘,有力地烘托了思妇的情怀。《唐宋诗醇》评论此诗写"儿女子情事,直从胸臆间流出,萦迂曲折,一往情深。"此外,诗中还熔铸了古歌谣的辞语,更说明了本诗与民歌的血缘关系。古代舟人谚语是用来总结行船经验的,然而诗人能把它改造、提炼到自己的诗作中来,作为展现人物内心活动的手段。这体现了李白虚心向民歌学习和大胆创新的精神。

金陵酒肆留别

风吹柳花满店香，吴姬压酒唤客尝。
金陵子弟来相送，欲行不行各尽觞。
请君试问东流水，别意与之谁短长？

此诗作于开元十四年（公元726年），时作者初游金陵后即将离开，友人前来相送，遂写此诗。诗中描写友人劝酒相送的情谊，饱满酣畅，表现出诗人青年时代风流潇洒的情怀。

诗中一、二两句创造了一种热烈的饯别的气氛。暮春时节，和风拂煦，吹来阵阵花香，飘浮弥漫在整个酒店。吴中的酒家女子，捧出新酿的美酒，殷勤地劝客欢饮。柳絮并没有香味，但诗人却说它香气浓郁，充满酒店。这究竟是实写，还是虚写，目前尚有争论，我们认为这是诗人的一种主观感受。诗人在此强调的是与朋友们开怀畅饮时那种欢愉的感情。"吴姬压酒唤客尝"是进一步点明"新酒初熟，江南风物之美"（《渔隐丛话》），用以烘托饯别的热烈气氛。三、四两句接续描写饯别的情景。"金陵子弟"是说来送别的都是金陵的年轻人。李白性格豪爽，轻财仗义而才气横溢，因而好友如云。他们之间谈吐志趣都融洽，所以"欲行"的诗人和"不行"的友人，临别畅饮非常尽兴。诗人在此借着和谐的音韵、轻快流畅的节奏以及毫不修饰的语言，直接写出分别时刻的真挚友情。明代诗人钟惺曾评论此诗说："不须多亦不须深，写得情出"，这是深有见地的。三、四两句紧承一、二句，仅二十八字就写出了青年友人分别时那种充满豪情逸兴的场面，虽为送别，却没有感伤的气氛。全诗至此，送别的情意已经写出来了，但还不能说已经写足写尽，但诗人在如下的两句中并没有明言他们的惜别心情,而是巧妙地提出一个极为含蓄的问题:"请君试问东流水,别意与之谁短长?"长江流水,切合金陵景色,拿它比喻惜别之情,取其日夜奔流无有终时,言外之意自见。其感情之真、蕴蓄之深,足以收束全诗。

诗人李白是热爱生活,珍视友情的。此诗突出的特点是一开始就用"风吹柳花满店香,吴姬压酒劝客尝",几乎近于口头语的诗句,创造出一个具有浓烈生活气氛的艺术意境,而且这种意境笼罩着全诗,从而揭示出诗人与送别者的身份和特征。豪放不羁的诗人和"金陵子弟"这些年轻友人,都是慷慨激昂之士,送别者之中很可能有受诗人周济过的"落魄分子",他们不是怀才不遇,就是恃才傲物,不拘于礼教的束缚,这就与诗中所描写的环境气氛极为和谐。"欲行不行各尽觞"这一句将他们之间的真挚感情从一种豪迈的气氛中倾泻了出来。最后的象征性的提问,使读者从中领会到诗人与送别者之间存在着一股深厚友情的潜流。六句诗写出一个如此动人的境界,使人物的感情在富于生活气息的意境中显示出来,确实如萧士赟在《分类补注李太白诗》中所指出的"此乃真太白妙处"。

李白既善于汲取人民的口头语言,丰富自己的创作,而又具有鲜明的独创性。他的歌行之类的作品,富于"清新秀逸之气",很少庸俗腐朽的描写。这首诗的语言不仅通俗自然,而又高度精练,在音韵节奏上,既铿锵有力,又回旋往复、轻快流利,能充分表达作品的思想内容。

横江词（六首选二）

人道横江好，侬道横江恶。
一风三日吹倒山，白浪高于瓦官阁。
横江馆前津吏迎，向余东指海云生。
"郎今欲渡缘何事？如此风波不可行！"

横江词共六首，是李白初出蜀时漫游东南一带地区所作。它主要反映横江浦风浪险恶，阻挠着行人渡江的情形。这里选了第一、第五两首，略加分析。

其一，诗的头两句，用一正一反的语气，表明了诗人当时急于渡江而为风浪所阻的焦急心情。"人道横江好"，是因为横江波浪兼天涌，所以人们称赞"横江好"。诗人自己则因急于渡江被阻，就觉得风浪很可恶。同一客观景物，由于人物的心情不同，就得出不同的印象。三、四两句，解答了"横江恶"的含意。"一风三日吹倒山"，形容风之大；"白浪高于瓦官阁"，形容浪之高。这些夸张的描写，给人的感觉并不显得过分。因为"山"与"阁"都是客观存在，用"山"与"阁"来形容风之大、浪之高，夸张而不失实。这种朴素的白描手法，表现横江风浪之险，特别能够给读者以具体的感受。更值得注意的是，诗人吸取了当地的方言入诗，如"侬道横江恶"的"侬"字，诗人很自然地就用了上。正因为这个"侬"字，使得全诗的民歌气息很浓厚。而且这个"侬"字，是决不能以其他同义字诸如"我"、"吾"或者"予"等等字样代替的。由此可见，李白在各地漫游时，对各种生活现象是十分注意的，也是虚心向人民学习的，而且又善于运用一些新鲜事物，充实其创作内容，所以他的诗总是富于生命的活力。

其二，这首诗好像很平易，如果我们闭目凝神一想，就可看到一幅绝妙的人物速写图画。李白是位富家子弟，性格又很豪放，他来到横江渡前，津吏对这位富豪的青年，自然是很殷勤的。"横江馆前津吏迎"，这一句只是以下三句的总纲，接着写出津吏手指着东方的上空说：起了乌云，将有大风暴降临，下面更用维妙维肖的口吻问："郎今欲渡缘何事？如此风波不可行！"津吏表现出的殷勤、恭维、关心、劝告，宛然如生。诗人用几笔粗线条的笔触勾勒出人物的身份、神情、姿态、语言，这一切都活跃在纸上，使读者如同亲眼见到白浪滔天、狂风怒号的江边，一位风姿潇洒的青年人急欲渡江，而一位小心谨慎、趋奉逢迎的津吏则殷殷劝告，阻止诗人去冒风险。二十八个字写出这么多丰富生动的内容，又如此朴实自然，确实是难能可贵的。

这组诗写长江的风浪，除上面分析的两首外，其他四篇，也各有特色。如第二首下联"横江欲渡风波恶，一水牵愁万里长"，与第一首"侬道横江恶"互相呼应，反映出诗人面对凶恶的波浪而触动了思乡之情，这种愁思正如横江的波涛滔滔不绝。第三首下联"白浪如山那可渡，狂风愁杀峭帆人"，风浪的凶恶，不仅阻碍了旅人渡江，也愁杀划船的舟子，表现了诗人观察生活的细致，对劳动人民的同情。第四首进一步描写风浪的凶猛，"海神来过恶风回，浪打天门石壁开。浙江八月何如此，涛似连山喷雪来"，这里表现了诗人丰富的幻想，由于海神的经过，掀起了巨浪。一个"喷"字，把海潮凶猛之势形容得何等有力！最后一首，"月晕天昏雾不开，海鲸奔蹙百川回"，以海鲸东游入海，逼迫江水倒流，形容风浪之大，也是一种美丽的幻想。"惊波一起三山动"，高度的夸张，但又有现实的基础。最后借用古乐府民歌《公无渡河》诗意，"公无渡河归去来"，劝勉诗人自己不要去冒险渡河，又与津吏说的"如此风波不可行"，遥相呼应。

这组诗开头"人道横江好，侬道横江恶"，是总的主题，全组诗围绕这个主题，反复描绘长江风浪的凶险。时间是从白天到"月晕天昏"；人物则从诗人本身到津吏、舟子；造成风波之险的则有"海神"、"海鲸"等等。有幻想，有夸张，有方言，有对话。诗中虽出现了两个"愁"字，它只是表现了急欲渡江而不可得的焦急心情，整个景色却是恢弘壮阔的，如"一风三日吹倒山"、"白浪如山"、"浪打天门石壁开"、"海鲸东蹙百川回"等形容风浪的词语，富于强烈的生命力，长江风险的自然形象，在诗人笔下，显得大气磅礴,气象万千,给读者的感受,不是惊惧,而是振奋。将它与另一组《秋浦歌》比较,就可以看到,同是写景的作品,《横江词》显得豪放刚劲,具有旺盛的青春生命力;《秋浦歌》是诗人政治上失意后所作,作品中的自然形象就蒙上了一层淡淡的哀愁,可见诗歌创作与作者的思想感情有着极为密切的联系。

夜下征虏亭

船下广陵去,月明征虏亭。
山花如绣颊,江火似流萤。

此诗作于开元十四年(公元726年),时作者由征虏亭登舟往游扬州(广陵)。诗中描绘了从征虏亭到广陵一带的江中夜景,犹如一幅春江花月图。

一、二两句叙写行踪,"广陵"是诗人要去的地方,"征虏亭"是起身之处。"月明"二字点明行船的时间是在晚上。"明"是动词,摹写皎洁的月光照得征虏亭的轮廓非常分明。

三、四两句写景。先写岸上山花,后写江中渔火,这两句全是通过比喻来表现景物的色彩和光感。"绣颊"是唐代女子通常的一种修饰;"流萤",更是常见的夜间发光的飞萤。诗人近取譬喻,使诗句显得平易,但就其突出景物的特点来说,又是极为生动和准确的。白居易《忆江南》中有云:"日出江花红似火,春来江水绿如蓝",是用"火"来比喻"江花"的鲜红通亮,而此处用"绣颊"来形容。绣颊是用丹脂涂饰的,当然不如"红胜火"的色泽明亮,但一是在日光下,一是在月光下,这种色泽的差异就很容易理解了。经过如此比较,更能体会诗人在选取比喻的时候,不是随心所欲,而是从观察入手,准确地抓住了事物的特征,才达到了如此恰切的程度。同样,诗中用"流萤"比喻江中三三两两的渔火,更见诗人用心之细。飞萤以"流"字形容,这本身就细腻地描摹了萤火虫飞动的情状。其一,速度是平缓的,近于从空中滑过一样;其二,一个个小小的光点,静静地在夜空中一划而逝。这种情状,仅用一个"流"字,便恰切地表达出来了。

然而更妙的是用"流萤"来形容"江火",一方面表现了江面的开阔、平静，一方面又表现了渔火在江面稳稳滑过、寂静恬然的特点，同时那两三光点又能给人无限的遐想，这就写出了月色下长江下游极为开阔的江面上美丽的夜景。

淮南卧病书怀寄蜀中赵征君蕤

吴会一浮云,飘如远行客。

功业莫从就,岁光屡奔迫。

良图俄弃捐,衰疾乃绵剧。

古琴藏虚匣,长剑挂空壁。

楚怀奏钟仪,越吟比庄舄。

国门遥天外,乡路远山隔。

朝忆相如台,夜梦子云宅。

旅情初结缉,秋气方寂历。

风入松下清,露出草间白。

故人不可见,幽梦谁与适?

寄书西飞鸿,赠尔慰离析。

　　这首诗作于开元十四年(公元 726 年),初游扬州时。是时李白功业未就,又久病缠身,感慨良深,故寄诗给蜀中挚友赵蕤,以抒发思乡怀友的感情。

　　诗中一、二两句以浮云自喻,道明自己远游飘泊在吴会一带。因为本诗是寄给故乡友人的,所以先讲一下自己的行止是很必要的。飘,即漂泊,行无定处的意思,所以自称浮云。一开头便饱含一种思乡的感情。接下六句是写自己的处境:光阴飞逝,功业未就,远大的政治抱负很快成了泡影,而自己又重病缠身。最后以"古琴藏虚匣,长剑挂空壁"两句小结这一层,感慨自己的壮志难酬。这六句写得很沉痛,诉述之中真实地吐露了自己内心的苦闷。但是,应该指出,这一时期,李白年仅 27 岁,涉世未深,幼稚地认为自己"怀经济之才,抗巢由之节,文可以变风俗,学可以究天人",以为功名事业,唾手可得。然而事实却非他所想象的那样。于是,稍碰上几个钉子很快就堕入了失望。不过,文字虽然沉痛,感慨的程度比起晚年那种凄凉落魄的诗句来,还是浮浅得多。

"楚怀奏钟仪"句以下直至全诗结尾,所抒发的都是思乡怀友之情。这一大段直抒其情的诗句,细加分析层次还是很清楚的。"楚怀"两句,引用钟仪、庄舄的典故,概写自己对于故乡的怀念,接下两句是感叹故乡辽远。再下两句是写对故乡的朝思暮想,而后用"旅情初结缉,秋气方寂历"做一小结。以上八句主要是围绕着对故乡的思念展开抒情。虽然直抒胸臆,但诗人能够借助古人的事迹、故乡的古迹,把这种感情写得很具体而且缠绵悱恻,如环不已,倒是非常难得的。"旅情"两句小结上述八句,结得自然,而又落脚于"秋"字,自然地点明了寄诗抒怀的时间,同时拈出"秋"字又自然而然地引出下面两句对于秋天景色的描写,"风入松下清,露出草间白",这两句并非是诗人眼前景物的实写,而是意念中的想象,经过这样一写,加强了诗的艺术气氛。"清"、"白"二字写出了秋风、秋露肃杀、萧疏的特点,选词炼句极为准确。也正是受了这种凄清气氛的影响,才有寂寞、孤独之感,于是对故乡友人的怀念也就更加殷切。全诗至"故人不可见,幽梦谁与适"已经点到题目上来,最后交代一笔,进一步点出"寄书"的目的在于"慰离析",意尽而抒情也就由此结住。

这首诗从功业未就写起,而后抒写思乡、怀友之情,一路写来如诉如泣,恰如一封寄给友人的书信。结构上顺着感情的自然发展,跳跃性并不大。直抒胸臆而语言没有夸张渲染,想象也未见飞动超人的特色,但感情真挚自然,层次井然,炼词造句处处贴切。如就诗的风格来说,由于是诗人早期创作,还没有形成后来那种豪放浪漫的特点,但从驾御文字的能力上看,却完全是一副大家手笔,功力是极坚实的。

越中览古

越王勾践破吴归,义士还家尽锦衣。
宫女如花满春殿,只今惟有鹧鸪飞。

　　此诗作于开元十四年(726),时作者来游会稽。游会稽而思勾践,诗
人难免感慨万千,遂写下了这首怀古之作。前三句为叙述之笔,首句叙写
越王勾践凯旋回国,次句叙写越王的臣子们衣锦还乡之盛,三句叙写越王
灭吴以后的享乐之盛;末句承上急转,以衰景作结。昔日歌舞繁喧的会
稽,而今变成了一片废墟,草莽沼泽之中不时飞起成群的鹧鸪。此句写
景,只以"鹧鸪飞"三字稍加点染,便构成了一片萧索悲凉的境界。此诗
的特点在于前三句写一片盛况,最后一句写一种衰景,对比明显,章法独
创。诗人之所以用衰景反衬昔日之盛,其用心在于可以更突出地表达世
事多变,盛衰无常的感慨。诗人并没有把此诗的主题轻易地告诉读者,他
只是先为读者叙述了越王勾践当年显赫荣耀的景况,而后便借着一片荒
凉景象的描写戛然结束全诗。诗中绝无议论,也无抒情,但在"盛"与
"衰"的对比中,含蓄地表达了作者的内心感慨,同时也给读者提供了极
为广阔的思考的空间,含蓄不尽之意,自在言外。

乌栖曲

姑苏台上乌栖时，吴王宫里醉西施。
吴歌楚舞欢未毕，青山欲衔半边日。
银箭金壶漏水多，起看秋月坠江波，
东方渐高奈乐何！

　　此诗约作于开元十四年（公元726年），时作者在今苏州。此诗与上一首大约作于同时，题旨相同，也是游姑苏台后的怀古之作。全诗以日升日落、时间的不断推移，与宫中寻欢作乐的无休无止做对比，来暗示吴宫荒淫的昼夜相继和吴王的醉生梦死，虽不著贬词，但却深寓讽刺之意。

　　诗人以高度的艺术手法，突出了诗的思想主题。关于吴王的腐朽生活，素材当然很多，但诗人只选择了一些表明时间推移的事物，如"乌栖时"、"青山欲衔半边日"、"银箭金壶"、"秋月坠江波"直到"东方渐高"，通过这些具体形象表现了吴王宫里那种通宵达旦醅歌醉舞的情景，从而集中地暴露了吴王的荒淫无度。最后一句的"奈乐何"三字，含蓄有力地对那种糜烂不堪的生活作了无情的讽刺，表明了诗人的思想倾向。

　　还应该指出的是，这首咏史诗深得寄兴深微之法。《唐宋诗醇》说："乐极悲生之意写得微婉，未几而糜鹿游于姑苏矣。全不说破，可谓寄兴深微者。"这里的"寄兴深微"有两层意思，其一是说本诗借历史题材，寄寓了深刻的现实意义；其二是说本诗写得含蓄蕴藉。诗中虽然没有直说吴王荒淫无耻，但通过纵欲欢歌的描写，却有力地总结了这一段兴亡史的经验教训。

苏台览古

旧苑荒台杨柳新,菱歌清唱不胜春。
只今惟有西江月,曾照吴王宫里人。

开元十四年(公元726年),作者过苏州游姑苏台,凭吊古迹,写下了这首怀古之作。诗中抒发了深长的昔盛今衰之感。

一、二两句描写姑苏台上一片盎然的春意。作者仅仅抓住"杨柳新"、"菱歌清唱"这两个具有代表性的事物,稍加点染即突出了春和景明,人们怡然自乐的景象。然而作者的真正意图又并非在于刻意描写春景,而是用一片繁盛之景来反衬历史遗迹的古旧和荒废。事实上,人们只见今日景物之盛,人情之和,又有谁能够想到,就在这个地方,昔日不可一世的君王夫差曾在巍峨的春宵宫里与美人西施以及众多的嫔妃们通宵达旦地欢歌醉舞过呢?诗人在两句之首冠以"旧苑"、"荒台",正是为了提醒人们,统治者一时的荣华以及他们的歌台舞榭,终究要为历史的风雨冲洗尽的。这样,旧苑荒台上的杨柳以及那悦耳的菱歌,就在诗人笔下显示了特殊的意义,熔进了丰富、深刻的思想内容。

三、四两句再承上面诗句,转出一层新意,对全诗的意境作了更深一步的开拓。昔日的亭台楼馆确曾存在过,昔日的君王美姬也确曾显赫喧闹过,然而如今都不复存在了,留下来的惟有当年照过"吴王宫里人"的一弯冷月。至此姑苏台又笼罩在一派苍茫清幽的月色之下。月夜静谧,采菱女轻柔婉转的歌声不绝如缕,面对着"旧苑荒台"不更容易触动人们的吊古幽情!

透过如上的画面,不难体会诗人所抒发的深沉的兴亡之叹。春秋时代,吴王夫差几次兴兵伐越,甚至俘虏了越王君臣,任凭自己役使,是何等不可一世。然而由于骄傲拒谏,荒淫无耻,最终落得自杀的可鄙下场。诗中以杨柳之新、菱歌之美反衬旧苑荒台的萧索寂寞,正深刻地寄寓了批判之意。

情景交融是这首诗最突出的艺术特点。王夫之《薑斋诗话》有云:"关情者景,自与情相为珀芥也。情景虽有在心在物之分,而景生情,情生景,哀乐之隔,荣悴之迎,互藏其宅。人情物理,可哀而可乐,用之无穷,流而不滞,穷而滞者不知尔。"意思是说主观感情与客观景物,虽然有"在心在物之分",但是二者在艺术表现上是情景相生,互藏其宅的。本诗虽然侧重写景,但又句句言情。"旧苑荒台",在西江冷月的清辉之下,完全呈现着一片荒凉冷寂的气氛,虽有"杨柳"、"菱歌",不过是反衬之笔。试想处于如此景物之中,谁能不生怀古感叹之情?

静夜思

床前明月光，疑是地上霜。
举头望明月，低头思故乡。

　　此诗虽只有二十个字，但却生动地表现出游子的思乡之情，"百千旅情，虽说明却不说尽"（沈德潜《唐诗别裁》），故能成为千古传诵之名篇。

　　全诗所吟咏的题材，在古代诗歌中俯拾即是，由此可见题材并不是艺术成就高低的关键；关键在于情真意切、蕴藉深厚这八个字上。正如俞樾在《湖楼笔谈》中所说："床前明月光，初以为地上之霜耳，乃举头见明月，则低头思故乡矣。此以见月色之感人者深也。盖欲言其感人之深而但言如何相感，则虽深仍浅矣。以无情言情则情出，从无意写意则意真。知此者可以言诗乎！"

　　"床前明月光，疑是地上霜"，为全诗笼罩了一派月夜清辉、幽独孤寂的气氛。用"地上霜"比喻"明月光"，贴切、新颖。不仅写出了月色的洁白，更写出了夜的静谧。"疑"字含义丰富深沉，使人联想到夜深人寂，寒气逼人，使得诗中主人公从梦中醒来，他见到床前一片银白，朦胧中还以为是一片霜露。如上是讲"疑"字的底蕴。然而从诗的结构着眼，由于怀疑便要抬起头来看看窗外的天空，这就自然而然地过渡到了后面两句。

　　"举头望明月，低头思故乡"，诗人看到的是晴空皓月，如水的月色洒在床前。由于上面想到了"霜"，自然又勾起岁时将尽而自己依然漂泊异乡的孤独寂寥之感；面对碧空明月，更会想起同在月下的故乡亲人，为此他低下头去陷入了深思。俯仰之间蕴含了多少思乡之念！然而思念的具体内容是什么？是故乡的骨肉？友人？山水？还是什么别的？诗人没有说，其实也不必说，那"弦外音，意外味"，正是需要读者自己去玩味的。

全诗仅二十个字，却展现了一幅真实动人的生活图景。诗人用极精练的几笔，便从时间、环境、气氛以及人物的细微动作的描绘中，写尽了游子对于家乡故里的质朴怀念。这些就是全诗"以无情言情则情出，从无意写意则意真"的绝妙所在。诗的语言明白如话，音韵流利自然，似信手拈来，毫不费力，但含蓄深沉，耐人寻味。

李白写这首诗，是由于久居异地，深秋的夜月，引起思乡之念，但诗人卓越的才华，却使这一小诗获得了高度的典型意义。"偶然得之，读不可了。"（梅鼎祚《李诗钞》）就是说诗中的意境，深广隽永，容纳得下千百万人各种思乡之情。要言之，诗人是通过具有典型意义的环境气氛的刻画以及具有典型意义的细节描写，获得了最大限度的艺术概括力，因而能够千余年来一直深深地感染着亿万人的心灵。

黄鹤楼送孟浩然之广陵

故人西辞黄鹤楼,烟花三月下扬州。
孤帆远影碧空尽,惟见长江天际流。

此诗约作于开元十六年(公元728年),时孟浩然将赴广陵,李白在黄鹤楼前为其送行,写下了这首送别名篇。诗写别情,虽无一言及于离愁别恨,但字里行间却分明浸透了作者对友人的留恋之情。

开头两句直载了当地叙述孟浩然在春光明媚的时节,西辞黄鹤楼,告别友人,顺江东下扬州的情形。叙述之笔朴素平实、明白如话,绝无雕琢痕迹。"烟花"二字却是诗人用心之处。叙事稍加点染,写出柳如烟、花似锦的一派春光。细细体味此处虽非言情,但诗人借如烟似雾的融融春意,便淡淡地透露了送别友人时隐然不觉的惆怅情绪。

三、四两句着意描写友人走后舟行帆远、天际水流的情景:一片孤帆,载着诗人的挚友,渐渐地向着遥远的天水相连之处驶去了,直至碧山尽处孤帆灭,诗人还久久地伫立楼头,凝眸远望,心绪万千。此后如何?诗人没有明说,只写道"惟见长江天际流",然而那悠悠不尽的天边流水又能容得下读者多少黯然神伤的联想啊!在此诗人不赤裸裸地倾吐自己的感情,也不是客观地描摹自然景物,而是将感情和客观景物完全有机地糅在一起,再分不出哪是写情,哪是写景。诚如前人所说:"目力已极,离思无涯,怅望之情,俱在意外。"(唐汝询《唐诗解》)

一首仅仅二十八个字的绝句,写得如此平淡自然,而含蓄之深却使人神远。诗人把惜别的感情深隐在客观景物的描写中,"不着一字,尽得风流"(司空图《诗品》),收到了"含不尽之意,见于言外"(欧阳修《六一诗话》)的强烈艺术效果。这是全诗匠心独运之所在。

行路难(三首选一)

金樽清酒斗十千,玉盘珍羞直万钱。
停杯投箸不能食,拔剑四顾心茫然。
欲渡黄河冰塞川,将登太行雪满山。
闲来垂钓碧溪上,忽复乘舟梦日边。
行路难! 行路难! 多歧路,今安在?
长风破浪会有时,直挂云帆济沧海。

　　此诗抒写作者功业难成的苦闷心情,是李白的代表作之一。诗一开始,作者极力夸张"金樽"、"玉盘"和美酒,反衬出"不能食"、"心茫然"的痛苦和无奈。"停杯投箸"、"拔剑四顾",言浅意深,耐人回味。"欲渡"二句补充前面的诗意,紧紧扣住乐府《行路难》的题旨。黄河冻结,太行雪满,整个世界全被冰雪凝住了,此时此刻,又能往哪里走呢? 人生的道路如此艰难,怎不令诗人感慨万千?"闲来"二句感情一转,又显现出浪漫主义诗人的本色,吕尚和伊尹这样成功的历史人物,又给李白以鼓舞,使他增加了人生的勇气。李白的作品较少消极沉沦的思想,就在于他能始终保持一种高亢向上的意志,他对现实生活的执着,对政治理想的追求,往往使他在极度苦闷的时候展开幻想的翅膀,翱翔在理想的境界中,以此来慰藉那苦闷的心灵。可是现实毕竟是无情的,个人的遭遇、前途的渺茫,依然呈现在眼前,诗人不禁发出"行路难"的慨叹。但是他仍坚定地认为自己的政治理想总有一天会实现,即使在极度失望的时刻,他的这种信念也未发生动摇,"长风破浪会有时,直挂云帆济沧海",就真实地表现出了他的乐观与自信。

古风(其十)

齐有倜傥生,鲁连特高妙。
明月出海底,一朝开光曜。
却秦振英声,后世仰末照。
意轻千金赠,顾向平原笑。
吾亦澹荡人,拂衣可同调。

此诗通过对齐高士鲁仲连的赞美,表明了诗人自己功成身退的政治理想。诗约作于第一次漫游的前期,姑系予此。

一、二两句写鲁仲连爱好自由、倜傥不羁的性格。而这种性格正是诗人所倾心向往的,所以极力称赞"鲁连特高妙",与诗的末句遥相呼应。

接下两句对鲁仲连作了高度的颂扬。当时处在秦军围困中的赵国都城,如同黑夜一般,鲁仲连的突然出现,好似一颗夜光之珠从茫茫人海中涌出,光芒四射,照亮了整个都城。这个比喻,内涵深刻丰富,形象极为鲜明。

再下四句以巨大的概括力,写鲁仲连说服辛垣衍,却退秦军的侠义行为和不畏强暴的正义立场。他的英名不仅震动当时,而且为后世所仰慕。到"顾向平原笑"一句,鲁仲连那种轻视名利的傲岸性格,光明磊落的神情风貌,简直是宛然在目。

最后,诗人以"吾亦澹荡人,佛衣可同调"揭示出全诗的主旨:歌颂鲁仲连,主要是寄寓诗人自己的理想。正因为诗人仰慕鲁仲连为人排患、释难而无所取的高尚情操,因而用最美丽、最崇高的事物作比喻,称赞鲁仲连的为人,同时也就是表明诗人自己的政治理想。

此诗脉络清晰,声调昂扬,寓意深远,是咏史诗中的杰作。

古风（其二十四）

大车扬飞尘，亭午暗阡陌。

中贵多黄金，连云开甲宅。

路逢斗鸡者，冠盖何辉赫！

鼻息干虹霓，行人皆怵惕。

世无洗耳翁，谁知尧与跖？

开元十八年（730 年），李白初入长安，亲见社会各种腐败现象，遂有感而作此诗。

诗的开头两句，通过对客观环境的描写，创造一种天昏地暗的气氛，使读者从艺术感受中产生联想，提出疑问：在大路上来往奔驰，气焰如此嚣张，究竟是些什么人？以下的诗句便层层地解答了这一问题。

首先点明"大车扬飞尘"的人物是拥有大量财物的"中贵"。他们仗着皇帝的宠幸，到处敲诈勒索，搜刮来的金钱，供其豪奢生活的挥霍。《新唐书·高力士传》记载：太监中"若黎敬仁，……边令诚等，并内供奉，或外监节度军，修功法，市鸟兽，皆为之使。使还，所裒获动巨万计"。他们高耸入云的住宅，连成一片，像绵延不断的云彩。这两句诗，不仅表明了宦官权势之大，生活之奢华，而且表明了当时有权势的宦官之多。在封建时代，宦官只是供最高统治者役使，地位极其低下的人物，可是，在唐玄宗时代，宦官却成为一个拥有特殊权力的阶层，这种反常的现象，从侧面表明了唐玄宗的腐朽昏庸。

紧接着，诗人又从"行人"的角度提出了"斗鸡者"的豪奢骄纵。仅供皇帝娱乐的斗鸡者，他们原来的地位也是极低的，然而现在他们的衣冠和车盖为什么能够这样光彩焕发？诗人用质问的口吻,提出了人们所怀疑的问题,就更具有普遍的社会意义,加强了批判的成分。"鼻息干虹霓,行人皆怵惕",深入一层,揭露"斗鸡者"气焰之嚣张。他们同宦官一样仗着皇帝的宠幸,飞扬跋扈,横行无忌。人民对这群统治阶级的爪牙,敢怒而不敢言,碰到他们,十分恐惧。可见这些人平时都是任意欺侮老百姓的。

诗的结尾,诗人发出深沉的感叹,叹息当时缺少像许由那样不慕荣利的隐士,又有谁能识别统治阶级这班爪牙是尧还是跖呢？言外之意,即指当时朝廷的文武臣僚都是一些逐臭之徒,对宦官和斗鸡者之流逢迎唯恐不及,谁敢去揭露他们呢？这表现了诗人爱憎分明的严正立场。

此诗在艺术上很有特色,诗人选择了最富有代表性的两种典型人物,又处在京师的典型环境中,通过一些细节的刻画,反映出他们的丑恶本质。写宦官,着重表现他们"多黄金"、"开甲宅",揭露他们搜刮财富,生活奢华;写斗鸡者则着重表现他们恃宠而骄的气焰,使人为之侧目。总之,宦官和斗鸡者的所作所为,对人民都是灾难,诗人根据对这些丑恶现象的深刻观察和判断,真实地反映了当时黑暗现实的一个侧面,表现了诗人高度的现实主义精神。

梁园吟

我浮黄河去京阙,挂席欲进波连山。
天长水阔厌远涉,访古始及平台间。
平台为客忧思多,对酒遂作《梁园歌》。
却忆蓬池阮公咏,因吟"渌水扬洪波"。
洪波浩荡迷旧国,路远西归安可得?
人生达命岂暇愁? 且饮美酒登高楼。
平头奴子摇大扇,五月不热疑清秋。
玉盘杨梅为君设,吴盐如花皎白雪。
持盐把酒但饮之,莫学夷齐事高洁。
昔人豪贵信陵君,今人耕种信陵坟。
荒城虚照碧山月,古木尽入苍梧云。
梁王宫阙今安在? 枚马先归不相待。
舞影歌声散渌池,空余汴水东流海。
沉吟此事泪满衣,黄金买醉未能归。
连呼五白行六博,分曹赌酒酣驰晖。
歌且谣,意方远。
东山高卧时起来,欲济苍生未应晚。

此诗约作于开元二十一年(公元732年)夏,时作者离开长安,浮舟黄河抵梁园平台一带。诗中抒发了作者怀才不遇、功业无成的苦闷,以及功名富贵无常的感慨,情绪颇为消沉;但从结尾四句看来,诗人对未来并没有失去信心。

全诗起始四句用记叙笔法写自己的游踪:诗人离开京阙,放舟波涛汹涌的黄河上,由于天长水阔,厌于远涉,便弃舟登岸来到平台漫游。尽管当时诗人的心情是抑郁的,但在这几句叙写中却一洗颓唐忧戚的情绪,表现了一种挥放豪迈的感情。"波连山"、"天长水阔",用以形容黄河波涛滚滚的情景以及途程的辽远,气势雄浑。

"平台为客忧思多,对酒遂作《梁园歌》",这两句正面点题,同时又作为过渡,引起下面大段怀古抒情。当年司马氏篡夺曹魏军政大权,政治异常黑暗,阮籍作《咏怀诗》用朔风、微霜比司马氏的残暴,用走兽、飞鸟比小人的逢迎驰骛,用羁旅寡俦比自己的孤立,抒发了对黑暗时局的愤慨,表现了刚正不阿的品格。这些都是与李白当时的处境和心情相一致的,所以引起了他强烈的共鸣,一种惆怅失意的心情便油然而生。"路远西归安可得",心情是极沉痛的,但诗人紧接着又推开一切烦恼,借着议论自宽自慰,落脚到"且饮美酒登高楼"上来。透过抑扬顿挫的诗句,可以看出诗人内心的矛盾斗争是异常激烈的。

紧承上面,直泻而下,从"平头奴子摇大扇"至"莫学夷齐事高洁"六句,写饮酒之乐,铺排夸张的描写,酣畅恣肆,洒脱淋漓,传神地写出了诗人与友人醉酒狂歌的热烈气氛。"持盐把酒但饮之,莫学夷齐事高洁"是劝酒之辞。全诗至此,意兴情烈,哪里还见得到忧伤抑郁的影子!

接下十句再宕开一层,抒写功名富贵无常的感叹。在梁园,诗人看到战国时期著名的四公子之一信陵君的坟墓已经埋没,沦为耕地;西汉时代爱重文学之士的梁孝王的歌台舞榭,已经化作了寂寞空幽的池水;当时出入梁孝王门下的骚人墨客也早已成为古人,自然感慨万千。在此,诗人引用历史遗迹几乎荡然无存的事实,意在肯定"人生达命岂暇愁?且饮美酒登高楼"的主张。值得玩味的是,这些深寓哲理的感叹,却是借助景物的描写来表达的,因而就使诗句显得含蕴深沉。荒坟、宫阙的夷灭,用凄凉冷月、古木参天、池水空寂、汴河无语东流等一派荒凉迷茫的景色来加以烘托渲染,借景生情而又移情入理,寄寓了无限深沉的喟叹。接着用"沉吟此事泪满衣,黄金买醉未能归"两句作一顿挫,将一片豪情捺入"泪满衣"的沉痛情绪之中,思想感情的潮水,再一次掀起波澜。

"连呼五白行六博,分曹赌酒酣驰晖"两句,又回到酒宴上来,叙写酒兴酣畅,友人间呼喊掷博,分曹赌酒,兴奋得忘记了时光的流逝。这一层不仅与全诗关于登楼饮酒的描写相呼应,且又为全诗的结尾蓄积了力量,做了巧妙的铺垫。

"歌且谣,意方远。东山高卧时起来,欲济苍生未应晚。"结尾四句陡然间像雄狮耸动全身而后大吼一声,唱出了震动大地的豪情。尽管此时李白的内心是痛苦的,但是他并没有陷入绝望的境地。诗人热爱生活,并顽强地从痛苦中挣扎而起,执著地不愿意放弃建功立业的美好理想。正因为如此,在诗歌里他一方面悲愤万分,对人生作了彻底的否定,另一方面又像火山爆发一样喷涌出强烈的乐观情绪和奋发精神。诗人这两种矛盾的思想情绪,在痛苦的撞击中所迸发出来的光芒,给他的诗歌带来了绚烂夺目的光彩,使人感受到冲破一切忧郁的豪迈气概和震撼人心的艺术魅力。

梁甫吟

长啸《梁甫吟》,何时见阳春?
君不见,朝歌屠叟辞棘津,
八十西来钓渭滨。
宁羞白发照清水,逢时壮气思经纶。
广张三千六百钓,风期暗与文王亲。
大贤虎变愚不测,当年颇似寻常人。
君不见,高阳酒徒起草中,
长揖山东隆准公。
入门不拜聘雄辩,两女辍洗来趋风。
东下齐城七十二,指挥楚汉如旋蓬。
狂客落魄尚如此,何况壮士当群雄!
我欲攀龙见明主,雷公砰訇震天鼓。
帝旁投壶多玉女,三时大笑开电光。
倏烁晦冥起风雨。
阊阖九门不可通,以额叩关阍者怒。
白日不照吾精诚,杞国无事忧天倾。
猰㺄磨牙竞人肉,驺虞不折生草茎。
手接飞猱搏雕虎,侧足焦原未言苦。
智者可卷愚者豪,世人见我轻鸿毛。
力排南山三壮士,齐相杀之费二桃。
吴楚弄兵无剧孟,亚夫咍尔为徒劳。
《梁甫吟》,声正悲。

张公两龙剑,神物合有时。

风云感会起屠钓,大人嵚㟍当安之。

　　此诗约作于开元二十一年(公元733年)前后,时作者初入长安,因一事无成,失意而归。诗中抒发了一入京师未得拜见"明主"的愤懑,最后以"神物合有时"自慰,寄希望于未来。

　　开头两句,作为全篇的总起发出了"长啸《梁甫吟》,何时见阳春"的强烈感叹。这两句既有对黑暗现实的强烈不满,又有何时建立功业的热切希望,足有统率全篇的气势。接下来"君不见"两段,叙述吕望和郦食其的故事。叙述中夸张描写了吕尚勤身苦志,多年不遇明主的遭遇;描写了郦生崛起草莽狂放不羁的作风。欲扬先抑,极力强调他们都是"寻常"、"落魄"之人,然而最后他们还是遇见了贤君明主,做出了一番轰轰烈烈的事业。在此对于历史人物的描写,实际上是比附自己,表达作者坚信终当会有遇合明主机会的心情。"大贤"二句,小结太公一段,"狂客"二句,小结郦生一段,其间的筋脉联络是很清晰的。

　　"我欲"以下十九句为一大段,诗人以豪放纵恣的浪漫主义激情,展开了丰富的想象,忽而上天,忽而入地;忽而道古,忽而论今,既运用神话传说,又引证历史典实,纵横驰骋,激烈地控诉了在位权贵压抑和扼杀贤才的罪行,气势磅礴地抒发了对他们的愤懑情绪。这一大段可分为三层。"我欲攀龙见明主"至"以额叩关阍者怒"为第一层。诗人运用浪漫主义所特有的幻想手段,在虚幻迷离的境界中表现了现实生活中自己与统治者的冲突,抒发了上天入地,报国无门的愤慨。"白日不照吾精诚"至"世人见我轻鸿毛",为第二层。引用神话故事,用"猰貐"磨牙吮血、危害人民的形象自况深明大义,有才干和勇气,而后"用智者可卷愚者豪,世人见我轻鸿毛"作一顿挫,与上一层呼应,进一步排遣自己不为世人理解的苦闷,发泄了对权奸的愤怒。"力排南山三壮士"至"亚夫哈尔为徒劳",为第三层。引用历史典故,嗤笑权贵的昏聩无能,同时又揭露了他们的权诈机巧,含蓄地表明自己要远奸避害,以待将来。总观这一大段,句句用典,辞情慷慨而又奇伟横肆,所以沈德潜说:"此是大诗,意脉明白而拉杂使事,而不见其迹,以气胜也。若无太白本领,不易追逐。"(《唐诗别裁》)

　　最后一段,采用张公神剑终将会合的传说,比喻有志之士总有一天能够像吕尚、郦生一样"风云感会",起于蒿莱,与明主遇合,实现自己的政治理想。

通过上述分析,很清楚,这首诗是抒发诗人在长安政治上失意以后他那种复杂激烈的情绪的。全诗弥漫着火山一般的愤怒和浓重的忧郁。然而,我们还应看到,诗人种种复杂的情绪,又始终是与对国家政治形势和前途的深切关心交织在一起的。也正因为如此,他才执著地不愿意放弃自己的政治理想,总企图挣扎着站立起来,坚信总有一日能够轰轰烈烈地干出一番事业,从而表现了一种可贵的积极的人生态度。诗中"宁羞白发照清水,逢时壮气思经纶。广张三千六百钓,风期暗与文王亲"、"东下齐城七十二,指挥楚汉如旋蓬。狂客落魄尚如此,何况壮士当群雄"这种冲破一切、昂然奋发的人生信念是何等的壮美!

阅读这首诗我们还会发现,诗中所表现出来的积极浪漫主义精神和艺术特色都受了爱国诗人屈原的深刻影响,同时在继承的基础上又有所发展。

屈原是我国第一个伟大的积极浪漫主义诗人。他有崇高的政治理想,但是"信而见疑,忠而被谤"(《史记·屈原贾生列传》),身被放逐,终于殉国。在他的作品中充满了理想、追求、热情和痛苦。李白也是如此,"丑正同列,害能成谤,格言不入,帝用疏之。"共同的遭遇,使他容易接受屈原思想上和创作上的影响。用本篇和屈原的代表作《离骚》相比较,很容易发现:首先,屈原在《离骚》中所表现的那种"路漫漫其修远兮,吾将上下而求索"的对于美好理想的热烈追求,以及"虽九死其犹未悔"的对奸佞小人的不妥协的斗争精神,都折光地反映到了《梁甫吟》一诗中来。尽管客观现实是那样黑暗,尽管是"智者可卷愚者豪,世人见我轻鸿毛",然而李白最后还是唱出了"张公两龙剑,神物合有时,风云感会起屠钓,大人嵼屼当安之"的高亢声音。其次,从创作方法上看,《离骚》中那种强烈的自我表现的抒情力量,那种大胆、丰富的幻想和任意驱使神话故事中和历史上的人物用来排遣主观情绪的手段,那种纵横跌宕、奇幻多变、波澜起伏的结构特点也都在《梁甫吟》一诗中得到了很好运用。比如《离骚》一诗中就曾引用了大量的历史题材、神话传说来影射和比附自己的不幸,而本诗通篇用典,诗中对于姜尚、郦食其等历史人物的描写,对于猰貐、驺虞以及中黄伯等神话传说中怪兽、勇士形象的描写,都成为诗人表达感情的工具。又比如《离骚》中,屈原通过幻想的形式遨游天界,借着神仙对他的屏弃和冷淡,表现了现实生活中自己有志难酬、无处倾诉的苦闷。《梁甫吟》一诗直接模仿屈原的手法,强烈地表现了李白在政治上所遭受的打击和不屈不挠的斗争精神。此外《梁甫吟》一诗也采用了《离骚》一诗跳跃腾挪的结构特点。我们只能从作者瞬间万变的感情踪迹中去体会它,正因为如此,很难为读者所掌握。明人朱谏就曾错误地批评此诗,"辞意错乱而无序,用事或涉于妖妄,如吕望、郦食其等事。方言贫贱而遇明主,即继以雷公天鼓,玉女投壶,非惟上下文义之不相蒙,而又鄙俗无稽之可笑"。这就说明,如果不从我国浪漫主义创作方法的历史传统上去体会,是很难对李白的诗歌作出正确的评价的。因此刘熙载《艺概》说,"太白诗以庄骚为大源"。这就为我们正确研究李白的诗歌提供了明确的方向。

江夏别宋之悌

楚水清若空,遥将碧海通。
人分千里外,兴在一杯中。
谷鸟吟晴日,江猿啸晚风。
平生不下泪,于此泣无穷。

这首诗当做于开元二十二年(公元734年),时宋之悌被贬官,与李白相遇于江夏(今湖北武昌),李白赋此诗为之送行。

首联写景,清澈见底的长江水浩淼无涯与大海相通。气象浑阔,人处其中不觉会有一种宇宙无穷,人生寥落的感觉。接下一联即为抒情。"人分千里外,兴在一杯中"。"千里"二字上承"遥"字,是说至此分离,相隔千里,而友情绵长,心是相通的。下面转出一个"兴"字,即此情此景中顷刻揖别,无限况味,尽在一杯烈酒之中。兴者,兴趣,兴味,豪兴,兴奋之谓,本都含有高兴的意思。值此离别之际,哪里还会有这样的感情?为什么诗人不用恨字,也不用悲字,而偏偏用一"兴"字?这显然是故作旷达之笔,极耐人寻味。为此,胡应麟《诗薮·内编》云:"太白云:'人分千里外,兴在一杯中',达夫;'功名万里外,心事一杯中',甚美。然高虽浑厚易到,李则超逸入神。"胡震亨《唐音癸签》又补充说李白、高适的两句诗"似皆以庾抱之'悲生万里外,恨起一杯中'来。"我们将三者比较一下,自然更觉李白在这首诗中"兴"字的锤炼所含蕴的内容之丰富。颈联两句再转入景物描写。"谷鸟吟晴","江猿啸晚",自然透出一种空旷、凄清、寂寞的气氛。应该说这两句是气氛烘托之笔,也是为尾联所作的必要的衬垫。"平生不下泪,于此泣无穷。"全诗几度回荡的感伤之情,至结尾处一涌而出化作无穷无尽的泪水。此处以情结尾,将前六句景语、情语全然收住。直抒胸臆,更有搅碎肝肠的力量。

江上吟

木兰之枻沙棠舟,玉箫金管坐两头。
美酒樽中置千斛,载妓随波任去留。
仙人有待乘黄鹤,海客无心随白鸥。
屈平词赋悬日月,楚王台榭空山丘。
兴酣落笔摇五岳,诗成笑傲凌沧洲。
功名富贵若长在,汉水亦应西北流。

　　这首诗作于开元二十二年(公元 734 年),时作者在江夏。诗中表现了作者旷达的人生态度和蔑视权贵的叛逆精神,抒发了人生无常的感慨。

　　开头四句,首先以奔放的热情、夸张的笔调,叙写了诗人泛舟江上、载妓行乐的情形。叙写中诗人把这种生活夸饰得很美:华丽的小船,两头坐列着吹箫弄管的歌妓,他一边饮酒,一边欣赏着乐曲,自由自在地荡漾于碧波之上……在他看来,这种无拘无束的生活太惬意了。于是,接下他又情不自禁地唱道:"仙人有待乘黄鹤,海客无心随白鸥。"显然,那种飘飘欲仙、物我两忘的怡悦心情简直是无以复加了。然而,诗人所以如此热情地赞美携妓纵酒的生活,完全是为了突出强调功名富贵不长在,应该及时行乐这一主题。

　　为了歌咏本诗的主题,"屈平词赋"以下六句,又宕开一层,从另外一个角度来抒发人生无常,功名富贵不长在的感慨。诗人把"屈平词赋"与"楚王台榭"放到一起对比,借着楚王台榭荡然无存,只剩下寂寞荒山的景象反衬屈原词赋虽经岁月淘洗而仍然保持日月一般的光辉,从而对屈原作了崇高的评价。在这里,诗人对屈原的推崇赞美,实际上深有自况之意,因而接下来就强烈地表示了对自己文学才能的高度自信。"兴酣落笔摇五岳,诗成笑傲凌沧洲",这两句想象大胆,笔力纵横,辞情激荡。至此,全诗又从一派放荡不羁、超然一切的情绪中推出结末两句,"功名富贵若长在,汉水亦应西北流",点明主题,对"功名富贵"作了彻底的否定。

这首诗"屈平"以下六句似与上面六句不相贯通,为此朱谏在《李诗辨疑》中说此诗"文不接续,意无照应,故为豪放,而无秩序,似白而实非也"。这一说法是不正确的。就全诗而论,前六句与后六句是从两个角度来吟咏主题的。前六句极力描写携妓载酒泛舟游于江上之乐,以寓及时行乐之意;后六句极为赞颂屈原,以寓追求功名富贵终不如文章著述可流芳千古。显然这两层意思最后又都落脚于对于功名富贵的否定。至于上下两层跳跃性过大过快,使人觉得有"目迷五色","骤然不得其解",其实正表现了李白诗结构腾挪激荡的特点,这就更不足为怪了。

这首诗的艺术特色主要表现为强烈抒情与形象的论辩作了完美的结合。宋人常以议论入诗,把抽象思维塞入诗中,使人感到乏味,因而宋诗不如宋词所取得的成就高。这是不是意味着议论绝对不能入诗呢? 不然,如果诗中的议论是由于强烈的感情激动而触发出来的,而且又借助于鲜明的艺术形象,在强烈的形象对比中蕴藏了深刻的哲理,那么这种议论对于抒情来说,并不是坏事,而是能使诗的感情更浓烈、更集中、更凝练、更深沉。以本诗而论,诗人将"屈平词赋悬日月,楚王台榭空山丘"两个形象对比起来,恰恰雄辩地说明了功名富贵是不能长久的道理。由于借用了形象,更有利于激情的宣泄,从而使得全诗的结论"功名富贵若长在,汉水亦应西北流"显得更为充实,更能激动读者的感情。

襄阳歌

落日欲没岘山西,倒着接䍦花下迷。

襄阳小儿齐拍手,拦街争唱《白铜鞮》。

傍人借问笑何事,笑杀山公醉似泥。

鸬鹚杓,鹦鹉杯。

百年三万六千日,一日须倾三百杯。

遥看汉水鸭头绿,恰似葡萄初酦醅。

此江若变作春酒,垒曲便筑糟丘台。

千金骏马换小妾,笑坐雕鞍歌《落梅》。

车傍侧挂一壶酒,凤笙龙管行相催。

咸阳市中叹黄犬,何如月下倾金罍?

君不见晋朝羊公一片石,龟头剥落生莓苔。

泪亦不能为之堕,心亦不能为之哀。

清风朗月不用一钱买,玉山自倒非人推。

舒州杓,力士铛,李白与尔同死生。

襄王云雨今安在? 江水东流猿夜声。

此诗作于开元二十二年(公元 734 年),时作者正在襄汉一带漫游。诗写内心之苦闷,之所以要纵酒行乐,是因为从历史上看到了李斯可悲的人生结局,从羊祜墓碑的湮没荒废,感觉到人生易逝的悲哀。只有那清风明月与时长在,故而要与之为伴,甘作颓倒之玉山,在美酒之中了此一生。这种人生态度固然是消沉颓唐的,但是将其放在特定的历史条件下加以考察,又是完全可以理解的。这便是此诗千百年来传诵不衰的原因所在。

开头几句借山简的典故,绘声绘色地描写了诗中主人公沉醉如泥的形象。是啊!"鸬鹚杓,鹦鹉杯。百年三万六千日,一日须倾三百杯"的终日醉眼迷离的人,自然会成为孩子们笑耍戏谑的对象。"遥看"以下八句,又宕开一层,借曹彰的典故进一步渲染描写了主人公放荡不羁的生活。在醉意中他觉得澄碧透明的汉水就是绿色的葡萄美酒,他幻想满江碧水能变作春酒,那样,醇香的酒曲便可以筑糟丘台了。为了贪图快乐,可以用小妾换千金骏马,以供他坐在雕鞍之上,一边自由自在地歌唱着《梅花落》,一边随意地饮酒,在急管繁弦之中适意游冶。诗人抓住了富于戏剧性的情节以及一系列醉后狂言,加以逼真描绘,恰到好处地表现了一个无拘无束豪饮狂歌的醉汉形象。

然而,上述的描写,还仅仅是刻画了一个醉汉的外在形象。由"咸阳市中叹黄犬"句以下至全诗结尾,就更进一步挖掘了醉汉内心深处的复杂感情。诗中主人公何以如此颓废,终日纵酒呢？是因为他从历史上看到了李斯的可悲下场,又从羊祜墓碑的湮没荒废中看到了人生易逝的悲凉。这一切,对于诗中主人公来说都是无法解释的,他只能从这些事实的表象上感到功名富贵都是靠不住的。为此,他感伤的写道:"泪亦不能为之堕,心亦不能为之哀",并唱出了"清风朗月不用一钱买,玉山自倒非人推"的警句。

当如上的一切苦闷发泄出来以后,诗人自以为找到了一种排遣人生苦闷的手段,于是又轻松起来,在全诗的结尾以恣肆横荡的笔触写道:"舒州杓,力士铛,李白与尔同死生。襄王云雨今安在,江水东流猿夜声。"

显然,这些对于醉汉内心苦闷的描写是合于感情发展的逻辑的,从而使全诗对于主人公从外在形象到内心矛盾的刻画得到了完整的再现。应该指出,诗人对于醉汉形象及其内心苦闷的描写,实际上是在塑造自己的形象,是在表现自己的心灵世界。诗中醉汉的苦闷,不仅是诗人自己的苦闷,也是封建时代知识分子的普遍情绪。正是在这个意义上,《唐宋诗醇》说这首诗"意旷神逸,极颓唐之趣,入后俯仰移情,乃有心人语。'韬精日沉饮,谁知非荒宴？'亦同此怀抱耳。子美云:'长镵长镵白木柄,我生托子以为命',此诗云:'舒州杓,力士铛,李白与尔同死生。'苦乐不同,造语正复匹敌"。可见颓唐消沉的情绪、纵酒放浪的生活态度,常常是封建士大夫对于黑暗现实不满的一种表现形式。然而,还必须指出,把酒看成是解忧的圣物,把纵情声色看成是人生当然的一种享受,毕竟是李白世界观中消极庸俗的东西。但是,古人世界观消极与积极,高尚与颓废的种种矛盾思想,又是相互杂糅、混合交织在一起的,因而往往呈现消极中含有积极成分,积极中又搀杂着落后的东西的复杂现象。这就更需要我们加以认真研究和分析。不可讳言,李白世界观中有许多昂扬向上的精神,诸如他热爱祖国、热爱人民、酷爱自由、渴望建功立业、痛恨统治者昏庸腐朽、压抑贤才,而始终对统治者保持一种傲岸不屈的态度等等,都是值得称赞的,但是他又常常对纵酒挟妓、寻仙访道等生活表现了一种狂热。尤其是当他在政治上受到打击以后,他更以这种颓放的人生态度作为解脱苦闷的手段,于是问题就复杂起来了。这就要我们必须审慎地在肯定的同时要注意批判,在批判的时刻注意肯定。总之,简单的肯定与否定都不能正确地反映事物的本来面目。

首先,这首诗在艺术成就上,最为突出的是运用自然直率的笔调,通过一系列细节的描写,再现了一个天真烂漫的醉汉形象。这一形象,在实质上又艺术地表现了诗人自己的个性特征和某些思想感情,从而使这首诗具有浓郁的主观抒情色彩。比如,诗中的醉汉唱道:"遥看汉水鸭头绿,恰似葡萄初酦醅。此江若变作春酒,垒曲便筑糟丘台",实际上是抒发了诗人自己基于对现实的不满而产生的纵酒适欲、消极颓废的情绪,他恨不能一下子跳进酒的江河,纵情畅饮。在这里,感情的宣泄有如飞天彩虹一般,气势之壮美,色彩之缤纷,令人绝倒。

其次,是热烈的抒情与形象的论辩的完美结合。读了这首诗,我们会感觉到诗人是在强烈地表现自己的感情冲动,表现自己对于人生的思考。更会感觉到他不仅是在描写现实,而且是在议论现实。但是诗人笔下的议论是由于强烈的感情激动所引发出来的,并且具有鲜明的艺术形象。诗中不是理性的逻辑推导,而是凝聚了浓烈感情的形象论证。譬如"咸阳市中叹黄犬"、"晋朝羊公一片石,龟头剥落生莓苔"这两组悲凉的意象,就与上面山简、曹彰乐且逍遥的画面形成了强烈的对比,从而使得诗人下面的抒情:"清风朗月不用一钱买,玉山自倒非人推。舒州杓,力士铛,李白与尔同死生",就显得很自然了。当然,如果按照严密的逻辑推理,这一结论本属荒唐,但由于这种论辩是基于形象的对比,又诉诸强烈感情的抒写,读者便在无形之中接受了诗人的论证,并且在感情的洪涛中感到一种强大的艺术魅力。

将进酒

君不见,黄河之水天上来,
奔流到海不复回!
君不见,高堂明镜悲白发,
朝如青丝暮成雪!
人生得意须尽欢,莫使金樽空对月。
天生我材必有用,千金散尽还复来。
烹羊宰牛且为乐,会须一饮三百杯。
岑夫子,丹丘生,将进酒,杯莫停。
与君歌一曲,请君为我倾耳听。
钟鼓馔玉不足贵,但愿长醉不用醒。
古来圣贤皆寂寞,惟有饮者留其名。
陈王昔时宴平乐,斗酒十千恣欢谑。
主人何为言少钱? 径须沽取对君酌。
五花马,千金裘,
呼儿将出换美酒,与尔同销万古愁。

开元二十二年(公元734年)秋,李白应邀至嵩山元丹丘隐居之处,岑
勋当时也在那里,三人置酒高会,席间李白写下了这首千古名篇。诗中表
现作者蔑视权贵、鄙弃尘俗的傲岸精神,抒发了怀才不遇的痛苦和愤懑。

全诗开头,诗人以雪山骤崩、狂飙突起之势,直抒胸臆,唱出了深沉的
人生感叹:"君不见,黄河之水天上来,奔流到海不复回。君不见,高堂明
镜悲白发,朝如青丝暮成雪。"奔腾咆哮的黄河一泻千里、永不复返,如此

阔壮的景象是很容易引起人们联想的。所以诗人便借黄河的形象起兴，引起人生短暂，岁月易逝的感慨。"高堂明镜悲白发，朝如青丝暮成雪"，面对高堂的明镜，看到自己骤然间变得满头白发，怎能不生悲凉之感呢？仅仅从朝到暮，青丝般的黑发一下子就变成了雪一样的白发，未免过于夸张，但现实的黑暗，个人的不幸，确能很快地使人由壮而衰，所以这种大胆的夸张仍不失为艺术的真实。两次重复"君不见"这一短语，是极力肯定自己的感情，使读者不能不接受诗人的至深感叹。

既然人生多悲而生命极端短促，那么又如何来排遣心头的苦闷呢？这就很自然地过渡到了下一句："人生得意须尽欢，莫使金樽空对月"。所谓"人生得意"并不是指"志得意满，官运亨通"，他所指的得意，当是挚友相聚，互诉心曲，心气相通的那种开心得意。"须尽欢"是说应当抓紧时间尽情欢乐。"莫使金樽空对月"写得非常形象，是"须尽欢"的最好的注脚。又为下面的诗句进行了铺垫。

由"天生我材必有用"直至全诗结束，都可视为劝酒之辞。在一片热烈的劝酒声中，诗人酣畅淋漓地抒发了人生的苦闷和及时行乐的消极情绪，同时又交织着否定权贵、厌弃豪奢生活的人生理想以及昂扬奋发的自信精神。诗人的感情有如澎湃的潮水，奔腾咆哮撞击着他的心灵、一层又一层地激荡迸发出撼人心弦的诗句。这一大段回环往复的吟唱可以分为三层。

"天生我材必有用"四句为第一层。诗人自信"才必有用"，强烈地表现了李白对于人生的乐观信念。尽管李白的一生屡遭顿挫，但是他一天也没有放弃过对理想的追求，他总是挣扎着从痛苦中站立起来，表现了他那傲岸不屈的顽强性格和积极进取的人生态度。同样在生活上他也表现得极为旷达。这一时期的李白，生活上是很窘困的："归来无产业，生事如转蓬"，但他却毫不以此为念，依然唱出了"千金散尽还复来"的豪放诗句。"烹羊宰牛且为乐，会须一饮三百杯"，当然是夸大之辞，然而也正是在这夸张的言辞之中，激荡着一种豪迈的气概，显示了他的豪宴痛饮，完全是为着排遣治世之才不得伸展的苦闷。萧士赟说："此篇虽似任达放浪，然太白素抱用世之才，而不遇合，亦自慰解之词耳！"（《分类补注李太白诗》）这话是不错的。

由"岑夫子"至"唯有饮者留其名"为第二层。这一层要比上一层在感情上更加热烈了。"岑夫子，丹丘生"，是对挚友的热情呼唤，"将进酒杯莫停"是相邀痛饮。短促的句式透露着酒酣意浓的快慰情绪。"与君歌一曲，请君为我倾耳听！"醉态矇眬之中，诗人狂歌起来，而且还要朋友为之"倾耳"静听。自然直率的口吻，活画出醉汉的狂态，也更见朋友们真挚的友情。然而不管是佯狂，还是实醉，"举杯销愁愁更愁"，当幽愤袭上心头的时候，诗人唱出了激烈的反抗心声："钟鼓馔玉不足贵，但愿长醉不用醒！古来圣贤皆寂寞，惟有饮者留其名"，这四句诗是唱给朋友的一曲悲愤之歌，表达了诗人对豪门权贵奢侈生活的极大轻蔑。人世间的丑恶使他愤懑，所以诗人宁愿长留醉乡，也不愿意用清醒的眼光去看取痛苦的人生。在诗人看来，自古以来圣者仁人都默默无闻地逝去了，只有那狂歌醉酒，愤世疾俗的高士才留下了不朽的名字。醉后狂言，更见情真，这些镗鞳的诗句写得何等深刻警人，正痛快淋漓地表达了诗人对显赫一时的权贵强烈的憎恨。诗至此处，积郁在他心头的痛苦和愤怒，可以说已经全部爆发出来了，于是他的酒兴也达到了高潮。

从"陈王昔时宴平乐"到全诗结尾，是第三层。也许是由于主人惟恐诗人喝酒过量，托辞钱少，进行了劝阻。但李白酒兴正浓，哪里会听得进去！他引用曹植的例子，坚持一定要"斗酒十千恣欢谑"，非要喝个酩酊大醉不可。这一句是紧承上面的诗句而来的。陈王曹植也是怀才不遇、愤世疾俗的诗人，他在《名都篇》中，描写了一位英俊青年驰骋打猎，以美酒大宴宾客的情形，借以抒发其壮志难酬的愤懑。李白援用此典用意是很明确的。"主人何为言少钱，径须沽取对君酌"，狂言无忌，他要主人只管沽酒，不必言钱，为了尽情一醉，什么"五花马"、"千金裘"都可以让儿子拿出去换酒，真可谓费尽千金买一醉。试问诗人何以如此？不是为了别的，只是为了"与尔同销万古愁"。这是画龙点睛之笔，最后结出一个"愁"字，全诗的主题就和盘托出，概括以尽了。

这首诗表面上极言人生短促，竭力强调当及时行乐，情绪比较消沉颓唐，但这并不是这首诗最本质的东西。恰恰相反，透过激昂慷慨的诗句，我们会感受到燃烧在诗人心头的那种强烈的人生自信、奋发豪迈的气概和火山爆发式的愤怒，滚烫的诗句有着强大的感染力量。"钟鼓馔玉不足贵，但愿长醉不用醒"，不仅是对功名富贵的否定，也是对当时黑暗的社会现实的抗议。

这首诗正像李白的许多抒情诗一样,通过直接抒写自己的感情为我们描绘了一个纵酒狂歌、傲岸不羁的诗人形象。全诗借劝酒以抒情,豪放挥洒,字里行间闪烁着他那极为鲜明的个性。其次这首诗感情充沛,气势豪迈,有如长江大河一泻千里。开头四句,运用比兴手法和极尽夸张的语言,不仅不令人怀疑,而且让人感到是最高的真实。同时与此相适应,在结构上又表现了跳跃多变的特点。比如"人生得意须尽欢,莫使金樽空对月",意气消沉得很,但是瞬息之间又突然转为"天生我材必有用,千金散尽还复来"的高亢的人生自信。在回环往复的歌唱中,像海潮一样,一次又一次地冲击上来,一层又一层地抒写狂歌醉饮之乐,而最后戛然而止逼出一个"愁"字,这就使全诗的感情显得激荡起伏,具有江海洪波直击星月的气势。

春夜洛城闻笛

谁家玉笛暗飞声，散入春风满洛城。
此夜曲中闻《折柳》，何人不起故园情？

开元二十三年（公元735年）春，作者客居洛阳，夜闻笛声而生思乡之情，写下这首七言绝句。

任何一个伟大的作家，他的作品的艺术风格总是多种多样的。李白的许多诗篇大都写得格高意远、笔力纵横，故人们常以"豪放飘逸"四字称之。然而，他的抒情小诗，诸如歌唱友情、吟咏乡思的作品，都具有舒缓和谐、情思绵邈的特点，本诗即是如此。

全诗由"笛声"写起，袅袅如丝、悠扬婉转的笛声，不知自何处飞起，所以首句采用疑问的句式。笛声时断时续，似有若无，故又以"暗"字冠于"飞"字之上。接下一句写笛声随风明灭，洒满了整个洛阳城。"散"、"满"二字，用得极为妥帖，利用"通感"的修辞手段，将听觉通于视觉，形象地写出了夜阑更深，笛声飞扬的环境气氛。

第三句笔锋一转，"此夜曲中闻《折柳》"，将笛声的内容点明。《折杨柳》是汉横吹曲，内容多表现离愁别绪。从"闻折柳"三字即可以想见那笛声的深沉哀婉了。处于春夜良辰，客居异地的旅人自然会生寂寥索然之感，更何况又听到那忧伤如诉的曲调，怎能不触动远别家园的游子那一副思乡的柔肠！所以第四句便用"何人不起故园情"的反问句式作结。全诗缓缓写来，不急不徐，深切地表达了对故乡眷念的感情。

五月东鲁行答汶上翁

五月梅始黄，蚕凋桑柘空。

鲁人重织作，机杼鸣帘栊。

顾余不及仕，学剑来山东。

举鞭访前途，获笑汶上翁。

下愚忽壮士，未足论穷通。

我以一箭书，能取聊城功。

终然不受赏，羞与时人同。

西归去直道，落日昏阴虹。

此去尔勿言，甘心如转蓬。

　　此诗约作于开元二十七年（公元739年）五月，时作者由安陆初至东鲁（今山东兖州一带）。诗中说明了诗人前来东鲁的原因，表白了他建功立业的抱负。

　　诗的结构，大致可分为四小节：从开始到"机杼鸣帘栊"，概括了初至东鲁的时间、景物和当地民间生活的情景。梅子黄了，桑柘被采光了，已是初夏的季节。家家户户从帘栊中传出机杼的声响，表明人们正在纺织丝绸，从而反映出鲁地人民以蚕桑为主的劳动生活。

　　"顾余不及仕"至"未足论穷通"，说明他来山东的目的是"学剑"。李白"十五好剑术"，他不仅爱好击剑，而且很精通。据史书记载，山东有位击剑的名手叫裴旻，李白曾要求向他学剑。舞剑是李白的爱好之一，他的许多作品都提到过舞剑。"五岁诵六甲，十岁观百家"的李白，较少受传统思想的束缚，他既希望建功立业，又鄙弃走科举的道路，他为自己设想的前途,是要成为文武全才的人,名满天下,一跃而为卿相。但是,他这次来山东却受到了"汶上翁"的讪笑。"汶上翁"实际上就是李白在《嘲鲁儒》一诗中所塑造的腐儒形象的模特儿:"鲁叟谈五经,白发死章句,问以经济策,茫如坠烟雾。足着远游履,首戴方头巾。缓步从直道,未行先起尘……"在本篇中,诗人还没有来得及为这样的腐儒画像,只是以蔑视的态度回答了他讥笑:"下愚忽壮士,未足论穷通",诗人把他比作"下愚"之人,认为不足以和他谈论穷通的道理。

"我以一箭书"四句,引用战国时代鲁仲连的故事作比喻,表明自己不同于一般的流俗,也有鲁仲连那样的才能和"功成不受赏"的品质,岂是"汶上翁"这种腐儒所能了解的。

诗的结尾四句,仍是对"汶上翁"表明自己的态度。"西归去直道,落日昏阴虹",有人认为是暗指李林甫、杨国忠"昏蔽其君",实际上这两句只是写实,表示自己决定要走理想的路,所以下面才说:"此去尔勿言,甘心如转蓬"。要"汶上翁"不必再多说,表示自己宁愿像转蓬一样飘荡,也决不与流俗为伍。此后,李白在东鲁曾与孔巢父、韩准、裴政、张叔明、陶沔会于徂徕山中,酣饮纵酒,号称竹溪六逸。可见李白"举鞭访前途",寻找精通剑术的人,也就是访求志同道合的"高士"。

全诗通过回答"汶上翁"这一细节,表明了诗人恃才傲物的狂放态度、蔑视流俗的高洁胸怀、不与现实妥协的顽强精神以及摆脱传统束缚的进步思想,若把它和《嘲鲁儒》一诗对照起来阅读,就会更加清楚。

丁都护歌

云阳上征去，两岸饶商贾。

吴牛喘月时，拖船一何苦。

水浊不可饮，壶浆半成土。

一唱《都护歌》，心摧泪如雨。

万人凿盘石，无由达江浒。

君看石芒砀，掩泪悲千古。

此诗作于开元、天宝之际，时作者正在吴地漫游。诗写暑日润州纤夫拖船运石之艰难、生活条件之恶劣、心境之凄伤。

《丁都护歌》是乐府《清商曲·吴声歌》旧题。南北朝时南朝宋高祖刘裕因婿徐逵之被人杀害，派府内直督护丁旰去办理葬事。徐的妻子询问收敛埋葬的情况时，每问一声，必叹一声"丁督护"，声音凄切动人。后人依声制曲，题为《丁都护歌》，本篇虽袭用旧题，内容却是反映劳动人民拖船运石的沉重劳动和痛苦生活。

开头第一句叙写运石船只从云阳往上游航行，点明全诗所吟咏的事件。下句是写两岸的情景。"饶商贾"是说两岸有很多富商巨贾。诗人写两岸的富庶景象是为了与下面所描写的触目惊心的悲惨景象进行对比。

接下四句描绘出船民在酷暑烈日下拉纤上行的悲惨景象。先用"吴牛喘月"的故事，形象地表现出当时正是炎热的盛夏，炎热的程度使牛见到月亮也以为是太阳而畏惧喘息。在这烈日熏蒸之下，船民们弯腰弓背，双手撑地，拖着沉重的船只艰难地爬行。他们汗水淋漓，喉干舌燥，渴望喝一口清凉的水,但是就连这一点极微小的期望,也是不可能实现的。盛在壶中浑浊的水,已经成了稀泥浆,又怎能咽得下去呢! 在此,诗人抓住了眼前的悲惨景象,以现实主义的深刻冷峻的笔触,忠实地记录了这一历史的画面,与上面所写的两岸富庶繁华的景象,形成了鲜明的强烈对比,从而高度凝练地表现了贫富悬殊的现象,同进也表达了诗人对苦难深重的人民的无限同情。

再下四句是抒写船民不堪其苦的悲愤心情。你听,爬行在崎岖不平的河岸上的纤夫们所唱出的低沉的号子声,是何等的悲愤! "一唱《都护歌》,心摧泪如雨。"这哪里是歌声,分明是心摧泪下的控诉! 应该指出,"泪如雨"三字,不仅是写纤夫们泪如雨下,同时也包括诗人听到那悲惨歌声以后的一掬同情之泪。同样"万人凿盘石,无由达江浒"两句,既是纤夫们愤怒的控诉,又是诗人无可奈何的感叹。

最后两句小结全诗,提出了一个发人深省的问题。联系"万人凿盘石"的诗句,可以想见江边堆积的巨石必然是极多的,然而,这些沉重的巨石,又都要拖运到上游去。统治者为什么要催逼船民搬运,无非是要满足他们的享受。这真是一家欢乐万家愁。为此,那些芒芒砀砀的巨石就成了封建统治者奴役人民的历史见证。"君"是泛指读者。这就是说:千古之下,凡是看见这些笨重石头的人,一定都会掩面流泪,为之悲叹的。

这是一首感事诗。《唐宋诗醇》评云:"落笔沉痛,含意深远,此李诗之近杜者。"这一论断是非常中肯的。细细体会,有如下两点,应予注意:其一,诗中叙事和抒情交错在一起,对于船民内心悲愤感情的抒写与诗人自己的内心感受交织在一起,难以分辨。这一特点,并不是诗人故意为之,完全是由于受了现实生活的触动,激发了诗人的创作激情的结果。他既要表达对人民的同情,又要抒写对统治者肆意享受的愤怒,因此他实际上站在了劳动人民一边。人民哀哭愤怒,也就成了他自己的感情,从而使得全诗落笔沉痛,含意深远,真实地反映了社会矛盾的一个侧面,在表现时代本质这一点上,达到了相当的深度。其二,作为伟大的浪漫主义诗人,他的许多重要作品固然都是浪漫主义的杰作,但这并不等于他所有的诗一律都是浪漫主义的。浪漫主义和现实主义作为两种创作方法,是后世人们对于文艺现实的客观总结,也是研究作家创作风格、流派的两把钥匙。实际上并不是作家在创作之前就有了这些概念,而后又按照概念去进行创作。所以我们在研究作品的时候,也不能从概念出发,而应该坚持对具体作品进行具体分析的科学态度。以本篇而论,叙事、抒情就都是写实主义的,而且风格沉郁顿挫,所以古人说与杜诗相近,是很精当的评价。

南陵别儿童入京

白酒新熟山中归,黄鸡啄黍秋正肥。
呼童烹鸡酌白酒,儿女嬉笑牵人衣。
高歌取醉欲自慰,起舞落日争光辉。
游说万乘苦不早,着鞭跨马涉远道。
会稽愚妇轻买臣,余亦辞家西入秦。
仰天大笑出门去,我辈岂是蓬蒿人。

　　此诗作于天宝元年(公元 742 年)秋,时作者在南陵(今安徽南陵县)。这年秋天,李白忽然得到唐玄宗的征召,以为大展鸿图的机会终于来到了,故兴奋异常,在与家中妻子儿女告别时写下了这首名作。

　　李白少有壮志,心雄万夫。他常常自比管仲、诸葛亮,认为自己"怀经济之才,抗巢由之节,文可以变风俗,学可以究天人"(《为宋中丞自荐表》)。因而"慷慨自负,不拘常调"(范传正《唐左拾遗翰林学士李公新墓碑并序》),"不求小官,以当世之务自负"。他不愿意通过科举考试踏入仕途,而是想依靠自己的才能,通过寻仙访道、隐居浪游,走"终南捷径",一举成名,获得皇帝的赏识,而后"申管晏之谈,谋帝王之术,奋其智能,愿为辅弼,使寰区大定,海县清一"(《代寿山答孟少府移文书》)。李白的这一理想,是当时历史条件下的产物。然而,诗人从二十六岁"仗剑去国,辞亲远游"(《上安州裴长史书》)起,直至四十二岁接到玄宗诏书的时候,其间经过了漫长的十几个年头。在这十几年中,尽管他始终对自己的政治前途抱着执著的乐观信念,而且也终于得到了一鸣惊人四海皆知的巨大声望,但是在这期间也经受许多挫折和讥笑。"大贤不偶,神龙困于蝼蚁,可胜叹哉!"(宋洪迈《容斋四笔》)李白后来曾愤怒地写道:"少年落魄楚汉间,风尘萧瑟多苦颜。自言管葛竟谁许?长吁莫错还闭关!"(《驾去温泉宫后赠杨山人》)正因为如此,当夙夜以求的这一天终于来到的时候,诗人抚今思昔,瞻望前途,眼看着"济苍生"、"安社稷"的理想就要实现了,那种难以抑制的激动和兴奋,当然是可以想见的。这首诗便以直抒胸臆,不假修饰的直率的笔调,抒发了那种几近于狂的喜悦和踌躇满志的心情。

诗的前六句主要是写"辞家西入秦"时的快乐情景。天宝元年秋,李白从会稽回到南陵,与妻子告别,全家沉醉在一片欢乐的气氛中。烹鸡酌酒,儿女嬉笑于膝下,诗人狂歌醉舞,在他的眼里就连落山的秋阳,也在为他助兴增辉。通过几个典型的生活细节,生动地写出了诗人手之舞之足之蹈之那种得意愉悦的心情。后六句主要是写他意气豪迈踌躇满志的情怀。"游说万乘苦不早",是感慨没有早一些时候得到接近皇帝以实现自己政治理想的机会。然而这一天又毕竟是到来了,所以笔锋一转,写道"着鞭跨马涉远道",表现了急于用世的迫切愿望。"会稽"一句借朱买臣自比,是说终于得到了施展抱负、建功立业的机会。最后两句,"仰天大笑出门去,我辈岂是蓬蒿人",写得豪迈洒脱、气势磅礴,表现了诗人那种睥睨一切的气概和坚定自信的乐观情绪。

作为伟大的浪漫主义诗人,李白的诗富于强烈的自我表现的主观色彩,给人以最突出的艺术享受的是澎湃于诗中的奔放气势和毫无掩饰的激情。透过炽热的感情,人们甚至可以触摸到一个具有强烈个性的伟大心灵。这是一个经过反复艺术提炼的潇洒旷达,毫无世俗之见,毫不拘挛守常的形象。"仰天大笑出门去,我辈岂是蓬蒿人",绝非仅仅局限于个人得失的狂妄,而是一种对于压抑贤才的黑暗政治的激愤之辞。从这个意义上,我们说这首诗的美学价值,就在于它能够激发弱者和不幸者昂然崛起的斗争热情和坚定的人生信念。

蜀道难

噫吁嚱！危乎高哉！

蜀道之难，难于上青天。

蚕丛及鱼凫，开国何茫然。

尔来四万八千岁，不与秦塞通人烟。

西当太白有鸟道，可以横绝峨眉巅。

地崩山摧壮士死，然后天梯石栈相钩连。

上有六龙回日之高标，下有冲波逆折之回川。

黄鹤之飞尚不得过，猿猱欲度愁攀援。

青泥何盘盘，百步九折萦岩峦。

扪参历井仰胁息，以手抚膺坐长叹。

问君西游何时还，畏途巉岩不可攀。

但见悲鸟号古木，雄飞雌从绕林间。

又闻子规啼，夜月愁空山。

蜀道之难，难于上青天，

使人听此凋朱颜。

连峰去天不盈尺，枯松倒挂倚绝壁。

飞湍瀑流争喧豗，砯崖转石万壑雷。

其险也若此，嗟尔远道之人胡为乎来哉！

剑阁峥嵘而崔嵬，一夫当关，

万夫莫开。

所守或匪亲，化为狼与豺。

朝避猛虎，夕避长蛇。

磨牙吮血,杀人如麻。

锦城虽云乐,不如早还家。

蜀道之难,难于上青天,

侧身西望长咨嗟。

　　唐孟棨《本事诗》和五代王定保《唐摭言》均有记载:李白初至长安,贺知章闻其名,主动登门造访,李白出示《蜀道难》,贺知章读未毕,称叹不已,称白为"谪仙"。由此可知,这首诗当做于诗人初至长安时期。又联系李白与此诗同时期所作的《剑阁赋》《送友人入蜀》,可以推断此诗是为了送一位友人入蜀而写的。诗中极言入蜀道路的艰难,是为了暗示蜀中并非久留之地,叮嘱友人早日返回长安。但是这首诗所取得的艺术成就,却远远超过了一般"赠别"诗的范围。诗人以雄健奔放的诗句,丰富的想象和大胆的夸张,描绘了由秦入蜀道路上的奇险景色,不仅生动地再现了祖国山河的壮美,而且在富于浪漫主义的描写中,处处跃动着他热爱祖国、热爱生活、热爱大自然的一颗诗人的心,体现了诗人那种开阔的胸怀和豪放不羁的性格,因而获得了巨大的美学价值,成为千古传诵的名篇。

　　诗的开始,凭空起势,用惊讶的口语唱出了诗人对蜀道艰险的感叹,而后沿着由秦入蜀必须经过的"太白山"、"青泥岭"以至"剑阁"的线索,运用移步换形的笔法展开具体的描写。同时插进神话传说、奇特的幻想和大胆的夸张,更给崎岖的蜀道涂上了一层神秘险绝的色彩。"蜀道之难难于上青天"的诗句,贯穿全篇,它在诗中三次出现,每一次都领起更进一层的诗人的主观感受,给全诗带来了回旋激荡的感染力量。所有这些艺术手段,都和谐地统一在一起,构成了一个完美的艺术整体。

　　由"蚕丛及鱼凫"到"以手抚膺坐长叹",通过蜀道的历史沿革以及对入蜀路上太白山、青泥岭的艰险的描写,突出了"蜀道之难难于上青天"的中心形象。前四句借渺茫难详的历史传说,表明上古时代秦蜀两地隔绝不通的状况。"西当太白有鸟道"到"猿猱欲度愁攀援",是写太白山的高峻,阻塞了秦蜀两地的往来。直至"五丁开山"之后,人们费尽千辛万苦,建造了"天梯石栈",秦蜀才得以通行。但行走在这条路上依然是十分艰苦的。对此,诗人作了动人心魄的描绘:高标插天,可以挡住太阳的运行,山涧中冲波逆折的激流,更使人胆寒。如此惊险的山路,即使极善飞腾攀援的黄鹤、猿猱都一筹莫展。至此,太白山高耸入云的巨大自然形象,已经突兀地横亘在读者的眼前了。"青泥何盘盘"到"以手抚膺坐长叹",由太白山再往前行,便来到了青泥岭。诗人根据它多云雨的特点,描写行人跋涉于阴雨泥淖之中,要经历"百步九折"的艰难困苦,进一步渲染了青泥岭这一段路的难行。"扪参历井仰胁息,以手抚膺坐长叹",两个典型细节的夸张描写,发挥了高度的想象力,不仅能使读者具体感受到头抵苍穹,手触星辰,以至于不敢呼吸的那种奇幻的境界,而且能使读者仿佛亲眼见到攀登险径的旅人那种抚膺长叹的绝望神情。大胆的夸张和惊人的想象,使诗句焕发了奇情壮采,取得了惊心动魄的艺术效果。

"问君西游何时还"到"嗟尔远道之人胡为乎来哉"这一部分进一步描写蜀道的荒凉空寂和雄奇绝险,极力渲染"蜀道之难难于上青天"的中心形象,同时一再忠告友人,表示对他入蜀的担忧。上面写到"太白山"、"青泥岭"等处的险峻,所以接着对友人发出了"问君西游何时还"的询问,提出"畏途巉岩不可攀"的忠告。诗中通过悲鸟哀号、子规啼愁的描写,烘托出深山老林苍茫空旷的气氛,给人一种凄冷悲愁的感觉。而后再次感叹道"蜀道之难难于上青天,使人听此凋朱颜",其目的正在于规劝友人入蜀是艰险的。"连峰去天不盈尺"以下四句,夸张描写蜀道的险恶,诗句工整,音调铿锵顿挫,写尽了山势的陡峭和涧底洪涛的声势。读至此处,使人不由得倒抽一口凉气。"嗟尔远道之人胡为乎来哉",再次告诫友人,你为什么不辞道远来此历险呢? 这一句与"问君西游何时还"互相呼应。整个第二大段并没有顺着"太白山"、"青泥岭"的路径一路写下来,而是徘徊中途,做进一步的集中描写。这样的写法不仅给五音繁汇的乐章造成一种回旋往复的基调,更为下一段写剑阁的峥嵘,把全诗的情感推向高潮蓄积了力量。

"剑阁峥嵘而崔嵬"直到诗的结尾,极写剑阁要塞的险要,进而暗示出蜀中社会现实的黑暗,并再三警告友人。剑阁本是"一夫当关,万夫莫开"的咽喉要地,易守难攻,历来为政治野心家所觊觎之地。尽管当时的成都因物产的丰富,商业的发达,常常被一般仕途失意的知识分子所景慕。但生长于蜀地的李白,对蜀中的黑暗现实以及隐藏着的政治危机是有深刻了解的。他担心"所守或非亲",那些盘踞作乱的地方当权者就会成为残害人民的豺狼。因而他语义双关地写道，进入这样险恶的地区，必须"朝避猛虎，夕避长蛇"，时刻要提防那些"磨牙吮血，杀人如麻"的毒蛇猛兽。这样既写了自然环境的凶险，更写出了蜀中社会现实的险恶。"锦城虽云乐，不如早还家"，最后明确地警告友人，蜀地并不是安乐窝，还是及早地回来吧！接下来"蜀道之难难于上青天"的诗句第三次在诗中出现。至此已经不仅是对蜀道艰难的感叹，而是把蜀道作为生活道路的艺术象征，面对人生多艰的黑暗现实所发出的巨大喟叹了。看来诗人是根本不同意友人入蜀的，但这位友人固执己见，诗人只得怀着怅惘的心情，用"侧身西望长咨嗟"的叹息来结束全诗，与诗的开头遥相呼应。言有尽而意无穷，给读者以无限回味的余地。

这首诗所表现的秦岭山脉的崔嵬高峻，蜀道的艰险难行，气氛的悲愁，剑阁的险要，蜀中自然环境和社会现实的复杂，这一切都是客观存在的现实，具有相当可怖的内容。但是我们读了它以后，非但不感到低沉畏惧，反而感到气势充沛，精神振奋。这主要是由于诗人对大自然的描写，不是照相似的机械模拟，而是经过艺术提炼，传神地突现了蜀山、蜀道内在的磅礴气象、神秘的色彩和浓郁的诗情，使无生命的自然景色具有了独特的性格和旺盛的生命力。更进一步地说是由于在艺术提炼的过程中诗人把他所感受到的并使他激动的那一部分，经过精心的再造，融进了诗人自己的感情、愿望和美学理想。这一时期的李白，思想上积极乐观的成分较多，对生活还充满着火一样的激情，这正是这首诗充满积极浪漫主义豪情的根本原因。

李白一生并没有到过剑阁，这篇诗完全凭传说想象落笔，然而写得却如此精彩。由此可见丰富的想象，奇特的幻想，大胆的夸张等一系列艺术手段，在诗歌创作中的重要地位。而李白正是驾御这些手段的能手。所有这些艺术手段在他的笔下，都显得瑰丽多姿，它们完美地交织在诗篇之中，为我们描绘了一幅优美的山水画卷，而且要比现实中的"蜀道"更高、更强烈、更典型、更理想。

这首诗是七言歌行体，虽以七言句式为主，但间杂着三言、四言、五言乃至九言的句式，显得灵活洒脱，这与诗人豪放不羁的性格、富有创造性的艺术实践是密不可分的。例如描写自然山水部分，则用九言句式"上有六龙回日之高标，下有冲波逆折之回川"，语言奔放畅达又迂回有致，能舒人肺腑;描写剑阁之险和蜀中自然环境、社会现实的可怖,则较多地使用四言、五言句式,显得简劲有力,扣人心弦。这些参差不齐的诗句,使全诗表现得自由多姿而又协调匀称,更灵活地反映了诗的丰富内容,加深了对读者的艺术感染。

此诗在取材方面,充分表现了诗人的文学素养,如蚕丛、鱼凫、子规都是蜀地历史传说或蜀地产物,用来描写蜀道景物,十分贴切。诗人对描写对象的观察,更是极为缜密,如"连峰去天不盈尺,枯松倒挂倚绝壁",倘平日没有精密的观察,丰富的生活积累,是不可能作出如此精确的描绘的。

送友人入蜀

见说蚕丛路,崎岖不易行。
山从人面起,云傍马头生。
芳树笼秦栈,春流绕蜀城。
升沉应已定,不必问君平。

本诗当做于天宝元年(公元742年),与《剑阁赋》《蜀道难》同为送友人王炎入蜀之作。诗中生动地描写了蜀道的奇险与峭拔,含蓄地表达了对入蜀友人的关切之情,希望他要乐天知命,在功名上不要过于追求。

一、二两句从入蜀之路写起,概括指出蜀道"崎岖不易行"的特点。这样的开端不但与送别吻合,而且寄兴深微,足有包举全篇的力量。接着领联、颈联四句即承首联之意直贯而下,具体描写蜀道的奇险与峻美。"山从人面起,云傍马头生"两句,描写山势的陡峭与高耸。崎岖的山路恰如直上直下的天梯,人们攀登而上,就好像山是紧贴着人的脸峭然拔起;山势高耸入云,阵阵云雾从眼前、从马头上飘浮而过。"芳树笼秦栈,春流绕蜀城"这两句又宕开一层,描写入蜀之路景致的秀美。盘桓起伏的栈道,被碧绿的芳草、树木蒙络摇缀;郫江和流江二水缓缓回环地流过蜀城。如上四句是景物的实写。诗人抓住景物的特点,通过具体的画面,生动地再现了入蜀之路的险峻与优美。然而这些描写又有深刻的寓意,含蓄地展示了友人所面临的吉凶难卜的前程。这就是说友人未来的前程既可能像入蜀的山道一样奇险,令人生畏;又可能像入蜀的山道一样瑰丽多姿。《唐宋诗醇》云:"领联极言蜀道之难,五六又见风景可乐,以慰征夫,此两意也。"便指出了这种深刻的寓意。尾联两句承上"两意",小结全诗,对友人进行情深意切的劝勉。"升沉应已定,不必问君平",意谓友人入蜀以后的政治前途,早已命中注定,不必要再忐忐忑忑地去找严君平问卜。这里,话说得虽然委婉,但语重心长,意思是明确的。诗人可能估计到入蜀友人的前景,并非像他自己所想象的那样乐观,因此才劝他对功名事业一定要淡然超脱一些,还是达人知命,顺乎天意为好。诗人所以这样说,是因为他曾在蜀中生活过很长时间,当时唐王朝尽管表面上还很繁荣,但实际上却已经危机四伏了。蜀州既然是唐王朝的仓廪税收重地,那里的权力之争也是可想而知的。诗人的这一思想在《蜀道难》中就说得更为直露。显然,这是诗人对于蜀中政治形势的一种艺术概括,鉴于此,本诗的主旨与《蜀道难》中"锦城虽云乐,不如早还家"的思想是相通的。

　　这首诗是一首五律。从格律上说平仄吻合,对仗工稳。从技巧上说,叠景者意工,阔大者笔细,极得诗家微旨。章法上起承转合,亦极娴熟。由此看来,李白并非不擅长写律诗,只是李白如赵翼在《瓯北诗话》中所说"才气豪迈,全以神运,自不屑束缚于格律对偶,与雕绘者争长"罢了。

清平调词(三首)

云想衣裳花想容,春风拂槛露华浓。
若非群玉山头见,会向瑶台月下逢。

一枝红艳露凝香,云雨巫山枉断肠。
借问汉宫谁得似?可怜飞燕倚新妆。

名花倾国两相欢,长得君王带笑看。
解释春风无限恨,沉香亭北倚阑干。

  此诗作于天宝二年(公元743年)春,时作者在长安供奉翰林。这组诗亦是应诏之作,故多谀美之辞,三首诗的共同特点是将人与花浑融为一体,既写人,又写花,言在此而意在彼,使鲜花与美人交相辉映,既写出牡丹的风姿神韵,又写出杨贵妃的娇艳美丽。

  第一章主要是通过丰富的想象来颂扬杨贵妃的姿色之美。一、二两句因花起兴,以花喻人。"云想衣裳花想容",据唐汝询《唐诗解》的说法,意思是:见了斑斓的彩云就想起了美人衣裳的华美,见了娇艳的牡丹花就想起了美人的美好容貌。起笔破题就抓住了全篇要吟咏的中心。王齐引吴舒凫的评论说,这一句与王昌龄"荷叶罗裙一色裁,芙蓉向脸两边开",俱出自六朝梁简文帝的"莲花乱脸色,荷叶杂花香"。又说,"李用二'想'字,化实为虚,尤见新颖"。这是深有见地的。诗人不从实处入手加以具体的勾勒,而是从虚处落笔,写出了他来到花前月下见到妃子时的特定感受;天上人间,名花美人,在朦胧的月色下交相映照,绚烂夺目,几乎再也分辨不出何为云、何为花、何者为妃子。显然,这要比简文帝、王昌龄在实处做文章要高明得多,飘逸得多了。接下来,"春风拂槛露华浓"作一衬垫。上一句说见云、见花所想到的都是美人,这一句本应紧紧承上,但诗人偏偏要说到"名花"上去,用牡丹花从旁衬托,既切题,又防止了语气的直泻。"走处仍留,急语须缓",正是用笔之妙。三、四两句上承"想"字而下,神驰玉宇,借缥缈的"群玉"、"瑶台",传神地表现了美人的仙姿神态。故俞平伯说:这样写,意在用"不但是仙人,而且是可望不可即、可遇不可求的仙人"来形容比喻沉香亭畔的名花倾国,"远远说来,透过一层写来,境界最高"。

第二章借历史上的美人来描写牡丹。"一枝红艳露凝香",是说红艳艳的牡丹花瓣上滚动着晶莹的露珠,好似凝结着香气。夜露本无香,花香也不会凝结,但诗人运用通感的手法使视觉和嗅觉相通,牡丹花的色泽、香气就更具有色感和质感了。接下去三、四两句,问得好,答得也妙。汉宫里谁像如此娇艳的牡丹呢?那就只有艳妆华服仪态娇羞的赵飞燕了。唐人每以汉家来比当朝,如白居易"汉皇重色思倾国",就是有名的例子。此处也是以汉代唐,表面上说的是赵飞燕,实际上仍是在赞颂杨贵妃。比较费解的是第二句,但令人绝倒的也正在第二句。"云雨巫山枉断肠",横插进"巫山云雨"一个典故,言楚山巫峡,朝云暮雨来往飘忽,人神之间虽可梦遇,终不过是一场虚幻,所以唐诗三百首章燮注说:"楚王妄想朝云暮雨而终不可得,是枉断肠耳。"这样就由玉山瑶台的仙灵境界,暗暗归结到古帝王不及当今帝王享乐的本题上来。由此可见,诗的脉络极细,这里不过是故意跌宕,以求增加诗意的环错之美,与首章相呼应,就更能令人玩味。

第三章名花倾国并提,双管齐下,与前两章交互相应,小结全诗。一、二两句是说:名花有倾国姿容相托,更加艳丽;美人得名花相衬,更见妩媚,又以同得君王的含笑顾盼而愈发感到荣耀欢愉,故曰"两相欢"。上下相承,恰到好处。第三句"解释春风无限恨",是说即使有无边的幽恨愁思,此时此刻,在春风拂荡之下也焕然冰释了。《唐诗三百首详析》云:"'恨'者恨春风吹拂之不常,恨名花有零落之日,美人有迟暮之时,用意非常深刻,不易猜解。"这种解释似乎过于穿凿,此句并非言"恨",而是言欢。试想宫中行乐,有名花倾国相伴,玄宗乐而忘忧,特宣赐李白立进歌诗,李白安敢言恨?这里正如王齐驳斥萧士赟等人以为"巫山云雨"、"汉宫飞燕"皆为讥刺之言的说法一样:"若《清平调》是奉诏而作,非其比也。乃敢以宫闱暗昧之事,君上所讳言者,而微辞隐喻之……非至愚极妄之人,当不为此。"第四句"沉香亭北倚阑干",写玄宗与杨贵妃同在沈香亭前倚阑观花,其赏心悦目的情态,尽在一个"倚"字之中。或言专指杨贵妃,亦无不可,此处不可过于拘泥。

　　总观这一组诗,一写名花,一写美人,但不着力于一枝一叶、一颦一笑的细致描摹,而是借助于丰富的想象,创造出一种迷离恍惚的艺术氛围,歌咏名花倾国交欢,君王带笑相看一事,"语语浓艳,字字葩流"(周珽《唐诗选脉会通》),实是三首绝妙好诗。

子夜吴歌四首

秦地罗敷女,采桑绿水边。
素手青条上,红妆白日鲜。
蚕饥妾欲去,五马莫留连。

镜湖三百里,菡萏发荷花。
五月西施采,人看隘若耶。
回舟不待月,归去越王家。

长安一片月,万户捣衣声。
秋风吹不尽,总是玉关情。
何日平胡虏,良人罢远征?

明朝驿使发,一夜絮征袍。
素手抽针冷,那堪把剪刀?
裁缝寄远道,几日到临洮?

《子夜吴歌》这几首小诗作于何时,尚不能定,从诗的内容看姑且认作是诗人在长安时期所作。诗人采用乐府旧题,另创新意,抒发了他的实际感受,包含了丰富的社会内容。诗中的妇女形象,美丽善良,而且都具有坚贞的情操,但她们又都有着痛苦的遭遇。对于妇女不幸命运的深刻同情,是这一组诗的共同主题。

第一首是"子夜春歌"。诗中咏叹了一位美丽而又勤劳的女子断然拒绝显贵者纠缠引诱的高尚气节。诗的前四句用明丽的色彩勾画了一幅春日采桑图。诗人首先抓住了"绿水"、"青条"、"白日"这几个能够突出春天景色的事物,写出了一派明媚的春色。然而诗人此处极力铺墨设色,都是作为画面的背景加以描绘的,目的在于烘托采桑女的姣好形象。画面的主体则是"素手"、"红妆"的采桑女,虽然着墨不多,但在明丽春光的辉映下,却显得妩媚多姿。如上四句足以见诗人捕捉事物特征,而后予以勾勒点染的艺术功力。接下两句,是点睛之笔。诗人借着采桑女的口吻,描摹了她婉言拒绝"五马"轻狂之士的无理追逐的情态。

显然,这首小诗对于采桑女罗敷的描写,是继承了《诗经·七月》和《乐府·陌上桑》的一些传统手法。《七月》中就有如下的句子:"春日载阳,有鸣仓庚。女执懿筐,遵彼微行,爰求柔桑。春日迟迟,采蘩祁祁,女心伤悲,殆及公子同归。"其中对于春日、仓庚鸟、柔桑的描写,与本诗对于春天景色的描写,继承的关系是极明显的。《陌上桑》中对于罗敷拒绝"使君"的赞颂与本诗对于罗敷不为权势富贵所动摇的称扬也是一脉相承的。但是应该指出:诗人在继承的基础上又有创新。如果说《七月》对于春天景色的描写是从叙事的角度展开的,而本诗则是作为背景烘托的手段加以描绘的。这些描写色彩明亮,光泽绚烂,给读者提供了新的美的享受。而这种美,除去自然和谐的美感之外,尤为动人之处,那就是采桑女子的坚贞情操。《陌上桑》中的罗敷大胆泼辣,而本诗中的罗敷含蓄委婉,虽然同样拒绝显贵的纠缠,而性格却又不同。无疑,诗人笔下的罗敷同样是诗歌艺术中的优美形象。

第二首是"子夜夏歌"。诗中描写了西施的美丽形象,而对她的不幸,又寄予了深切的同情。西施的形象,经过长期的集体创造和口头传诵,她的美貌在人们的心目中简直无以复加了。本诗如果企图一眉一眼地去描摹她的体态情貌,把读者的想象局限在固定的框框中,必然会导致艺术上的失败。全诗之妙,也正在于完全屏弃了这种拙劣的手法,而是采用侧面描写,通过强烈的艺术烘托,给读者提供了任凭想象驰骋的天地。诗的前四句,不惜用镜湖三百里荷花作为衬托之笔,更不惜用人们赶来观看西施,把若耶溪都挤得狭窄了的夸张之笔,从侧面有力地烘托了西施的美好。至于西施的眉眼仪态、一颦一笑,诗人并没有具体地正面地描写,仿佛她始终远远地荡于荷花丛中,偏偏给你一个背影,而且不待月光升起,便乘着小舟急急归去了。在这里,大胆的艺术夸张,强烈的艺术烘托,若虚若实的点染都可谓诗人的极高明处。

这首诗内容上的深沉之处，更在于最后两句，"回舟不待月，归去越王家"。我们不禁要问：三百里荷花一齐绽开，这是何等壮丽的景色，然而西施既来采摘荷花，为什么不待明月升起，欣赏月华下的壮景便急急归去呢？显然，她是不自由的。于是，徒然一片好景全被悒郁而又暗淡的暮色破坏了。这岂不大煞风景？是的，全诗含蕴之处，正在于此。应该指出，本诗中的西施，当视为一般美好女子的统称。"艳色天下重，西施宁久微"，由于统治者淫乐无度，普天之下的美貌女子，都难以逃脱"红颜薄命"的下场。这正是她们，也是诗人的伤心之处。

第三首是"子夜秋歌"。诗中借着月色下阵阵的捣衣之声展开抒情，倾诉了广大妇女对于远戍的丈夫的刻骨思念。一、二两句写清辉冷月和千千万万思妇的捣衣声，点明时间、环境和气氛。浓重的捣衣声反衬着月夜的寂静；而月色的清寒又反衬着捣衣之声的凄凉。上下两句互相衬托，含蓄地写出了妇女们内心的绵绵不绝的痛苦。如果上述两句是对景物的实写，而下面三、四两句则是对景物的虚写，是想象。长风不断，总是吹不尽万种情丝，那阵阵的捣衣声和着无声的泪是紧紧联系着远在天边的征夫的心的。如上四句从声到情，写尽了女子思念远征良人的情绪。为此王夫之在《唐诗评选》中指出，"前四句是天壤间生成好句，被太白拾得"。最后两句，诗人更探索到思妇的心灵深处，借着她们的口吻，表达了"平胡虏"、"罢远征"过和平生活的迫切愿望，从而集中概括了全诗的主题。

第四首是"子夜冬歌"。诗的主题与上一首相同。一、二两句是叙事之笔。由于驿使第二天早晨就要出发，机会错过，御寒的冬衣就不能及时送到远戍边疆的丈夫手中了，所以彻夜赶制。叙写中表现了思念的挚深和急迫。接下四句是抒情。逼人的寒夜，抽针已经很冷，哪还拿得住剪刀呢？然而，这并不是使缝衣人深感痛苦的，她们最担心的是什么时候才能把冬衣寄到远在临洮的亲人手中。

三、四两首诗的主题都是不言自明的。唐朝统治者开边不已，烽火连绵不息，征夫长期远戍，给广大妇女带来了难以想象的痛苦。诗人借写哀怨之情，高度概括了她们对和平幸福生活的渴望。这两首诗情真意切，思恨绵绵，而语言清新自然，音韵和谐婉转，完全是民歌的风格。说到民歌，应该指出《子夜吴歌》原是六朝时代南方著名的情歌。相传是晋代一个名叫子夜的女子所创,又因产生于吴地,故称《子夜吴歌》。这些民歌又有《子夜歌》、《子夜四时歌》、《大子夜歌》等形式上的差别。这一组诗当属于《子夜四时歌》之类。乐府中的《子夜歌》,体制皆为四句,而李白改为六句,这是对旧体诗歌形式的发展。由此可见诗人对于民歌的模仿和改造。

从军行

百战沙场碎铁衣,城南已合数重围。
突营射杀呼延将,独领残兵千骑归。

诗约作于天宝二年(公元743年),时作者在长安供奉翰林。唐代边塞诗的内容之一,就是表现战士士气的高昂和将领的英勇。这首诗通过描写一位将领英勇突围的事迹,歌颂边疆将士浴血奋战、保卫祖国的爱国主义精神。

一、二两句是叙写唐军遭到围困的险恶形势。"碎铁衣",是形容这场战斗为时已久,斗争激烈紧张,将士来不及休整,给养也难以得到补充。"城南"二字,点明战斗的地点。"已合"、"数重"二词冠在"围"字之上,说明敌军已经把唐军重重围困起来,形势异常危急。这两句是欲扬先抑的笔法,先写形势之危,正是为着反衬出将领的神威独胆。

三、四两句是写将领突围凯旋的过程。诗人笔下的突围,并不是弃甲逃跑,而是斩将搴旗,呼啸奔突,大有万夫莫当的气概。这样,突围本是被动的,但由于将领能够身先士卒,奋勇冲杀,极大地振奋了军威,因而变被动为主动,打破了敌人的优势,取得了突围的胜利。"独领残兵千骑归",是写战斗的结果。这里的"残兵",不是残兵败将,而是历尽流血牺牲,受到了严重损失的意思。"归"字也不是逃回来的意思,而是堂堂正正凯旋而归。为此,句前"独领"二字就饱含了对那位万死不辞,英勇无畏的将军的深深敬意。

这首边塞诗的选材是独特的。盛唐诗人们写边塞战争,或描写战争的严酷,或描写边塞的苦寒,用以突出戍守边疆将士的爱国精神。本篇不落前人窠臼,独取被困突围,叙写中极力突出将士的士气。这就意味着局部战斗胜负是次要的,而战争的主体——人的精神面貌才是主要的。当然,我们这样分析,并不是说诗人一定有这样的认识,而是强调诗人在客观上所提供给我们的认识意义是极其深刻的。此外,诗中"百战沙场碎铁衣"一句,用以形容战斗的激烈,与王昌龄《从军行》"黄沙百战穿金甲"一句有异曲同工之妙。明人朱谏称赞此诗说:"辞健气壮,音律浏亮"(《李诗辨疑》),确是中肯的评价。

塞下曲六首（选四）

五月天山雪，无花只有寒。
笛中闻《折柳》，春色未曾看。
晓战随金鼓，宵眠抱玉鞍。
愿将腰下剑，直为斩楼兰。

骏马似风飙，鸣鞭出渭桥。
弯弓辞汉月，插羽破天骄。
阵解星芒尽，营空海雾消。
功成画麟阁，独有霍嫖姚。

塞虏乘秋下，天兵出汉家。
将军分虎竹，战士卧龙沙。
边月随弓影，胡霜拂剑花。
玉关殊未入，少妇莫长嗟。

烽火动沙漠，连照甘泉云。
汉皇按剑起，还召李将军。
兵气天上合，鼓声陇底闻。
横行负勇气，一战净妖氛。

　　唐代，西北边境常有月氏、匈奴等游牧部落为患，其统治者经常驱使军队入侵骚扰，攻城掠地，屠杀抢劫。因此，抗击和防御异族入侵，就成了当时唐王朝的重要问题。盛唐时期，国力强大，一般青壮年士大夫知识分子，出于爱国热忱，都以投笔从戎、立功边域为荣耀。因此，反映在诗歌创作里,就涌现出了一批有名的专写边塞生活的诗人,同时也产生了大量优秀的边塞诗。李白虽未到过西北边境,但受了时尚的影响,也写了不少这类作品,表达了他的爱国主义激情。这些诗歌大都写得慷慨激昂,大气磅礴,充满了炽热的感情,形象地、生动地表现了爱国主义的主题。《塞下曲》就是脍炙人口的佳作。

这里选的第一首诗,也是原组诗中的第一首,可视为全诗的总纲。全诗前四句即勾勒出了一幅塞外荒寒的景象:已经是鲜花盛开的五月了,但是这里的祁连山还是一片冰雪,没有花草而只有一片严寒。战士们只是从羌笛声中听见了《折杨柳》,却始终未曾见到春天的景色。这几句通过景物的描绘写出了边塞环境的苦寒。接下两句写战争的紧张气氛。战士们破晓出战,夜晚又抱鞍而眠,足以见战斗的艰难和激烈。然而战士们在如此苦寒紧张的战争环境里,回答却是极响亮有力的:"愿将腰下剑,直为斩楼兰",是说他们所想到的只有勇敢杀敌,立功边域。总之,前六句通过一系列生动的细节描写,有力地再现了边塞景物的荒凉、气候的严寒以及战争的紧张,这些描写作为必要的铺垫,成功地突出了战士的爱国激情和旺盛的战斗意志,从而有力地表现了全诗的主题。沈德潜在《说诗晬语》中指出:全诗"一气直下,不就羁缚",这是就这首诗澎湃的激情和铿锵的韵律来说的。正是因为诗人有一股炽热的爱国壮志,所以全诗的格调高昂,神完气足,具有动员人们身赴边塞,为国立功的感染力量。

第二首诗,即原诗的第三首。这首诗写了战争的整个过程。一、二两句写出发的情景:奔驰的快马像狂飙一般,在鞭鸣声中,迅狂地经过渭桥,直趋边塞。三、四两句写进军的气势:战士手中的弓拉紧了弦,与月亮互相辉映,并持着插有羽毛的檄文去攻击所谓"天之骄子"的敌人。以上四句,把唐王朝的军威表现得极为威武雄壮,字里行间充满了对赴边战士的歌颂之情。五、六两句写战争的结束。"阵解"、"营空"高度概括了敌人的彻底溃败;"星芒尽"、"海雾消"又形象地表现了战争气氛的消失。最后两句写凯旋而归,朝廷论功行赏。按理说战争的胜利是靠广大战士浴血奋战换来的,朝廷应该奖赏三军将士,但事实上受赏的则"独有霍嫖姚",即个别将领。霍去病也好,霍光也好,都是汉王朝的外戚,作者借用这个历史典故,尖锐地讽刺了唐王朝的赏罚不明,任人唯亲。"独有"二字,寓意深刻,有力透纸背的功力。为此王琦说:"末言功成奏凯,图形麟阁者,止上将一人,不能徧及血战之士。太白用一独字,盖有感乎其中欤！然其言又何婉而多风也！"今天看来,李白这种敢于正视现实,对现存黑暗现象进行抨击的现实主义精神,是极为可贵的。

第三首诗,即原组诗的第五首。这首诗写战争的正义性质,并对广大战士进行抚慰。开始两句即表明了战争的性质。因为"塞虏乘秋下",才迫使"天兵出汉家"。接下四句,叙写远征战士遍尝苦辛。这两联对仗工整,语言精确。对出征的经过,战士们露宿沙漠,边地的月色与弓影相随,胡霜凝结着剑花的各种景象,作了细致而又生动的描绘。沈德潜说,"只弓如月,剑如霜耳,笔端点染,遂成奇彩",表明了他对这两联的激赏。结尾两句,诗人用劝勉和同情的口吻,抚慰战士们年轻的妻子:要扫平入侵之敌,还须一段时日,战士们还不能立即返回家园,你们不要长吁短叹吧！这两句语重心长,深沉地表达了诗人对出征战士及其妻室的同情。但是诗人采用了劝勉的方式,安慰人们要以大局为重,不要急于团聚,从而表明了他的鲜明立场,即对正义战争坚决支持的爱国主义精神。

第四首诗,即原组诗的第六首。这首诗是借李广的英勇善战,歌颂当时抗击匈奴入侵的将领。一、二两句极写匈奴的嚣张气焰。烽火惊动了沙漠,甚至照亮了甘泉宫的上空。夸张的笔法突出了战事的危急。三、四两句形容大唐君主怒不可遏,按剑而起,点将出征的气魄。"还召李将军",寓颂扬之意,意在表明要赢得战争的胜利,还要靠李广那样的名将。五、六两句写战争的激烈。战争的气氛弥漫天空,战鼓的响声回荡陇底,摹声摹状地写出了一片鏖战气氛。最后两句突出领兵将领英勇善战,一战而消灭了敌人。诗人歌颂领兵将领,实际是歌颂正义战争。

下终南山过斛斯山人宿置酒

> 暮从碧山下,山月随人归。
> 却顾所来径,苍苍横翠微。
> 相携及田家,童稚开荆扉。
> 绿竹入幽径,青萝拂行衣。
> 欢言得所憩,美酒聊共挥。
> 长歌吟松风,曲尽河星稀。
> 我醉君复乐,陶然共忘机。

　　这首诗写诗人在朦胧的月色下过访一位姓斛斯的隐士,并与他一起临风吟唱、饮酒言欢,陶醉于幽美景色中的乐趣,表现了诗人在长安时期生活和思想的一个方面。

　　"暮从碧山下,山月随人归。却顾所来径,苍苍横翠微。"开头四句用铺陈的笔法描写傍晚时节的月光山色,准确地表现了薄暮暝暝中深山空谷光线和色泽的那种细微幽渺、不易察觉的变化。"下"和"归"两字用得极为生动恰切。这可以分两层说。其一,暮色最早是沿着山边渐渐弥漫开来的,而皎洁的明月却正当此时悄悄爬上了山林的上空。这种难以捕捉的微末变化,经过诗人的摹写,就从视觉上成了可以感触的具体形象。其二,两句关联,暗中点明了诗人过访斛斯山人的时间和行踪。"却顾"两句紧承一、二句说,待我回过头来看看所走过的小路,只见一片苍翠铺满了幽深的山谷。一个"横"字,写尽了天光渐暗,远远望去,朦胧中只能见到一派苍郁深碧而别无所见的感觉。在这几句描写中,诗人炼字炼句意在寓情于景,表现自己对大自然的喜爱。

"相携及田家,童稚开荆扉。绿竹入幽径,青萝拂行衣。"这四句是对于山间生活环境的描写。描写的线索沿着路行一贯而下。荆扉、绿竹、幽径和长丝拂荡的青萝,构成了一幅诗意盎然的清幽静谧的画面。这里既无车马烦喧,又无鸡鸣狗吠,客观景物的描写寄寓着诗人对于隐居世外的向往。可以看出,全诗从起始四句到中间四句,随着描写的展开,诗人的感情逐步得到了深化。

"欢言得所憩,美酒聊共挥。长歌吟松风,曲尽河星稀。"这几句写诗人与主人饮酒歌吟的欢乐情形。由此以前,诗人虽然没有正面描写山庄主人的志趣、形象,但是透过对主人生活环境的描写已经足以表明斛斯山人是一位隐士,而且定然与诗人那种避世隐居的理想有一拍即合之处。所以他们开怀畅饮,倾诉心曲,甚至忘情歌吟,几乎忘记了时光的流逝。

"我醉君复乐,陶然共忘机",最后两句放笔直写。明月星稀的时候,主客双方都陶然沉醉在一片重返自然、与世无争的心绪之中。这么一结,全诗就贯通了。前此所有的描写,都有力地烘托了这两句所表现的情绪。换句话说,上面三层共十二句为最后两句蓄足了势,所以最后两句点明全诗之旨就显得更有力。

《李太白全集》中涉及终南山者,除此诗外,还有《望终南山寄紫阁隐者》、《春归终南山松龙旧隐》二诗。"何当造幽人,灭迹栖绝巘""且复命酒樽,独酌陶永夕",考察这些诗句,可以推想:李白在长安的后期,面对统治集团的腐朽黑暗以及个人政治上的失意,自当早有归隐之意。正因为如此,反复吟咏就会觉得这是一首融情入景的好诗。作者所选择的客观景物,恰到好处地表现了诗人特定的感情。正如王夫之所说:"情景名为二,而实不可离,神于诗者,妙合无垠。"(《夕堂永日绪论·内编》)

西岳云台歌送丹丘子

西岳峥嵘何壮哉,黄河如丝天际来。
黄河万里触山动,盘涡毂转秦地雷。
荣光休气纷五彩,千年一清圣人在。
巨灵咆哮擘两山,洪波喷流射东海。
三峰却立如欲摧,翠崖丹谷高掌开。
白帝金精运元气,石作莲花云作台。
云台阁道连窈冥,中有不死丹丘生。
明星玉女备洒扫,麻姑搔背指爪轻。
我皇手把天地户,丹丘谈天与天语。
九重出入生光辉,东求蓬莱复西归。
玉浆傥惠故人饮,骑二茅龙上天飞。

　　此诗约作于天宝二年(公元743年),时作者在长安供奉翰林。元丹丘与李白早在青年时代即已订交,此时将由长安往游华山,白赠之以此诗。全诗借用古代的神话和传说,虚拟飘渺幻境,将黄河与华山写得有声有色、气象万千。

　　李白诗歌中的境界是神奇的。现实世界中的社会生活、自然景物,只要到了他的笔下,就都罩上幻想的色彩和强烈的自我表现的精神。清人方东树在《昭昧詹言》中就曾经指出:"太白当希其发想超旷,落笔天纵,章法承接,变化无端,不可以寻常胸臆摸测;如列子御风而行,如龙跳天门,虎卧凤阁,威风九苞,祥麟独角,日五彩,月重华,瑶台降阙,有非寻常地上凡民所能梦想者。"尽管他说的过于夸张,但确也道出了诗人创作上的浪漫主义特色。《西岳云台歌送丹丘子》一诗就是这种风格的代表作品。

全诗开头两句,突兀对起,一写华山,一写黄河,叹西岳气势之峥嵘,状黄河源远流长有如游丝来自天际。这两句气象雄浑,为全诗笼罩了一层迷蒙苍茫的气氛。

接下六句便描写黄河。"黄河万里触山动,盘涡毂转秦地雷"两句,状写其赫赫声势。"触山动"、"秦地雷"六字,运用拟人、夸张、比喻的修辞方法,写尽了黄河性格的暴躁;它怒不可遏地翻腾着,冲击着悬崖峭壁,犹如滚地而来的雷霆,撼动了山岳大地。如果说这两句,是抓住典型细节进行夸张描写的话,接下四句又引入了神话传说,进一步赋予黄河以神奇的色彩。据说原来华山与首阳山本是一山,挡住了黄河的去路,河神用手擘开山顶,以足踏离其下,山岭遂一分为二,黄河才得以从两山之间的狭谷冲决而出。这一传说很有气魄,充满了浪漫主义的想象,诗人在此干脆把传说中的"巨灵"与奔腾的河水交融在一起,于是神的形象与大自然的形象就合二而一了。应该说这是一个大胆的艺术创造。更为动人的是,诗人在具体的描写中进一步丰富了神话的细节。你看那个顶天立地的巨人,他咆哮着,一下子擘开了两山,洪波喷涌而出,直射东海。诗句中"咆哮"是状其声;"喷流"是状其形;"擘"、"射"二字状其势态,黄河之水那种自天而降,喷流出谷,一射万里的形象,便由这几个词语概括以尽了。

再下四句是写华山。在这一段描写中,诗人就像导游者,一面指点着鼎立的三峰,尽情地形容摹状,一面又指点着翠崖丹谷上的巨灵掌迹,述说传说,感叹大自然的造化之功。"三峰却立如欲摧,翠崖丹谷高掌开"、"石作莲花云作台"这三句尽管都有夸张和想象的成分,但基本上还是对景物的实写。令人叹止的是三句之间又用"白帝金精运元气"一句垫之,仔细吟味即会感到此处作衬垫不仅避免了语气的直泻,犹为重要的是使得如上描写增加了奇幻色彩,这样就能借助读者的想象,把人引向更为迷离虚幻的境界。

再下十句诗人展开上天入地的幻想,把丹丘生置身于虚无缥缈的仙界之中,写他纵情享受仙人之乐。"云台阁道连窈冥,中有不死丹丘生"两句,是全诗的枢纽,上句紧承上一层对于华山的描写,下句引出丹丘生,为下面的诗句打通了道路。接下六句便有声有色地描写丹丘生与玉女、麻姑的来往。"明星玉女备洒扫,麻姑搔背指爪轻。我皇手把天地户,丹丘谈天与天语",在这里,诗人把仙境写得超尘净化,毫无人世间的喧嚣,那是一个青春永驻,充满着诗意的、美的世界。"九重出入生光辉,东求蓬莱复西归"两句,再作承转,赞美丹丘生能出入天界,身价倍增,接着又回到现实中来,与题目相呼应,点明为丹丘生西归华山送行。最后两句又借神话故事表明自己也愿意跟着道友一起成仙。

统观全诗对于黄河和华山的描写,意在表明道友丹丘生要去的地方是一个荣光休气五彩焕然的仙人所居之地,因而这一部分描写是艺术表现上的必要铺垫。同时,全诗后一部分对于迷离惝恍的仙境描写又进一步突出了华山、黄河的神秘色彩。这样全诗对于景物的实写,以及对于仙境的虚写,便全都统一在共同的出人意料的幻想的艺术氛围之中,既表达了诗人对于祖国山川的热爱,又表达了诗人对于求仙学道的渴望。

这首诗在艺术成就上有两点是应该强调指出的:其一,在这首诗中诗人的主观意图是要表现仙境生活的美好,但是客观上对于壮丽山川的热情描绘,也成功地再现了大自然的雄伟气魄,给人一种豪放奋发的感召力量。黄河,是中华民族的祖先赖以生息繁衍的母亲河,它那万年不息的滔滔洪水,灌溉了中原肥沃的土地,孕育了我们民族的灿烂的古代文化,历代诗人都热情的描写过它。但是它流域宽广、奔腾汹涌、千姿百态、不可驯服,如何才能表现出它的整体形象? 这在艺术上又是十分困难的。但是在这首诗中,诗人却能从大处着笔抓住它的典型特征,给予了绘声绘色的勾勒。诗人对于西岳华山的描写也是抓住了它的神幻雄奇的特点,借助于神话传说,予以有力的表现。诗人这种略貌取神,突出事物本质特征的艺术手法,是值得反复体味的。其二,诗人对于神仙幻境的描写,纵然是虚妄荒诞的梦想,也显得富于生活气息,而绝无阴冷恐怖的气氛。宗教迷信的偶像大都具有主宰生杀的权威,因而令人畏惧。但诗人所幻想的神却是善良的,诗中的玉女、麻姑对人充满着真挚友爱之情。实质上,诗人笔下的神仙幻境是一种对于无为自在的、充满着诗意的生活的向往。固然其间也充斥着相当浓厚的消极遁世的成分,但是就其本质来说它依然曲折地反映了诗人对于美好生活的热烈追求。

翰林读书言怀呈集贤诸学士

> 晨趋紫禁中,夕待金门诏。
> 观书散遗帙,探古穷圣妙。
> 片言苟会心,掩卷忽而笑。
> 青蝇易相点,白雪难同调。
> 本是疏散人,屡贻褊促诮。
> 云天属清朗,林壑忆游眺。
> 或时清风来,闲倚栏下啸。
> 严光桐庐溪,谢客临海峤。
> 功成谢人间,从此一投钓。

此诗作于天宝二年(公元 743 年)秋后,时作者在长安供奉翰林。诗中叙述自己知音难觅,屡遭小人谗毁的烦恼,表明了寄迹林下度隐逸生活的志趣和愿望。

一、二两句作为全诗起句,首先概括叙写了诗人在长安供奉翰林时的情况。"晨趋"、"夕待"两个词语准确地表明了自己作为御用文人的地位,同时也表达了对那种晨夕待诏,趋于紫禁之中,仰人鼻息生活的不满情绪。正是由于他不甘于这种宫廷侍臣的地位,便用读书来安慰自己。接下四句就是对这种寂寞的读书生活的描写。他感到现实龌龊,皇帝是不争气的;冠盖辉赫者,又都不过是利禄小人,因而只有探穷古经之妙,与古人精神相通,愤懑的心情才能为之一畅。如上六句可作为全诗的第一层,着重叙述了诗人在宫中的地位及其生活的寂寞。当然这一时期李白在长安的生活并不只是这些,诗人所以突出这些内容,正是为了抒发"彷徨庭阙下,叹息光阴逝"(《答高山人兼呈权顾二侯》)的苦闷。

再下四句是全诗的第二层。这一层直抒胸臆,对自己在宫中孑然孤立、遭谗被妒的境遇表示愤懑。"青蝇易相点,白雪难同调。"是说自己曲高和寡,容易受到玷污。"青蝇"用以比喻奸佞权臣,"白雪"用以比喻自己,两相对照表明了诗人傲岸不群的精神。"本是疏散人,屡贻褊促诮",是说自己自由惯了,来到宫中依然无拘无束,因而屡屡遭到群小的诽谤。字里行间也同样流露了不甘遭谗的愤怒。这几句写得顿挫有力,词情激烈。

下面四句又可作为一层,再次转入对宫中生活的叙写。"云天"两句重在表明自己对于过去遨游林壑、适意山水生活的留恋;"或时"两句重在叙写在宫廷"倚栏而啸"的桀骜态度。这几句功力很深,"云天"、"清朗"、"清风"等词语,当然不是实写,并不是说只有在云天清朗或清风徐来的时候,诗人才忆念起旧游之乐,他才去"倚栏而啸"。在此,诗人是用明朗的景物比衬自己的清高。这样写增加了诗的意蕴。此外,"忆"、"啸"两个词语,用得极为精练传神。前者表明内心活动,后者表明外在情态,集中地表达了诗人在长安后期的思想情绪,应该说这两个字正是全篇的诗眼。

最后四句再作一层,借用东汉严光和南朝谢灵运的典故,抒写自己归隐山林的愿望。然而他还不甘失败,还要再奋斗一番,待功业成就以后,才去投钓水滨。

元人萧士赟说这首诗是"太白写心之作",言简意赅地点明了全诗的主题。所谓"写心",就是抒写了诗人在长安三年后期心中的苦闷及其在政治上还有所希冀的心情。然而,诗人最后一点幻想,也很快地就在黑暗现实面前遭到毁灭。不久,他便上表请还,玄宗也顺水推舟把他客气地逐出了长安。

灞陵行送别

送君灞陵亭,灞水流浩浩。

上有无花之古树,下有伤心之春草。

我向秦人问路岐,云是王粲南登之古道。

古道连绵走西京,紫阙落日浮云生。

正当今夕断肠处,骊歌愁绝不忍听。

此诗作于天宝三载(公元744年)春,时作者在长安,此诗通过对灞陵周围景色的描写,衬托出诗人的一腔离愁,通过咏叹王粲的不幸遭遇,抒发了诗人伤时忧世的心情。

诗的第一句点明送别的地点。而后从第二句至第八句,全系对景物的铺排描写。我们仿佛看到:河水浩荡东流,两岸上有苍劲老迈的古树,下有凄凉寂寞的春草。远行的友人踏上了烟尘迷漫的古道。极远的天边,一轮落日正在下沉。暮色苍茫中皇家宫阙依稀可辨,但层层升起的浮云已经渐渐遮蔽了大地的一切。显然,这是一幅暗淡而又忧伤的画面。在此,诗人寓情于景,透过灞陵亭下凄迷寥落的景物描绘,有力地烘托了抒情主人公的满腔忧愤和惆怅别情。接下两句直抒胸臆,小结全诗。"断肠处"与首句"灞陵亭"相呼应。这里有这样一层意思:与挚友分别,自然会愁肠寸断;国事日非,权奸把持朝政,自己功业难就,又遭受奸佞小人诋毁,更令人忧愤中烧。"骊歌愁绝"则更进一步烘托了全诗悲凉伤感的气氛。

这首诗在表现方法上,最突出的特点是全诗从写景入手,借景抒怀,而于写景中又有丰富的联想。诗人从灞陵古道想起当年王粲的不幸遭遇,进而又联想起"紫阙落日浮云生"的黑暗现实,从而含蓄曲折地抒发了自己囿于群小,不得申其志的深沉感慨。这样写就使得全篇写景层层深化,开扩了诗的意境,突出了全诗的主题。

诗中长短错落的散文化的句法,挥洒自如,活泼流畅,行当其所应行,止当其所应止,完全是因着思想感情的潮水冲击荡漾而成,形成了一种雄健奔放的气势。这种句法,追渊溯源,当出于南北朝时期的鲍照。在古代作家之中,鲍照是七言歌行的奠基人。王夫之说:"七言之制,断以明远为祖何?前虽有作者,正荒忽中鸟径耳。"又说:"《行路难》诸篇,一以天才天韵,吹宕而成,独唱千秋,更无和者。"七言歌行到了李白,"长篇短韵,驱驾气势,殆与南山秋气并高可也",所以杜甫曾热情推崇道:"近来海内为长句,汝与山东李白好。何刘沈谢力未工,才兼鲍照愁绝倒"(《苏端薛复筵简薛华醉歌》),不但肯定了李白的成就,而且指出了这种继承发展的关系。

送裴十八图南归嵩山二首

何处可为别？长安青绮门。
胡姬招素手，延客醉金樽。
临当上马时，我独与君言。
风吹芳兰折，日没鸟雀喧。
举手指飞鸿，此情难具论。
同归无早晚，颍水有清源。

君思颍水绿，忽复归嵩岑。
归时莫洗耳，为我洗其心。
洗心得真情，洗耳徒买名。
谢公终一起，相与济苍生。

这两首赠别诗作于天宝三载（公元 744 年），时李白居翰林。李白由天宝初至长安，至今已经过了三个年头，因遭人谗毁，未被任用，感到十分悲愤和失望，遂欲离开长安，等待时机，东山再起，因而在送别友人的这两首诗中，既抒发了依依惜别之情，又流露出对归隐生活的向往。

第一首开头四句叙写送别时的情形。一二两句点明送别地点。三四两句写酒肆送别饮宴。五句以后写诗人对临别的友人抒发自己的情怀。"风吹芳兰折，日没鸟雀喧"两句是对当时政治情况的概括。"风吹"，喻无耻小人的中伤诽谤；"芳兰折"，喻正直之士遭受打击、陷害，不得重用；"日没"，喻玄宗昏愦，不辨贤愚；"鸟雀喧"，喻权奸小人气焰嚣张。这两句写得很形象，艺术概括力很强，道尽了朝中政治的黑暗。玄宗晚年日益昏庸，只重声色，不恤国事，他曾对高力士说："朕今老矣，朝事付之丞相，边事付之诸将,夫复何忧!"(《资治通鉴》)正因如此,奸邪卑鄙之徒,如杨国忠、李林甫、高力士等才能够肆意打击排挤正直的人。如果说杜甫的名句:"朱门酒肉臭,路有冻死骨",高度概括了唐王朝阶级对立的严重现实,这两句则深刻地暴露了统治集团上层的黑暗腐败。"芳兰"既包括友人,也暗指诗人自己,所以接下去最后四句,诗人便直抒胸臆,表明自己不久也要归隐到颖水之滨去。

第二首从内容上看当是第一首诗的延续,继续写"我独与君言"的未尽之意。一二两句是肯定友人归隐"嵩岑",是为了思念颖水的全无尘世之烦嚣。"绿"字,在诗中的含意是十分丰富的。接下四句是对友人的劝勉之辞。劝告友人隐归山水,不要徒买"洗耳"虚名,而是要真正的洗尽世俗之念,正如清人沈德潜所说,诗人之意在于"言真能洗心,则出处皆宜,不专以忘世为高也"(《唐诗别裁》)。再下两句是对友人激励之辞,相邀共同以谢安为榜样,为实现"济苍生"的夙愿而努力。李白当时虽然在政治上遭受了打击,想要离开长安,遨游山水,但他在政治上还抱有一定的幻想,还希望能够东山再起,以实现济世安邦的远大理想。所以在此引用谢安的典故,一以慰藉友人,一以激励自己。

这两首小诗,虽然直抒胸臆,几近通篇议论,但能借助形象的比喻,尤其是借助贴切的典故,表达了极为深厚的对国家、对人生、对个人遭遇的种种感受,故不失为含蕴丰富的好诗。

月下独酌四首（选一）

> 花间一壶酒，独酌无相亲。
> 举杯邀明月，对影成三人。
> 月既不解饮，影徒随我身。
> 暂伴月将影，行乐须及春。
> 我歌月徘徊，我舞影零乱。
> 醒时同交欢，醉后各分散。
> 永结无情游，相期邀云汉。

　　《月下独酌》四首，缪本题下注"长安"。《太平广记》卷二〇一引《本事诗》云："白才行不羁，放旷坦率，乞归故山。玄宗亦以非廊庙器，优召许之，尝有醉吟诗曰'天若不爱酒，酒星不在天……'即《月下独酌》第二首。"根据上引材料判断，这组诗是李白供奉翰林时，遭权臣奸宦谗毁，感到政治理想破灭，即将离开长安时所作。这里选了第一首，略加分析。

　　诗的前两句，用白描手法叙写"月下独酌"的环境，创造了一种美丽、幽静的月夜气氛。时令正值春天，地点又在"花间"，月色、花香更助饮酒雅兴，但遗憾的是独酌自饮，周围竟没有一个志趣相投的人。这里，写环境的美好，有力地反衬出诗人内心的孤寂。接下两句作一提转，展开了奇特的想象，辟出一层新意。"举杯邀明月，对影成三人"，对月"举杯"，相邀为友，而且自己的影子也前来助兴，于是"三人"结伴，就可以开怀痛饮了。这两句语出率成，但诗情绮丽。为此，沈德潜说："脱口而出，纯乎天籁，此种诗人不易学"（《唐诗别裁》）。所谓"不易学"，是意在强调诗贵情真，洗尽修饰，绝不是"为文而造情"所能模仿得到的。李白在长安遭谗被妒以后，形只影单，他是非常苦闷的，但是他乐观旷达、狂放不羁，因而这种洒脱天真的诗句，完全是从心里流出来的。后人硬是要学，也只是徒然形似而已。

再下四句，是抒写诗人月下独酌时，自我排遣的内心活动。"月既不解饮，影徒随我身"，"既"、"徒"二字紧相递承，是说尽管自己"对影成三人"，但是月亮既不懂得饮酒，影子也徒然跟随着自己。诗人的主观愿望与客观存在，毕竟是矛盾的。所以他又进一步自我排遣道："暂伴月将影，行乐须及春。"惯于在幻想中生活的诗人，虽不能与月和影共饮，但象征光明圣洁的月亮、代表诗人不屈灵魂的身影，依然可以视为精神上的伴侣，暂时与它相对，姑且及时行乐吧，须知这也是一件快事。这种细腻的内心活动的揭示，更进一步表明了诗人厌弃尘俗，甘于孤独的倔强性格。

再下四句，是写诗人与月、影一起醋歌醉舞的情景。诗人花间独酌，到了酒酣兴浓的时候，对月高歌，伴影起舞，月光为他的歌声而感动，影子也随着他的舞蹈而变化。诗人醒着的时候，与它们共同娱乐；醉了以后，便各自分散。描写中完全把月亮和影子拟人化了。黑格尔说："真正的创造就是艺术想象的活动。"在这里，诗人通过大胆的浪漫的想象，把读者带往一种诗意盎然的境界，在那里毫无人间的种种丑恶、污秽和欺诈，而是充满了和谐、纯洁和真诚。至此，诗人的思想情感得到了尽情的渲泄。

"永结无情游，相期邈云汉"，是全诗的归结，集中地揭示了全篇的主题。诗人把月和影当做永远的知己，并期望将来自己能到那缥缈的太空中去和月亮长期相聚。实际上这是对黑暗现实的一种抗争。

在艺术上，这首诗最突出的特点，是成功地塑造了诗人的自我形象。诗中抒情主人公举杯邀月，对影抒怀，狂歌醉舞，完全是一个潇洒旷达、倜傥不群的形象。然而在超然洒脱、恬淡自适的背后，又交织着政治极不得意的苦闷和愤懑。显然这正是诗人自己最显著的个性特征。但是，在此应该指出：我们说诗中抒情主人公的形象具有诗人自己的个性特征，又不等于说就是诗人自己。如果把艺术家的创造机械地说成是照相式地翻制现实生活，那就会局限了作品的客观意义，从而也否定了作者对于生活进行艺术概括的成就。实际上诗人以自己为原型进行创作的过程，就是对素材的加工提炼，并使之典型化的过程。也正是在这个意义上，我们认为不管诗人的主观意图如何，诗中的自我形象早已经超出"自我"，典型地反映了处于封建社会黑暗统治之下被排挤、被打击的正直知识分子那种孤高自赏、不甘同流合污的共同的性格特征。

其次,诗人通过丰富的想象,使用拟人化的手法,把月和影描绘得是那样的有情有意、可亲可爱,不仅有力地烘托了环境气氛的静谧,而且反衬了诗人在人世间毫无知音的孤独寂寞。这种瑰丽的浪漫主义大胆幻想,又能给人以美的享受。因此这首诗千百年来一直为人们所赞赏。

鸣皋歌送岑征君

若有人兮思鸣皋，阻积雪兮心烦劳。
洪河凌兢不可以径度，冰龙鳞兮难容舠。
邈仙山之峻极兮，闻天籁之嘈嘈。
霜崖缟皓以合沓兮，若长风扇海，
涌沧溟之波涛。
玄猿绿罴，舔舕崟岌，
危柯振石，骇胆栗魄，
群呼而相号。
峰峥嵘以路绝，挂星辰于岩嶅。
送君之归兮，动《鸣皋》之新作。
交鼓吹兮弹丝，觞清泠之池阁。
君不行兮何待？若返顾之黄鹄。
扫梁园之群英，振大雅于东洛。
巾征轩兮历阻折，寻幽居兮越巘崿。
盘白石兮坐素月，琴《松风》兮寂万壑。
望不见兮心氛氲，萝冥冥兮霰纷纷。
水横洞以下渌，波小声而上闻。
虎啸谷而生风，龙藏溪而吐云。
冥鹤清唳，饥鼯嚬呻。
块独处此幽默兮，愀空山而愁人。
鸡聚族以争食，凤孤飞而无邻。
蝘蜓嘲龙，鱼目混珍。

媒母衣锦,西施负薪。

若使巢由桎梏于轩冕兮,亦奚异于夔龙蹩躠于风尘?

哭何苦而救楚,笑何夸而却秦。

吾诚不能学二子沽名矫节以耀世兮,固将弃天地而遗身。

白鸥兮飞来,长与君兮相亲。

　　此诗约作于天宝四载(公元 745 年)冬,时作者正在梁宋一带漫游,友人岑勋将往鸣皋山隐居,遂作此诗为他送行。诗中不仅描写了鸣皋山之奇诡冬景,表达了对友人前去隐居的关切,更借送别友人抒发了自己怀才不遇的愤懑之情。

　　全诗可分为三个部分。自开头至"挂星辰于岩嶮"为第一部分。极力铺排描写赴鸣皋山路途的险阻以及鸣皋山的险峻可怖,含蓄表达了对友人前去隐居的担忧。开头两句点明岑征君要去鸣皋山,但阻于道路积雪,不能成行。"心烦劳",是写岑征君临行前的烦闷心绪,为此,诗人才写诗赠他。三、四两句是写路途的险阻。滔滔大河,冻结的波浪有如鱼龙的鳞片,大胆的夸张有力地表现了雪后的奇寒。接下共十二句是集中描写鸣皋山的险峻景象。在这部分描写中诗人抓住了鸣皋山的高邈、空旷、层峦迭嶂等特点,以丰富的想象,大胆的夸张和生动的比喻,把鸣皋山写得惊心动魄。画面上遍山素缟,奇峰迭起,犹如大海雪涛,如果说这些描写,如巨笔勾勒,那么对于天籁嘈嘈、星辰遥挂、猿罴呼号的描写则是点染烘托之笔。诗人所以要把鸣皋山写得如此可怖,是为了寄寓世途艰难的感慨。

　　自"送君之归兮"至"愀空山而愁人"是第二部分。这一部分写得更为纵横挥洒,前八句主要是写送别的情形。饯别宴上诗人即兴作赋,频频举觞,又伴有鼓吹丝弦,气氛未必不热烈,但岑征君却唏嘘悱恻,徘徊回顾,这是为什么呢? 这显然是由于仕途失意,内心充满难言之愤所造成的。于是诗人感叹道:"扫梁园之群英,振大雅于东洛",接下去的意思本应该是对如此英才不能见容于世表示惋惜、遗憾,但是诗人并没有说,而是就此一顿,便急急转入了下一层的描写。这种跳越式的结构在李白诗作中是常见的。下面十四句主要是想象友人到鸣皋山以后的隐居情景。"盘白石兮坐素月,琴松风兮寂万壑",意在表现友人清静恬淡,与世无争的志趣。但是在诗人看来,由于受了权臣的排挤去过弃绝人世的生活,毕竟是难以忍受的,所以这一层描写的重点并不在于抒写吟风弄月的隐居之乐,而是着重渲染环境的幽深凄清,以表现隐居生活寂寞和凄苦。可以想见在那空旷的山谷里,女萝蒙络、溪水淙淙、风清鹤唳、饥鼯嘶呻,再加上霏霏雨雪,光线阴晦,气氛凄凉,人处其间,终其岁而人影相吊,又怎能不产生"块独处此幽默兮,愀空山而愁人"的感慨呢! 由此可以看出,诗人刻意描写隐居环境的幽深凄清,主要是为了鞭挞黑暗现实排挤有为之士的罪恶。

自"鸡聚族以争食"至结尾为第三部分,诗人以不可遏制的愤怒揭露了奸佞得势,贤才受辱的黑暗政治。一连串鲜明形象的强烈对比,把现实中黑白颠倒的现象集中起来,产生了巨大的讽刺力量。接着引用典故表明了自己遗世孑立,超脱凡尘的决心。全诗最后一部分的诗句中,指斥现实时多采用骈偶句式,音节铿锵,错落有致,而后又用散文化的长句申述己志,诚有一种雷霆过后,长风万里的酣畅气势。

作为伟大的浪漫主义诗人,李白的诗歌与其他现实主义作家最为显著的区别,是具有强烈的主观抒情色彩。即使在一些描写现实生活中具体人或事物的诗里,叙述和描写也往往服从主观感情的需要,而不是按照客观现实进行的。他的诗总是用强烈的思想感情赋予客观现实以生命,总是根据感情的需要,在幻觉中组合成五彩缤纷的意境。这里的《鸣皋歌送岑征君》一诗就充分地表现了诗人的这一特色。诗中对于鸣皋山险恶山势的描写,对于岑征君隐居生活情景的描写,都是幻想的产物。而且由于幻想的极其丰富,夸张又极其大胆,诗中的意境被描写得出奇的空阔、凄清、昏暗和可怖。诗人心中的那种抑郁、孤独以至愤懑也正是在幻想的组合中、在意境的创造中得到了宣泄。

本篇在艺术上另一个显著的特色是继承了《楚辞》的形式特点。沈德潜在《唐诗别裁》中指出:"学《楚骚》而长短疾徐,横纵驰骤,又复变化其体,是为仙才。"这一评论是深有见地的。在屈原的《离骚》一诗中,"依诗取兴,引类譬喻。故善鸟香草,以配忠贞;恶禽臭物,以比谗佞;灵修美人,以媲于君;宓妃佚女,以譬贤臣;虬龙鸾凤,以托君子;飘风云霓,以为小人。"(《楚辞章句·离骚序》)本诗也继承了这一特点。"鸡聚族以争食,凤孤飞而无邻。蝘蜓嘲龙,鱼目混珍。嫫母衣锦,西施负薪。"这些比类譬喻的方法就是源出于《离骚》。至于语言形式、诗歌结构上也都与《离骚》相近,但又不是亦步亦趋,而是继承中又有创新。

341

上李邕

大鹏一日同风起,抟摇直上九万里。
假令风歇时下来,犹能簸却沧溟水。
时人见我恒殊调,见余大言皆冷笑。
宣父犹能畏后生,丈夫未可轻年少。

此诗作于天宝四载(公元 745 年),时作者在齐鲁一带漫游,遇见李邕,遂作此诗赠之。诗中以大鹏自比,表明自己虽遭谗毁,被迫离开京城,但壮志不息,对未来依然充满信心。

诗的前四句对《庄子·逍遥游》中的大鹏鸟进行了热烈的赞颂。实际上是借大鹏的形象以自况。庄子笔下的大鹏鸟不过是用来比喻世界万物都是相对的,没有绝对自由,就连鹏这样大的鸟,要想从北海飞到南海,也要借助风的力量。诗人在此活用此典,借大鹏鸟能高飞九万里,击水三千里的形象来比喻自己的志大才高。这种比喻本已气魄夺人。然而更使人惊奇的是,诗人在此基础上,又进一步加以创造性的想象:"假如风歇时下来,犹能簸却沧溟水。"这就使比喻的意义更加深了一层,意在表明自己尽管遭群小谗毁,在政治上不能再"抟摇直上"了,但就其志向、才能和品德来说,还能够"斗转而天动,山摇而海倾",还能"簸却沧溟水"。从而表现了一种睥睨一切,虽败不馁、虽死不屈的磅礴气势和激烈的反抗精神。正是在这个意义上,我们又可以说,诗人对于大鹏的描写,是把大鹏拟人化了,大鹏的性格是一种巨人式的性格,完全艺术地概括了诗人自己性格的本质特征。

诗的后四句直抒其情,激烈抨击世俗权贵对自己的嘲笑和歧视,表现了一种坚定的自信和乐观的态度。"时人"即指那些与世俯仰的庸俗小人,是作者在本诗中极力批判的对象。"皆冷笑",指那些庸俗之辈对诗人极其冷淡鄙夷的神情。一个"皆"字,写出了世态的冷酷,也写出了诗人孑然独立的处境。诗人为什么会遭受如此不幸呢?无非是因为他保持了不为世人所容忍的"殊调",即保持了一种"不屈己,不干人",桀骜不驯的耿介品格罢了,更不外乎是因为自己常常直言不讳地表示了以天下自任的"大言"而已。这就彻底揭露了唐王朝政治现实的黑暗,对统治者投以高度的蔑视和辛辣的讽刺。全诗最后两句引用孔子"后生可畏"的警句,来对比当朝权贵的迂腐无知并且大声疾呼地警告他们"丈夫未可轻年少",进一步表现了诗人充满自信的乐观主义战斗态度,酣畅有力地结束了全诗。

这是一首激情澎湃的抒情诗,诗人通过大胆的幻想和强烈的夸张,把"其翼若垂天之云"、"背不知其几千里"的大鹏,表现得雄伟庞大,不可一世,完全是为了表现自己与旧势力作不调和斗争的顽强性格。这种发扬蹈厉的大胆的艺术构思,充分体现了李白浪漫主义的特征。

金乡送韦八之西京

客自长安来，还归长安去。
狂风吹我心，西挂咸阳树。
此情不可道，此别何时遇？
望望不见君，连山起烟雾。

　　此诗作于天宝四载（公元745年），时作者在兖州。友人韦某由长安来金乡，又要回长安去，李白为他送行，写下了这首诗。诗中表达了对友人的惜别之情和对朝廷的眷恋之意。

　　天宝三载，李白被迫离开长安以后，开始了以东鲁、梁国为中心的第二次漫游生活。这一时期，他的思想是十分矛盾的，一方面消极遁世的思想表现得非常突出，另一方面对建功立业还有渴望，对国家命运前途还念念不忘。这首诗就生动地表现了诗人对长安，实质上也就是对国家的怀念之情。

　　全诗一二两句点明韦八来去的行踪，以引出下面的诗句。三四两句陡然掀起感情的波涛，直抒胸臆，表达了对国都的强烈感情。五六两句又归结到送行上来，七八两句写景抒情：友人渐行渐远，慢慢地消失在连山而起的烟雾之中，而诗人还痴痴伫立在路口遥望。"望望"两个动词连用，深沉地表现了对友人的真挚而又缠绵的情谊。全诗以景语作结，含蓄蕴藉，发人联想：其一，满眼的风烟迷雾，极易触发人世苍茫之感，为送别更增添了一种淡淡的伤感。其二，透过连山的烟雾，又容易触发诗人的去国之思。经过这样的抒写，全诗的思想感情就越发深沉了。

　　李白的诗大都具有炽热的感情，强烈的个性，处处表现了浓厚的主观色彩。"狂风吹我心,西挂咸阳树"二句就是如此。"思念"本是一种精神现象,是无形的,如何能挂在树上呢? 但是在这特定的感情旋涡里,诗人通过浪漫主义的想象、联想,以及大胆的夸张和拟人化的手法,把内心激动的情绪变成了可以感触的艺术形象。思念之情,借助狂风的吹送,如同游丝、飘带一样挂在咸阳的树上。这样,强烈的思想感情也就得以爆发和渲泄,从而获得激动人心的艺术效果。

鲁郡东石门送杜二甫

醉别复几日,登临遍池台。
何时石门路,重有金樽开?
秋波落泗水,海色明徂徕。
飞蓬各自远,且尽手中杯。

此诗作于天宝四载(公元745年)秋,时作者在兖州。去年,李白与杜甫曾在梁宋间相会,不久即分手;这年春二人又相遇,曾同游齐州;秋天,二人又在兖州相会,"醉眠秋共被,携手日同行",情同手足。不久,杜甫告别李白要前往长安,李白在兖州石门相送,写下了这首诗作。

诗中一、二两句感叹他们能在一起相处的日子没有几天了,因此趁着这段时间要尽情登览。一开始就流露了依依惜别的感情。三四两句上承"醉别"二字,继续抒情。"何时石门路,重有金樽开",这里面既表示了希望能够重新聚首,又表示了一种重逢难再的感伤情绪。与友人尚未分别,便又盼望着能再度相见,真挚的感情溢于言表。五六两句宕开一层,转入对周围景物的描写,勾画出了一幅壮阔雄伟的画面。上句写水势,下句写山色。是说秋波浩荡滚滚滔滔地泻入泗水,沧海澹澹反射着天光照亮了徂徕山。"落""明"二字全从对客观景物的细心观察中提炼而来,一写动之态,一写静之色,生动地表现了秋天时节水势荡漾、山光明丽的特点。此外,画面的视野极为辽远,又给人一种气度恢宏的感受。临别之时,诗人写出如此旷远阔大景色是有寄托的。因为这种雄浑无际的景色使诗人的别情更加显得深沉渺远,也更能触发那种人世苍茫、孤鸿万里的惜别之情。为此,这两句明为写景,实又是在写情,情和景完全交融在一起了。

七八两句是全诗结束,"飞蓬各自远,且尽手中杯",遥与首句呼应,再次表明就要远别,各自东西了。而"飞蓬"二字又点破了两人同是天涯沦落、犹如转蓬的失意之人。这样一结,就使全诗主题进一步深化了,写出了别情中另含有一层前途渺茫的意思。于是末句紧承说不要再想着分别了,还是举起手中杯一饮而尽吧!"且"字是故作旷达之词,有暂且乐以忘忧的深意,这是为了慰藉友人,同时也是为了安慰自己。然而,也正是在故作欢言之中更增添了一种人生失意别情难忍的况味。

这首五律言情写景,字字沉着,尤其是能于惜别之中含蓄写出一种人生失意的情绪,则更见两位诗人之间在共同的有志难酬的境遇中建立起的友谊的珍贵。

沙丘城下寄杜甫

我来竟何事？高卧沙丘城。
城边有古树，日夕连秋声。
鲁酒不可醉，齐歌空复情。
思君若汶水，浩荡寄南征。

此诗作于天宝四载(公元745年)，时李白寄寓兖州。诗中表达了作者对友人杜甫的深切思念，感情真挚深厚，当是送别杜甫不久后所作。

"我来竟何事？高卧沙丘城。"开头两句好像只是叙事、写实，但是，事中有情，实中有虚，诗人一起笔便含蓄地表现了对杜甫的深切怀念。沙丘城与李白究竟有什么关系？据李白《送萧三十一之鲁中兼问稚子伯禽》诗中"我家寄在沙丘旁"，《寄东鲁二稚子》结句"裂素写远意，因之汶阳川"(汶阳川即指汶水，而沙丘城就在汶水附近)所云，完全可以证实沙丘城是李白在山东寓家之地。李白是很爱子女的，既然回到家中与子女团聚，本应该是很愉快的。然而，他为什么在此反而向自己提出这样的疑问？而且为什么下一句也似含有一种闲居寥落之感？这都是需要回答的，于是就自然地引起了下面的诗句。

三、四两句并没有紧承作答，而是写景，进一步表明诗人当时所处的环境和周围的气氛。"古树"、"秋声"这两个互相联系的事物，象征秋日萧条景色，是具有典型性的。古树参天，秋风瑟瑟，落叶纷飞，构成一种凄清的意境，处在如此凄凉的环境中，诗人又想起了什么？心底里又泛起了一种什么样的感情？

五、六两句还是没有回答上边给人留下来的疑问，而是再宕开一层说

348

道:"鲁酒不可醉,齐歌空复情。"酒和音乐,本来是李白一贯爱好的。"天若不爱酒,酒星不在天。地若不爱酒,地应无酒泉。天地既爱酒,爱酒不愧天。"(《月下独酌》之二)"鸬鹚杓,鹦鹉杯,百年三万六千日,一日须倾三百杯。遥看汉水鸭头绿,恰似葡萄初醱醅。此江若变作春酒,垒曲便筑糟丘台。"诗人每逢喝起酒来,就飘然欲仙、诗情大发。然而现在他以饮酒消愁,却感到酒味太薄,不能使他沉醉;以听音乐来解闷,歌声虽富于感染力,但对于他也起不了作用。于是那城边的古树,日夕如潮的秋声,越发地使人烦躁。这一切又都是因为什么? 是什么感情搅乱了他一颗无时不乐观旷达的心?

"思君若汶水,浩荡寄南征",全诗至此方才一并作出回答,从而最后点明了主题,他思念杜甫的心情,像浩浩荡荡的汶水一样,一刻也不能平静下来。这样看来,前面的六句,都是为这最后两句作铺垫和创造艺术气氛的。

此诗主要特点,是通过细节的描写,突出诗人的自我形象。如"城边"两句,以古树、秋声,渲染秋日的萧索景象;"鲁酒"两句,用诗人最爱好的酒和音乐,展示其内心的愁思无法排遣。通过这些细节的刻画,诗人的自我形象便逐渐鲜明起来,生动地浮现在读者眼前。结尾两句运用比喻,更形象鲜明地表达了诗人真挚深厚的友情,言有尽而意无穷,给读者以无限回味的余地。

梦游天姥吟留别

李　白

海客谈瀛洲，烟涛微茫信难求。

越人语天姥，云霞明灭或可睹。

天姥连天向天横，势拔五岳掩赤城。

天台四万八千丈，对此欲倒东南倾。

我欲因之梦吴越，一夜飞度镜湖月。

湖月照我影，送我至剡溪。

谢公宿处今尚在，渌水荡漾清猿啼。

脚著谢公屐，身登青云梯。

半壁见海日，空中闻天鸡。

千岩万转路不定，迷花倚石忽已暝。

熊咆龙吟殷岩泉，栗深林兮惊层巅。

云青青兮欲雨，水澹澹兮生烟。

列缺霹雳，丘峦崩摧。

洞天石扉，訇然中开。

青冥浩荡不见底，日月照耀金银台。

霓为衣兮风为马，云之君兮纷纷而来下。

虎鼓瑟兮鸾回车，仙之人兮列如麻。

忽魂悸以魄动，恍惊起而长嗟。

惟觉时之枕席，失向来之烟霞。

世间行乐亦如此，古来万事东流水。

别君去兮何时还？且放白鹿青崖间。

须行即骑访名山。

安能摧眉折腰事权贵，使我不得开心颜。

此诗作于天宝五载(746 年)，李白自离京后游梁宋到兖州，在这里住了一段时间，此时将去东鲁而南游吴越等地，行前以此诗赠别友人。全诗托以梦幻，表现出诗人当时复杂的思想感情和矛盾的内心世界。开头八句，借越人之口，极言天姥山的高大。其实现实中的天姥山并没有什么特别之处，只不过是"一小丘耳，无可观者"（方苞语）。但在李白笔下却显得气势磅礴，雄奇无比。这种大胆的艺术夸张，一开始就以先声夺人的气魄给读者以强烈的感染。然而，这并不是作者故作惊人之笔，而是全诗那种绮丽神秘的艺术氛围所需要的，也是为后面进入迷离恍惚的梦境的描写。梦境的展开是极有层次的，而且一层比一层更为瑰奇壮丽。在这里，现实生活中的事物与历史故事、神话传说交融在一起，虚虚实实，有声有色地展现了梦幻的特色。然而，正当诗人陶醉在一片金光璀璨的神仙世界的时候，笔锋急转，戛然之间又堕入了黑暗污浊的现实世界。诗人所惊的是梦幻的破灭，所叹的是现实的污秽。当他回到现实世界的时候，回想神仙世界的瑰丽美好，就愈益憎恨现实世界的丑恶。所以在全诗的结尾高亢地唱出了蔑视权贵的歌声。尽管在结尾的感叹中表现了一定的消极出世的思想，但是更主要的是表现了诗人对封建权贵的不妥协的反抗精神。很清楚，诗人所以要以"梦游"的形式描绘一个别有洞天的神仙世界，并不是要逃避到幻想中去寻求精神上的解脱，而是要通过对幻想境界的描写，更有力地衬托现实社会的黑暗，表达出一种激烈的决绝的精神。

这首诗并不是对天姥山的真实摹写，而是借"梦游"的形式，展开了一系列的出神入化的幻想。现实生活中的事物不足以表达其思想感情时，又常常引用神话传说。尤为可贵的是，所有这些艺术手段又都自然而然地交融在一起，幻想世界的展开又是那样地合情合理，毫无人工斧凿的痕迹，从而充分地显示了诗人高度纯熟的艺术表现力。

越女词（五首选三）

长干吴儿女，眉目艳星月。
屐上足如霜，不著鸦头袜。

耶溪采莲女，见客棹歌回。
笑入荷花去，佯羞不出来。

镜湖水如月，耶溪女如雪。
新妆荡新波，光景两奇绝。

这组诗是诗人天宝六载（公元747年）游会稽时所作。诗中描写了东南水乡民间女子的美好容貌和娇憨天真的情态，有着浓厚的地方风情画的特色。

由于这几首诗在内容上密切关联，我们不必把每首诗逐一分开来进行分析。诗中主要是描写越地民家女儿的姣好形象。我国江南水乡山川锺秀、风景婉丽、气候宜人，因此，吴越女儿大都苗条俊美。对于这种容貌之美，诗人确实作了如实的描写。比如"眉目艳星月"、"屐上足如雪"等句就是对她们容貌的直接描写。但是，诗人在此避开了那种蹩脚的、呆板的一眉一目一颦一笑的铺排笔法，而是更多地侧重于绘神绘态，艺术地再现了吴越女儿那种娇姿媚态、天真烂漫、憨甜可掬的形象。比如"笑入荷花去，佯羞不出来"几句，就神情毕现地写出了她们青春年少、顽皮活泼的性格特征。诗中吴地女儿那种单纯开朗的性格，巧笑倩盼的风姿神态，能够给人以美的享受。这种洗尽雕饰的审美情趣，也正是诗人"清水出芙蓉，天然去雕饰"的诗歌主张的重要内容之一。

这几首诗的另一个艺术特色,是诗人对于水乡风景的传神描绘,有力地烘托了吴越女儿的娇媚风姿。尽管诗中写景的句子并不多,但一经点染,东南水乡的那种明媚风光便呈现在我们眼前:河水涣涣,绿荷盈盈,阳光灿烂,微波之上浮动着彩绘轻舟,采莲女哼起的歌儿在水面上荡漾……“新妆荡新波,光景两奇绝”两句更为动人,波光人影,交相辉映。诗人是多么善于运用光感来表现大自然的瑰丽秀美啊!就其艺术的表现技巧来说,此诗将对于人物和风景的描写交织在一起,两相衬托,既出色地表现了水乡女儿的柔媚,又生动地表现了水乡风景的明丽,大有相得益彰之妙。

最后值得提出的是,这一组诗无论在选材上还是在语言上,都可以看出受了南朝民歌“吴声”“西曲”的影响。正如胡震亨《唐音癸签》所说:“太白于乐府最深,古题无一弗拟,或用其本意,或翻案另出新意,合而若离,离而若合,曲尽拟古之妙。”尤其难能可贵的是,诗人继承和发展了民歌那种自然真率的语言本色,这几首小诗,语言全是口语,毫无雕琢但又精彩焕然、和谐流畅,因而历来受到人们的喜爱。

采莲曲

若耶溪旁采莲女,笑隔荷花共人语。
日照新妆水底明,风飘香袂空中举。
岸上谁家游冶郎,三三五五映垂杨。
紫骝嘶入落花去,见此踟蹰空断肠。

这首诗是李白天宝六载(公元747年)漫游会稽一带时所作。全诗描写吴越采莲女子的美丽姣好,配合着新荷绿水、灿烂阳光的秀丽景色,令人有一种清新俊秀的美感。

开头两句陈述采莲女娇憨可掬的情态。诗人并没有铺排描写她的容貌,而只用白描的手法写她隔着荷花与人笑语这一细节,就突出了采莲女子的娇媚动人。取荷花的鲜艳,意在衬托她的美丽,一个“笑”字,更传神地写出了她那调皮活泼的性格。三四两句写日光的璀璨和轻风的香馨。这两句写得极为生动。试想日照之下,采莲女的新妆映入碧水之中,波光人影,相互辉映,该是何等的悦目!而轻风徐来,拂动着衣衫,空气中别有一种暗香,又是怎样的使人神移!在此运用旖旎轻巧的笔触进行渲染描绘,通过描写潋滟的光波和沁人心脾的香气,成功地烘托了采莲女的美好形象。

“岸上”以下四句,写为采莲女的美貌所倾倒的游子。湖水岸边,垂柳掩映下的三五成群的游冶郎君,看见采莲女如此风情美貌,不由得徘徊搔首。然而正要赶上搭讪的时候,采莲女悄然离去了,“多情却被无情恼”,只落得空怀断肠、无言怅惘而已。这几句全是侧面烘托的笔法。汉代民歌《陌上桑》一诗中,写秦罗敷的美,就采用了这种侧面描写的手段:

"行者见罗敷,下担捋髭须。少年见罗敷,脱帽著帩头。耕者忘其犁,锄者忘其锄。来归相怨怒,但坐观罗敷。"尽管没有正面描写罗敷的美貌,但一经如此烘托,便把罗敷的美写到了极点。这首诗就很可能从《陌上桑》中吸取了艺术营养。透过游子们"踟蹰"、徜徉和断肠怅惘的描写,大大增加了生动活泼的效果,避免了大段铺陈可能导致的堆垛板重,而且比正面描写给读者留下了更多的想象空间。

纵观全诗,诗人笔下的采莲女,经过勾勒、点染,再加以侧面烘托,便跃然纸上,呼之欲出了。尤其是写"游冶郎"四句,更为摇曳生情。所以清人王夫之评道:"卸开一步,取情为景,诗文至此,只存一片神光,更无形迹矣"。(《唐诗评选》)

李白描写妇女形象的诗篇,大都采用民歌的体裁,无论在题材、风格和语言上都深受其影响,但又不是简单的模仿,而是根据自己的生活体验和思想感情,加以创新。胡震亨说:"太白于乐府最深,古题无一弗拟,或用其本意,或翻案另出新意,合而若离,离而实合,曲尽拟古之妙。"(《唐音癸签》)以本诗而论,既可以看出汉乐府、南朝民歌的影子,而又有诗人清新飘逸的风格。李白诗歌所以能成为唐代诗坛的一个高峰,正是因为诗人艺术生命之根,深深扎进了民歌的深厚土壤的结果。

登金陵凤凰台

凤凰台上凤凰游，凤去台空江自流。
吴宫花草埋幽径，晋代衣冠成古丘。
三山半落青天外，二水中分白鹭洲。
总为浮云能蔽日，长安不见使人愁。

此诗约作于天宝七载（公元 748 年），时作者在金陵。此诗通过描写凤凰台四周的景色，抒发了诗人怀古伤今的情怀。

方回《瀛奎律髓》中说："此诗以凤凰台为名，而咏凤凰台不过起句两句尽之矣，下六句乃登台而观望之景也。三四怀古人之不见也。五六七八咏今日之景，而慨帝都之不可见，登台而望，所感深矣。金陵建都自吴始，三山二水白鹭洲皆金陵山水名。金陵可以北望中原，唐都长安，故太白以浮云遮蔽不见长安为愁焉。"这段话道出了全诗的脉络及其主旨，故录于此，以兹参考。

一二两句起笔点题，写诗人登临凤凰台所见到的景象：人们传说凤凰曾翔集于此，可是而今只见古人留下的一座空台和悠悠不尽、滚滚东流的长江而已。"去"字表明凤凰已杳然不见；"空"字写古台虽见，但物在人非，早已成了历史的陈迹；"自"字用得尤为深沉，紧承"去""空"二字，表明人世迅忽而自然界的江水却万古不灭地汩汩东流。三字蝉联，恰切地表达了诗人深沉低徊的怀古幽情。作为全诗的总起，意境阔大，即景生情，给全诗笼罩了一层苍凉沉郁的抒情气氛，从而也自然地领起了下面诗句。

三四两句写近景：古代的东吴和其后的东晋，都曾在金陵建都，都盛极一时。想当年孙权占据东南,气盖一世;晋代的文臣武将也曾冠盖华采,风流一时。然而随着时光的流逝,吴宫廷院的奇花异草早已埋在荒山幽径之下,晋代衣冠赫赫的人物也只留下了萧索寂寞的古丘。这两句是对于景物的实写,又有丰富的想象,因而实中有虚,寄寓了历史兴亡之感。

五六两句写远景,生动地摹写了诗人凭台远眺所见到的壮阔景象:远远望去三峰并列,杳杳然坐落在天边。此处不说全落而说半落,就写出了若有若无的样子。白鹭洲横截江中,二水中分,气势磅礴。这十四个字用得很精练,画面开阔,层次分明。

中间两联紧承首联"风去台空江自流"之意,借助于自然景物的描写,把诗人心中缅怀古事、感慨万千的感情,进一步深化了。亦即"寓目河山,别有怀抱",至于怀抱的具体内容是什么?结尾两句便予以点明。

"总为浮云能蔽日,长安不见使人愁",结尾两句紧承中间两联,连贯而下,借江烟迷漫苍凉寥廓之景,抒发登临送目之时内心所产生的无穷感慨。诗人一生历尽坎坷,暮年又蒙冤流放,后来虽经赦免,而爱国衷肠不歇,面临国家仍然遭受叛军蹂躏的现状,内心的痛苦是非常剧烈的。为此,最后两句最为重要,是全诗的结穴,自然地把全诗的怀古伤今的无穷感叹紧密地交织在一起。缅怀古人是为了抒发伤今之痛;而伤今之痛又加深了吊古的感伤情绪。一个"愁"字点活了全篇之景,集中概括了通过景物所表现出来的抑郁悲凉情绪。王船山《唐诗评选》说:"浮云蔽日,长安不见,借晋明帝语,影出浮云,以悲江左无人,中原沦陷,使人愁三字,总结幽径、古丘之感。"这一分析与上述方回的观点是一致的。

唐朝诗人崔颢《黄鹤楼》一诗云:"昔人已乘黄鹤去,此地空余黄鹤楼。黄鹤一去不复返,白云千载空悠悠。晴川历历汉阳树,芳草萋萋鹦鹉洲。日暮乡关何处是,烟波江上使人愁",与李白这首诗同为传世佳作。但后人往往强分高下,穿凿附会的说法很多,更有甚者,竟以为"青莲气短","此诗不逮,非一端也",为此,《唐宋诗醇》批评说:"崔诗直举胸情,气体高浑;白诗寓目山河,别有怀抱,其言皆从心而发,即景而成,意象偶同,胜景各擅,论者不举其高情远意而沾沾吹索于字句之间,固已蔽矣。"这就强调了,读诗首先要从诗的总体出发,而不能离开整体的构思立意,寻章摘句,片面地以个别字句去品评作品的高下。

醉后赠从甥高镇

马上相逢揖马鞭,客中相见客中怜。
欲邀击筑悲歌饮,正值倾家无酒钱。
江东风光不借人,枉杀落花空自春。
黄金逐手快意尽,昨日破产今朝贫。
丈夫何事空啸傲,不如烧却头上巾。
君为进士不得进,我被秋霜生旅鬓。
时清不及英豪人,三尺童儿唾廉蔺。
匣中盘剑装鲦鱼,闲在腰间未用渠。
且将换酒与君醉,醉归托宿吴专诸。

此诗约作于天宝七载(公元748年)暮春,时作者在金陵。诗中抒发了壮志难酬的苦闷和对黑暗现实的愤慨。

诗的一二两句叙写与从甥高镇"马上相逢"、"客中相见"的情形。同为仕途坎坷之人,又在旅途中邂逅相逢,自然会百感交集。一个"怜"字写出了同是天涯沦落人的相互怜惜之情,从而为以下的抒情描写提供了感情发展的内在依据。换句话说,全诗的意思都是由这一"怜"字生发出来的。

三句以下,全是对高镇的一片肺腑之言。其中有诉述,也有感叹,沉痛、愤懑之情溢于言表,真挚、强烈,有着巨大的感染力量。三至八句为第一层,这一层是诉述之辞。诗人先写欲邀友人一醉,以助久别重逢之乐,而后紧接着又幡然明白说出"正值倾家无酒钱"的实情,再下便对这种经济上的极端拮据,作了旷达豪迈的解释。这一番话讲得爽直而豪放乐观,不带有丝毫的披藏的口吻，唯此才能见与高镇的笃厚之情。事实上也正是这样。李白一生轻财重义，只要有钱，"黄金逐手快意尽"，所以就常处于贫困之中。他在给友人的另一首诗中也曾说"黄金久已罄，为报故交情"，足以说明他是经常囊空如洗的。然而，诗人在此重点要说的并不在于钱的有无，而是重在表明自己那种风流倜傥、豪放不羁的生活态度。在他看来，大好风光，不能徒然放过，应该及时行乐，即使倾家"破产"，也要唯尽快意。这些固然反映了诗人旷达的心胸，然而联系全诗来看，又含蓄表达了很深的人生不得意的牢骚。九至十二句为第二层，这一层是感叹之辞。诗人与高镇久别重逢，想到彼此功业无就，被迫奔波，万端感慨涌上心头，于是唱出了"丈夫何事空啸傲，不如烧却头上巾"的沉痛诗句。古时读书人戴方巾，他们的唯一出路是博取功名。如今却要烧掉头上的巾，意味着他对自己人生理想的否定。应该说这种忧愤交织的情绪，代表了当时正直而又深受排挤、压抑之苦的广大知识分子阶层的苦闷和绝望。十三至十六句为第三层，这一层是愤激之辞。紧承上面两层，诗人从自己的"破产"，想到"旅鬓""秋霜"，心中的不平越涌越烈，愤怒的火焰越烧越旺。一种不可遏制的愤懑，终于像火山一样地爆发了。此时诗人已经从个人的不幸中跳出来，对着整个不合理的社会现实进行声讨挞伐，因而词情激切，音韵铿锵，诗句中所蕴蓄的感情热度陡然急起，具有震撼心弦的力量。"时清不及英豪人，三尺童儿唾廉蔺"，两句是对当朝权贵压抑英豪的愤怒揭露，就连廉蔺将相之材也遭到"三尺童儿"的唾弃，一般人的境遇更可想而知了。这里，大胆的夸张，鲜明的对比，具有强烈地批判力量。"匣中盘剑装鲼鱼，闲在腰间未用渠"，两句是抒发报国无门之痛。借助于鲜明的形象，感情的渲泄更为有力。全诗至此，诗人的感情已经推到了高潮，对于全诗主题的吟咏也已经逐层得到了深化。

结尾两句，对全诗作一收束。开头说欲邀高镇开怀畅饮，而又值倾家无钱，此处说且将宝剑换酒，正与"黄金逐手快意尽"相呼应。前面说"烧却头上巾"，意寓抛弃仕宦的道路，此处结出"醉归托宿吴专诸"一层，表明要归隐，去过那种自由自在的任侠生活，前后也得到了呼应。这样的结尾便使全诗联络成为一体，足见此诗虽挥洒酣畅，而脉络贯串又井然有序。

这首诗就其艺术表现来说，那种狂飙式的热情和摧毁一切的勇气，使这首诗具有一种强烈的主观抒情的色彩。诗人对于黑暗现实的批判,更多的是表现了一种淹没一切的感情,这正是诗人一贯的浪漫主义的风格。但是应该指出诗中那种激烈的感情不是凭空产生的,而是植根于黑暗社会现实的结果。玄宗晚年,喜好声色犬马,宠信高力士、杨国忠、李林甫之流。这些人假公济私,排斥异己,堵塞了一切正直有为之士的报国之路。《资治通鉴》曾载:玄宗"欲广求天下之士,命通一艺以上皆诣京师。李林甫恐草野之士对策,斥言其奸恶……遂无一人及第者。林甫乃上表贺野无遗贤。"这就典型地说明李林甫之流的专横跋扈、嫉贤妒能,也深刻地说明了当时政治的黑暗程度。李白生活在这样的历史时代,当然在政治上不会有出路,更何况他一身傲骨,绝不肯屈服于那些奸佞小人,所以他遭谗被逐是极自然的。诗中对于现实的揭露和批判,表明李白诗歌中又有着极为可贵的深刻的现实主义精神。

闻王昌龄左迁龙标遥有此寄

杨花落尽子规啼，闻道龙标过五溪。
我寄愁心与明月，随风直到夜郎西。

此诗约作于天宝八载(公元749年)暮春,时作者在金陵。王昌龄因细故被贬为龙标尉,李白闻讯后同情关注之情难以抑制,便写下了这首一往情深的诗篇。全诗音韵和美流转,语言通俗明净,意境深沉幽远。

诗的首句以写景起兴。杨花落尽,万卉消歇,暮春时节那种寥落迷茫的景象,已经足以撩起人的愁思了,而阵阵传来的杜宇的悲啼更使人产生一种空旷孤寂的情绪。是什么事情引起诗人的感伤呢? 接下去便用叙事之笔点明,"闻道龙标过五溪",是因为诗人听到了好友远谪的恶讯。在这里,诗人并没有赤裸裸地倾吐自己的感情,也没有仅仅空泛地提一下激起他感情涟漪的客观景物,而是将自己对友人那种纯真的友情和对自然景物的描写交融在一起,景语中蕴含着浓郁的情味。清人王夫之曾指出:"夫景以情合,情以景生,初不相离,唯意所适。截分两橛,则情不足兴而景非其景。"在他看来,情与景是"不可离"的,不能"截分两橛",情是情,景是景,互不相干。应该景中有情,情中有景,心与物融,情与景合。这首诗就达到了情景相融,妙合无垠的境界。

绝句要求高度凝练,如何在结尾的十四个字中,高度凝炼而又具体形象地表达出诗人听到恶讯后那种复杂的心情呢? 这实在是很不容易的。然而诗人终不愧是大手笔,他以浪漫主义的丰富想象,通过明净的语言,把他那种真挚的友情、焦急的关切等等予以高度的艺术概括。"我寄愁心与明月,随风直到夜郎西",澄碧的蓝天,月亮是那么皎洁无瑕,明净幽美,不正象征着诗人的真挚友情么？诗人要把愁情寄与明月，这就把静止的大自然看作是一种有生命的东西，并赋予它们以意识和感情。此处，月与风简直成了传达诗人感情的信使。一个"直"字更写出了诗人那种要急切前往抚慰友人的深婉情致。

李白是七绝圣手，他能用和美流传的音韵和通俗明净的语言，写出意境深远，感情至深的作品。沈德潜在《唐诗别裁》中说："七言绝句以语近情遥，含吐不露为贵。只眼前景，口头语，而弦外音，使人神远，太白有焉。"这首诗正是这样。起句毫不矫揉造作，只以口头语写眼前景，不言愁，而愁肠自见。诗句看来似不经心，而实际上却是"写景入神""词显情深"之笔。结句更为奇特，不仅想象超人，而且写得极为开阔，馀意不尽。中国画讲意境，切忌画面满满当当的，作诗也和画画一样，不能写得太露、太尽，也要留给读者想象的空间。这首诗的结句通过美好的想象，就打开了读者的思路，能够让读者去体味诗人的深切情意，而且会使人越想越深，无形中使人陶醉在诗意盎然的境界里。

寄东鲁二稚子

吴地桑叶绿,吴蚕已三眠。

我家寄东鲁,谁种龟阴田?

春事已不及,江行复茫然。

南风吹归心,飞堕酒楼前。

楼东一株桃,枝叶拂青烟。

此树我所种,别来向三年。

桃今与楼齐,我行尚未旋。

娇女字平阳,折花倚桃边。

折花不见我,泪下如流泉。

小儿名伯禽,与姊亦齐肩。

双行桃树下,抚背复谁怜?

念此失次第,肝肠日忧煎。

裂素写远意,因之汶阳川。

关于李白的家庭情况,由于留下来的资料不多,我们只能大体上知道一个轮廓:自天宝三载离开长安以后,李白曾以东鲁和梁园为中心,开始了为时十二年的漫游生活。这一时期,他的夫人许氏早已去世,诗人把许氏留下的两个孩子——女儿平阳和儿子伯禽留在东鲁。后来他又娶妻宗氏,客居梁园。南北漫游,很少回到东鲁,但他对于寄居东鲁的一双小儿女是非常关怀和惦念的。如在《送杨燕之东鲁》诗中说:"二子鲁门东,别来已经年。因君此中去,不觉泪如泉。"在《送萧三十一之鲁中兼问稚子伯禽》中写道:"我家寄在沙丘旁,三年不归空断肠。君行既识伯禽子,应驾小车骑白羊。"在东鲁的家,他置有一些田产,并构筑了一座酒楼,或许他的结发妻子许氏,就死在这里。《寄东鲁二稚子》一诗作于天宝八载(公元749年),时作者在金陵。由于许氏早故,他自己又远游在外,想到幼儿幼女得不到父母的疼爱,所以这首诗在深切的关怀中流露着异常真挚的父爱。

首起八句述说对东鲁家中的怀念。一二句点明诗人写这首诗的时间和地点,其余六句直抒情怀。暮春时节吴地桑蚕已经进入三眠,融融春光,很容易触动客居在外之人的心事,所以诗人自然地想起家中的农事也许耽搁了吧!翻过来又对自己往来江上,行无定止的生活感到悲伤。"南风吹归心,飞堕酒楼前",总承上面诗句,作一小结。这一句把抽象的思念情怀,写成可以感触的东西,随着习习的南风,一直飞堕到东鲁家中的酒楼之前,这就具体形象地诉尽了自己的心事。同时又自然地过渡到了下一段。

"楼东一株桃"至"抚背复谁怜",是全诗的第二段。诗人的一颗归心,随南风回到东鲁家中以后,接着便在诗人的眼前展开了家中的景象:楼前他亲手栽种的桃树已经长到和楼一般高了;爱女平阳折下一束桃花,想起了远在天边的父亲,倚树落泪;爱子伯禽年纪尚幼,他还不懂得姐姐的心事,但他的个子却已经和姐姐一般高了……在这段描写中,诗人的想象围绕着他所种的那株桃树展开,然后因树及人,联想起桃树下的一双儿女。桃树就成了诗人借以抒情的线索,用意很深。当年还是一棵弱苗,而今已经"与楼齐"了。"三年"阔别,这一抽象的时间概念,借着桃树的变化,得到了具体化。同样,姗姗可爱的桃树,树枝缤纷,又巧妙地衬托了一双小儿女的娇好,相思怜爱之情,便自然跃然纸上。诗人的感情如涓涓细流,委婉地倾诉了一颗慈父的质朴眷眷之心。此外,诗人不正面写自己对女儿的怀念,而从设想落笔,写女儿平阳想念自己,"泪下如流泉",就更加重了骨肉相思的深度。试想女儿的颗颗眼泪滴在父亲的心头,该是一种怎样的况味!这首诗与杜甫的《月夜》"遥怜小儿女,未解忆长安",同样是一种真挚感情的自然流露,实有异曲同工之妙。"双行桃树下,抚背复谁怜"两句,收束上面的想象,再回到现实中来,感慨极为深沉。

最后四句,照应全诗,直抒胸臆,点明主旨。

这首诗初读的时候,似乎觉得平淡无奇。但是,如若反复体味一下,就会发现,它所抒发的那种骨肉思念之情是感人至深的。从艺术表现的特点上,有两点值得借鉴:其一,诗人善于通过大胆的想象,将抽象的感情具体化。"归心",完全是一种无形的内在的思想感情,怎样会随风飞堕到家中的酒楼前去呢? 从生活的逻辑出发,这完全是不可能的。但是在感情的逻辑中,在艺术真实的范畴中,它又是合情合理的。文学艺术需要形象,更需要强烈的情感。经过诗人的艺术提炼,殷切的思念之情,不仅能够使你似乎可以触摸得到,而且似乎能使你感受得到它是那样炽热、真挚和急切,于是就在感情的洪涛中把读者也卷进来了。其二,诗人善于通过丰富的联想将感情幻化为具体的生活图景。生活常识告诉我们,感情总是缘物而发的。睹物思人也好,触景生情也好,总之感情是要因着客观景物的触动才能得以产生。为此,许多诗人都采用借抒情、融情入景的手法,抒发他们的主观感受。但是这首诗却恰恰相反,诗中的景象完全是因情而造,完全是主观感情幻化的结果。比如"娇女字平阳,折花倚桃边。折花不见我,泪下如流泉"等,就是如此。这是远隔千里,诗人思念之深,只能从记忆中或推测中去想象儿女们的形象。而这些虚幻的景象又是那样的亲切、感人,全无一丝一毫人工的痕迹。应该说这完全是心灵的产物,读者正是借着那生动感人的图景,感受到诗人感情的脉搏。

答王十二寒夜独酌有怀

昨夜吴中雪,子猷佳兴发。

万里浮云卷碧山,青天中道流孤月。

孤月沧浪河汉清,北斗错落长庚明。

怀余对酒夜霜白,玉床金井冰峥嵘。

人生飘忽百年内,且须酣畅万古情。

君不能狸膏金距学斗鸡,坐令鼻息吹虹霓。

君不能学哥舒,横行青海夜带刀,

西屠石堡取紫袍。

吟诗作赋北窗里,万言不直一杯水。

世人闻此皆掉头,有如东风射马耳。

鱼目亦笑我,谓与明月同。

骅骝拳跼不能食,蹇驴得志鸣春风。

《折扬》《黄华》合流俗,晋君听琴枉《清角》。

《巴人》谁肯和《阳春》,楚地犹来贱奇璞。

黄金散尽交不成,白首为儒身被轻。

一谈一笑失颜色,苍蝇贝锦喧谤声。

曾参岂是杀人者? 谗言三及慈母惊。

与君论心握君手,荣辱于余亦何有?

孔圣犹闻伤凤麟,董龙更是何鸡狗?

一生傲岸苦不谐,恩疏媒劳志多乖。

严陵高揖汉天子,何必长剑拄颐事玉阶。

达亦不足贵,穷亦不足悲。

366

韩信羞将绛灌比,祢衡耻逐屠沽儿。
君不见李北海,英风豪气今何在?
君不见裴尚书,土坟三尺蒿棘居。
少年早欲五湖去,见此弥将钟鼎疏。

开元天宝之交,是唐王朝由盛及衰的历史转折时期,做了几十年皇帝的唐玄宗,已厌倦政事,贪恋享乐,把政权委给工谗善媚的李林甫。李林甫大权独揽,嫉贤妒能,阻塞言路,凡是不与他同流合污者,必多方罗织罪名,加以贬谪或杀害。以平"海贼"有功的裴敦复,以文名见称于时的北海太守李邕,均为李林甫所不容。天宝八载这两个人终于遭陷害,被活活杖死,李白此诗,提到裴、李二人之死,必然写于天宝八载以后。全诗通过抒发个人怀才不遇,无辜受谤的悲愤,有力地抨击了统治者是非颠倒,摧残人才的罪行。

萧士赟却在《分类补注李太白诗》集中说此诗"造语叙事,错乱颠倒,绝无伦次",并认为"董龙一事,尤为可笑",断定非太白所作,于是把它置于卷末。胡震亨的《李诗通》,也定为伪作,编入附录。这种观点是错误的。纵观全诗的思想内容和艺术特点,很明显,它与李白诗歌的风格,完全一致。而且,造语叙事,条分缕析,也并非"错乱颠倒,绝无伦次"。

"诗要用形象思维",李白是善于形象思维的诗人。这首诗引用了大量的历史典故、民间传说作比喻,形象鲜明地反映了现实的黑暗,倾泄了内心的悲愤。诗的开始用王子猷雪夜访戴比喻王十二寒夜独酌有怀,十分贴切。以下六句,描写王十二独酌情景,充分发挥了想象,勾勒出一种广阔无垠的凄凉境界。然而这并不是对于景物的实写,而是要造成一种气氛,以便引出下面的大段议论抒情。

"人生飘忽百年内,且须酣畅万古情"两句是诗中的过渡句,在结构上起承上启下作用。因为本诗是和答之作,开头部分只是扣题作答,所以这里要承转一下。"万古情"三字强调下面所抒发的是万古不灭的豪情,或曰万古难平的悲愤。这一句一直照应到全诗的结束。

总观下面的议论抒情,从结构上大体可分为三大段。由"君不能狸膏金距学斗鸡"至"有如东风射马耳"八句为第一段,对当时政治的腐败进行了无情的揭露。首先指出当时受到统治者重用的不是斗鸡得宠气焰嚣张的小人,就是杀人吮血以邀边功的武夫。诗人用与友人共勉的口吻,表示决不能走这两条可耻的道路。接下又从统治者不能识别人才的角度,揭露有理想、有才华的读书人所受到的冷遇。这样,一方面是小人、武夫之辈骄横跋扈,另一方面正直之士,"万言不值一杯水",两相对照,就彻底地暴露了当时政治的黑暗。在此诗人使用了几个形象鲜明的比喻,更增加了诗歌的战斗力量。

由"鱼目亦笑我"至"谗言三及慈母惊"为第二段。这一段进一步说到诗人本身的遭遇。反复譬喻,感情更加激越。前八句诗人把自己比喻为"骅骝"、"阳春"、"奇璞",把得志一时的小人,比为"鱼目"、"蹇驴",意在表明自己处在"蹇驴得志鸣春风"的黑暗现实之下,皇帝昏庸,贱玉为璞,一般的人又都随时俯仰,苟且流俗,自己必然会落得才高和寡的下场。后六句紧承而下,叙述自己在流言蜚语的喧谤声中,动辄得咎的可悲处境,用三告投杼、贤母生疑的典故,以说明自己无故受谤的冤枉。李阳冰《草堂集序》说:"丑正同列,害能成谤,格言不入,常用疏之",这里曾参的例子,可能就是张垍、高力士、杨玉环等在玄宗面前进谗的事实。这一段是议论抒情的笔法。诗人笔下层出不穷的典实,都是作为论据出现的,形象地论证了现实的黑暗。而议论又是为了直接宣泄诗人心中强烈的愤懑。

从"与君论心握君手"至结尾,为第三段,表明自己拮抗不屈的人生态度以及决心去隐逸山林的理想。在这一段描写中,诗人采用了回环反复的抒情手段,列举典故和直抒胸臆间杂交错,基本上每四句作一递进。"与君"四句,主要表明他在政治上碰壁之后,早已抛弃了传统的荣辱观念。引用孔丘、董龙这两个典故,意在证明荣与辱是完全被颠倒了,就连孔子那样的圣人也要嗟叹"吾已矣乎",而董龙算是什么东西,却官运亨通。为此他才说"荣辱于余亦何有"。"一生"四句,主要是表明,尽管他"苦不谐"、"志多乖",但还是要像东汉严陵一样,傲岸不屈,绝不违心地去逢迎玄宗。"达亦"四句,主要是表明他已将穷达置之度外,决心要像韩信、祢衡那样保持自己傲然处世的骨气,绝不与屠沽小儿为伍。"君不见"以下六句,公然为李邕、裴敦复的被杀表示愤怒,并表明归隐山林的志向。这一段长达十八句的抒写,气势酣畅,诗人思想感情的潮水,汹涌澎湃。历史人物,纷纭而降,他们的经历、命运以及他们的感伤嗟叹,完全和诗人内心的情绪有机地交织在一起,因而使抒情和议论更显得有力,而且光彩焕然,令人目不暇接。恰如敖陶孙《臞翁诗评》所说:"刘安鸡犬,遗响白云,覈其归存,恍无定处。"这完全是由于诗人感情的激愤所造成的。诗人把这种"天风海涛"般的感情,率然地表达出来,自然"谲辞云构,奇文郁起"(《钝吟杂录·论歌行与叶德祖》)。萧士赟不从这种实际出发,批评说"绝无伦次",是站不住脚的。"董龙一事,尤为可笑"的说法,显然又是封建统治阶级所谓"怨而不怒"的一种偏见。

本诗的语言特点和作品的基调是一致的。长篇短韵,声调低昂,配合参差不齐的句式,有力地抒发了诗人内心的悲愤。尤其是诗中"君不能"两句和"君不见"两句,写得更为铿锵顿挫,气势奔放,充分表现了诗人坚持气节,抨击封建统治者的勇敢精神。诗中引用了大量比喻,并吸取了民歌题材,加以提炼、改造,突出了诗人自我的形象。

古风(其三十四)

羽檄如流星,虎符合专城。

喧呼救边急,群鸟皆夜鸣。

白日曜紫微,三公运权衡。

天地皆得一,澹然四海清。

借问此何为? 答言楚征兵。

渡泸及五月,将赴云南征。

怯卒非战士,炎方难远行。

长号别严亲,日月惨光晶。

泣尽继以血,心摧两无声。

困兽当猛虎,穷鱼饵奔鲸。

千去不一回,投躯岂全生?

如何舞干戚,一使有苗平?

天宝十载(公元751年)四月,"剑南节度使鲜于仲通讨南诏蛮,大败于泸南。……士卒死者六万人,仲通仅以身免。杨国忠掩其败状,仍叙其功"(《资治通鉴·唐纪》)。李白有感于非正义战争给人民带来的巨大灾难,遂作此诗。

诗的开头四句,描绘当时朝廷调兵遣将,文书往来频繁,疾如流星,闹得一片惊慌,以至"群鸟皆夜鸣"的极度混乱状态。接下四句笔锋一转,写道:"白日曜紫微,三公运权衡。天地皆得一,淡然四海清。"表现当时国家清平,四海安定,而统治阶级却挑衅边境,劳师远征,把人民推入战争血海的"黩武之非"。"借问此何为,答言楚征兵",这一问一答,照应到前面所写的现象,指明杨国忠这班国家的蟊贼,在国家繁荣的情况下,贸然兴兵动武的罪行。诗人运用错综交织的诗笔,有力地揭露了这次战争的非正义性。再下八句对征兵的凄惨情景作了详尽的描绘。在此,诗人对出征士兵及无辜受难的父母妻子倾注着深厚的同情。凶残暴戾的统治者,把毫无作战经验的老百姓拉来,密缚严械,驱使他们到遥远的炎热边境去打仗,受难者心情恐惧,他们的父母妻子送别儿子、丈夫,彼此号啕痛哭,"哭声震野",日月都为之暗淡无光。他们的眼泪哭干,继而哭出了血,直至心肝摧裂,哭不出声音来了。这样惨绝人寰的悲剧,真令人目不忍睹,耳不忍闻。恰如《唐宋诗醇》所说:"至于征夫之凄惨,军势之怯弱,色色显豁,字字沉痛。"读到这里,我们对封建统治者的罪行,该是多么痛恨啊!

于是,诗人在下面的诗句中又做了痛切激愤的议论:"困兽当猛虎,穷鱼饵奔鲸。千去不一回,投驱岂全生。"在他看来,"所调之兵,不堪受甲,所谓驱市人而战之,如以困兽当虎,穷鱼饵鲸",哪里还有活着回来的希望! 从而预见到这场战争的失败结局。最后诗人引用舜的故事,指明对待民族问题,决不是完全可以用武力解决的,只有把政教搞好,外族敬服,就自然会主动来归顺的。

《唐宋诗醇》还指出这首诗"体近《风》、《雅》,杜甫《兵车行》、《出塞》等作,工力悉敌,不可轩轾"。评价是非常高的。此诗揭露统治阶级穷兵黩武,残害人民的罪行,鞭辟入里,对被迫害的无辜人民则流露出深厚的同情,充分表现了诗人对待非正义战争的严正立场和坚持真理的鲜明态度,而语言雅健遒壮,对于这样思想性和艺术性高度统一的优秀作品,我们是应当予以特别重视的。

赠韦侍御黄裳（二首选一）

太华生长松，亭亭凌霜雪。
天与百尺高，岂为微飙折。
桃李卖阳艳，路人行且迷。
春光扫地尽，碧叶成黄泥。
愿君学长松，慎勿作桃李。
受屈不改心，然后知君子。

  诗约作于天宝十一载（公元752年），时作者在北方。诗中借物言怀，对韦黄裳进行劝讽，表现了耿介不阿的高贵品质。

  韦黄裳是怎样的一个人？诗人为什么要劝他"慎勿作桃李"？对于这些问题，由于缺乏史料，我们只能借助一些其它记载进行推测。《旧唐书·王铁传》云："李林甫子岫为将作监，供奉禁中。铁子准，卫尉少卿，亦斗鸡供奉。每谑岫，岫常下之。万年尉韦黄裳、长安尉贾季邻常于厅事贮钱数百绳，名倡珍馔，常有备拟，以候准所适。"《新唐书·王铁传》也云："韦黄裳、贾季邻等候准经过，馔具倡乐必速办，无敢逆意。"上述记载均透露韦黄裳是一个善于阿谀权贵的人。李白写诗送给他，劝他要学"长松""慎勿作桃李"，用意就很明确了。至于李白与韦黄裳是怎样的一种关系，从李白的为人来看，大概不会过于密切。

  这首诗咏物言志，是深有寄托的。开头四句咏叹太华山长松傲然凌霜雪，不为微飙所屈的形象。"亭亭"二字，写其挺拔峭立于霜雪之中的姿态，"凌"字突出敢于迎霜斗雪的拮抗不屈的精神。而"天与百尺高，岂为微飙折"则是对松树的热情赞叹。接下四句写桃李尽管炫耀一时，终当随着"春光"的归去零落成泥。"卖""迷"二字,锤炼得很工巧,一以描写桃李得意于一时,卖弄夸示之情;一以再现桃李凭着自己的娇艳风姿迷惑人心之态。紧接着下面两句便写出了它们的下场。前四句写青松,后四句写桃李,对比之下,诗人称赞与鄙夷的不同感情,表现得极为鲜明。

然而,作者对青松与桃李的描写,终究是为了写人。不言而喻,作者笔下的青松,实质上是象征傲岸不屈的正直之士,桃李则象征着依附于权贵的无耻小人。为此,诗中的"霜雪"、"微飙"一词用得似乎很怪,飙者既为疾风,暴雨之谓,何以又冠以"微"字?须知这正表明作者选词炼句的用心之深。称其飙,是说权贵对正直之士的摧残打击,有如狂飙的威势。但是,在睥睨一切的诗人看来,只不过是一场微风耳。一个"微"字,表现了诗人那种不畏权势的精神。

全诗最后四句是劝讽之辞。"愿君"两句紧承上面青松、桃李两层,正面规劝韦黄裳要慎重做人,要活得正直。"受屈"两句对韦黄裳又进一步喻以人生哲理。希望他不要屈于权势丧失气节,启发他认识到只有那种受了欺凌打击而不变其节的人,才称得上是人间的伟丈夫。最后两句结得铿锵有力,耐人品味。

开头我们已经指出这首诗是作于诗人遭谗之后,但诗中仍然保持了一种绝不屈服的气概,这是很难得的。在艺术上,全诗抒情写意,始终借助于青松、桃李的鲜明形象,通过强烈对比,有力地揭示了全篇的主旨。

北风行

烛龙栖寒门,光耀犹旦开。

日月照之何不及此? 惟有北风号怒天上来。

燕山雪花大如席,片片吹落轩辕台。

幽州思妇十二月,停歌罢笑双蛾摧。

倚门望行人,念君长城苦寒良可哀。

别时提剑救边去,遗此虎文金鞞靫。

中有一双白羽箭,蜘蛛结网生尘埃。

箭空在,人今战死不复回不忍。

见此物,焚之已成灰。

黄河捧土尚可塞,北风雨雪恨难裁。

　　此诗作于天宝十一载(公元752年)十二月,时作者在幽州。唐玄宗后期好大喜功,穷兵黩武,边将安禄山屡启边衅以邀宠,士卒多战死。李白目睹这种现实,提笔写下了这篇千古名作。诗中通过描写一位阵亡士兵的妻子怀念丈夫的悲痛心情,反映不义战争给北方人民带来的痛苦和灾难。

　　"烛龙栖寒门,光耀犹旦开",开头两句用一个惊人的神话起兴,振起全篇。接下四句就对北国幽燕之地的险恶环境,进行了夸张描写,极言那是连日月也照射不到的苦寒之地。"惟有北风号怒天上来,燕山雪花大如席,片片吹落轩辕台",是对幽燕之地险恶环境的夸张渲染,从而为下面诗中主人公的出场作了必要的铺垫。

　　从"幽州思妇十二月"以下至全诗结尾,通过一系列细节描写,揭示了思妇怀念阵亡战士的痛苦心情。"幽州"两句,是对诗中女主人公的概括交代。她本来应该是一个有歌有笑的少妇,但而今却终日紧锁双眉,显然她遭受了巨大的不幸。接下六句便通过思妇"倚门望行人"时内心活动的描写,展现统治者所发动的非正义战争给她带来的巨大灾难。透过诗句读者仿佛可以见到:北风怒号,雪花如席,女主人公倚门伫立,望眼欲穿的凄惨情景。眼前的大雪,使她不由得想念起丈夫终年在苦寒塞外所受的折磨。同时又由此引起了对丈夫的一片回忆。"别时提剑救边去",当初丈夫由于爱国意气,"提剑救边"的时候,也许曾得到过她的赞许,然而那杀敌救国、荣归故里的良好愿望早已变成了泡影。她怎能想到丈夫临别时候留给她的"金鞞靫"、"白羽箭"如今"蜘蛛结网",布满了尘埃,竟会成为丈夫的遗物! 再下四句是写思妇由怀念而引起的对于生活的绝望和强烈的愤怒。"箭空在"一短句作为衬垫,以引出"人今战死不复回"的残酷现实。"不忍见此物,焚之已成灰",是通过行动细节的描写,表现女主人公内心异常激烈的情绪。尽管她还不能明确地认识到"战士军前半死生,美人帐下犹歌舞","边庭流血成海水,武皇开边意未已",这些统治者罪恶的内幕,但这一愤怒的行动,显然是带有一种朦胧的反抗意识的。诗人把这一细节放入诗中,正是对统治者任意开边、祸国殃民的历史真实所作的高度凝炼的艺术概括。

全诗最后两句,是继续抒写女主人公内心的悲愤心情。"黄河捧土尚可塞,北风雨雪恨难裁!"在她看来,滔滔的黄河水那倒是可以堵塞的,然而对征人的绵绵思念,对连年战争的愤怒,却像北风雨雪那样是不可以截断的。这两句大胆夸张的诗句,不只是思妇的愤激呼声,同时也是诗人对统治者所提出的最强烈的抗议。值得指出的是,诗中女主人公以为丈夫"提剑救边去"是为国牺牲的,所以她仅向北风雨雪提出控诉。这就向读者提出了一个发人深省的问题:造成她悲惨命运的究竟是谁? 诗中虽然未明白说出,但是透过艺术形象,读者自然理解良人远征,战死边疆,完全是受了统治者的欺骗。因此,对于统治者欺骗人民的揭露,正是本诗含蕴有力之处。

《北风行》一诗,通过对一位不幸的妇女复杂矛盾心理活动的细腻描写,为我们塑造了一个在悠长痛苦中挣扎的孤孀的典型形象,从而深刻地暴露了统治者的罪恶,反映了安史之乱前夕唐代社会的生活真实。诗人对于他所处的那个时代社会生活的艺术概括,达到相当的深度。其次,这首诗对周围景物和人物心理的夸张描写,是李白诗歌浪漫主义的艺术手段,是诗歌的一种特殊的典型化方法。它着重从形象的描写和意境的创造上去突出事物的特征,因此往往结合着丰富的想象,特别是饱含着诗人的感情。尽管"燕山雪花大如席"、"黄河捧土尚可塞"这些极度夸张的诗句,并不符合生活的逻辑,但由于它把事物的本质特征突出表现出来了,把人的感情集中化、典型化了,因而能够更集中、更强烈地表现不义战争给人民带来的极度痛苦,所以这又在本质上反映了生活的真实。

远别离

远别离,古有皇英之二女。

乃在洞庭之南,潇湘之浦。

海水直下万里深,谁人不言此离苦?

日惨惨兮云冥冥,猩猩啼烟兮鬼啸雨。

我纵言之将何补?

皇穹窃恐不照余之忠诚,雷凭凭兮欲吼怒。

尧舜当之亦禅禹。

君失臣兮龙为鱼,权归臣兮鼠变虎。

或云:尧幽囚,舜野死。

九疑联绵皆相似,重瞳孤坟竟何是?

帝子泣兮绿云间,随风波兮去无还。

恸哭兮远望,见苍梧之深山。

苍梧山崩湘水绝,竹上之泪乃可灭。

    此诗当做于天宝十二载(公元 753 年),时作者离开幽燕之地南归。开元天宝年间,玄宗荒废政事,国家军政大权尽入李林甫、杨国忠、安禄山之手,政治黑暗混乱至极点。李白北上幽燕更亲眼目睹了安禄山谋叛之迹象,遂有感而发,在南归后写了这篇长诗,此诗以神话传说为题材,表现出对现实社会的关切与担忧。

    这首诗既以舜与二妃生离死别之恨贯穿全篇,中间又夹着森然凄苦的气氛的渲染和人君失权的议论,就使得全诗的结构显得纵横变幻,杳冥莫测,似乎使人难以理解。但是若结合着本诗创作的时代背景,细细体味,还是可以在诗人那种状如洪波起伏的感情的江河里,寻找出一条明晰的脉络来的。

"远离别,古有皇英之二女。乃在洞庭之南,潇湘之浦。海水直下万里深,谁人不言此离苦?"诗的开头五句,就把读者引入了一个旷远迷茫的上古时代。娥皇、女英都是帝尧的女儿,帝舜的后妃。相传舜至南方巡狩,二妃从行,死在湘江里,她们的神魂游于洞庭湖与潇湘水边。舜与二妃的生离死别之恨,就像那海水一样深无底止。"日惨惨兮云冥冥,猩猩啼咽兮鬼啸雨,我纵言之将何补!"日月无光,阴云暗晦,在一片烟云雨雾之中只听见阵阵传来的猿啼鬼啸。这两句是对悲凉凄惨的气氛的渲染,更烘托了舜帝与二妃离别的悲惨。"我纵言之将何补"是诗人对这一历史悲剧的感叹。在此诗人绝不是徒发思古之幽情,而是借古喻今深有寄托的。当时李白已经预见到国祚将衰,甚至预见到玄宗的可悲下场,正因如此,紧接着又引出了下面的诗句:皇天呵全不照我的满腔忠诚热血,语气与上句紧承相接。诗中的"余",当然是诗人自己。他对于国家、社稷是忠诚无私的,但是壮志难酬,毫无用武的机会,而当时的政治形势又正如"雷凭凭兮欲吼怒",大有山雨欲来风满楼之势,诗人怎能不焦急呢!所以这两句诗不仅高度地概括了安史之乱前的唐王朝的社会现实,而且也强烈地抒发了诗人为之焦急、愤懑的感情。全诗至此一顿,以上为第一部分。

由"尧舜当之"以下四句是结合"舜死苍梧"之事所发的议论。议论的中心是借"尧幽囚"、"舜野死"作为证据,阐明"君失臣兮龙为鱼,权归臣兮鼠变虎"的道理。诗人主张君主必须高度集权于自己手里。这是针对当时大权旁落,奸相贼臣权倾人主而发的。这一点在后来所写的《经乱离后天恩流夜郎忆旧游书怀》一诗可以得到印证:"十月到幽州,戈铤若罗星。君王弃北海,扫地借长鲸。呼吸走百川,燕然可摧倾。心知不得语,却欲栖蓬瀛。"诗人的这种预见,以及由此而发的议论当然是正确的。但是昏庸的统治者又怎肯听这耿耿忠言呢?这怎能不使人陷于更深的痛苦。所以下面仍然回到"舜死苍梧"这个故事上来,借以抒发诗人的痛惜之情。

"九疑联绵皆相似,重瞳孤坟竟何是?帝子泣兮绿云间,随风波兮去无还。恸哭兮远望,见苍梧之深山。苍梧山崩湘水绝,竹上之泪乃可灭!"

诗的第三段写得悲痛欲绝。九疑山联绵起伏,千里孤坟难寻;绿竹如云不断,帝子哭声渺渺。那肝肠寸断的死别遗恨,只有山崩水绝之时才得终止。诗人这沉痛的歌声是唱给谁的呢?是唱给统治者的吗?诗人当然知道他们是听不进去的;是唱给朋友的吗?他们也都有同自己一样的感受。只当是唱给苍天大地的吧!长歌当哭,这几句深沉地表达了诗人痛心疾首的心情。

纵观全诗,李白借"舜死苍梧""二妃殉于湘水"的传说,总结历史上"人君失权"的沉痛教训,完全是针对当时险恶的政治形势的。所以明人胡震亨说:"此篇借舜二妃追舜不及,泪染湘竹之事,言远别离苦,并借《竹书杂记》见逼舜南巡野死之说点缀其间,以著人君失权之戒。"明人高棅也说:"太白此诗伤时君子失位,小人用事,以致丧乱,身在江湖之上,欲往救而不可。哀忠谏之无从,舒愤疾而作。"这些论断都是极有见地的。

此诗以夫妇的生离死别之恨为线索,用艺术氛围的渲染加以烘托,再通过议论使主题得以深化,并点以强烈的抒情之笔,这就构成了一个完整的艺术整体,突出了君主大权旁落的恶果。而结构的腾挪跳跃更如元人范德机所说:"波澜开阔,如江海之波,一波未平,一波复起。又如兵家之阵,方以为正,又复为奇;方以为奇,忽复是正。奇正出入,变化不可纪极。"这一切都突出地表现了诗人艺术造诣的纯熟。尤其这首诗能打破传统的观念,采用《竹书杂记》"尧幽囚""舜野死"的说法,用以警告昏庸腐朽的唐玄宗。由此可见,诗人在创作构思过程中,对形象的选择和运用,是用心良苦的。

比兴是从《诗经》、《楚辞》以来诗歌创作的传统手法。本诗"篇首引皇英起兴,篇末帝子湘竹之泪托兴",正是对诗、骚优良传统的继承和发展。由此可见,比兴的手法到了李白的手里,更给他的诗歌增加了奇情壮采。

独坐敬亭山

众鸟高飞尽，孤云独去闲。
相看两不厌，只有敬亭山。

此诗约作于天宝十二载（公元 753 年）秋，时李白第二次漫游安徽宣城。此诗意境寂寥悠远，流露出作者孤独寂寞的心情和遗世独立的气概。

全诗通过拟人化的手法，创造出一个孤寂清幽的意境，寄托了诗人超脱现实和愤世嫉俗的感情。诗题为"独坐敬亭山"，主旨在一"独"字，但并没有从"独"字下笔，而是从"众"字写起。"众鸟高飞尽，孤云独去闲"，是说所有的鸟儿都飞得渺无踪影了，就连点缀山头的一抹孤云也独自悠闲地飘然而去。在此，诗人笔下的"众鸟"、"孤云"一下子就和诗人内在的思想感情有机地揉合到了一起。仿佛那些鸟儿、那片孤云也懂得世态炎凉，有意地远他而去，于是画面上只剩下敬亭山和"我"默默地相对厮守了。三四两句便写"山"和"我"。"相看两不厌"五字写得情深词浅，耐人玩味，不仅赋予敬亭山以人的意识和感情，更重要的是写出了山的个性，融进了诗人极为复杂的思想感情。一是写山不厌我，意在强调在那恶浊污秽的社会里，没有一个人能够理解我，只有敬亭山愿意无言地与我相伴，从而写出了作者内心的孤独和苦闷。一是写我不厌山，意在强调诗人厌恶现实官场的丑恶，唯有清幽寂静的敬亭山才值得我喜爱，从而又抒发了诗人傲岸孤高的情绪。

综上所述，我们可以体会，诗中对于敬亭山的描写，绝不仅仅是冷静的客观描摹，而是把它作为烦嚣丑恶的社会现实的对立物，把它作为诗人自己的个性特征来加以描写的。正因如此，作者才能够通过一首仅有二十个字的小诗,把自己对于所处的时代的意识和体验,思想和感情都写进了诗里,而这种丰富深厚的内涵又通过对敬亭山的描写,给予了高度的形象的艺术概括。

这首诗就其艺术特点来说也是很鲜明的。清人王士祯针对明朝人学唐诗,只是模仿,没有真情实感的流弊,创"神韵"说。他强调写景,贵清远;写情,贵朦胧;用词,贵清俊。这就是说,写景要选取有诗意的景物,诗意含蓄在景物之中,景清而意远。写情由境来透露,不明说,达到含蓄不露。写景写情,又都要用清俊的词表达出来。(参见周振甫《诗词例话》)《独坐敬亭山》一诗就有如上的特点。诗人笔下的敬亭山,只是淡淡的几笔,"众鸟"、"孤云"邈然,则更见敬亭山的清幽。诗中写情,只以"两不厌",稍稍点出。这样便留下了广阔的余地,供人遐想,耐人寻味。全诗的语言又极为通俗,毫无雕饰,但却写出了诗人的真性情真感受。

秋登宣城谢朓北楼

江城如画里,山晚望晴空。
两水夹明镜,双桥落彩虹。
人烟寒橘柚,秋色老梧桐。
谁念北楼上,临风怀谢公。

此诗约作于天宝十二载(公元 753 年)秋,时作者在宣城。诗中对登楼所见的深秋景象作了生动的描绘,抒写了对前辈诗人谢朓一往情深的怀念之情。

这是一首五言律诗。首联起势平稳,用笔洗炼,概括地写出了诗人登高远望时所见到的宣城四郊的秀丽景色,并点明了登楼的时间是在傍晚。这两句叙事写景,起到了振起全篇的作用。

中间两联,上承首联对"如画"之景作具体描绘。三四两句先写远景:秋季的晴空,太阳落山以后,天光明亮,碧水澄清,宛溪、句溪二水,像明镜一样夹城流过,座于溪流之上的画桥,曲线优美,像彩虹一样壮丽。"明镜"、"彩虹"这两个比喻虽然为人们所常用,但一经诗人摄入诗句,用以表现江南水乡秋天傍晚时节澄明静穆的景色,却显得极为生动,令人赏心悦目。五六两句是写近景,秋深暮色下,霜雾浓,炊烟寒,荡漾于橘柚林里,嫋嫋不散,而梧桐铁干,挂着几片稀稀落落的叶子,挺拔劲峭地伸向天空。如果说颔联是从人们视觉的角度来展现景物,那么颈联则更多地是从人们主观感觉的角度来状写秋天之"寒"和秋色之"老"的。这两句写得更为精彩。秋寒物老,虽然是大自然的客观景象,但是要具体到画面上,确实很难。但诗人却恰恰在这里表现了状物写景的功力。作者仅仅从客观的景物中捕捉了"人烟"、"橘柚"、"梧桐"三个具体的事物构成画面,通过炊烟凝聚之状、橘柚苍碧之色、梧桐遒劲之态,形象地表现了寒凝苍老的物候特征。全诗炼字造句沉着贴切,诗人一连选用"夹""落""寒""老"四个动词(后两个词是形容词转入动词),完全写出了诗人登楼眺望的内心感受。正因如此,唐以后的诗人们都极力模仿,曾季狸《艇斋诗话》就曾指出:"陈无已云'寒心生蟋蟀,秋色上梧桐'。盖出于李白。"方回《瀛奎律髓》也指出:"王荆公《虎图行》'目光夹镜当坐隅',虎两目如夹两镜,得非仿谪仙'两水夹明镜'之意乎?"然而,后世诗人不知这两联脍炙人口的诗句,完全是从深入观察中得来,一味模仿,就大都失之皮相。恰如纪昀《瀛奎律髓刊误》所说:"五六佳句,人所共知,结在当时不妨,在后来则为寒乞语,为浅率语,为太现成语。"

全诗尾联直抒其情,写诗人暮色中登楼览景,油然而生的思古之幽情。诗人不直说自己怀念谢公,而云"谁念北楼上,临风怀谢公",这是深有含意的。王渔洋《论诗绝句》说李白"一生低首谢宣城",李白一生对二谢极崇敬追慕,特别是谢朓的诗歌,更使他为之倾倒,"我吟谢朓诗上语,朔风飒飒吹飞雨"(《酬殷明佐见赠五云裘歌》)。李白有许多描写自然风景的诗歌,诗的语言,诗的意境,都非常接近谢朓的风格,明丽、细腻、凝炼、生动,充分地再现了祖国山河的壮美俊秀,尤其是祖国东南地区的优美景色。所以本诗最后两句深表对谢朓的恭敬之情,不仅是触景生情所得,也是诗人在艺术实践上终生不渝的一种偏爱的自然流露。

宣州谢朓楼饯别校书叔云

弃我去者昨日之日不可留,乱我心者今日之日多烦忧。
长风万里送秋雁,对此可以酣高楼。
蓬莱文章建安骨,中间小谢又清发。
俱怀逸兴壮思飞,欲上青天览明月。
抽刀断水水更流,举杯消愁愁更愁。
人生在世不称意,明朝散发弄扁舟。

　　此诗当作于天宝十二载(公元753年)秋,时作者在宣城。诗题一作《陪侍御叔华登楼歌》。据载,李华于天宝十一载拜监察御史,第二年"出按二千石",行至宣城与李白相遇,白与之登谢朓楼而作此诗。全诗通过高楼陪饮的描写,忧时叹己,抒怀言志,表现出诗人复杂痛苦的内心世界。

　　开头四句,起势突兀,强烈地抒发了诗人积郁心头的苦闷。"弃我去者,昨日之日不可留;乱我心者,今日之日多烦忧",前两句感叹时光流逝,而自己却壮志蹉跎,功业无成,后两句又恼恨今日的烦忧,有志报国,投效无门,因而万恨千愁乱我心头。总之,不管回忆过去,还是面对今天,所引起的深广的忧愤都是难以排遣的。这就写出了诗人登楼饯别友人时的心情。

　　下面两句,"长风万里送秋雁,对此可以酣高楼",是点明饯别的时间和环境。诗人本来已在一片苦闷难解的心绪中,此刻长风秋雁更勾起了无限离情。登高痛饮,以解心忧,这就接触到了全诗的主题。"长风万里送秋雁"一句,写得劲健豪放,一个"送"字,就把秋风与雁群的关系形象化了,意境深遂,气象阔大。联想到诗人正是在送别李华,诗的内涵就更为丰富。它既是眼前景,又是眼前事,语意双关,耐人寻味。

再下四句,"蓬莱文章建安骨,中间小谢又清发。俱怀逸兴壮思飞,欲上青天览明月。"既写李华和自己的才华壮志,又包含着两人怀才不遇的感叹,使诗的主题进一步得到深化。李白自天宝三年遭谗被谤,离开长安以后,四处浪游,一直抑郁不得伸其志,所以李华相见,同为"天涯沦落"之人,送别之际,自然都会有怀才不遇的感慨。诗人称许李华的文章有"建安风骨",同时又以谢朓自喻,这是写他们都有出众的才华。接下来"逸兴壮思"又写他们的胸怀高逸,都有飞腾的壮志。那种豪放的意气简直可以"直上青天"摘取明月。然而现实的黑暗却偏偏不给他们施展抱负的机会。于是只有"借酒浇愁"以排遣愤懑,这就很自然地与下面的诗句贯通了。

诗人所以称赞李华的文章有"建安风骨",又以小谢比喻自己的诗"清发多奇",很可能是由于两人身在谢朓楼上,举酒临风时议论到了谢朓和建安时代三曹父子。因此,除去上面的意思外,又自然地流露了李白的文艺思想。李白是反对六朝形式主义文风的主将。他认为"自从建安以来,绮丽不足珍"(《古风》其一)。可是他对六朝的诗人并没有一概否定,谢朓就是他极力赞扬的诗人之一。"解道澄江静如练,令人长忆谢玄晖"(《金陵城西楼月下吟》),他赞赏谢朓的诗清新俊逸,能抒发个性。清人王士祯在《论诗绝句》中说李白"一生低首谢宣城"不是没有根据的,此诗就是明证。

最后四句,以至深的感慨作结。"抽刀断水水更流,举杯消愁愁更愁。人生在世不称意,明朝散发弄扁舟",痛饮的目的,在于浇愁,结果不但没有消愁,反而更增加了愁闷。这恰如抽刀断水,水不能断,反而流得更急了。诗人用"抽刀断水"比喻"举杯消愁"的枉然,新奇的比喻,把"愁"这个摸不着、看不见的抽象事物,一下子形象鲜明地呈现在读者的眼前。而且两句连用二"水"、三"愁",不惟不嫌重复,反更婉转而又流畅。这两句诗与李煜的"问君能有几多愁,恰似一江春水向东流",李清照的"只恐双溪舴艋舟,载不动许多愁",同时脍炙人口,千古流传的名句。都是"愁",又都用比喻来形容,但李煜的愁显得哀怨,李清照的愁显得沉痛,李白则显得悲愤激烈。这是由于诗人的气质襟怀、经历抱负的不同所造成的。李白自青年时代起"仗剑去国",胸怀济世之志,"愿为辅弼"之臣,但黑暗的社会现实,是容不得桀骜不驯的志士的。李白壮志难酬,终遭弃置,所以他的"愁",不仅交织着烈火一般的愤怒,同时有着更深厚的社会根源。这种苦闷,在那种社会制度之下既然不可能得到解脱,诗人只有用放浪江湖的办法,一方面保持自己的高洁,另一方面用以表示对黑暗社会的抗议。这种解决问题的办法,当然是消极的。但是处于封建社会黑暗统治时代,一个有理想的正直的诗人,既有建功立业的雄心壮志,又不肯与当时的权贵同流合污,他的出路也就只有逃避现实的一条路了。对于这种思想我们必须看到它的历史根源。

这首诗虽为饯别而作,但重点却不在别情,而是面对友人,抒发久郁心头的怀才不遇之感。李白性格豪放,为人坦率,既把李华视为知己,临别之际,倾尽肺腑之言,自然会比那种"别情必怨"的俗套子更显得真挚。这和《梦游天姥吟留别》一诗的精神是一致的。

全诗意气豪迈,语言奔放,虽然是用以表现苦闷心情的,但没有消沉绝望的情绪,而是气概昂扬,睥睨一切,给人以鼓舞的力量。

在艺术上应该突出强调的是,这首诗在结构上所表现出来的艺术成就。胡应麟《诗薮》说,李白诗"笔力变化,极于歌行",所谓"笔力变化",其中就包括着结构上腾挪跌宕,起落无迹,断续无端的特点。比如,诗人劈头就说"弃我去者,昨天之日不可留;乱我心者,今日之日多烦忧",这是言其愁。可是忽然又唱道:"蓬莱文章建安骨,中间小谢又清发",最后却又决心"明朝散发弄扁舟"去了。真有如"风雨争飞,鱼龙百变;又如大江无风,波浪自涌,白云从空,随风变灭。"(《唐宋诗醇》)表面看起来似乎没有逻辑关系,而实际上正是由于诗人思想感情急遽变化和表现方法的高度凝炼所造成的。诗人大胆地舍弃了思维活动中的许多变化和飞跃的过程,所留下的则是高度集中的形象,因此在结构上也就显示了飞腾跨越的特点。

其次一点,在于这首诗热情奔放的语言。诗人的感情有如巨流大川,奔腾咆哮,不可遏抑。所以在形式上就往往冲破字数的限制,变成长短错落的散文化的句子。"弃我去者,昨日之日不可留;乱我心者,今日之日多烦忧"就摒去了格律的束缚,表现了一种汪洋恣肆、浑然天成、随意挥洒的气势，没有纤细雕琢的痕迹，完全达到了"大匠运斤，自成规矩"的境地。这正如赵翼《瓯北诗话》中所指出的："盖才气豪迈，全以神运，自不屑束缚于格律对偶，与雕绘者争长。然有对仗处仍自工丽，且工丽中有一种英爽之气，溢出于行墨之外。"

听蜀僧濬弹琴

蜀僧抱绿绮，西下峨眉峰。
为我一挥手，如听万壑松。
客心洗流水，遗响入霜钟。
不觉碧山暮，秋云暗几重。

此诗约作于天宝十二载（公元 753 年），时作者在宣城。此诗描绘出琴音之美妙动听以及自己陶醉于其中的精神状态，既有正面描写，又有侧面烘托，生动地表现出蜀僧高超的弹琴技艺。

全诗一二两句叙写蜀僧濬抱着琴从峨眉山上下来，点明了人物和所从来的地点。使用"绿琴"这一典故，意在强调琴的珍贵，"下"又暗寓一种飘然而降之意，这样就写出了僧人那种"超尘脱俗"的特点，是非常切合题意的。中间四句即对琴音进行摹写。诗人首先借万壑松涛之声来比喻琴音的铿锵；之后又借旷远的霜钟来烘托琴声的悠扬和越传越远的特点。同时又用"高山流水"的典故来表现琴音高雅，可以使人神清志爽。状写之前冠以"为我一挥手"一句，正面描写蜀僧弹琴的自若神态。仅仅二十个字就写尽了琴音累累如贯珠，泠泠如叩玉的优雅之妙。为此，高步瀛在《唐宋诗举要》中说此诗："一气挥洒，中有凝练之笔，便不流入轻滑。"结尾两句，是侧面描写的笔法。"不觉碧山暮，秋云暗几重"，诗人完全进入了琴音所造成的意境，陶然如醉，忘记了周围的一切。写自己全然被琴音所吸引的精神状态，就进一步从侧面表现出了琴音具有强烈的感人力量。这两句又可视为是对周围环境气氛的渲染，读者倘能闭目凝神，想象那秋云暗合，暮色朦胧之中，琴声如泣如诉地阵阵传来，同时又交织着古意雄浑的霜钟之声,那该是怎样的一种空旷凄清的意境啊! 所以结尾两句更写得沉着遒劲、足以使人神远。

这首诗是李白短篇佳作之一,在艺术上达到了炉火纯青的地步。全诗以琴音为描写重点,在有限的四十个字内,既有正面描写,又有侧面烘托,既摹声又摹状,既写出了琴音的悠扬,又写出了自己的主观感受,可谓调动了一切艺术手段,逼真地表现了蜀僧弹琴技艺的高超。

哭晁卿衡

日本晁卿辞帝都，征帆一片绕蓬壶。
明月不归沉碧海，白云愁色满苍梧。

诗作于天宝十二载（公元 753 年），时作者在江南。这年日本第十一次遣唐使团归国，李白的好友晁衡随团离开中国，途中遇暴风，传闻晁衡所乘的第一条船遇难，听到这个消息，李白十分悲恸，遂作此诗表示哀悼。

一二两句虽用直叙手法，写诗人想象晁衡返国途中的情景，却创造一个富于神话色彩的意境。"蓬壶"相传是海中仙山，"征帆一片绕蓬壶"，把晁卿放在一个仙境似的海上航行，具有诱人的艺术魅力。三四两句即对晁卿不幸遇难深表哀悼。"诗是要用形象思维，不能像散文那样直说，所以比兴两法是不能不用的。"李白的诗歌最善于用比、兴手法。在此，用"明月"这一比喻，生动地表现了晁衡光明磊落、纯洁无瑕的品德。然而，这位像明月一般高洁的友人却不幸"沉碧海"了，这是多么令人悲痛啊！接下一句，诗人并没有正面表示哀悼，而是用了"白云愁色满苍梧"这样精练形象的诗句，借客观景色的惨淡传达出对友人的一片悲悼。为了晁卿的死，大自然都笼罩了一层愁云，似乎在为这位才华横溢的友人的逝世深表惋惜，又何况人呢！

本篇仅仅二十八个字，但是既概括了晁卿遇难的经过，又颂扬了他的高洁品质和卓越才华，而且还借着景物的描写，抒发了痛悼之情。诗人不言悲而悲自见。这样思想内容和艺术形式完美结合的作品，在古代挽诗中是不多见的。

清溪行

清溪清我心,水色异诸水。
借问新安江,见底何如此?
人行明镜中,鸟度屏风里。
向晚猩猩啼,空悲远游子。

此诗作于天宝十三载(公元 754 年),时作者在池洲。此诗既写出清溪之美,又表现出诗人漂泊无依的悒郁情绪。

诗的开头四句是咏叹清溪之水可以"清"心,咏叹清溪的澄澈异于诸水,而后又与新安江相比较。咏叹中字里行间流露了对清溪水的喜爱。接下五六两句便正面描写清溪山水的空明俊秀。"人行明镜中"是写水,"鸟度屏风里"是写山。南国水乡,风景绝佳,人行其中,身影倒映水中,就仿佛在"明镜"中行走一样。飞鸟在山前飞翔,宛如飞在美丽的画屏之中。这样就生动地再现了祖国东南山青水绿,沙尘不起的旖旎景色。这两句写的清新工丽,所以胡仔《苕溪渔隐丛话》说:"《复斋漫录》云:山谷言:'船如天上坐,人似镜中行。'又云:'船如天上坐,鱼似镜中悬。'沈云卿诗也。老杜云'春水船如天上坐'祖述佺期之语也;继之以'老年花似雾中看',盖触类而长之。予以云卿之诗,原于王逸少《镜湖》诗所谓'山阴路上行,如在镜中游'之句。然李太白《入青溪山》亦云:'人行明镜中,鸟度屏风里。'虽有所袭,然语益工也。"这段评论,不仅指出了这两句的师承线索,而且着重指出,诗人在继承的基础上又有创新。创新表现在哪里呢? 如果说前人的成就是通过恰切的比喻以描写景物的明丽色彩,那么诗人又在这一基础上进一步丰富了喻体,不但写了水,而且还写了山。

更令人叹赏的是"行"、"度"这两个动词用于句中,以动写静,进一步反衬出了意境的恬静和美。动和静本是对立的,但诗人把它们和谐地统一在同一画面中,相互映衬,取得极好的美学效果。再下七八两句"向晚猩猩啼,空悲远游子",是全诗结句。此处诗人用哀怨的猩啼,烘托出了一种凄清的气氛,引出"空悲远游"的感伤之情,更含有不尽之意。诗中前六句写景,景色清新宜人,所以首句冠以"清我心"三字。这是说青山绿水可以使我从悒郁的情怀中解脱出来,为之一畅;而结句在一片静谧恬然的景物之中,传出一声声悲凉的长啼,使眼前之景又显出一种空寂寥落的气氛,于是那种畅快的心情便翻然一变,陷于怅然悲戚的心绪之中。跌宕中写尽了触景伤怀的悲哀。"一篇之妙在于落句",本诗结尾含蓄深厚,使人神远。

诗人写这首诗的时候,唐王朝正处于大乱前夕,社会上已远不是开元时期那种繁荣升平的景象了,而诗人此时尽管终日在江南水乡遨游歌咏,然而"清霜入晓鬓,白露生衣中",他已经日渐衰老,又茫无知音,心境是很寂寞的。我们从这首诗中可以感受到这种人生的悲哀。

秋浦歌(十七首选三)

渌水净素月,月明白鹭飞。
郎听采菱女,一道夜歌归。

炉火照天地,红星乱紫烟。
赧郎明月夜,歌曲动寒川。

秋浦田舍翁,采鱼水中宿。
妻子张白鹇,结罝映深竹。

天宝十三载(公元754年),李白游广陵,与远道来访的魏万相遇,同入秦淮,上金陵。别后,李白往来宣城诸地,游秋浦,在秋浦度岁。组诗《秋浦歌》十七首,就是在秋浦时写的。这组诗题材广泛,生活气息浓厚,富有民歌风味。此选三首。

第一首,描写一个月光映照着绿水的夜晚,白鹭在月明中飞翔。青年人听见采菱女郎的歌声,也唱和起来,并和她一道回家。短短的四句诗,组成了一幅生动的画面,展现出水乡青年男女劳动后的欢娱情景,富于浓郁的江南民间生活气息。

第二首,写冶矿工人的劳动。我国的冶矿业,到唐代已有很高的发展,秋浦又是银、铜矿产地之一。诗的一、二两句是对冶矿场地的实写,三四两句描写冶矿工人劳动时的情景。冶炼本是极艰苦的劳动,但诗中并没有侧重表现艰苦,而是绘声绘色着重地表现了冶炼工匠的豪迈形象。"赧郎明月夜"是写通亮的炉火映红了他的脸颊,有如夜月一样的光明。"歌曲动寒川"是他们一边劳动一边纵声歌唱,震动了寒冷的河水。写貌写神,饱含着浓郁的诗情。诗人如果没有亲历其境的生活实践,是不会想象出来的。

第三首,描写一对以捕鱼为业的老年夫妇的劳动生活。老翁为了捕鱼,夜间也住在渔船上;老伴虽住在竹林的茅屋里,也是双手不停地编织着捕鸟兽的网。简洁朴实的几笔,生动逼真地绘出了水乡劳动人民勤劳俭朴的风貌。

除上述内容,这组诗还表现了各方面的情景:一、诗人因政治上的失意,而又不能忘怀帝都长安,如《其一》:"正西望长安,下见江水流。……遥传一掬泪,为我达扬州"(扬州是去长安的必经之路),要借长江流水传达"一掬泪",是诗人思念长安极为生动的表达。二、借古自喻,抒发其怀才不遇的内心抑郁,如《其七》:"醉上山公马,寒歌宁戚牛。空吟白石烂,泪满黑貂裘。"以宁戚、苏秦未遇时的困苦处境,比喻自己政治上受压抑的忧戚心情。又如《其十五》:"白发三千丈,缘愁似箇长。不知明镜里,何处得秋霜。""白发三千丈"在逻辑上是说不通的,然而对文艺创作的形象思维来说,这种艺术的夸张,却是符合真实的,从而更加突出了诗人的忧愁之深。三、还有些诗是侧重写景状物的,如《其三》写山鸡不敢与之比美的锦驼鸟;《其八》写水车岭的奇绝景色;又如《其十》"千千石楠树,万万女贞林。山山白鹭满,涧涧白猿吟",连用四个迭字,就全面概括了秋浦的秀丽风物。

凄厉的猿声,最易引起旅人的愁思。在这组诗中就有四处提到猿声,因此展现在读者眼前的秋浦风景画卷,被笼罩了一层凄凉的色彩。这是与诗人的主观心情分不开的。政治上失意,孤身漫游秋浦的诗人,是"愁作秋浦客,强看秋浦花"的,因而感到"猿声催白发,长短尽成丝",愁苦的心情,渗入客观景物,呈现出一种凄凉、悲苦、抑郁的意境。

但是,这是选的三首诗,其风格迥然不同。画面明朗,格调清新,感情真挚动人。这就证明了艺术创作方面的一条客观真理:作家的生活实践对创作实践的重要性。由于劳动人民生活的勤劳俭朴,感情的真挚朴素,本身就有着诗一样的美,诗一样的感染力量,因而当这些可贵的感情反映到作品中来,就比完全抒写诗人自己的襟怀要明朗得多了。

赠汪伦

李白乘舟将欲行,忽闻岸上踏歌声。
桃花潭水深千尺,不及汪伦送我情。

此诗作于天宝十三载(公元 754 年),时作者正在今安徽泾县漫游。在泾县桃花潭有一位村民叫汪伦,他常常准备美酒以待李白,李白很感激他,故在临别之时赋此诗以赠之。

一二句叙事,诗人乘舟欲行,忽闻岸上传来踏歌之声,"忽闻"二字写出汪伦特意赶来相送的情景,从而为下面两句作了必要的铺垫。三四两句用比兴手法,表达了对汪伦深情相送的感激。用"深千尺"比"送我情"已见情之深厚,复加"不及"二字则更增强了诗句的感染力量。

这首诗,语出自然,连贯如珠,可能是受了民间"踏歌词"的影响,因而散发着强烈的泥土气息。

宣城见杜鹃花

蜀国曾闻子规鸟,宣城还见杜鹃花。
一叫一回肠一断,三春三月忆三巴。

　　天宝十四载(公元755年)暮春,诗人在宣城见杜鹃花开,联想到在蜀中时常见的子规鸟,思乡之情油然而生,遂作此诗。

　　首句"蜀国曾闻子规鸟","曾"字表明诗人青少年时代在故乡听惯了子规鸟的悲啼。可以设想诗人在异乡每逢想起杜鹃那一声声的哀鸣便会牵动心中多少故乡的往事啊!二句"宣城还见杜鹃花","还"字紧承上句,诗人因见杜鹃花盛开,自然联想起蜀中的杜鹃鸟。这就真实自然地写出了由于受了客观景物的触动所引起的内心深处的细微活动,从而为下面三四两句的抒情作了铺垫。

　　"一叫一回肠一断"上承首句,是说故乡子规鸟的叫声,一声声使人愁肠寸断,"三春三月忆三巴"上承二句,是说阳春三月遍地盛开的杜鹃花,更撩乱天涯游子的思乡柔情。两句关联,一写联想、回忆,一写眼前所见,但都归结在内心的感触上,同时采用叠字和排比的句式,进一步造成了音节上的回环顿挫,加强了全诗的感伤情调。

　　这首诗像诗人其他的许多抒情诗一样,很少描写生活的过程以及细微的自然景物,他的作品大半是抒写对于生活的主观感受。缘情而发,情真意切,因而透过他的作品,我们能具体地感受到诗人的理想、愿望,体会到诗人心灵深处的声音。这首小诗舍去了诗人在宣城时期一切生活情景的描写,也舍去了对于宣城三月的自然景物的描写,只是通过他对于生活的咀嚼和提炼,最后将最能激动他的杜鹃花捕捉到诗中来加以丰富的联想,于是在他笔下的思乡之情是越发地像醇酒一样芳香而又浓烈了。正是在这个意义上,我们可以说李白许多抒情小诗的美学价值就在于表现了一颗返朴归真的像水晶一样的诗心。

这首诗的语言通俗明净,这是和诗人能够学习汉魏六朝的乐府民歌有直接关系的。"一叫一回肠一断,三春三月忆三巴"这样的诗句就放射着民歌那种明快,通俗而又俏丽的光彩。

古风(其十九)

西上莲花山,迢迢见明星。
素手把芙蓉,虚步蹑太清。
霓裳曳广带,飘拂升天行。
邀我登云台,高揖卫叔卿。
恍恍与之去,驾鸿凌紫冥。
俯视洛阳川,茫茫走胡兵。
流血涂野草,豺狼尽冠缨。

此诗作于至德元载(公元756年),安禄山此时已陷洛阳,作者由梁宋奔亡至华山,写下了这首诗。诗的前半部分虚构了一个虚无飘渺的仙境,后半部分描绘出中原一带叛军横行、人民惨遭屠戮的现实。

全诗从"西上莲花山"写起,为我们虚构了一个迷离恍惚的神仙世界。莲花山是华山的最高峰,相传山上有神仙居住。因此,在幻想中遇到仙女明星、仙人卫叔卿是很自然的。"迢迢见明星",即远远望见了明星。接下四句就描写了明星仙女的优美形象。"素手把芙蓉,虚步蹑太清",仙女洁白的纤手,捧着鲜艳的莲花,乘着祥云瑞雾,飘飘然凌空而来。写莲花是衬托之笔,洁净高雅的莲花不仅把仙女点缀得更加美丽,而且突出了仙女超凡的气质。"霓裳曳广带,飘拂升天行",艳若彩云和红霓的衣裳,飘动的宽阔的衣带,传神地写出了窈窕多姿、轻盈闲雅、翩若惊鸿的仙女形象。"邀我登云台,高揖卫叔卿。恍恍与之去,驾鸿凌紫冥",这是幻想的故事情节的进一步展开。诗人被仙女邀请去云台拜见了卫叔卿,而后与卫叔卿一起驾起鸿鸟,凌空飞翔,仿佛就要摆脱尘世飞到自由自在的极乐世界中去了。诗人采用卫叔卿这个故事是深有寓意的。据《神仙传》载,有一次汉武帝在宫中,忽见一仙人乘云车,驾白鹿,从天而降。武帝问他是谁,他回答说,"我中山卫叔卿也"。汉武帝又说:"子若是中山人,乃朕臣也,可前共语。"卫叔卿默然不应,忽然不知所在。后来武帝曾派人去华山访问,远远看见卫叔卿与数人博戏于悬岩之上。李白对卫叔卿表示敬仰,实际是暗示自己也有"天子不得而臣"的傲岸性格,透露了对神仙世界的向往。事实上,这一时期的李白,也确曾在诗中多次提到要去隐居求仙,"我垂北溟翼,且学南山豹"(《经乱离后将避地剡中》),"明朝拂衣去,永与海鸥群"(《赠王判官》),就是这种意思。对于这一点,南宋罗大经责难说:"李太白当王室多难,海宇横溃之日,作为歌诗,不过豪侠使气,狂醉花月之间耳。社稷苍生,曾不系其心膂。"其实这是对诗人的一种误解。恰恰相反,在战乱的年月,诗人何尝不渴望投身到报国杀敌的行列中去? 何尝没有"抚剑吟夜啸,雄心日千里"的壮志? 但纵有报国之心,终无投笔之路,他除了收起雄心,把爱国热情层层包裹起来,还能有什么道路可走呢? 所以南宋葛立方说他"郁郁不得志而思高举远引",这话是切合实际情况的。然而现实的残酷又毕竟是回避不了的。国难当头,他又怎能远走高飞,安心去过他的隐居生活呢? 所以当他凌空仙游,刚刚幻想要摆脱黑暗现实的时候,俯视下界,一下子又回到痛苦的现实中来。"俯视洛阳川,茫茫走胡兵。流血涂野草,豺狼尽冠缨"。只见洛阳一带漫山遍野都是安史乱军,他们正残暴地屠杀百姓,鲜血染红了野草,而跳跟在人民血泊里的叛官叛将却一个个得意忘形地在弹冠相庆。俯视所见,犹如三幅俯拍镜头,高度地概括了安史之乱造成的时代苦难,无情地揭露了安禄山之流的滔天罪恶。全诗至此戛然而止,诗人从幻想的美妙世界,急转而下跌入苦难的现实中来,这种大胆跌宕的艺术结构,真实地表现了诗人这个时期思想上的矛盾斗争,也深刻地表现了诗人关心国家、眷念人民,把个人命运和国家命运紧紧联系在一起的爱国主义精神。

读了这首诗,我们自然会联想起屈原的《离骚》。战国时代楚国的爱国主义诗人屈原,遭谗被逐以后,他看到楚王庸愦,中人奸计,祖国危在旦夕,异常悲愤。于是在《离骚》中幻想上天入地,追求知己,但当他幻想驾着飞龙远离而去的时候,望见了故国山川,十分悲痛地唱道:"陟升皇之赫戏兮,忽临睨乎旧乡;仆夫悲余马怀兮,蜷局顾而不行。"李白此诗与之异曲同工,在思想上、艺术上显然与《离骚》是有继承关系的。浪漫主义诗人往往通过假设的幻想境界,表现诗人的主观愿望和理想,表现自己同周围环境的矛盾冲突,使作品的感情更加强烈。就这一点说来,李白从屈原的作品中汲取了丰富的营养,然而在思想内容的深度上,题材领域的开扩上和表现手法的丰富上又有更大的发展。因此可以说李白是继屈原之后,我国诗歌史上浪漫主义的又一个高峰。

猛虎行

朝作猛虎行,暮作猛虎吟。
肠断非关陇头水,泪下不为雍门琴。
旌旗缤纷两河道,战鼓惊山欲倾倒。
秦人半作燕地囚,胡马翻衔洛阳草。
一输一失关下兵,朝降夕叛幽蓟城。
巨鳌未斩海水动,鱼龙奔走安得宁。
颇似楚汉时,翻覆无定止。
朝过博浪沙,暮入淮阴市。
张良未遇韩信贫,刘项存亡在两臣。
暂到下邳受兵略,来投漂母作主人。
贤哲栖栖古如此,今时亦弃青云士。
有策不敢犯龙鳞,窜身南国避胡尘。
宝书玉剑挂高阁,金鞍骏马散故人。
昨日方为宣城客,制铃交通二千石。
有时六博快壮心,绕床三匝呼一掷。
楚人每道张旭奇,心藏风云世莫知。
三吴邦伯皆顾盼,四海雄侠两追随。
萧曹曾作沛中吏,攀龙附凤当有时。
溧阳酒楼三月春,杨花茫茫愁杀人。
胡雏绿眼吹玉笛,吴歌白纻飞梁尘。
丈夫相见且为乐,槌牛挝鼓会众宾。
我从此去钓东海,得鱼笑寄情相亲。

至德元载(公元756年),李白离宣城南赴剡中,途经溧阳,与书法家张旭相遇,二人宴别于溧阳酒楼,李白写下此诗,表达了对安史叛军的痛恨和自己壮志难酬的愤慨,吐露了自己济世救国的抱负和襟怀。

　　全诗可分为三部分。自开头至"鱼龙奔走安得宁"为第一部分,概括描写洛阳失陷前后,中原人民所遭受的残暴蹂躏,并为之肠断泪下。开头四句就直接道明诗人"肠断""泪下"并非为了个人的感伤,而是由于国家多难、生灵涂炭。这就为全诗笼罩了一层感慨国祚兴衰的悲愤情绪。接着诗人便用苍劲悲凉的建安笔法描写了洛阳失陷以后中原地区的惨象:"旌旗缤纷两河道,战鼓惊山欲倾倒。秦人半作燕地囚,胡马翻衔洛阳草。""旌旗缤纷"、"战鼓惊山",是说安史叛军的嚣张气焰,而"秦人"两句既写朝廷军队兵败如山,关中子弟多为贼兵所擒获,又写安史叛军骄横跋扈不可一世。安史之乱在短短不到半年的光景所造成的巨大灾难,得到了形象的概括,字里行间浸透着同情人民的血泪。正因如此,历来为人们所引用,以再现当时的历史面貌。然而这种目不忍睹的惨象又是怎样造成的呢?诗人说"一输一失关下兵,朝降夕叛幽蓟城",这显然是将矛头指向了平日作威作福而事到临头昏愦无能的统治者。"巨鳌"两句是对当时形势的总概括,又从结构的角度对上述的描写作一小结。这一段写得遒劲激越,是饱蘸着血泪写成的。

　　自"颇似楚汉时"至"绕床三匝呼一掷"为第二部分,借张良、韩信的故事,抒发诗人有志难酬,只能窜身南国,以避胡尘的苦闷。"颇似楚汉时"以下十句叙写张良、韩信未遇之前的贫困,是比附自己虽怀救国良策而终不见用,所以诗人感慨道:"贤哲栖栖古如此,今时亦弃青云士。"接下便写自己"有策不敢犯龙鳞",只得于无可奈何的境遇中,窜身南国,流寓宣城。书剑鞍马六句,是心情抑郁已极,故作狂放之语,更见"断肠""泪下"不能自已之悲。元人萧士赟指摘这一段说:"用事无伦理,徒尔为狂诞之词,首尾不相照,脉络不相贯,语意斐率,悲欢失据",并由此断定"必是他人诗窜入集中者"。其实诗人在此写强欢作乐,正深刻表现了他对于这种遭遇的悲愤,这种笔法在李白的诗集中是屡见不鲜的。至于这首的起承照应,首尾关联更是无可挑剔的,所以王琦反驳说:"首尾一贯,脉络分明,浩气神行,浑然无迹,有识之士,自能别之。"我们认为王琦的这种说法是正确的。

自"楚人每道张旭奇"至文末为最后一部分。前六句称颂张旭、萧、曹的才能,自况文才武略,当有风云际会的时候。后六句写溧阳酒宴,为引出告别两句作一铺垫,而后采用《庄子》任公投竿东海的典故,表明自己的远大抱负,情声豪壮地结束全篇。

总观全诗,李白在安史之乱初期,他的心情是极为复杂的:一方面由于对安史叛军充满切齿痛恨,对统治者的昏庸误国表示愤怒,对自己的怀才不遇深为不满,因而不免有纵欲狂放的消极情绪,但是另一方面,也是主要的一面,基于爱国主义的热情,他总怀着巨大的希望,愿意干一番有益于国家的事业。所有这些思想感情,全在这首诗中得到了淋漓尽致的抒写。

萧士赟认为此诗"用事无伦理",故疑"此诗非太白之作"。他的推断虽然有失片面,但也道出了这首诗的艺术特点。李白不是苦吟诗人,他写诗诗思泉涌,率然成篇。前代诗评家们反复地指出李白诗的这一特色,称他为仙才,语多率然而成,"开口成文,挥翰雾散,似天仙之词"。又像东方树在《昭昧詹言》中所说:"天风海涛,黄河天上来""一气直下,不就羁缚",都是强调他的诗以气取胜,感情的冲击波具有强烈的感染力量。从这一基本特点出发,这首诗在艺术表现上有两点是应该指出的。其一,对于安史之乱这场巨大的历史风暴的描写,他不是从具体的细微之处写起,不是通过一个侧面的精微刻画来体现,而是从大处着墨,勾勒出历史面貌的总形势和总气氛。然而这又不是空疏的概念化的描写,而是借助于那个时代最能刺激人的感官、最能引起人们国破家亡之痛的几个印象,把它组合起来,高度地概括了整个时代气氛。"旌旗缤纷两河道,战鼓惊山欲倾倒",将当时河北、河南两道,幅员辽阔的华北大平原上叛军气焰嚣张的形势诉诸人的视觉、听觉,使读者强烈感受到安禄山的嚣张气焰。"秦人半作燕地囚,胡马翻衔洛阳草"又大笔勾勒了令人目不忍睹的两幅画面,一是朝廷军队的惨败,一是叛军的暴虐,像从高空俯拍的两组镜头,视野也是极为开阔的。而后"一输一失关下兵,朝降夕叛幽蓟城"两句也是粗犷的历史轮廓,没有作细微的形象刻画。"巨鳌未斩海水动,鱼龙奔走安得宁"两句是企图从时局的总体上揭示它的全貌。在这段描写里没有一个具体的特写镜头,也没有一个具体的生活画面,而是通过诗人意想中几组巨大的幻象,便把握了安史之乱的时代面貌。应该说这种雄浑的笔力首先是靠诗人的激动情绪,即不遏抑的气势来推动的。读了如上的诗句首先感受到的是诗人那种强烈的悲痛和感叹,就像是一股狂风卷过大地,卷过读者的心头。其次,是这首诗在抒发感情上所表现的特色。这首诗像李白其它抒情诗一样,不是通过对客观世界的描写来抒发思想感情,而是把他全部思想感情的洪涛巨澜壮浪纵恣地全部倾泄给你。壮志难酬的苦闷,对自己雄才大略的自信以及济世救国的远大抱负等等复杂的内心感情交织在一起,借助富有传奇色彩的历史人物和一系列鲜明的具体事物的形象喷涌而出。诗人是怎样的将抽象的感情和具体的形象结合起来的呢?可以说他笔下的一切历史人物,一切具体事物的形象都不是刻意地逼真实写,而是用强烈的思想感情赋予描写对象以生命。他对张良、韩信、张旭、萧何、曹参等人物的描写,任我取舍,呼之来,拒之去,其实他只不过是借着这些人物身上的某些事实来发泄自己的情绪罢了。以至于其它事物,诸如宝书、玉剑、金鞍、骏马、酒楼、杨花等等也都是一经点染便饱蘸了诗人的主观感情。我们只能在感情的波涛中去感受诗歌中形象与思想、结构与主题的统一,舍此就会如堕五里雾中找不出思路的线索和方向。正因如此,赵翼在《瓯北诗话》中说白诗的不可及处"在乎神识超迈,飘然而来,忽然而去,不屑屑于雕章琢句,亦不劳劳于镂心刻骨,自有天马行空,不可羁勒之势"。

扶风豪士歌

洛阳三月飞胡沙，洛阳城中人怨嗟。

天津流水波赤血，白骨相撑如乱麻。

我亦东奔向吴国，浮云四塞道路赊。

东方日出啼早鸦，城门人开扫落花。

梧桐杨柳拂金井，来醉扶风豪士家。

扶风豪士天下奇，意气相倾山可移。

作人不倚将军势，饮酒岂顾尚书期。

雕盘绮食会众客，吴歌赵舞香风吹。

原尝春陵六国时，开心写意君所知。

堂中各有三千士，明日报恩知是谁。

抚长剑，一扬眉，清水白石何离离。

脱吾帽，向君笑；饮君酒，为君吟。

张良未逐赤松去，桥边黄石知我心。

　　天宝十四载（公元755年）冬天，李白正在江南漫游的时候，安史之乱爆发了。同年十二月，洛阳失陷，安史叛军长驱直入，铁蹄所到之处，烧杀劫掠，人民陷于水深火热之中。消息传到江南，引起了李白极大的焦虑和不安。这一时期他的许多作品都表现了强烈的爱国主义精神。这首诗虽为酒宴赠人之作，但于意气激荡的文字中间，我们仍然可以看到诗人关心国事，以天下为己任的爱国襟怀。诗中的扶风豪士确系何人，由于历史材料的湮没，已无从查考。但从诗中的描写来看，当是一个有钱有势，享有声望的人物。《唐宋诗举要》引清人吴汝纶云："观清水白石句，知此豪士非太白知己也。"既非知己,诗人为什么在诗中写道,"张良未逐赤松去,桥边黄石知我心?"为此乔象钟在《李白从璘事辨》一文中推测说:"可见李白在奔亡吴越时也还是想找一条道路来为国家贡献自己的力量。"尽管由于材料的不足,我们无法进一步确定李白找到这位扶风豪士,是不是为了请他帮助自己,为平定叛乱建立一番功业。但是这种设想应该说是合情合理的。

诗的前四句概括描写洛阳陷落以后的悲惨景象。诗人把安史叛军比喻为涨天盖地从大漠吹来的黄沙,他们肆意杀人,天津桥下的洛水都被血染红了,到处白骨相撑像乱麻一样。这绝非是夸张描写,而是历史真实的写照。这样惨不忍睹的景象,在伟大现实主义诗人杜甫的笔下也有同样的描写,"孟冬十郡良家子,血作陈陶泽中水。野旷天清无战声,四万义军同日死。群胡归来血洗箭,仍唱夷歌歌都市",可以说这些描写,都是我们今天了解安史之乱时代面貌最为有力的历史见证。下面两句,"我亦东奔向吴国,浮云四塞道路赊",叙写诗人避乱江南的行踪,叙述中也表达了"浮云四塞",有志难伸的苦闷。

再下十句作一大段,叙写诗人到扶风豪士家赴酒宴的情形。"东方"两句,点明时间,"梧桐"两句点明地点,这四句叙述中夹杂着描写,通过环境景物的描写衬托了主人的社会地位,同时也写出了主人的殷勤好客。"扶风"四句写主人意气豪爽、刚正不阿的品德。诗人自己就是傲岸不驯,倜傥风流的人物,出于这种性格,诗人主张朋友之间应当相互了解,相互信任,患难相济,贫贱不移,正因如此他在这里推许扶风豪士,实际上也正是期待扶风豪士能够不负虚名,在国难当头的时候,对自己能够慷慨相助,成就大业。下面"雕盘"两句又回到酒宴上来,与"来醉扶风豪士家"相呼应,并结束对于酒宴的叙写。

"原尝"以下至结尾为诗的第三大段。这一段是向扶风豪士倾诉心事,写得气概豪迈、挥洒淋漓。诗人在此把扶风豪士比做战国时的四君子,并把自己比作四君子门下的食客,实际上希望扶风豪士能够相信自己的才干抱负。接着下面就用长短错落的句子痛快淋漓地表达了自己建功立业的雄心。桂天祥在《李诗选》中说:"'春、陵、原、尝'数语,其逸气尤觉旷荡……'抚长剑'以下,是太白真处。"是说这一段突出表现了李白自己的独特风格。

诗人在最后的陈辞里把扶风豪士既比成战国四君子,又比成黄石老人,应该说是良有深意的。如若把它与诗的开头描写的安史之乱所造成的血洗中原的惨象联系起来,再与结尾处"抚长剑,一扬眉,清水白石何离离"等诗句联系起来,不难发现诗人热情地推崇扶风豪士绝不是一般的客套和恭维之辞,而是期待他了解自己,支持自己,为解救国家、民族的危险贡献力量,只有这样解释,全诗才能贯通一气。至于扶风豪士到底是怎样的一个人,从李白后来的经历和遭遇来看,扶风豪士并没有做出什么有力的行动。也许他不过是一个封建社会里常见的徒有虚名的豪富吧! 那倒是无关紧要的,重要的是我们从这首诗中能够更多地了解到安史之乱初期李白思想的一个侧面。

　　诗中对于洛阳沦陷后悲惨景象的描写,就其历史的具体的真实性来说,就其艺术形象高度的凝练来说,都是在现实的基础上产生的。应该说它的现实主义的功力是力透纸背的。然而基于诗人心中的爱国热诚和建功立业的渴望,这首诗又充满了浪漫主义的激情。比如:"抚长剑,一扬眉。清水白石何离离! 脱吾帽,向君笑。饮君酒,为君吟。张良未遂赤松去,桥边黄石知我心",就几乎是受了一种强大的热流的冲动,表现了一种无可抑制的狂热。读了这种像火一样炽热的诗句,就连读者也会激动起来。正是这样,诗人把一切都淹没在感情的海洋里,形成了有如"天马行空不可羁勒"的壮美气势。总之,现实主义精神和浪漫主义精神的有机结合,正是这首诗的最为鲜明的特色。

永王东巡歌(十一首选三)

三川北虏乱如麻,四海南奔似永嘉。
但用东山谢安石,为君谈笑静胡沙。

二帝巡游俱未回,五陵松柏使人哀。
诸侯不救河南地,更喜贤王远道来。

试借君王玉马鞭,指挥戎虏坐琼筵。
南风一扫胡尘静,西入长安到日边。

天宝十四载十一月,安史之乱爆发,十二月陷东京(洛阳),次年六月潼关失守,玄宗仓皇逃蜀,至汉中郡,下诏命永王璘为山南东路、岭南、黔中、江南西路四道节度使,江陵郡大都督。璘至襄阳、江陵等地,招募将士数万人,打着平乱的旗帜,蓄积力量,乘机扩张个人势力。当时肃宗李亨已即位灵武,对李璘的行动极为不满,命璘去四川见玄宗,璘不从命。至德元年(即天宝十五载)十二月,璘率舟师顺江东下,途经九江。时李白正隐居庐山,璘慕其才名,召入幕府,以为对士大夫之号召。这组诗就是诗人在永王军队中所作。

如何对待李白参加永王幕府一事,从当时起直至近代,意见纷纭,争执不休,遂成为一段历史悬案。封建文人如朱熹说:"李白见永王璘反,便怂惥之,诗人之没头脑至于此。"(《朱子语类》)这完全是理学家对历史人物和历史事件的唯心主义的评价。另一种看法以苏轼为代表,他说,"白之从璘,当由胁迫,不然璘之狂肆寝陋,虽庸人知其必败也。太白识郭子仪之为人杰,而不知永王璘之无成,此理之必不然者也,吾不可以不辨"

（《李太白碑阴记》）。此说则是从同情李白出发,但其论据已为后人所否定,李白并没有识郭子仪为人杰一事。不过,"当由胁迫"一说是有很多人赞同的。

以上两种截然相反的说法,一直相沿至近代,经过许多李白研究工作者的辛勤考证,逐渐澄清了一些问题。下面我们便具体分析永王璘事件的性质以及李白应召参加永王幕府的具体动机。

李璘在国难当头之时,不以平乱为重,擅自扩张势力,引起唐肃宗的疑忌以至于兵戎相见,失败被杀,其性质完全是统治集团内部争权夺势的斗争。但李白并不知道这些内幕,他应召入幕只是想借此平定叛乱,为国家建功立业。而且他在军中所写的诗歌,又是讽喻永王去救河南之地,讨伐叛乱。为此,即使是用当时的封建礼法来衡量,李白也是无罪的。朱熹的观点,显然是站不住脚的。这里所选的李白《永王东巡歌》中的三首诗,就能清楚地表明诗人当时的思想状况。

第一首诗,前两句是概括当时社会的混乱情景。"三川北房乱如麻"是写安禄山叛军已盘踞河南一带,人民惨遭屠戮,势如乱麻。"四海南奔似水嘉",是写贵族官僚纷纷南迁避难,有如晋怀帝永嘉五年的情况。诗句的概括力极强。接下两句便写志抒怀,自比谢安,表达了"静胡沙"的宏大志向。这就表明诗人是抱着强烈的爱国主义热情参加永王幕府的,并非是要"怂恿"永王反对肃宗。不过,李白究竟是诗人,把事情看得太容易,认为"谈笑"之间就可以平定叛乱,那当然是不切实际的幻想,但其爱国热忱是应该肯定的。

第二首表明了诗人对永王的希望。"二帝巡游俱未回",指玄宗避难入蜀,肃宗尚在彭原,都还没有回到长安。"五陵松柏使人哀",是说祖先的坟墓受辱,希望因此打动永王,促进他平乱的决心。"诸侯不救河南地,独有贤王远道来",当时各地拥有兵权的文武官员,对安史叛军不是望风而逃,就是拥兵自重、袖手旁观。诗人对这些人作了斥责,并由此引出对永王自称要平乱表示赞扬。显然,诗人对于永王领军东下的真实目的,是不清楚的。因而又可以看出朱熹所谓"见永王璘反,便怂恿之"的说法,是不符合历史实际的。

第三首是写诗人希望从永王那里取得信任,能够得到施展抱负的机会,以便"一扫胡尘","西入长安到日边"。再一次表明了诗人参加永王璘军队的最终目的。这里,语言明白如话,决不至于引起什么怀疑。

《永王东巡歌》一共十一首。统观这一组诗,诗人的爱国主义激情气势磅礴、充斥天地。然而,有偏见的封建文人,总企图用摘章引句的办法,抓住组诗中个别引喻不当的地方,以证明李白是助逆。比如明人游潜在《梦蕉诗话》中就曾妄评云:公然以天子之事为永王比拟,不无启其觊觎之心。葛立方在《韵语阳秋》中说:"及观白集有'初从云梦开朱邸,更取金陵作小山',又曰'我王楼舰轻秦汉,却似文皇欲渡辽',若非赞其逆谋,则必无斯语矣。"其实这都是攻其一点,不及其余,断章取义的庸俗之见。近人瞿蜕园在《李白集校注》中指出:"《永王东巡歌》既为李白自抒抱负之作,亦证天宝至德间史事,非浅人所解也。"他认为"更取金陵作小山",是诗人"主张永王用舟师泛海直取幽燕,意已昭然可睹,然欲行此策,必以金陵为根本",这一说法,虽然立论不够充分,但也不失其为一家之言。接着他又说:"至第十一首终之以'南风一扫胡尘静,西入长安到日边',则切实表明仍拥护长安,非图自立,与第五首之'二帝巡游俱未回'互作补充。"这就有力地驳斥了那些偏激之见。应该说这种观点是比较公允的。现在,我们重读李白的《永王东巡歌》,更应该重视其一片爱国至诚和他遭遇的不幸,以进一步认识封建制度的不合理、封建统治者对于人才的摧残。

上三峡

巫山夹青天,巴水流若兹。
巴水忽可尽,青天无到时。
三朝上黄牛,三暮行太迟。
三朝又三暮,不觉鬓成丝。

此诗作于乾元二年(公元759年),时作者长流夜郎溯江而上行至三峡。此诗描绘出巫山的陡峭雄峻和江水回环湍急而舟行艰难的情状,从侧面抒发了诗人悲凉愁苦的心情。

诗的前四句写三峡的险峻。长江三峡山高谷深,绵延七百余里,两岸峭壁入云,仰首所见者,唯一线天。诗人准确地抓住了景物的这种特点,结合着自己的感受进行描写。一二两句写山高水长,一个"夹"字,形象地写出了山谷两壁的陡峭和狭窄。三四两句写诗人的感受,"巴水忽可尽,青天无到时",是说巴水终有尽头,而青天高邈不可穷及。"可尽"是用水来比衬天的高远。

后面四句写经过黄牛山的情形。黄牛山高崖上有块巨石,形象如人负力牵牛状,故名黄牛山。其山高耸,江水流经此处回环激荡,加以逆水行舟,舟行是极为艰难的,自古以来这一带就流传有歌谣说:"朝发黄牛,暮宿黄牛,三朝三暮,黄牛如故。"诗人行至此处,回想自己一生的不幸,看着船夫艰难负重,自然会百感交集,实是一篙一行泪,三篙三叹息。因此他利用民间歌谣,加以变化,融进了自己的悲哀。"三朝又三暮,不觉鬓成丝",不觉间已经满头飞雪了,这就集中而又形象地表达了"平生不下泪,于此泣无穷"的辛酸。

这首诗的语言通俗平易,非常接近民歌,但是又在借鉴的基础上予以丰富和提高。其一是丰富了诗的意境,融进了更深的思想内容。谣谚仅有四句,诗人把它扩展为八句,加强了景物描写,把三峡的险峻写得更为形象。同时这些写景,又绝非纯客观的景物描写,而是借景抒怀,景物中融进了诗人特定的思想感情。经过这样的改造和提高,就成了一首含蓄深沉的好诗。其二民歌原为四言,诗人改为五言,而且又将"三朝三暮"加以错综复迭,就进一步从诗歌的形式上造成了回环往复的音乐美,加强音节韵律上的沉郁顿挫,与全诗的感情色彩自然地谐调统一起来,突出了全诗悲凉的气氛。民歌是我国古典文学园地中一块最丰富的沃土,诗人李白正是植根于此,借鉴、创新,才成长为一棵枝叶繁茂的艺术之树,春华秋实,为子孙后代留下了累累硕果。

早发白帝城

朝辞白帝彩云间,千里江陵一日还。
两岸猿声啼不住,轻舟已过万重山。

此诗作于乾元二年(公元759年),时李白在流放途中。去年李白从浔阳踏上流放的长途,辗转踯躅,经过十五个月的痛苦折磨,终于到达了白帝城。在前途未卜之时,突然传来大赦的消息,李白当时心情之欢畅自不待言。此诗即写作于获释东归途中,抒发了重获自由的欢愉和喜悦之情。

诗的起句写得热情奔放,一片狂喜之情溢于字里行间。"朝"字点明诗人登舟辞去的时间,"彩云间"三字不仅写白帝城地势高峻,从山下仰望,如在云间,也给客观景物抹上了一层明丽爽朗的色彩。试想环山如带的云雾,在晨光的映照下泛为色彩缤纷的彩云,白帝城隐现在彩云之间,其景色是何等的悦目。自然景物本身是客观存在的,有它自己的形象,但经过诗人的摹写提炼,就赋予了强烈的主观色彩。所以这一句看来是写景,而实际上正是在写诗人的内心喜悦之情。一个"辞"字更写得传神,恰切地表达了诗人一旦获得自由,喜形于色,把白帝城也看成了自己的朋友,与之告别的情态。第二句"千里江陵一日还",写诗人朝辞白帝后,顺流东下,日暮时就回到了江陵。《水经注·江水》记载说:"有时朝发白帝,暮到江陵,其间千二百里,虽乘奔御风,不以疾也。"由此看来这一句是实写,但在诗人笔下,节奏轻快,音韵悠扬,直抒胸臆,毫不雕饰,更能给人一种欢乐的快感。三四两句是补叙之笔,描写行程的经过。白帝、江陵相距一千二百里,两岸可以描写的景物是很多的,据《水经注·江水》载:

413

"每至晴初霜旦，林寒涧肃，常有高猿长啸。属引凄异，空谷传响，哀转久绝。故渔者歌曰：'巴东三峡巫峡长，猿鸣三声泪沾裳'。"气氛是何等的凄清可怖？但这首诗则写得迥然不同，仿佛使我们见到，一叶小舟迅疾东下，猿声未住，它已经飞一样地掠过了万重山峦。在这里猿鸣非但不使人感到哀婉悲凉，相反，却反衬出水势之急，舟行之疾。这就生动地表现了诗人遇赦，云开万里，如释重负的轻松愉快的心情。

浪漫主义诗人李白一向是乐观旷达的。尽管他被判流放，经历了一段忧愤交加的岁月，然而一旦"传闻赦书至，却放夜郎回"，立即洗尽愁肠，表现了一种"有似山开万里云，四望青天解人闷"的喜悦情怀。正因如此，熔铸在这首七绝中的积极乐观的精神，千百年来一直给人们带来鼓舞的力量。

这首诗，运用自然精练的语言，描绘了一幅下水行舟图。诗人并没有直接吐露他的内心喜悦，但"语近情遥"，"含不尽之意，见于言外"，能给读者以强烈的感染。所以清人沈德潜认为，这首诗与王维之《渭城》、王昌龄之《奉帚平明》、王之涣之《黄河远上》，同是唐代七绝的压卷之作，"终唐之世，亦无出四章之右者矣。"（《说诗晬语》）

"诗贵独创"，全诗极言顺江东下行舟之快，显然出于《水经注·江水》篇。但《江水》篇讲行舟之快是用比喻来形容，而李白却舍此比喻，改用直观的描绘，把诗人的感觉加以艺术的夸张，成了千古传诵的杰作，这正是他的高明之处。然而更令人回味的是，"两岸猿声啼不住"一句，用两岸猿声作旁衬，既丰富了江岸的景物，又起了衬垫的作用，于轻快流动的语势中巧妙地缓和了一下气势，这就使全篇有了起伏，不再直泻无余了。因而施补华《岘佣说诗》就曾指出："中间却用'两岸猿声啼不住'一句垫之，无此句则直而无味，有此句，走处仍留，急语须缓，可悟用笔之妙。"并称赞说："太白七绝，天才超逸，而神韵随之。"所谓"神韵"，不过是强调诗歌既要有意境，又要讲究韵味而已。

江夏赠韦南陵冰

胡骄马惊沙尘起，胡雏饮马天津水。
君为张掖近酒泉，我窜三巴九千里。
天地再新法令宽，夜郎迁客带霜寒。
西忆故人不可见，东风吹梦到长安。
宁期此地忽相遇，惊喜茫如堕烟雾。
玉箫金管喧四筵，苦心不得申长句。
昨日绣衣倾绿樽，病如桃李竟何言？
昔骑天子大宛马，今乘款段诸侯门。
赖遇南平豁方寸，复兼夫子持清论。
有似山开万里云，四望青天解人闷。
人闷还心闷，苦辛长苦辛。
愁来饮酒二千石，寒灰重暖生阳春。
山公醉后能骑马，别是风流贤主人。
头陀云月多僧气，山水何曾称人意？
不然鸣笳按鼓戏沧流，呼取江南女儿歌棹讴。
我且为君槌碎黄鹤楼，君亦为吾倒却鹦鹉洲。
赤壁争雄如梦里，且须歌舞宽离忧。

此诗作于乾元二年（公元759年），时作者遇赦还至江夏。在江夏逗留期间，李白与长安故人韦冰意外相遇，自然惊喜异常；同时，他想到自己无辜被放、幸遇大赦的经历，满腔悲愤，不禁迸发而出。悲喜交织，遂化作这首沉痛激烈的抒情长诗。

诗的前十句从安史之乱爆发起,一直写到遇赦回归在江夏与友人不期而遇的经过,以及历尽沧桑与友人猝然相见的那种惊喜交加的感情。这一部分写得十分精练,几乎每两句作一跨越,从而增大了诗句的容量。又由于这首诗是写给友人的,所以叙述中还着重表达了自己虽身窜三巴,披霜被雪,但仍念念不忘友人的那种真挚感情。

接下六句抒写自己在昨天的宴会上尽管有玉箫金管之喧、频倾绿樽之乐,但在一群绣衣幕僚的面前不得倾诉衷肠,内心是很痛苦的。为此沉重地感慨道:"昔骑天子大宛马,今乘款段诸侯门。"今昔对此,写出了世态炎凉,也写出了诗人内心的愤懑。

"赖遇南平豁方寸,复兼夫子持清论"二句是全诗的承转之枢。"赖遇"二字是幸而遇到的意思,这是说自己幸而遇到南平能够对我依然如此开诚布公。同时,你的对于人生的旷达议论才使我稍稍得到慰藉。这样,经过如此一承一转,就引出了以下长达十六句的大段抒情。

这首诗写得很精彩、最动人的正在于"有似山开万里云"以下至结束的抒情描写。在这段纵横驰骋的抒情中,诗人主要是抒发自己一生坎坷不幸,备受挫折,理想和抱负难以实现的苦闷情怀,但令人叹赏的是诗人并没有被沉重的不幸压倒,仍然表现了一种豪放不羁的气概和不可遏抑的激情。诗句的跳动性很大,想象和夸张极其大胆,句式长短错落,诚如赵翼在《瓯北诗话》中所说的"神识超迈,飘然而来,忽然而去,不屑屑于雕章琢句,亦不劳劳于镂心刻骨,自有天马行空,不可羁勒之势。""有似山开万里云,四望青天解人闷"两句紧承上句而来,是说得到友人的劝慰,心情顿然开朗。这里用"山开万里云""四望青天"比喻心情的爽朗,气势壮大,神韵飞扬。接着诗人的情绪又一落千丈,"人闷还心闷,苦辛长苦辛",再下感情又高昂而起,"愁来饮酒两千石,寒灰重暖生阳春。"就在这冲波逆折,直起直落的跌宕中有力地表现了诗人内心的难以排遣的苦闷。这六句可视为一层。"山公醉后能骑马"到"君亦为吾倒却鹦鹉洲",是大段抒情的第二层。随着感情的抒发,诗人的情绪越来越激动,想象也越来越奇特。他先引用山简的典故,称颂韦冰是"风流贤主人",接着就想到连山水也不称人意,还不如"呼取"江南女儿乘着小船鼓棹而歌去遨游沧流,最后又要"槌碎黄鹤楼","倒却鹦鹉洲",这些诗句似乎根本没有什么内在的逻辑,而是靠着感情洪涛的驱使争相奔涌而出,有力地宣泄了诗人郁积于心的愤懑。"赤壁争雄如梦里,且须歌舞宽离忧",最后两句可另作一层,一方面紧承上面的大段抒情作一收束,另一方面又呼应全诗点明全诗的主旨。诗人感叹昔日那种有如"赤壁争雄"的豪杰们的壮志而今却已化为一场烟梦,最后以无奈的口吻说:我们只须醉舞酣歌来宽慰自己吧!

这首诗是李白晚年诗作中不可多得的名篇。全诗气韵流畅,想象丰富大胆,格调豪放雄浑,依然保持了诗人一生的创作特色。

峨眉山月歌送蜀僧晏入中京

我在巴东三峡时,西看明月忆峨眉。
月出峨眉照沧海,与人万里长相随。
黄鹤楼前月华白,此中忽见峨眉客。
峨眉山月还送君,风吹西到长安陌。
长安大道横九天,峨眉山月照秦川。
黄金狮子乘高座,白玉麈尾谈重玄。
我似浮云滞吴越,君逢圣主游丹阙。
一振高名满帝都,归时还弄峨眉月。

此诗作于乾元二年(公元 759 年),时作者遇赦还至江夏。李白在黄鹤楼与乡人蜀僧晏相遇,其时晏正准备到长安去,故写此诗为其送行。诗中祝愿乡人能名满京师,同时表达了自己滞于吴越而无所成就的无奈与苦闷。

诗中前四句,抒写自己几十年来在飘泊的生活中对故乡的思念之殷。先说我望见故乡明月就忆峨眉,又说故乡明月普照沧海,与我万里相随。这样,一写我念峨眉,一写峨眉念我,两相对举,便写尽了思乡之情。

接下四句主要是叙事点题。黄鹤楼前月光如水,在这里忽然遇见了从故乡来的僧人。他将西去长安,我愿故乡明月伴他上路,又请轻柔的风一直把他送到长安街头的大道。这四句写得圆润如珠,叙事中借着月光展开丰富的联想,生动地表现了异地中对于同乡友人的真挚感情。在此,诗人不直说自己送君,而是将风月人格化,大胆的想象,进一步丰富了诗的韵味。

再下四句是想象蜀僧晏到长安以后的情况。"长安大道横九天,峨眉山月照秦川"两句写得意境壮阔,气势豪放,意在衬托下面两句,即蜀僧晏到长安以后持拂尘、乘高座、讲经说法的那种赫然气派及其潇洒风度。

最后四句是全诗结尾。诗重发端,亦重结尾;发端难,结尾尤难。这是因为结句既要能收得住,又要照应通首源流,还要含有尽而不尽之意。本诗结尾一层就收束得极为圆满而且含蓄深厚,耐人寻味。"我似浮云滞吴越,君逢圣主游丹阙",这两句相互比衬,含蓄地表达了自己功业无成、人生不得意的感慨。从而透露出了全诗的底蕴。接着下面两句便对同乡友人作了婉转的规劝,"一振高名满帝都,归时还弄峨眉月",明为祝愿友人"名满帝都",实际上是暗中劝诫友人只要"高名""一振",就应急流勇退,及时归隐,依然去过遨游弄月的生活。四句连贯而下,寓意极为深刻,诗中处处关合着"送君"二字,而又处处联系着自己,意在言外。今日晏君"游丹阙",志得意满,不正如我昔日"扬眉吐气,激昂青云";而今日我"似浮云"不又正是晏君来日的写照! 正因如此,全诗最后一句归结到"还弄峨眉月"上来。如此一结既回顾了通篇对于故乡明月的思念,又影射了现实生活中长安的黑暗,正如《蜀道难》一诗最后所说的"锦城虽云乐,不如早还家",意在点出只有故乡才是人生的归宿这一主题。全诗最后四句对友人的一片肺腑之言,寄寓了诗人自己对人生的深沉感触,从而使思乡之情融进了丰富的社会内容。

这首诗是诗人晚年的一篇力作,达到了很高的艺术成就。南宋严羽《评点李集》中指出"是歌当识其主伴变幻之法。题立峨眉作主,而以巴东三峡、沧海、黄鹤楼、长安陌、秦川、吴越伴之,帝都又是主中之主。题用月作主而以风云作伴,我与君又是主中之主。回环散见,映带生辉,真有月映千江之妙。"这段话说得玄而又玄,不易使人捉到要害。实际上他是在强调这首诗的立意构思之妙。所谓"主伴变幻",是说诗人能够围绕着故乡的峨眉山月展开丰富的联想,有力地抒发了对于家乡的缅怀思念之情。然而又借着乡情的抒写、借着送蜀僧晏入京,流露了至深的人生感慨。严羽又说"巧如蚕,活如龙,回身作茧嘘气成云,不由造得"。古人评论文艺作品,大都很少用抽象的概念,而是层层譬喻,细细玩味还是深有见地的。如就本篇结构而言,也确是"巧如蚕、活如龙"。是篇结构流动跳跃,四层之间跨越很厉害。比如第一层是抒写自己对家乡的思念;第二

419

层一跃而跳到在黄鹤楼前忽见峨眉客上来;第三层借助第二层末尾的"风"字,一下子又展开了友人到长安后的想象描写;而第四层便又写"我",又写"君",而后才突然归结到归弄峨眉月。乍一看来,似乎如环无端,行藏无迹,而实际上诗人感情起伏的线索又是有迹可寻的。只因诗人浮想联翩,才使这首诗显得动荡摇曳、扑朔迷离,能给人以无限的流动之美、聚散回环之美。正因如此,严沧浪用"蚕""龙"来比喻作诗行文之妙,的确是很恰切的。

经乱离后天恩流夜郎忆旧游书怀赠江夏韦太守良宰

天上白玉京,十二楼五城。

仙人抚我顶,结发受长生。

误逐世间乐,颇穷理乱情。

九十六圣君,浮云挂空名。

天地赌一掷,未能忘战争。

试涉霸王略,将期轩冕荣。

时命乃大谬,弃之海上行。

学剑翻自哂,为文竟何成?

剑非万人敌,文窃四海声。

儿戏不足道,《五噫》出西京。

临当欲去时,慷慨泪沾缨。

叹君倜傥才,标举冠群英。

开筵引祖帐,慰此远徂征。

鞍马若浮云,送余骠骑亭。

歌钟不尽意,白日落昆明。

十月到幽州,戈铤若罗星。

君王弃北海,扫地借长鲸。

呼吸走百川,燕然可摧倾。

心知不得语,却欲栖蓬瀛。

弯弧惧天狼,挟矢不敢张。

揽涕黄金台，呼天哭昭王。
无人贵骏骨，绿耳空腾骧。
乐毅傥再生，于今亦奔亡。
蹉跎不得意，驱马过贵乡。
逢君听弦歌，肃穆坐华堂。
百里独太古，陶然卧羲皇。
征乐昌乐馆，开筵列壶觞。
贤豪间青娥，对烛俨成行。
醉舞纷绮席，清歌绕飞梁。
欢娱未终朝，秩满归咸阳。
祖道拥万人，供帐遥相望。
一别隔千里，荣枯异炎凉。
炎凉几度改，九土中横溃。
汉甲连胡兵，沙尘暗云海。
草木摇杀气，星辰无光彩。
白骨成丘山，苍生竟何罪？
函关壮帝居，国命悬哥舒。
长戟三十万，开门纳凶渠。
公卿奴犬羊，忠谠醢与菹。
二圣出游豫，两京遂丘墟。
帝子许专征，秉旄控强楚。
节制非桓文，军师拥熊虎。
人心失去就，贼势腾风雨。
惟君固房陵，诚节冠终古。
仆卧香炉顶，餐霞漱瑶泉。
门开九江转，枕下五湖连。
半夜水军来，寻阳满旌旃。
空名适自误，迫胁上楼船。
徒赐五百金，弃之若浮烟。
辞官不受赏，翻谪夜郎天。
夜郎万里道，西上令人老。

扫荡六合清,仍为负霜草。
日月无偏照,何由诉苍昊?
良牧称神明,深仁恤交道。
一忝青云客,三登黄鹤楼。
顾惭祢处士,虚对鹦鹉洲。
樊山霸气尽,寥落天地秋。
江带峨眉雪,川横三峡流。
万舸此中来,连帆过扬州。
送此万里目,旷然散我愁。
纱窗倚天开,水树绿如发。
窥日畏衔山,促酒喜得月。
吴娃与越艳,窈窕夸铅红。
呼来上云梯,含笑出帘栊。
对客小垂手,罗衣舞春风。
宾跪请休息,主人情未极。
览君荆山作,江鲍堪动色。
清水出芙蓉,天然去雕饰。
逸兴横素襟,无时不招寻。
朱门拥虎士,列戟何森森!
剪凿竹石开,萦流涨清深。
登楼坐水阁,吐论多英音。
片辞贵白璧,一诺轻黄金。
谓我不愧君,青鸟明丹心。
五色云间鹊,飞鸣天上来。
传闻赦书至,却放夜郎回。
暖气变寒谷,炎烟生死灰。
君登凤池去,勿弃贾生才。
桀犬尚吠尧,匈奴笑千秋。
中夜四五叹,常为大国忧。
旌旆夹两山,黄河当中流。
连鸡不得进,饮马空夷犹。

安得羿善射,一箭落旄头!

　　乾元二年(公元 759 年)秋天,诗人从流放夜郎途中遇赦归至江夏。韦良宰是当时江夏的太守,设宴款待他,他很感动,于是写下了这首长篇巨制。沉痛地叙述了自己从入京前后到流放遇赦这一段时期的坎坷经历,表达了一生怀才不遇的愤懑以及难以排遣的忧国忧民的感情。诗人把自己的个人遭遇和国家的命运交织在一起进行叙述,对于安史之乱的经过以及自己当时的心情和处境都写得比较详尽,因而这篇作品就成了我们今天研究李白生平、思想和唐王朝安史之乱前后历史状况的重要材料。

　　全诗大体可分为六部分。自开头至"白日落昆明"为第一部分。抒写胸怀壮志,但生不逢时,怀才不遇的感慨,回忆了自己愤离长安时韦良宰在郊外设宴为他饯别的情形。其中"试涉霸王略"以下十句,高度概括了自己初入长安时踌躇满志的远大抱负以及后来的不幸遭遇、愤怒离开西京的经过。"儿戏不足道,《五噫》出西京",这两句集中地表现了李白对腐朽的统治者压抑和愚弄贤才的强烈不满。梁鸿的《五噫歌》是一首大胆揭露统治者奢侈淫逸的乐府诗,诗人出离长安的时候,高唱着这首诗,表现了他气宇轩昂的不屈姿态。

　　自"十月到幽州"至"荣枯异炎凉"为第二部分。先叙写诗人在天宝十一年十月北游幽州时所看到的安禄山必欲反叛的嚣张气焰。而后又描写了自己与韦良宰在贵乡相逢情景,赞扬了韦良宰的卓然政绩。诗中"揽涕黄金台。呼天哭昭王。无人贵骏骨,绿耳空腾骧。乐毅倘再生,于今亦奔亡",这几句写得极有感情。在此诗人痛心地揭露最高统治者昏愦腐朽、拒谏塞听,以致养奸遗患,终于爆发了安史之乱。他把这一场历史上空前的浩劫归罪于最高统治者是深有见地的。事实上,玄宗后期的政治腐败,导致了国内的阶级矛盾、民族矛盾以及统治集团内部矛盾的加剧,安史之乱只不过是在这一系列矛盾之中最脆弱的环节上得以爆发的结果。

　　自"炎凉几度改"到"两京遂丘墟"为第三部分。集中叙写安史之乱起,以至两京沦陷、皇帝出奔的经过。这一部分文字不多,但字字千钧,含意深厚,功力遒劲。"汉甲连胡兵,沙尘暗云海。草木摇杀气,星辰无光彩"四句,写尽了安史之乱所造成的血沃中原、山河残破的动乱景象,对安史乱军的残酷屠杀表示了极大的愤慨。而后诗人紧跟着质问道:"白骨成丘山,苍生竟何罪?"对无辜受害的苍生百姓表示了极大的同情。再下八句,诗人对西京失陷的过程作了精辟的概括,对庸将误国、统治者怆惶出逃作了无情的鞭挞。

自"帝子许专征"至"深仁恤交道"为第四部分。叙述永王李璘奉命镇守楚地,但约束无方,部将骄横,反而加深当时形势的危机。接着叙述自己被胁迫参加永王幕府以及后来受到牵累被流放的经过。叙述中还对韦良宰能于乱世中固守房陵、保持"诚节"进行了赞扬;又对他能在自己蒙冤难洗之时予以顾念表示感谢。李白这一段关于从璘经过的自述,历来是有争论的。这种争论首先见于苏轼和苏辙兄弟之间。苏轼认为:"太白之从永王璘,由当胁迫"(《李太白碑阴记》),而苏辙在《诗病五事》中则说:"永王将窃江淮,白起而从之不疑,遂以放死,今观其诗固然。"这就引起了后世学者的不断争论。应该说这种争论是有意义的,因为它首先涉及到对这段史实的挖掘整理,其次更重要的还涉及到如何对李白进行唯物史观的正确评价。李白在《致贾少公书》中对入幕情况谈得比较仔细,而且这封信是入幕当时之作。书中说:"王命崇重,大总元戎。辟书三至,人轻礼重。严期迫切,难以固辞。扶力一行,前观进退。"从这些话看来,诗中说:"空名适自误,胁迫上楼船。徒赐五百金,弃之若浮烟",并不是什么"乃用《书杯》以拉其过"(葛立方《韵语春秋》)之词,而是诗人当时真实思想活动的披露。也正因如此,李璘兵败以后,诗人受到株连,被流夜郎,他感到极其冤枉。"夜郎万里道,西上令人老。扫荡六合清,仍为负霜草。日月无偏照,何由诉苍昊?"正是这种悲愤交加心情的流露。

自"一忝青云客"至"青鸟明丹心",为全诗第五部分。叙写诗人在江夏受到韦良宰的热情款待,称赞韦良宰的诗文和他的为人,最后也表白了自己对韦良宰的真挚友情。这一段叙事更多地采用了描述的笔法,透过江夏景物的出色描写,以及对于酒宴盛况的气氛渲染,一方面写出了韦良宰待人的盛情,另一方面也表达了自己欣慰愉悦的心情。

自"五色云间鹊"至文末为全诗最后部分。写自己遇赦归来,希望得到韦良宰的引荐提拔;并对当时战乱还没有平息,朝中无人,地方将士相互猜忌,不能共同对敌,表示了忧虑。

这首诗在李白现存诗篇中是篇最长的作品。像这样一篇长达一百六十六句的长篇巨制，如何立意构思，如何布局谋篇，如何遣词炼意，非诗界巨将是难以驾御的。对于本篇，《唐宋诗醇》曾经指出："通篇以交情时势互为经纬，汪洋灏瀚，如百川之灌河，如长江之赴海，卓乎大篇，可与《北征》并峙"，所给予的评价是相当高的。本篇在艺术成就上当以如下三点最为突出。

其一，本篇对于诗人个人不幸遭遇的叙写，是与对于国家兴衰命运的叙写交织在一起的。李白的一生正好经历了唐王朝由盛而衰的历史转折时期。他的青壮年时代，正值唐帝国面临着政治、经济、文化的全面繁荣。国力的强大、社会的安定、经济文化的高涨都刺激了李白的豪情壮志。他那种对于自己才华的高度自负以及对自己的政治的前途的高度自信，正是上述时代气氛的产物。然而，开元、天宝之交，就在整个社会繁荣的背后，各种社会危机已经初露端倪，统治集团的骄奢淫逸、腐败昏庸，又进一步加速了各种社会危机的总爆发。处于这样政治形势之下，李白于天宝元年来到长安，侧身于政治漩涡之中，他那种"试涉霸王略，将期轩冕荣"的伟大抱负，自然要碰壁。李白一生坎坷不幸，也就从这时开始，直至晚年凄凉寂寞、贫病交加。他的不幸际遇深刻说明了处于封建社会黑暗时代的有理想的正直的知识分子是绝然没有出路的。安史之乱，作为关系着唐帝国兴衰存亡的大战乱，前后经历了八年。在这期间李白昼夜忧思煎迫，期望着叛乱的平定。强烈的爱国热情促使他渴望着能赴国难，建功立业，但是他始终没有得到报国的机会，而且由于参加了永王幕府，还不幸被卷进了一场统治集团内部纷争，遭到了远比失意长安更为残酷的灾难。诗人的一切不幸，同样也是封建社会黑暗政治的必然结果。正因如此，诗人把关乎着自己一生命运的两次政治活动置于国家政治局势的背景之下加以展现，就集中而又突出地反映了个人和时代的因果关系，把自己个人的生活经历以及个人的内心感受，在更为广阔的社会环境内加以展示，就进一步使诗人自己的形象获得了一定程度的典型意义，从而也就使诗人自己的歌哭获得了更为深广的社会内容。

其二，在诗的结构上，作者把对于国家时势发展、自己生活经历的叙写，又与同韦良宰的友情交好的经过交织起来，互为经纬，就使得这样一首长篇叙事抒情之作，显得曲折婉转，避免了平直铺叙的弊病。近人刘永济在《词论》中说:"文艺之美有二要焉:一曰条贯;二曰错综。条贯者,全体一致融注之谓也;错综者,局势疏荡转变之谓也。错综之极而仍不失全体融注之精神,条贯之极而仍不失局势转变之德性,此彦和所谓体势相偶合也。"刘氏之说是讲词的结构大法,"长调以局势变换而气脉贯串为要则,而忌粗率冗复",这种观点用于诗、用于文,也未尝不可。本篇叙国事、叙个人之事,与叙友情之事三而合一,互相交错,转换多变,抒情描写穿插于感伤国事、感叹个人失意的叙写中,增加了诗篇的波澜起伏。

其三,本篇语言精炼雄健,能把丰富的内容,紧缩在极为简练的语句中间,锤炼之深,耐人寻味。比如诗中对于安史之乱的叙写:"炎凉几度改,九土中横溃。汉甲连胡兵,沙尘暗云海。草木摇杀气,星辰无光彩",仅仅六句,即高度概括了中原横溃,日月无光的动乱景象,对安史叛军残杀无辜的罪行表示了极大的愤怒。对于历史面貌的艺术概括,其容量之大,含蕴之深,实有如健笔春秋的功力。又如"时命乃大谬,弃之海上行"、"剑非万人敌,文窃四海声"、"夜郎万里道,西上令人老"、"传闻赦书至,却放夜郎回。暖气变寒谷,炎烟生死灰"这些诗句,写自己的经历、感慨,也是非常简洁有力的,而且融进了强烈的感情。因此常常被人引用,用以概括诗人的生平经历。

综上所述,这是一篇光辉的现实主义的杰作,内容丰富、结构宏伟,叙事抒情都达到了很高的艺术成就。

与夏十二登岳阳楼

楼观岳阳尽，川迥洞庭开。
雁引愁心去，山衔好月来。
云间连下榻，天上接行杯。
醉后凉风起，吹人舞袖回。

此诗作于乾元二年(公元759年)秋，时作者由江夏又至岳阳。此诗描写了在岳阳楼(即湖南岳阳西门城楼)极目远眺所见之景象，表现了一时乐以忘忧的闲适旷达的胸怀。

诗的一二两句写登高临远所见到的辽阔景象。"尽"字，形容登上岳阳楼，俯瞰下界，岳阳一带的自然景色一览无余。"川迥洞庭开"一句紧承"尽"字而下，具体展示八百里洞庭浩邈无垠、横无涯际的景象。孟浩然《望洞庭湖赠张丞相》一诗中写道："八月湖水平，涵虚混太清。气蒸云梦泽，波撼岳阳城。"把秋中洞庭湖那种汪洋浩瀚、澎湃动荡的气势，写得很动人。此处一个"开"字，即是对那种景象的集中概括。句中"川迥"二字，是写更为辽远的长江。洞庭湖的北面与长江相连，人们在岳阳楼上，隔着那壮阔的湖水，迷茫中长江依稀可见。这两句竟境阔大，诗人炼词造句给人一种雄浑豪放的感受。

上两句是俯视下界所见，三四两句便写仰观天宇所感。鸿雁南飞，月升东山，这本是人们司空见惯的客观景物，但是在特定的环境气氛之下，能够荡人心神，触发人的情怀。正如刘勰所说："献岁发春，悦豫之情畅；滔滔孟夏，郁陶之心凝；天高气清，阴沉之志远；霰雪无垠，矜肃之虑深。岁有其物，物有其容；情以物迁，辞以情发。"(《文心雕龙》)诗人处于浩渺无边的洞庭之上,那种忧戚烦闷的心情顿时为之一畅,所以"愁心去"、"好月来"便恰到好处地表现了畅然一适的愉悦心情。句中的"引""衔"二字,并不是客观景物的实写,而是写诗人此时此景之下的主观感受。这两句是全诗诗眼的所在,写得精彩传神。

五六两句极言岳阳楼高耸入云。意在表明在"云间""下榻",在"天上""行杯",令人快慰。"连"、"接"二字,是夸张之笔,用于此处同样是为了突出心情的愉快。七八两句写酣饮之乐,诗人醉后翩翩起舞,习习凉风吹拂着人的衣袖,似有仙举之妙。如上四句叙写诗人与友人饮酒放乐的情景,因为是在岳阳楼上,所以叙事中又表现了岳阳楼的高耸。这样,全诗就完整地写出了秋风明月下的浩荡无边的洞庭夜景,通过优美的意境描写,表达了诗人流放获释以后的喜悦心情。

这是一首五律。就其风格而论,意气豪放,境界阔大,抒情写景有一种长风浩荡的笔力,诗人一生很少写律体,五七律之中,以五律为主。这首诗代表了他的五言律诗的风格。《唐诗品汇》说:"盛唐五言律句之妙,李翰林气象雄逸。"《李诗纬》也说:"若太白五律,犹为古诗之遗,情深而词显,又出乎自然,要其旨趣所归,开郁宣滞,特于《风》、《骚》为近焉。"这是说他的五律依然保留学古诗的遒劲特色,但其中又有情深词显、出乎自然的新的特点。

陪族叔刑部侍郎晔及中书
贾舍人至游洞庭五首

洞庭西望楚江分,水尽南天不见云。
日落长沙秋色远,不知何处吊湘君。

南湖秋水夜无烟,耐可乘流直上天。
且就洞庭赊月色,将船买酒白云边。

洛阳才子谪湘川,元礼同舟月下仙。
记得长安还欲笑,不知何处是西天。

洞庭湖西秋月辉,潇湘江北早鸿飞。
醉客满船歌白纻,不知霜露入秋衣。

帝子潇湘去不还,空余秋草洞庭间。
淡扫明湖开玉镜,丹青画出是君山。

这组诗作于乾元二年(公元 759 年)秋,时作者在岳州(今湖南岳阳)。这年秋天李白由江夏至岳州,适逢贾至由汝州刺史贬为本州司马,刑部侍郎李晔贬岭下尉,也经由此地,三人同游洞庭,李白乃写了这一组诗。

这一组七绝,从不同的侧面描写了月夜下的湖光山色,吟咏了友人间饮酒浩歌的情景,同时也寄寓了眷恋朝廷和怀才不遇的感慨。每首都有其不同的艺术特色,合起来又是个完整的艺术结构。

第一首诗笔纵横,从大处落墨,如同一幅泼墨淋漓的山水画,极写出八百里洞庭的壮丽秋景。首句写水，次句写天，境界辽阔高远。三句紧承一二两句，是设色之笔。试想一望无际的洞庭湖水，在落日余晖的映照下，近处波光潋滟，远处极目所见只剩下一线绵邈难辨的陆地。"日落"二字，一下子就增加了整幅画面的光感、质感，显出了画面的层次。然而"秋色远"三字更为紧要。"楚江分"是写水远；"不见云"是写天远；"日落长沙"是写日远，"秋色远"总承结住，点明一个"远"字，生动地表现了诗人泛舟于洞庭之上时，对秋天景色的独特感受，所以这三字大有画龙点睛之妙。结尾一句用神话传说作结，由实写转入虚写，把人引向久远的鸿蒙初开的上古时代。传说舜死于苍梧之野，娥皇、女英二妃吊之不及，相与恸哭，泪下沾竹，竹上纹为之斑然。这是一个令人伤感的神话故事。所以结尾处如此一笔，又给全诗蒙上了一层淡淡的悲哀气氛，自然会隐隐约约地给人一种人生寥落之感。

第二首写饮酒之乐。诗人在此展开了大胆的想象，率真地表达了对洞庭月色的喜爱。秋夜水寒，没有蒸腾的水汽，湖面上一平如镜，明月、白云倒映在水中，这本身就富有梦幻般的魅力，而诗人动人的想象也正是在这种特定的气氛下展开的。一二两句说怎么才能乘流直上青天呢？这就为下面两句作了巧妙的衬垫。接下来三四两句便说：既然无路上天，姑且就向洞庭湖水赊一点月色吧！摇着一叶小舟到白云边去买酒作乐好了！月光本是用不着"赊"的，也没有地方去赊；白云边是买不到酒的，也根本无法到白云边上去。但是诗人却恰恰作了如此天真浪漫的想象，从而表达了他对于倒映在湖水中的月色和白云的怜爱之情。显然这是率真的抒情，但同时又分明是写景。在这里对景色的描写，是通过抒情来展开的，于是就越发显得亲切动人。

第三首称颂友人。一二两句引用贾谊、李膺的典故，褒扬友人的才华和威望。三四两句引用桓谭《新论》中"人闻长安乐，出门则向西而笑"的句子，写友人被贬后怀念国都的复杂心情。在封建社会里，有理想、有抱负的士大夫，即使因受到权臣的陷害而被贬官或放逐，内心仍然是忘不了朝廷的。这两句表面是写友人，实质上也是在抒写自己内心的苦闷。他们同是"身在江湖，心怀魏阙"的迁客骚人，满腔积郁，无从渲泄，因而能在同样的心境之下，通宵达旦地游荡于湖上，借以排遣内心的悲愤。

第四首写月下泛舟扣舷而歌之乐。诗中描写秋月清辉，早鸿飞逝，意在表现环境气氛的清幽宁静,暗示月已西沉时近深夜了。而这时满船的醉客游兴未尽,即使霜露浸湿了衣衫也不觉得,还在高高兴兴地唱着《白纻》之歌。这就又进一步地写出了友人饮酒狂歌、乐以忘忧的情绪。

第五首再一次描写月色下洞庭山水的优美。诗中写道,舜的二妃娥皇,女英曾经住在洞庭湖的君山之上,而今已经一去不返了;只留下了一片湖水和寂寞的秋草。月光笼罩下的湖面,明净得犹如玉镜,映照着如螺髻一样的群山,仿佛像一幅着了颜色的彩绘山水。在此,诗人并没有描写秋月下洞庭湖的具体景色,而是通过一个动人的神话传说,渲染了一种空灵梦幻的艺术氛围。帝子本是传说中的人物,当然恍惚渺冥,但是"秋草"、"君山"却是可感可触的现实存在。二者一经结合,就越发增益了意境的朦胧虚幻的色彩,并由此去诱发人们的联想,借助于读者的想象去充填神话故事的情节,去体味月光下洞庭湖所表现出的那种如情似梦般的美。

诗人创作这几首小诗的时候,已从流放夜郎道中遇赦回来,心情有开朗的一面,又有更趋深沉的抑郁的一面。这两种思想错综地交织在一起,统一在放情山水,醉酒狂歌的生活之中。为此,诗中蕴蓄的忧愤之情是很深的,但又被诗人那种豪情逸兴所淹没。这便是具体的矛盾在具体事物中的复杂统一。不过,更值得提出的是,诗人暮年在历尽人生坎坷之后,他对大自然的感受依然是那样的真诚、明朗,这实在是太惊人了。这种从内心自然流淌出来的真情,表现了诗人对生活的热爱是何等的强烈。他对于大自然的审美情趣又是多么纯洁和富有人情味! 生命是美好的,大自然是美好的,只有被统治者穷奢极欲所污染了的现实生活才是龌龊的。因此诗人笔下的大自然,完全是作为丑恶烦嚣的社会现实的对立物而出现的。尽管诗人在写作这组诗时,不一定有这种自觉的创作意图,但是在我们评价这几首诗的时候,不能不指出这种客观存在的积极意义。

鹦鹉洲

鹦鹉来过吴江水,江上洲传鹦鹉名。

鹦鹉西飞陇山去,芳洲之树何青青。

烟开兰叶香风暖,岸夹桃花锦浪生。

迁客此时徒极目,长洲孤月向谁明?

此诗当作于上元元年(公元 760 年)春,时作者滞留江夏。此诗描写了鹦鹉洲绚丽多姿的景色,同时寄寓了诗人历尽人生坎坷之后的深沉感叹。

一二两句写鹦鹉洲名字的由来。三国时代,祢衡是有名的文士,他作《鹦鹉赋》,文思敏捷,辞采绝美。后来祢衡被黄祖狂杀,是洲遂以鹦鹉名之。诗人用这样一段故事作为全诗起句,一开头就富有吸引人的力量。三四两句在全诗结构上起着承转过渡作用,并无深意。"鹦鹉西飞陇山去"一句,紧承首句,化用《鹦鹉赋》中"命虞人于陇坻(即陇山),诏伯益于流沙。跨昆仑而播弋,冠云霓而张罗"的句子,说鹦鹉已西飞而去。既已"西飞",下面的诗句便不再围绕着"鹦鹉"一事继续写下去,而是转入对于眼前景物的摹写。"芳洲之树何青青",这一句是对鹦鹉洲满眼繁秀、浓荫欲流的景象的赞叹。诗人在此作一顿挫,是为了振起下面的诗句。

五六两句是鹦鹉洲明媚春光的具体描写,诗中的意境是从"何青青"三字生发而来。作者抓住鹦鹉洲春天的物候特征,勾画出了一幅色彩鲜明的图象:温煦的春风吹散了江面上的烟霭,吹拂着兰叶,丽日融融,飘来阵阵馥郁的花香。两岸的桃花有如红云,落英缤纷,把江水微波点缀得像锦缎一般。然而,如此明丽的景物,给作者带来的却不是欢乐,而是痛苦。

这是因为眼前这一切生机勃勃的良辰美景都跟诗人内心孤独寂寞的痛苦心情形成了强烈的对比。为此，七八两句直抒胸臆，点明主旨，小结全诗。"迁客此时徒极目，长洲孤月向谁明？"是说一个遭谗被逐，才从流放途程被赦归来的旅人，此地此时只不过是徒然纵目而已，长洲之上那一轮徘徊的孤月，它的清辉是投射给谁的呢？

诗人的一生是流离困顿的一生，流放归来更趋穷困。尽管他还时时有一种奋起搏击的暮年壮心，但一当他孤身独处的时候，想起终生不遇，非凡抱负付诸流水，便不禁悲从中来。这首诗所抒发的就是这种心情。然而这首诗在艺术上含蓄深沉之处却在于写出了一片微风拂煦、日丽景明的柔媚春光，只是在最后才透露出人生不得意的感叹。这是一种以乐景衬哀情的手法。王夫之《姜斋诗话》说："'昔我往矣，杨柳依依；今我来矣，雨雪霏霏。'以乐景写哀，从哀景写乐，一倍增其哀乐。"王夫之所举的例子出自《诗经·小雅·采薇》，兵士出征时心里是愁苦的，却用"杨柳依依"作为反衬，取得了相反相成的艺术效果。这首诗也是如此，成功地运用反衬的艺术手段，正写尽了诗人感叹之深。

方东树《昭昧詹言》云："崔颢《黄鹤楼》，千古擅名之作。只是以文笔行之，一气转折。五六虽断写景，而气亦直下喷溢。收亦然，所以可贵。太白《鹦鹉洲》，格律工力悉敌，风格逼肖。"指出诗人这首诗在笔法风格上可与《黄鹤楼》一诗媲美。崔颢一诗"昔人已乘黄河去，此地空余黄鹤楼。黄河一去不复返，白云千载空悠悠。晴川历历汉阳树，芳草萋萋鹦鹉洲。日暮乡关何处是？烟波江上使人愁！"李白对这首诗是极推崇的，《该闻录》说："崔颢题武昌黄鹤楼诗，为世所诵。李太白负大名，尚曰：'眼前有景道不得，崔颢题诗在上头。'乃作《金陵登凤凰台》诗。"崔诗确是唐人七律中不可多得的名篇。眼前景物，脱口而出，于自然宏丽之中却写出了一片乡愁，给人一种余韵不尽的美感。李白的这首诗也是如此，于烟升香暖的大好春光中流露出人生不得意的感叹，细细品味，此诗作法、笔力与崔诗确实"逼肖"。

庐山谣寄卢侍御虚舟

我本楚狂人,凤歌笑孔丘。
手持绿玉杖,朝别黄鹤楼。
五岳寻仙不辞远,一生好入名山游。
庐山秀出南斗傍,屏风九叠云锦张,
影落明湖青黛光。
金阙前开二峰长,银河倒挂三石梁。
香炉瀑布遥相望,回崖沓嶂凌苍苍。
翠影红霞映朝日,鸟飞不到吴天长。
登高壮观天地间,大江茫茫去不还。
黄云万里动风色,白波九道流雪山。
好为庐山谣,兴因庐山发。
闲窥石镜清我心,谢公行处苍苔没。
早服还丹无世情,琴心三叠道初成。
遥见仙人彩云里,手把芙蓉朝玉京。
先期汗漫九垓上,愿接卢敖游太清。

此诗作于上元元年(公元760年),时作者由江夏泛江赴寻阳重游庐山。卢虚舟是李白好友,曾写有《通塘曲》,盛赞庐山之美,因而李白写下这首歌唱庐山的诗寄给他。诗中生动地描绘了庐山雄伟壮丽的景色,体现了诗人豪迈、乐观的个性,同时也寄托了李白历经挫折之后希望超脱现实的心情。

诚然,诗人终其一生始终没有放弃过济世之心,尤其是安史之乱爆发以后,诗人更渴望侧身行伍、杀敌报国,但是他的满腔爱国热情竟在黑暗社会现实的压抑下全部幻灭了。及至晚年,报国无路,反遭流放,后来虽然得到了赦免,但诗人内心却痛苦到了极点。所以全诗一开始就用陆通规讽孔子的典故,以陆通自比,表明了因政局黑暗而思避世隐居的心愿。这正如《韵语阳秋》所说:诗人"抑身不用,郁郁不得意,而思高举远游。"然而这种避世求仙的理想又是与诗人对祖国大自然的热爱相联系的。因而,紧接着他又以自然直率的笔调,唱出了"手持绿玉杖,朝别黄鹤楼。五岳寻仙不辞远,一生好入名山游"的诗句,用以点题,统帅全篇。全诗由此落笔,"开门见山",气度恢宏。

接着,诗人使用绚烂多姿的彩笔为我们描绘了秀丽奇幻的庐山景色:"秀山南斗"极写庐山高不可及的雄姿;"云锦张"状庐山屏风叠美如锦绣的绮丽风光;"影落明湖青黛光"既写鄱阳湖水清澄碧透一平如镜,又写庐山倒映水中的空明色彩;用银河形容瀑布湍急飞泻的奇绝景象……诗人通过丰富的想象、大胆的夸张,使大自然焕发了钟秀诱人的光彩,显示了不平凡的气势,使人向往。如果说上面的诗句是诗人徘徊于庐山山麓,描绘其所见到的景象的话,下面的诗句则是写诗人站在庐山巅顶俯瞰下界极目远眺时所见到的景色,"大江茫茫"、"黄云万里"、"白波九道",是写实,画面壮阔,笔力雄浑。然而用"去不还"、"动风色"、"流雪山"分别来形容如上的景象,则是写诗人自己的主观感受,这就完全摆脱了真实的空间的束缚,突出地再现了大自然那种内在的雄伟气魄,展示了诗人壮阔的胸怀。李白在描写大自然景物时,采用的不是照相式的复制手段,而是把他感受到的并使他激动的那一部分,经过心灵的再创造,融进自己的感情,因而诗人和美丽的自然景象能够完全地拥抱在一起,充分地表达了他对祖国江山的赞叹和对放情山水的热情向往之情。

"好为庐山谣,兴因庐山发"两句,承上启下,其后的诗句即转而写他求仙访道的心愿。"闲窥石镜清我心,谢公行处苍苔没",说明"求仙访道"之"兴",是由于见了石镜峰的石镜和当年谢灵运"攀崖照石镜"的遗迹而产生的。"清我心"三字,说明腐败昏暗的现实常常使人心情抑郁愤懑,只有寄情山水,隐居遁世才能使诗人感到神情意爽。"早服"以下六句,照应全诗开头,借着浪漫主义的丰富想象,写出他对于虚无缥缈的仙境的向往。最后诗人借神话传说,表示愿意邀请卢虚舟共游太空。

总观全诗,作者用充满诗意的描写,成功地再现了庐山雄伟峻秀的景色。尤其写诗人登上庐山极顶远眺大江的几笔,足有囊括九州、鲸吞宇宙的气魄。艺术境界壮美雄浑,实"可谓奇之又奇,自骚人以还,鲜有此体"(殷璠《河岳英灵集》)。此外,全诗结构波澜起伏而又首尾呼应,一线贯通。因此桂临川曰:"全篇开阖轶荡,冠绝今古,即使工部为之,未易及此,高岑辈恐亦胁息,其襟胸雄旷,辞节浏亮,无一不可。"这是对此诗所作的最为恰切的评价。

宿五松山下荀媪家

我宿五松下，寂寥无所欢。
田家秋作苦，邻女夜舂寒。
跪进雕胡饭，月光明素盘。
令人惭漂母，三谢不能餐。

　　李白在长安经过三年文学侍从生活的实践，加深了对统治阶级内部黑暗的认识，写过不少揭露统治阶级的诗篇。被迫离开长安以后，由于政治上不得意，生活坎坷，在长期的漫游生活中，使他有机会接近劳动人民，逐渐了解了一些下层人民的生活情况及其质朴的思想感情。"文章憎命达"，正是由于诗人受了统治阶级的排斥打击，他才能够走到生活的底层，写出了一些反映劳动人民疾苦的诗篇。尽管这些诗的数量不多，但是它所说明的问题是发人深省的。
　　一、二两句用直叙的口吻，叙写投宿的地点及自己当时的孤寂心情。"寂寥无所欢"，是说他暮宿五松山下农民的家里，四野沉寂，触动了他的心事，想起一生的遭遇，不禁产生一种人生寥落无所欢愉的心情。然而，全诗所要抒写的并不是这种抑郁的情怀。而是要写他寄宿在农民家中，受到主人厚待的感激之情。这里先写他心情"寂寥"，是为下面的诗句作铺垫，以表现受了老媪感情的温暖才多少使他一颗深受上层社会冷遇的心得到了慰藉。接下两句写农家艰苦的劳动生活。"田家秋作苦，邻女夜舂寒"，"苦""寒"二字写得真切。如果将这两句诗与《秋浦歌》中"赧郎明月夜，歌曲动寒川"相比的话，同样是描写劳动人民，但思想内容的深度就迥然不同了。李白虽然没有做官，但出身于富商家庭，一直过着优裕的生活,阶级地位决定了他和穷苦农民有着本质的不同。但在政治上历经挫折以后,较为接近了人民,思想感情起了一定的变化,这里表现得是很清楚的。如果再与他早年"仰天大笑出门去,我辈岂是蓬蒿人"的那种浮躁感情来比,则更说明,生活的磨炼顿挫,确实是使人更多地面对现实了,因而艺术概括的功力也就更趋沉实。五六两句,进一步写到主人的殷勤款待。"跪进雕胡饭,月光明素盘",虽然是一盘粗糙的菰米饭,但是从"秋作苦"、"夜春寒"的亲身感受出发,他不仅深知这盘食物的来之不易,同时也更觉下层劳动人民感情的真诚可贵。为此诗人抓住"跪进"这一细节加以描写,并以明月的光辉来衬托"素盘",就写出了诗人彼时彼刻真实的感受。全诗最后两句,直抒胸臆道出了对主人的感谢而又交织着惭愧的一片真情。平生粪土王侯,目空一切的诗人,此时此刻,对一位农家老妇再三称谢,食不下咽,显然是百感丛生、喟叹不已了。这种感情确实难能可贵,这也是诗人逝世以后,千百年来一直受到人民热爱的主要原因之一。

临路歌

大鹏飞兮振八裔,中天摧兮力不济。
余风激兮万世,游扶桑兮挂石袂。
后人得之传此,仲尼亡兮谁为出涕。

此诗作于宝应元年(公元762年)十一月,时李白贫病交加,正居住在安徽当涂县其族叔李阳冰家,他自知不久于人事,乃作此诗。诗以大鹏自比,兼寓自悼、自伤、自信之情,读之令人感慨万千。

这首诗的主要内容是总结自己的一生,抒写了对于悲剧一生的沉痛悲愤。李白一生爱以大鹏自比,因为《庄子·逍遥游》中所描写的"其翼若垂天之云"、"抟扶摇而上者九万里"的那种旷荡纵适的大鹏形象,最能够反映诗人的性格。这在他早年的《大鹏赋》以及后来的《上李邕》一诗中都有生动的表现。然而这首诗中的大鹏则反映了诗人不幸的命运。"大鹏飞兮振八裔",是写其一生的远大抱负和对自己才能的坚强自信。正如《大鹏赋》中所说的:"尔乃蹶厚地,揭太清,亘层霄,突重溟,激三千以崛起,向九万而迅征。……簸鸿蒙,扇雷霆,斗转而天动,山摇而海倾,怒无所搏,雄无所争",他认为自己的一生必然能够做出轰轰烈烈的光照千古的事业来,然而"中天摧兮力不济",在黑暗势力打击摧残之下,他一生困顿,过早地就要离开人世了。所以这两句写尽了人生感叹和对于黑暗现实的抗议。

然而诗人对于他的痛苦结局又表现了一种虽败不馁、虽死不甘的精神。"余风激兮万世,游扶桑兮挂石袂"两句,就是这种精神的写照。在他看来,尽管生前是不幸的,但他一生所表现的那种不屈的战斗精神、傲岸不群的人品以及光焰万丈的诗篇,是能够感召日月,垂青万世的。应该指出,在这一点上诗人是说对了。李白正像屈原、杜甫以及世界上许多伟大的思想家和艺术家一样,虽然生前历经坎坷,但是死后却受到了后世人们的敬仰和爱戴,而且时日愈久,愈显得光耀。而今,李白的诗歌不仅成了我国文学遗产宝库中的瑰宝,也成了整个人类的共同财富。

由于阶级和时代的局限,又由于黑暗社会对他的打击和冷遇过于残酷,诗人不可能彻底地从寂寞和伤感中走出来。因此,《临路歌》一诗也表现了浓重的悲凉情绪。全诗最后两句就是如此。"仲尼亡兮谁为出涕",他以为仲尼已亡,没有人能为他的死垂泪。这一点,李白说错了。不用说后世,即使在当时,许多正直人士,便对他的一生和伟大成就作了公正的评价。杜甫就曾盛赞过他的诗"笔落惊风雨,诗成泣鬼神",深信他的诗"文采承殊渥,流传必绝伦"。他的族叔李阳冰也在《草堂集序》中正确地指出:"自三代以来,《风》、《骚》之后,驰驱屈、宋,鞭挞扬、马,千载独步,唯公一人。故王公趋风,列岳结轨。群贤翕习,如鸟归风。卢黄门云:陈拾遗横制颓波,天下质文翕然一变,至今朝诗体,尚有梁、陈宫掖之风,至公大变,扫地以尽。今古文集,遏而不行。唯公文章,横被六合,可谓力敌造化欤。"可惜这些至高评价,李白生前未曾目睹,否则,他是会感到欣慰的。

关山月

明月出天山,苍茫云海间。
长风几万里,吹度玉门关。
汉下白登道,胡窥青海湾。
由来征战地,不见有人还。
戍客望边色,思归多苦颜。
高楼当此夜,叹息未应闲。

　　古乐府《关山月》多写离别的哀伤,此诗在内容上继承了古乐府,仍描写戍边士兵思归之情,但感情更为真挚和强烈。

　　诗的开头四句,展现出一种苍茫迷远的意境。月夜的天山,隐现在苍茫无际的云海之间。战士见月思乡,浮想联翩,似乎月亮是从万里远的家乡被长风吹送过玉门关来,因而清幽的月色就成了离愁别恨的象征。这几句意境雄浑,想象动人,"长风""吹度"几字,发人联想,引人入胜。故胡应麟《诗薮》指出:"青莲'明月出天山,沧茫云海间。长风几万里,吹度玉门关',浑雄之中,多少闲雅。"所谓"浑雄之中,多少闲雅",是说朦胧的月色,不但烘托了意境的壮阔,而且更烘托出了意境的沉寂。从而为战士的万种离愁提供了必要的环境气氛。

　　由此以下至全诗结束,便都用来揭示战士望月思乡的内心痛苦。"汉下白登道"以下四句,是慨叹由古及今征战之苦。在我国历史上,北起幽燕,西至祁连山、玉门关以至于青海滩头,一直是汉族与游牧民族之间连年征伐攻占的战场。在这里的荒烟蔓草间,白骨累累,流尽了各民族无辜百姓的鲜血。杜甫就曾经控诉道:"君不见青海头,古来白骨无人收。新鬼烦冤旧鬼哭,天阴雨湿声啾啾。"在这里,诗人借征戍战士之口同样作了无情的揭露。"汉下白登道,胡窥青海湾"历数了自汉高祖刘邦起至唐代王君㚟、张景顺、王忠嗣等与吐蕃作战的漫长战争岁月。"由来征战地,不见有人还"是紧承上面两句而作的深沉喟叹,写尽了久戍不归的战士心底里的悲哀。再下至全诗结尾四句,是戍边战士思想感情的继续发展。正是由于边地凄凉、连年流血,才使得他们越发地思念故土家园。这几句从戍客、思妇双方落笔。一边戍边战士对此边城景色,盼望回乡而不得;一写战士们想象中他们的妻子,当此月色凄清之时,必然也在不停地发出深长的叹息。万里关山,两地相思,这样写,言有尽而意无穷,进一步加深了全诗的思想深度。

此诗在艺术表现上,采用写景抒怀,情景相生的笔法,意境开阔,气象雄浑。虽为古体,但音韵和谐匀称,富于优美的节奏感,读之上口,易于记忆,给人以很有力的感染。

玉阶怨

玉阶生白露，夜久浸罗袜。
却下水精帘，玲珑望秋月。

此诗句句写宫怨，而又不明说，怨情全从言外见之，可谓含蓄深沉之极，故千余年来一直受到人们的叹赏。

诗的内容很简单，是说在一个秋天的夜晚，当一切喧嚣沉寂下来以后，一位独守宫房的不幸女子，面对自己长期被幽禁的命运，从内心深处泛起了难以抑制的烦恼。她独自徘徊庭阶，直至夜已经很深了，白露浸湿了她的鞋袜，才感到凉意的侵袭。于是只能无可奈何地再回到年年月月都在消磨着她青春生命的空房中去。她怕暗夜，是因为在寂寞和黑暗中，忍受不了孤独的折磨。因而放下珠帘以后，又对着玲珑的秋月，陷入了无限的感伤之中。显然，诗中所描写的是一位禁闭于深宫的孤独的宫女的形象，并通过她内心的痛苦，暴露和批判了封建统治者为了满足个人的无耻欲望而任意摧残妇女的罪行。

这首诗在艺术上技巧圆熟，主要体现在如下三点上：

一、诗中对于女主人公内心痛苦的揭示，主要集中在一个"怨"字上。但是写得含蓄蕴藉，无一字明言"怨"，而又字字写的是"怨"。恰如萧士赟所说，"太白此篇，无一字言怨，而隐然幽怨之意见于言外"。诗中女主人公为什么在深夜里还要独自徘徊？为什么竟连寒露浸湿了罗袜也不去理会？为什么要伫立于帘儿之后呆呆地望着玲珑的秋月？她究竟有什么至深的痛苦？这一切诗人都没有明说。但诗人却通过上述的一系列细节的描写，不露痕迹地曲曲道出了她的一腔幽怨。这也正是本诗韵味十足的所在。

　　二、为了表现女主人公的孤独和寂寞，诗人选择了一个秋天的深夜，而且通过对于"白露"、"秋月"的描写，极力渲染了秋夜的沉寂和寒凉。此外"玉阶"、"水精帘"等词语，又对女主人公的生活环境作了必要的交待。这样就把女主人公放到了特定的环境气氛之下，使得女主人公处于彼时彼地所产生的内心感受，显得自然和谐。而且诗中那种凄凉空旷、万籁无声的气氛又有力地烘托了主人公孤独幽怨的情绪。诗人的这种细心刻划，应该说是匠心独运的。

　　三、这是一首五言绝句。反复吟诵，细心的读者会感觉到这首诗语言平易自然，风格单纯明朗，和乐府民歌是非常接近的。事实上也确实如此，李白的五绝、七绝大都受了民歌的深刻影响。丁龙友在《李诗纬》中就曾明确指出："李白绝句从六朝清商小乐府来。"细细品味，这话是有道理的。

赠何七判官昌浩

有时忽惆怅，匡坐至夜分。

平明空啸咤，思欲解世纷。

心随长风去，吹散万里云。

羞作济南生，九十诵古文。

不然拂剑起，沙漠收奇勋。

老死阡陌间，何因扬清芬？

夫子今管乐，英才冠三军。

终与同出处，岂将沮溺群。

    这首诗作于上元二年（公元761年）。是年，安史之乱已经延续了七年，尚未平定。史朝义杀死了他父亲史思明，率兵向南骚扰，唐太尉李光弼率军出镇临淮，追击史朝义。时李白在金陵、宣城一带，闻讯后，虽已年迈力衰，还"冀申一割之用"，毅然上路从军，表现了诗人报国壮志愈老弥坚的精神。尽管后来"半道病还"，但其爱国主义的磊落襟怀，还是相当感人的。这首诗表达了虽届暮年，仍具有远大抱负、欲建功而扬名千古的豪情。

    诗的开头四句叙写自己夜半惆怅，及旦啸咤的情形。诗人为什么如此激动呢？原因是"思欲解世纷"。"解世纷"即是解除当世纷争的意思。要知当时社会动荡，战争不息，人民陷于水深火热之中，这一切都深深地刺痛着他的心，为此才惆怅不已、啸咤失态。全诗起笔便带有一种英迈旷荡之气。恰如周珽在《唐诗选脉会通》中所指出的"开口慷慨，便能吞吐凡俗。"接下八句便抒写自己的一片爱国衷肠。"心随长风去，吹散万里云"是说他愿意像浩荡长风一样,吹散压在祖国上空的万里乌云。比喻中充满了一种千古不灭的浩然正气。凡夫俗子、趋名逐利之徒是绝然不会有如此气概的。接着诗人又说他羞作终老诵读古文的书生,而要拔剑而起,驰骋大漠南北,为国家建立奇勋。在他看来"老死阡陌",怎么能立功扬名呢?这几句字里行间激荡着对于建立功业的渴望。这本是一首赠诗,然而诗中句句抒写自己的志向、情怀。这又是为什么呢?原因很简单,正如《诗经·小雅·伐木》所说的:"嘤其鸣矣,求其友声",诗人是为了"思得同心者并躯建树,以扬芬千古",所以才激昂慷慨地抒发己志,用来激发友人的斗志。这便是全诗的底蕴。结尾四句盛赞友人有管乐之才,并表示愿意和他一起出仕建功,而不要在国难当头之际去隐居避世。这是对友人昌浩的热情勉励,同时也是对自己的一种鞭策。

这是一首抒情诗。在艺术特点上值得提出的,是全诗荡然一气,直抒胸臆,表现了一种拂剑而起的慷慨激情。为此,吴汝纶在《唐宋诗举要引》中指出:"起接超乎不平,一片奇气,其志意英迈,乃太白本色",这是极其中肯的。其中尤以"乃太白本色"一句最关重要。所谓"太白本色",是就其诗的思想内容和艺术特色两个方面来说的。也就是说,这首诗既表现了李白诗作中一贯的爱国主义豪情,又表现了纵横挥放、发扬蹈厉的浪漫主义风格。

山中与幽人对酌

两人对酌山花开，一杯一杯复一杯。
我醉欲眠卿且去，明朝有意抱琴来。

此诗用自然直率的口语，写出友人间毫无纤隙的真情厚意，从而表现了诗人坦荡旷达的性格和胸怀。

一二两句叙述和友人开怀对饮的情景，三四两句是诗人醉后欲眠遣客之辞。"卿且去"三字下得洒脱直爽，越发使人感到友人间早已达到了免除客套的亲密程度。"抱琴来"与上面三字相对，更为精彩。我国自古以来就有"高山流水"为知音的佳话。相传古代伯牙善鼓琴，钟子期善听琴，能从伯牙的琴声听出他的心意。后来钟子期死去，伯牙终生不复鼓琴。诗人在此暗用是典，正说明了两人志趣相投。统观结尾两句，前者是挥遣之辞，后者有相邀之意，就在这"去""来"二字里传达了对友人实心实意的真情，同时也表现了诗人那种豪放洒脱真诚坦率的性格。

这首诗的风格与诗人的性格是一致的。在诗歌创作上，李白主张自然真率，反对雕琢浮艳。他曾经赞美他的朋友韦良宰的诗"清水出芙蓉，天然去雕饰"，又曾批评梁陈以来的形式主义诗歌为"绮丽不足珍"、"雕虫丧天真"，实际上这是诗人鲜明提出的一种健康的审美观点。所谓"清水出芙蓉"的审美要求，不只是一种辞采质朴的美，而且是对诗的内容和形式完美统一的要求。以本诗而论，这首诗的美，首先表现为感情的真实，毫不矫揉造作，不吞吞吐吐，扭捏作态，情有所感，心有所动，即脱口而出。"我醉欲眠卿且去，明朝有意抱琴来"，就把他整个的内心世界，真情地吐露出来了。正如方回所说的，白诗"自有朴处"，"最于赠答篇，肺腑露悚"，这是颇有见地的。其次，这种美还表现在诗歌语言的朴素自然上。这首诗毫无堆砌藻饰，朴素浅近的语言能够完满地表现诗的内容。虽为口语，但反复吟咏又觉高度凝练、珠圆玉润。为此胡震亨在《唐音癸签》中说："太白诸绝句，信口而成，所谓无意于工而无不工者"，这正道出了本诗语言的艺术成就。

劳劳亭

天下伤心处，劳劳送客亭。
春风知别苦，不遣柳条青。

这是一首抒情小诗，借对"劳劳亭"的吟咏，表达了一种珍视友情不忍离别的真挚感情。

本篇起句平直，二句从容承之，"亭"与"处"，关联紧密，点明了劳劳亭即是送客伤心之处。三四两句是全诗的结穴所在，"春风知别苦，不遣柳条青"，诗人通过丰富的想象，联系当时折柳送别的风俗，运用拟人化的笔法，赋予"春风"以人的思想感情，于是不解事的春风，也懂得了离别之苦，故而迟迟不让柳条发青，以阻止人们离别。这样，本无生命的"春风"也就具有了鲜明生动的个性。这种别开生面的想象，正是本诗发人联想、耐人寻味之处。

元人杨载云："绝句之法，要婉曲回环，删芜就简，句绝而意不绝，多以第三句为主，而第四句发之。……大抵起承二句固难，然不过平直叙起为佳，从容承之为是。至如宛转变化工夫，全在第三句。若于此转变得好，则第四句顺流之舟矣。"（引自胡震亨《唐音癸签》）杨载在这段话中讲的是绝句的章法要领，然而重点所强调的是绝句篇幅短小，因而就特别要注意精炼、婉转，要有含蓄不尽之意。本篇就体现了如上的三个特点，一曰精练，一曰婉转，一曰含蓄蕴藉、意味隽永。

怨　情

美人卷珠帘，深坐颦蛾眉。
但见泪痕湿，不知心恨谁。

此诗通过一系列细节，写出一位深闺女子的满腔怨情。

首句"卷珠帘"三字，写出女子卷帘而待的情景。既为"珠帘"，当然就不是指一般的平民百姓，所以，这二字又暗中点明了女子的生活环境。第二句写女子坐于宫室幽深之处颦眉伤心的情态。"深坐"二字是写其孤独之状，没有人来安慰她，她不愿意有人来打搅，怨恨之情已细细托出。第三句再作进一步描摹，"泪痕湿"三字，状其泪痕满面，默默饮泣之态。至此，一腔怨恨全然写尽。结句是画龙点睛之笔，"不知心恨谁"，用疑问句的形式，把谁是制造悲剧的罪人这样一个问题，提供给读者去思考。他是谁？读者自知，没有必要点破。

全诗之妙在于含蓄。尽管那个任意摧残践踏女子的统治者没有出场，但诗中的字字句句都在揭露和控诉他。女主人公的索寞孤独、累累泪痕、一腔怨恨就是最有力的见证。

三五七言

秋风清,秋月明。

落叶聚还散,寒鸦栖复惊。

相思相见知何日? 此时此夜难为情。

此诗写秋夜怀人的情思,意境颇为幽深恬静。此诗采取一种句式长短不齐的新形式,既非古体,又非近体,音节铿锵悦耳,在一定程度上具有了词的某些特点,故有人说它是最后的诗,又是最早的词,也不是完全没有道理。

一二两句写秋风、秋月。夜深人寂,风清月朗,诚是一派清冷孤寂的景象。下面两句便对这一环境进行着意的渲染。"落叶聚还散,寒鸦栖复惊","落叶"、"寒鸦"紧承"秋"字而来,风萧萧而叶落,是岁时将尽,露重霜寒所致,因而"鸦"字之上又冠以"寒"字。秋风飒飒,落叶经风吹拂,时聚时散,寒鸦受了风声的打扰,故时而惊醒,抬眼看看不过是风在作怪,所以又安详地睡去了。一个"复"字,写出了栖息在枝头的乌鸦似睡非睡的情态。诗人在此捕捉了月色朦胧下细微的动态,更反衬出了环境气氛的清幽和寂静。动与静本是相对立的现象,诗人把它们和谐地统一在同一画面中,互相映照,互相衬托,便创造出了一种冷清孤寂的艺术气氛。

如上四句是写客观的自然景物,但是一经诗人摄入笔端,就融进了抒情主人公的主观感情色彩,这是为表现诗人特定的情感服务的。"情以物迁,辞以情发"(刘勰《文心雕龙》),诗人创造如上一种凄冷的画面,不外乎是要抒发他内心深处的缅怀友人的缠绵悱恻的感伤情绪。所以最后两句便归结到此时此景所触发的心事上来:"相思相见知何日? 此时此夜难为情。"上下两句错综重迭,不仅造成了音韵和节奏上的和谐顿挫,而且强化了此时此景之中诗人那种难以排遣的刻骨思念之情。结尾两句点出相思之苦是全诗紧要之处,不如此点破,上面写景的部分就失了根基,无着无落,而经此一点,全诗贯通,景与情才能交融到一起,浑然妙合,构成完整的意境。

　　这首诗的内容很简单,值得注意的倒是这首诗在诗歌形式上的创新。由于诗人在这首诗中没有顾及到传统的形式,而是从内容出发,创造了一种长短不齐的新的形式。为此引起了历代评论家的争论。明人胡震亨说:"其体始郑世翼,白仿之";《沧浪诗话》也以此诗为隋郑世翼之诗;《瀛仙诗谱》又以此篇为无名氏作。总之其说不一,大都否定是李白所作。唯杨齐贤注曰:"古无此体,自太白始",这是深有见地的。这说明李白写诗往往不受传统形式的束缚,有一种勇敢的探索精神。长期以来有一些人妄评李白不懂声律,其实这是一种误解。他们只看到李白很少写律诗,而且又往往不完全遵守格律,所以作出了片面的结论。其实,格律只是文字对于思想感情的适当控制,是为了防止散文的芜杂,以造成一种音乐的形式美。李白正是恰到好处地运用了这一基本规律,而又不削足适履,迁就形式的束缚,这种态度是极高明的。

哭宣城善酿纪叟

纪叟黄泉里，还应酿老春。

夜台无李白，沽酒与何人？

　　此诗一作《题戴老酒店》："戴老黄泉下，还应酿大春。夜台无李白，沽酒与何人？"黄锡珪《李太白年谱》载："天宝十四载，白四游宣城作。"此诗以朴拙的语言，表达了对酿酒师傅的一片痛悼之情。

　　全诗是通过想象来展开抒情的。首句点明纪叟已经死去了。接着便展开想象，说他在"黄泉"之下，还应继续酿造"老春"。从而表明纪叟生前很善于酿酒，而且给诗人留下了不可磨灭的印象。接着诗人便想到纪叟老人在茫茫夜台还能卖酒给谁呢？这里面的寓意很丰富：其一，为老人生计着想，是说他在世的时候以卖酒为生，现在老人已处黄泉，在"夜台"里，又何以为生呢？人虽然死了，可是诗人的心里还时常系念着他，流露了一种深厚的关切之情。其二，是从自己的角度想，老人不在了，他也尝不到纪叟的"老春"酒了，这里又含蕴着与老人无由相见的悲寂之感。

　　痛悼之词，最重要的是在于"情真"二字。诗中没有真歌哭，即便通篇写满悲伤欲死的字眼，也不能感人。正如人亡之后，悼祭之人，凡有至伤至痛者，未必皆顿足长嚎。有时或默然失神，或饮泣垂泪，其哀痛之情更能催人泪下。本篇未着一句沉痛之语，而更见沉痛之心。二十字写尽了诗人对纪叟的一片真情。

山中问答

问余何事栖碧山,笑而不答心自闲。
桃花流水窅然去,别有天地非人间。

这首诗以问答形式抒发了诗人隐居山林的闲情意趣。诗的内容虽然很简单,但全用自然率直的笔调写来,情真意美,含蓄有致,耐人寻味。

首句由"问"字写起,引出"何事栖碧山"五字,提出了一个发人深省的问题。意即诗人为什么不去住巍峨高耸、急管繁弦的宫殿楼阁,而偏偏来此寂静深幽的碧山栖留呢?接下一句本应紧承作答,但诗人却故意不作回答,只拈出一个"笑"字,让读者去体会玩味。"心自闲"三字又承"笑"而来,是说诗人笑在脸上,而心里越发悠然自得。这就把作者要表现的意思近于点破了,不过到底还是没有明说。严沧浪云:"语忌直,意忌浅,脉忌露,味忌短"(《沧浪诗话·诗法》),如果二句径直作答,把隐居的理由和盘托出,那就破坏了诗的情趣和意境,使人索然无味了。此处一个"笑"字,妙趣横生,耐人咀嚼。

三四两句总该正面作答了吧?然而诗人还是没有明讲,只是为我们描绘了一幅明丽秀雅的画面:鲜艳的桃花,三三两两,飘落在淙淙流淌的山溪之上,悠闲地流到遥远的地方去了。仅此一笔,就深得中国山水写意的神韵,而且语出自然,不假词藻,情真意美,浑然天成,把诗人整个的心灵跟大自然融合在一起了。全诗最后一句用"别有天地非人间"一句结之,似感叹,又似议论,仿佛在说,你要问我为什么偏爱"碧山"吗?那你就看看这里的"桃花流水"吧!真是"别有天地"恍若仙界啊!

这首小诗写得玲珑剔透,既妩媚风流而又含蓄蕴藉,情趣盎然。所有这些,读者自然可以从上述分析中领会,不再赘述。值得着重提出的是,李白的诗歌别有一种特殊的艺术魅力,炼词造句极为自然,丝毫见不到苦心孤诣、惨淡经营的痕迹,全似从心中流出来的一样。《随园诗话》卷三引王守仁的话说:"人之诗文先取其意。譬如童子垂髫肃揖,自有佳致,若带假面,伛偻而装须髯,便令人生憎。"又卷一说:"牡丹芍药,花之至富丽者也,剪彩为之,不如野蓼山葵矣。味欲其鲜,趣欲其真,人必知此而后可以论诗。"以本诗而论,其可贵之处即在于"鲜""真"二字。用李白自己的话说,就是"清水出芙蓉,天然去雕饰"。

大鹏赋 并序

余昔于江陵见天台司马子微,谓余有仙风道骨,可与神游八极之表,因著《大鹏遇希有鸟赋》以自广。此赋已传于世,往往人间见之。悔其少作,未穷宏达之旨,中年弃之。及读《晋书》,睹阮宣子《大鹏赞》,鄙心陋之。遂更记忆,多将旧本不同。今复存手集。岂敢传诸作者,庶可示之子弟而已。其辞曰:

南华老仙,发天机于漆园。吐峥嵘之高论,开浩荡之奇言。征志怪于齐谐,谈北溟之有鱼:吾不知其几千里,其名曰鲲。化成大鹏,质凝胚浑。脱鬐鬣于海岛,张羽毛于天门。刷渤澥之春流,晞扶桑之朝暾。炟赫于宇宙,凭凌乎昆仑。一鼓一舞,烟朦沙昏。五岳为之震落,百川为之崩奔。乃蹶厚地,揭太清,亘层霄,突重溟。激三千以崛起,向九万而迅征。背嶪太山之崔嵬,翼举长云之纵横。左回右旋,倏阴忽明。历汗漫以夭矫,羾阊阖之峥嵘。簸鸿蒙,扇雷霆。斗转而天动,山摇而海倾。怒无所搏,雄无所争。故可想象其势,仿佛其形。若乃足萦虹霓,目耀日月。连轩沓拖,挥霍翕忽。喷气则六合生云,洒毛则千里飞雪。邈彼北岸,将穷南图。运逸翰以傍击,鼓奔飙而长驱。烛龙衔光以照物,列缺施鞭而启途。块视三山,杯观五湖。其动也神应,其行也道俱。任公见之而罢钓,有穷不敢以弯弧。莫不投竿失镞,仰之长吁。尔其雄姿壮观,块轧河汉。上摩苍苍,下覆漫漫。盘古开天而直视,羲和倚日而旁叹。缤纷乎八荒之间,掩映乎四海之半。当胸臆之掩昼,若混茫之未判。忽腾覆以回转,则霞廓而雾散。然后六月一息,至于海湄。欻翳景以横翥,逆高天而下垂。憩乎泱漭之野,入乎汪湟之池。猛势所射,馀风所吹,溟涨沸渭,岩峦纷披。天吴为之怵栗,海若为之躨跜。巨鳌冠山而却走,长鲸腾海而下驰。缩壳挫

457

鬣,莫之敢窥。吾亦不测其神怪之若此,盖乃造化之所为。岂比夫蓬莱之黄鹄,夸金衣与菊裳。耻苍梧之玄凤,耀彩质与锦章。既服御于灵仙,久驯扰于池隍。精卫勤苦于衔木,鹦鹉悲愁乎荐觡。天鸡警曙于蟠桃,踆乌晰耀于太阳。不旷荡而纵适,何拘挛而守常。未若兹鹏之逍遥,无厥类乎比方。不矜大而暴猛,每顺时而行藏。参玄根以比寿,饮元气以充肠。戏旸谷而徘徊,冯炎洲而抑扬。俄而希有鸟见,谓之曰:"伟哉鹏乎! 此之乐也。吾右翼掩乎西极,左翼蔽乎东荒。跨蹑地络,周旋天纲。以恍惚为巢,以虚无为场。我呼尔游,尔同我翔。"于是乎大鹏许之,欣然相随。此二禽已登于寥廓,而尺鷃之辈空见笑于藩篱。

　　赋是介于诗和散文二者之间的一种文体,但从它的渊源考察,仍然是诗歌的衍变。班固《两都赋序》曾指出:"赋者,古诗之流也。"刘勰的观点有所变化,他在《文心雕龙·诠赋》中指出:"赋者,铺也,铺采摛文,体物写志也。"并具体分析了赋的艺术特点,即重在说理叙事。汉代的士大夫文人创作了大量的赋,作赋之风盛极一时,最能代表汉赋特色的作品,莫过于司马相如的《子虚》、《上林》,扬雄的《长杨》、《羽猎》。这些赋描写宫苑、游猎,堆砌辞藻,极力夸张,而结构又相当雄伟。李白对这类作品曾提出尖锐的批评,他认为司马相如、杨雄的大赋,局量都很狭窄,内容也很浅薄,不能匡君以"大道"。他认为帝王要以"四海为家,百姓为子";臣子要"以大道匡君",而专事夸张的大赋起不到这种作用。唐初,文学创作依然因袭六朝馀风,讲究形式华靡和语言的堆砌雕饰。陈子昂首先反对这种文风,大力提倡复古,李白继陈子昂之后,进一步反对六朝浮艳绮靡的文风,他自言:"将复古道,非我而谁!"这里所谓的复古,实际是要求革新。李白是打着复古的旗帜,在创作实践中极力扫除浮艳绮靡之风,独创新意,自铸伟辞。他的古赋八篇基本上贯穿了这种精神,他的一些大赋虽然从严格的意义上还没有越出汉赋的规模,但仍充满了创新精神,而其代表作即是《大鹏赋》。

　　李白胸怀旷达,性情豪放。文如其人,他的赋大多是意境辽阔、气势奔放之作,能给读者强烈的艺术感染。特别是《大鹏赋》通过对大鹏这一形象的描写,色彩鲜明地展示了诗人本身的思想境界。大鹏的形象显然来自《庄子·逍遥游》,但不是生搬硬套,而是有所创造,扬弃了《逍遥游》

中那些阐述哲理的抽象议论,着重描写了大鹏"激三千以崛起,向九万而迅征"的遨游:"背嶪太山之崔嵬,翼举长云之纵横。左回右旋,倏阴忽明。历汗漫以夭矫,䡾阆阖之峥嵘。……斗转而天动,山摇而海倾。"大鹏的一举一动,能使宇宙震惊,山岳摇撼,大海倾覆。这样巨大的威力,还有什么能够相比! 正因为大鹏飞得高,所以"块视三山,杯观五湖"。它的巨大身躯几乎遮盖了整个天空,至使"任公见之而罢钓,有穷不敢以弯弧,莫不投竿失镞,仰之长吁"。它"上摩苍苍,下覆茫茫",使"盘古开天而直视,羲和倚日以旁叹"。以上描写大鹏飞在高空的情景,接着又写它下降时所产生的影响:"天吴为之怵慄,海若为之躑躅。巨鳌冠山而却走,长鲸腾海而下驰,缩壳挫鬣,莫之敢窥。"

诗人调动一切艺术手段,从各方面对客观现象作了生动而夸张的描写,衬托出大鹏的巨大形象。在这个艺术形象上,可以看到诗人自己的影子。然后他再用黄鹄、玄凤等鸟类与之相比,越显出大鹏的伟大,其他鸟类的渺小:"岂比乎蓬莱之黄鹄,夸金衣与菊裳。耻苍梧之玄凤,耀彩质与锦章。既服御于灵仙,久驯扰于池隍。精卫殷勤于衔木,鶢鶋悲愁乎荐筋。天鸡警晓于蟠桃,踆乌晰耀于太阳。不旷荡而纵适,何拘挛而守常?未若兹鹏之逍遥,无厌类乎比方。"平时被人们视为"仙禽"、"神鸟"的黄鹄、玄凤、精卫、鶢鶋、天鸡、踆乌,在李白的笔下,不过是"拘挛而守常"的俗物,唯有大鹏可以无拘无束地尽情遨游,这种对比,形象生动地表现了诗人豪放不羁、鄙视世俗、热爱自由的性格,使人想起晚唐诗人皮日休对李诗的赞语:"五岳为辞锋,四海为胸臆。"《古赋辨体》评此赋云:"事与辞称,俊迈飘逸。"颇为中肯。

这篇赋的初稿是李白青年时所作。当初他出蜀后在江陵遇到司马承祯,司马承祯称赞李白"有仙风道骨,可与神游八极之表",李白便写了这篇赋,原题为《大鹏遇希有鸟赋》,以大鹏自喻,以希有鸟比司马承祯。后来,他认为此赋写得不够理想,"中年弃之",从其《大鹏赋·序》可以看出李白的创作态度相当认真,此赋青年写出、中年"弃之",后来全凭记忆重新改写,可见作者是经过反复的艺术构思的。诗人把抽象的理想借形象的活动表达出来,大鹏及周围的诸多形象,都是逐渐酝酿成熟的。由于诗人胸怀旷达,思想活跃,热爱自由,加上想象力极为丰富,所以在各种形象的塑造上都发挥了充分的幻想与夸张,创造出一种辽阔无垠的艺术境界,展示出诗人的豪迈气概和目无尘俗的高洁胸怀,给予读者以深刻的艺术感染。假使单纯地描写大鹏的遨游,缺乏明确的思想内涵,就不能达到"义归博远"的要求。正因为李白笔下的大鹏表达了他的远大理想,这个形象才能如此强烈地打动读者。

赋从六朝以来就讲究骈四俪六,唐初继承了这种形式而更加音律化,故称为律赋。李白的古赋在这方面却有所突破,他虽然基本上没有摆脱骈俪的句式,但根据内容的需要,在骈俪的句式中渗进了三、五、七、九乃至十余言的长短句,作到了参差有致,灵巧多变,如《大鹏赋》写大鹏迅起高飞的一小节文字,用了几个刚劲有力的三言句:"蹶厚地,揭太清,亘层霄,突重溟。"急促简短的音节,显示了大鹏动作的迅猛有力。诗人形容大鹏飞得高远,则用比较徐舒的七言句:"背嶪太山之崔嵬,翼举长云之纵横。"使人似乎能感受到大鹏在蓝天自由遨翔的豪迈气势。诗人写大鹏飞翔时的气势和威力,又用四、六、三、五等句式错综交织,形成一种变化多姿的旋律:"左回右旋,倏阴忽明。历汗漫以夭矫,羾阊阖之峥嵘,簸鸿蒙,扇雷霆。斗转而天动,山摇而海倾。怒无所搏,雄无所争,固可想象其势,仿佛其形。"末两句是启示读者想象大鹏漫游云海的雄姿。诗人写到大鹏遨游太空时的巨大影响,又以夸张的七言诗句来表现:"喷气则六合生云,洒毛则千里飞雪。"为显示大鹏高飞的程度,则用反衬的句式:"块视三山,杯观五湖。"

总之,不同的句式,抑扬顿挫,变幻多姿,与大鹏翱翔云海的动态和谐协调,读来富于节奏感,对深化作品的意境,起着很好的配合作用。

另外,《大鹏赋》在用韵方面也颇为灵活自然,基本上用平声韵,间有仄声;全赋乍看似乎漫不经心,脱口而出,细读却可发现是经过字斟句酌、千锤百炼的,这体现出李白在艺术上的追求。正是因为具有了这些突出的特点,《大鹏赋》才成为全面认识李白不应忽略的作品,将其与李白的诗作对读,自会得到另一种意趣。

春夜宴从弟桃花园序

夫天地者，万物之逆旅也；光阴者，百代之过客也。而浮生若梦，为欢几何？古人秉烛夜游，良有以也！况阳春召我以烟景，大块假我以文章。会桃花之芳园，序天伦之乐事。群季俊秀，皆为惠连。吾人咏歌，独惭康乐。幽赏未已，高谈转清。开琼筵以坐花，飞羽觞而醉月。不有佳咏，何伸雅怀？如诗不成，罚依金谷酒斗数。

李白散文的内容和风格是多方面的，有些抒情短文写得颇有特色，历来受到人们的赞扬，如《秋于敬亭送从侄崏游山序》、《冬日于龙门送从弟京兆参军令问之淮南觐省序》等作品，或谈骨肉欢聚，或为临别赠言，均为篇幅短小、感情真挚之作，而其中尤以《春夜宴从弟桃花园序》最为著名。

此文犹如一首抒情诗，优美动人，作者用清新自然的笔触，写一个春夜里与诸位堂弟在桃花园饮宴、幽赏、清淡、赋诗的情景，文中虽带有骈俪之风，但由于感情真挚，无堆砌辞藻之弊，能给人生动地艺术享受，故至今仍为广大读者所喜爱。

这篇抒情短文一起显得有几分突兀，但却更突出地抒发了作者深长的人生感慨，以天地为"万物之逆旅"，以光阴为"百代之过客"，出语平淡而惊警，有此，下文之"浮生若梦"诸语才有了着落，显得自然灵动。如果说，泛泛地感慨为一个层面，那么，作者写到自己的"春夜"之游就是更深的内容了。在作者笔下，春天充满了生机，生活充满了乐趣，从而大大淡化了作者"浮生若梦"的带有几分消极、几分伤感的慨叹，使全文充满了诗意与春情，充满了乐观的情绪，每一位读者，都会被这种积极乐观的情绪所感染所打动……

这篇短文虽然只有一百多个字,但对饮酒赋诗、畅叙天伦之乐的描写,层次分明而富于变化,作者紧扣主题,把议论、叙事、抒情融在一起,给人一种情景交融的感受,有人就此评论李白以诗为文,自有其一定的道理。《古文观止》评此文曰:"发端数语,已见潇洒风尘之外。而转落层次,语无虚设,幽怀逸趣,辞短韵长。读之,增人许多情思。"细细品味,这种评价是很有启发性的。

与韩荆州书

白闻天下谈士相聚而言曰:"生不用万户侯,但愿一识韩荆州。"何令人之景慕,一至于此耶? 岂不以有周公之风,躬吐握之事,使海内豪俊奔走而归之,一登龙门则声誉十倍,所以龙盘凤逸之士,皆欲收名定价于君侯,愿君侯不以富贵而骄之,寒贱而忽之,则三千宾中有毛遂,使白得颖脱而出,即其人焉? 白陇西布衣,流落楚汉。十五好剑术,遍干诸侯。三十成文章,历抵卿相。虽长不满七尺,而心雄万夫。王公大臣,许与气义。此畴曩心迹,安敢不尽于君侯哉? 君侯制作侔神明,德行动天地。笔参于造化,学究于天人。幸愿开张心颜,不以长揖见拒。必若接之以高宴,纵之以清谈,请日试万言,倚马可待。今天下以君侯为文章之司命,人物之权衡,一经品题,便作佳士。而君侯何惜阶前盈尺之地,不使白扬眉吐气激昂青云耶? 昔王子师为豫州,未下车即辟荀慈明,既下车又辟孔文举。山涛作冀州,甄拔三十馀人。或为侍中、尚书,先代所美。而君侯亦荐一严协律,入为秘书郎。中间崔宗之、房习祖、黎昕、许莹之徒,或以才名见知,或以清白见赏。白每观其衔恩抚躬,忠义奋发,以此感激,知君侯推赤心于诸贤腹中,所以不归他人,而愿委身国士。倘急难有用,敢效微躯。且人非尧舜,谁能尽善? 白谟猷筹画,安能自矜? 至于制作,积成卷轴,则欲尘秽视听,恐雕虫小技,不合大人。若赐观刍荛,请给以纸墨,兼人书之。然后退归闲轩,缮写呈上。庶青萍结绿,长价于薛卞之门。幸推下流,大开奖饰,惟君侯图之。

此文是李白的一封自荐书。开元二十二年(734)李白时居安陆,他出游襄阳,便写了这封信给当时襄州刺史兼山南东道采访处置使韩朝宗。

韩朝宗"喜识拔后进,尝荐崔宗之、严武于朝,当时士咸归重之"(《新唐书》本传),李白上书给他,希望得到韩朝宗的了解和荐举,从而使自己得以建功立业,作出一番事业来。

这虽然是一封求人荐举的书信,但措辞适当,自处颇高,同他的许多诗作一样慷慨激昂,气势夺人,如叙述身世和愿望云:"白陇西布衣,流落楚汉。十五好剑术,遍干诸侯;三十成文章,历抵卿相,虽长不满七尺,而心雄万夫。王公大人,许与气义。"李白此文写于第一次入长安失败而归后,其《忆襄阳旧游赠济阴马少府巨》诗云:"昔为大堤客,曾上山公楼。高冠佩雄剑,长揖韩荆州。"指出"长揖韩荆州"之地在襄阳,与"十五好剑术,遍干诸侯"、"虽长不满七尺,而心雄万夫"等语意义一致。文中表白他的生活态度和宏伟志向的同时,显示出"王公大人"对他的重视。并表示"必若接之以高宴,纵之以清谈,请日试万言,倚马可待",情调高昂,气势雄壮。可贵的是,李白在这里还表现出他的自知之明:"白谟猷筹画,安能自矜。至于制作,积成卷轴,则欲尘秽视听,恐雕虫小技,不合大人。若赐观刍荛,请给纸笔,兼之书人,然后退扫闲轩,缮写呈上。"作者自认为在政治上出谋画策,实非所长,至于文章,还有所积累,如果韩荆州愿意一览旧作,则可缮写呈上,真是不卑不亢。

作为一种特殊的书信,作者难免对韩朝宗说一些恭维的话,他赞扬韩朝宗能够谦虚地对待读书人,甚至赞扬他"岂不以有周公之风,躬吐握之事,使海内豪俊,奔走而归之。一登龙门,则声誉十倍,所以龙盘凤逸之士,皆欲收名定价于君侯。"又说:"君侯制作侔神明,德行动天地,笔参造化,学究天人。"恭维归恭维,但李白绝无寒酸乞怜之态,他对自己的才能非常自负:"愿君侯不以富贵而骄之,寒贱而忽之,则三千宾中有毛遂,使白得颖脱而出,即其人焉。"又说,如能以高宴接之,以清谈纵之,则"日试万言,倚马可待。……而君侯何惜阶前盈尺之地,不使白扬眉吐气、激昂青云耶?"虽是干谒之作,但李白傲岸不羁、不肯低眉折腰的精神仍得到了充分的表现,从而使全文具有了豪迈爽朗的风格。

此文写得极有分寸,极有层次,首先抓住对方的心理活动,倾吐对韩朝宗的仰慕之情,自叙自己的身世和抱负;进而盛赞对方德高望重,表达望其援引的心情及自己所具有的才干。接下来举前人的事例与韩朝宗类比,表达自己"敢效微躯"之意;最后以"人非尧舜,谁能尽善"表明自己具有不自矜、不狂妄的品格，以希望对方荐举作结。全文写得脉络清楚，论述严谨，作者熔叙事、议论、抒情于一炉，用典使事，妥帖自然，使此文具有很强的说服力。

李白的文章写得都很有特色，是研究和了解李白生平、思想、性格的重要参考资料，若是与他的诗作对照阅读，读者一定会得到一种新的感受。因此，要想全面地了解李白，要想真正读懂李白的诗歌，就不能不认真地阅读和研究他的散文。